汽车总装同步工程

张庆庚 张立军 张慧强 沈 鹏 谈立广 编著

机械工业出版社

本书论述了总装工艺开发的流程、程序与具体方法；介绍了总装工艺开发方案、开发概算、进度计划与交付目标的编制，再大体按工作范畴和时间顺序介绍了设计结构的工艺性分析、评审与策划，装配工艺设计，总装生产线及工艺装备开发，工艺评审、工艺验证、工艺能力评价，以及产前培训与生产启动；讨论了与总装工艺开发直接相关的物流体系设计与实施；介绍了总装常用开发工具软件；并简要介绍了新能源车型总装同步工程的重点工作、总装智能制造等需要进一步提升和研究的课题。本书内容全面，为保证实用性，附以大量的具体案例和工具。

本书可供各种汽车生产企业的工程技术人员使用，也可供相关专业在校师生及对工业产品的先进开发模式有兴趣的各界人士参考。

图书在版编目（CIP）数据

汽车总装同步工程/张庆庚等编著. —北京：机械工业出版社，2022.9
ISBN 978-7-111-72453-7

Ⅰ. ①汽… Ⅱ. ①张… Ⅲ. ①汽车-装配（机械） Ⅳ. ①U463

中国版本图书馆 CIP 数据核字（2022）第 256031 号

机械工业出版社（北京市百万庄大街 22 号　邮政编码 100037）
策划编辑：贺　怡　　　　　　责任编辑：贺　怡　李含杨
责任校对：陈　越　张　征　　封面设计：马精明
责任印制：李　昂
北京中科印刷有限公司印刷
2023 年 3 月第 1 版第 1 次印刷
184mm×260mm・19 印张・2 插页・470 千字
标准书号：ISBN 978-7-111-72453-7
定价：99.00 元

电话服务　　　　　　　　　网络服务
客服电话：010-88361066　　机　工　官　网：www.cmpbook.com
　　　　　010-88379833　　机　工　官　博：weibo.com/cmp1952
　　　　　010-68326294　　金　书　网：www.golden-book.com
封底无防伪标均为盗版　　　机工教育服务网：www.cmpedu.com

前言

我国的汽车产业在近二十年的时间里得到飞速的发展。这种发展不仅体现在汽车的产量和销量上,更体现在自主开发汽车的能力和水平上。我国汽车产品的开发,经历了"完全引进国外技术→与国外公司合作开发→自主研发"的过程。在这个过程中,我国的汽车人通过艰辛的努力,不断地摸索、尝试和总结,使我国的汽车自主开发能力得到了迅速提升,只用了短短二十年,我国的自主研发水平,已经接近发展了一百二十多年的欧美国家的水平。但是,汽车产品开发,是一个包含了机械、电子、化工、材料、焊接、铸造、运筹学、管理学等多种技术,并具有高度实践性的学科,而我们在以往的汽车开发过程中,由于过分注重实效,而不注重知识的积累,不注重总结与系统化,导致汽车开发的相关理论积淀不足。由于没有系统化的理论支撑,总体开发能力不能实现持续化提升,当实际开发过程中出现具体问题时,难以找到可以指导的基础理论与技术支持,出现后劲不足的现象和瓶颈。为此,有必要将以往的汽车开发工作进行系统总结,上升为系统化理论,为国内从事汽车开发的技术人员和准备从事汽车开发的人员提供指导和指南,使汽车开发人员能在更高的起点上从事汽车开发工作,使我国的汽车产业持续、稳健地发展。本书正是基于这种理念,将汽车开发理论中的一个分支——总装同步工程进行系统化总结,并呈现给大家。

汽车同步工程是一种高效、高质的汽车开发方法,运用这种开发模式,能用尽可能短的时间、尽可能低的成本开发出高质量的汽车产品。所以,有必要向希望了解此种开发模式及希望采用此种开发模式的工程师介绍汽车同步工程的概念、理念、流程、程序和具体方法。而国内介绍汽车同步工程和汽车总装同步工程的书籍很少,这就给从事总装开发的工程师在实际工作中带来指导上的困难,遇到汽车总装同步开发过程中的一些问题,难以找到有效的指导和参考。为此,有必要将汽车总装同步工程的工作经验进行总结与提炼,形成具有指导意义的著作。而本书的编撰,就是从这个思路出发,将总装工艺开发过程中的工作进行系统化总结,并注重实用性和工具化,使其具有高度的实践性,可以为从事汽车总装工艺开发人员的实践工作提供非常实用的、系统性的、工具化的参考。需要说明的是,这里所说的"工程",不单单是指技术,更是指通过有效的人员管理、技术管理、作业管理和具体工程技术的应用,使其转化为预期效果的一种工作体系。所以,本书介绍的内容,既包括技术本身,也包括人员管理、技术管理和具体作业管理等内容。

总装工艺同步工程,对汽车开发的重要性是不言而喻的。总装是汽车生产过程中的最后一道生产工序,俗话说"编筐编篓,重在收口",整车的装配质量是"人命关天"的大事,在很大程度上决定了整车的最终质量。除车身外,整车的其他部件都是在总装环节进行装配的。以关系到整车的安全部件为例,所有的安全部件都是在总装环节进行装配的,所以这些部件装配质量的好与坏,会直接影响整车的安全性,如安全气囊、安全带、制动系统、转向系统、燃油系统的装配,以及螺栓紧固件的装配等都会直接影响到整车的安全。

另外，整车装配是一项复杂的系统化的过程。它要求在短时间内，将漆后车身及几百种、几千个部件按照一定的装配顺序和工艺要求组装在一起，形成一个具有系统功能的机体，这就使总装同步工程的工作复杂而烦琐，如何高效地进行总装工艺开发，也是必须解决的问题。

通过有效的同步工程开发，保证在产品设计阶段，就能完全并充分地发现这些问题；在投产前，就实现对装配过程的有效控制，这对整车的最终质量的保证非常重要。而且，可以防止出现在产品投产后才发现问题及逐步改进的情况。从这个意义上讲，总装工艺同步工程也十分重要。

汽车总装是汽车生产工艺链的最高端和末端。在总装工艺开发过程中，重点是整车的接口、匹配、集成的技术研究。所以，本书着重讨论如何通过有效的技术管理实现技术的接口、匹配和集成。

本书的具体结构框架是：将整车总装工艺开发概括成不同阶段，然后以各个阶段为脉络，分别进行论述。

首先，讨论总装工艺开发的流程、程序与具体方法；其次，介绍总装工艺开发方案、开发概算、进度计划与交付目标的编制，再大体按工作范畴和时间顺序介绍了设计结构的工艺性分析、评审与策划，装配工艺设计，总装生产线及工艺装备开发，工艺评审、工艺验证、工艺能力评价，以及产前培训与生产启动；然后，讨论了与总装工艺开发直接相关的物流体系设计与实施；介绍了总装常用开发工具软件；最后，简述了新能源车型总装同步工程的重点工作、总装智能制造等需要进一步提升和研究的课题。

需要指出的是，汽车同步工程集成了各学科长期实践的成果，也必然随着基础理论和其他技术的进步，以及实践的发展而不断丰富和更新。

由于作者的水平有限，不妥及错误之处在所难免，诚挚希望各位读者批评指正，不吝赐教。你们提出的宝贵意见，不仅可以实现本书的进一步完善，而且也会加深作者在此方面的认识。

我国的汽车产业，为一大批立志于汽车产业的有识之士开辟了一片广阔的天地，也为工程技术人员提供了施展才华的舞台。但与此同时，激烈的市场竞争，对从事汽车产业的人士也提出了更高的要求。我国汽车产业的未来任重而道远，让我们共同努力，为我国汽车产业的振兴、为我国汽车开发和制造技术的进步，实现跨越式发展，做出自己的贡献！

作　者

目录

前言
第1章　汽车同步工程概述 ·············· 1
第2章　汽车设计开发流程 ·············· 5
第3章　总装同步工程的开发流程 ······ 8
第4章　确定工艺开发方案 ·············· 14
　4.1　总装工艺可行性分析 ············ 14
　4.2　总装工艺开发方案的制定 ······ 15
　4.3　总装工艺开发概算 ··············· 18
　4.4　进度计划的编制 ·················· 19
　4.5　交付目标的编制 ·················· 21
第5章　设计结构的工艺性分析、
　　　　评审与策划 ··················· 24
　5.1　结构工艺性分析、评审与策划的
　　　　主要目的 ·························· 24
　5.2　总装工艺性分析、评审与策划的
　　　　主要作用 ·························· 24
　5.3　总装工艺性分析、评审与策划的
　　　　主要原则 ·························· 25
　5.4　总装工艺性分析、评审与策划的
　　　　主要工作 ·························· 27
　5.5　总装工艺性分析、评审与策划的
　　　　具体内容 ·························· 36
　5.6　各设计阶段总装工艺性分析、评审与
　　　　策划的具体工作步骤与方法 ······ 51
　5.7　整车重点装配部件的重点检查项
　　　　（主要应用在数模检查阶段）······ 60
　5.8　外观质量特性分析方法 ·········· 66
　5.9　整车公差控制 ····················· 72
第6章　装配工艺设计 ·················· 79
　6.1　工艺规划方案设计 ················ 80
　6.2　工序卡的制作 ····················· 87
　6.3　标准工时计算 ····················· 93
　6.4　工艺流程排布 ···················· 108
　6.5　工位设计（工位内部工艺设计）····· 115
　6.6　概念性工艺平面布置图制作 ······ 117
　6.7　工序卡的完善 ···················· 119
　6.8　工艺设计的输出文件 ············ 120
第7章　总装生产线及工艺装备
　　　　开发 ··························· 132
　7.1　工艺总布置图（工艺总图）······ 142
　7.2　生产线及工艺装备布置图（设备总图）
　　　　及部件图 ·························· 148
　7.3　具体生产线及工艺装备开发须关注的
　　　　要点 ······························· 149
　7.4　汽车装配用工装开发须关注的要点 ··· 229
　7.5　汽车装配用工具开发须关注的要点 ··· 231
第8章　工艺评审、工艺验证、工艺
　　　　能力评价 ······················· 241
　8.1　工艺评审 ·························· 241
　8.2　工艺验证 ·························· 242
　8.3　工艺过程能力评价 ··············· 249
第9章　产前培训与生产启动 ········· 254
　9.1　人员准备 ·························· 255
　9.2　产前培训 ·························· 255
　9.3　生产启动 ·························· 261
第10章　物流体系设计与实施 ········ 267
　10.1　物流规划的工作流程 ··········· 268
　10.2　物流运营模式规划 ············· 268
　10.3　供应商至物流库的物流规划 ···· 270
　10.4　物流库的物流规划 ············· 271
　10.5　物流库至车间的物流规划 ······ 271
　10.6　车间内部序间的物流规划 ······ 275
　10.7　线旁物料及工位器具的规划 ···· 276
　10.8　物流搬运设备规划 ············· 278
　10.9　业务流程、信息规划及其他需要
　　　　规划要点 ························ 278
第11章　总装常用开发工具软件
　　　　介绍 ··························· 279
　11.1　总装开发工具软件的必要性 ···· 279
　11.2　总装常用开发工具软件介绍 ···· 282

第12章 新能源车型总装同步工程的重点工作 ………… 284

第13章 总装智能制造 ………… 286
    13.1 智能制造目的和意义 ………… 286
    13.2 汽车智能制造现状和提升策略 ………… 286
    13.3 总装智能制造基础和环境提升 ………… 289
    13.4 总装单体工艺装备智能制造能力提升 ………… 293

参考文献 ………… 296

致谢 ………… 297

第1章

汽车同步工程概述

各种机械产品的生产制造过程是一个复杂的和系统的过程：首先，要根据市场需求，确定要生产什么产品，即确定要"做什么"；然后，要完成产品的具体设计工作，即解决产品具体"做成什么样子"的问题；最后，就需要综合运用工艺技术理论和经验，以确定制造方法和工艺路线，解决怎样才能做出来，即"怎么做"的问题。在这之后，才能进行实际的制造，实现产品输出。解决"怎么做"的问题，就是工艺工程，它涉及制造工艺技术、工艺装备技术、材料科学、生产组织管理等的一系列知识。从一定意义上讲，对于整车开发来说，工艺工程具有重要的实现保证作用。工艺工程与整车开发的关系，有些像曲目演奏，即一个好的曲子，还需要一个出色的演奏家才能完美地演绎出来。与画家绘完的画就是最后的作品不同，整车开发是在整车的数据模型形成后（设计开发），还要将其高质量、高效率、低成本、批量化地生产出来（工艺开发）。这就是工艺工程的意义所在。

就汽车整车生产企业而言，工艺工程主要包括四块相对独立的部分，即冲压工艺工程、装焊工艺工程、涂装工艺工程和总装（含物流）工艺工程，有的还有发动机工程和车架成形及焊接工程的工艺过程。

本书所讲的同步工程，是工艺工程实施的一种工作模式。为了让大家清晰地了解同步工程，首先简单回顾一下以往传统的汽车开发模式，然后再对同步工程进行详细的论述。

相对于同步工程，以往传统的汽车开发模式可以称为异步工程或串行工程，其一般的开发模式是：产品设计策划→产品设计开发→产品设计确认→工艺及其他过程（还包括生产方案、设备方案、质量控制、物流方案、销售和售后方案）设计策划→工艺及其他过程设计开发→工艺及其他过程设计确认→试生产→正式生产，如图1-1所示。这种开发模式的主要特点是产品设计定型后再进行工艺过程开发和相关业务，而这样的开发模式，往往存在如下问题：

1）采用异步工程开发模式，需要先完成产品的设计开发，再进行工艺过程开发（包括零部件开发），开发周期很长。特别是当进行工艺转化时，由于工艺手段的限制性，可能会推翻原有设计，从而导致开发周期进一步延长。

2）当进行产品前期设计时，工艺部门（包括生产部门、设备部门、质量部门、售后部门等）没有同步参与，所以产品设计可能会限制低成本工艺方案的可实施性。同样，由于工艺实现手段的限制性，当进行工艺转化时，可能会推翻原有设计，也会导致产生较高的产品设计变更成本。

3) 某些制造不可行、不兼容现生产、先天质量缺陷等设计问题可能无法通过设计变更来解决，只能带着缺陷生产，从而造成新产品投产后存在不同程度的质量缺陷。

产品设计策划 → 产品设计开发 → 产品设计确认 → 工艺及其他过程设计策划 → 工艺及其他过程设计开发 → 工艺及其他过程设计确认 → 试生产 → 正式生产

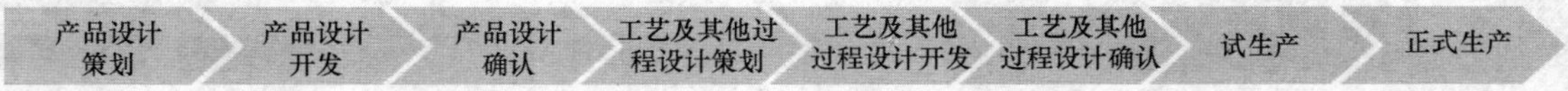

图1-1 异步工程（串行工程）的开发模式

相对于异步工程或串行工程，同步工程（simultaneous engineering，SE）又称并行工程，其定义如下：对整个产品开发过程实施同步、协同和一体化设计，促使开发者始终考虑从概念形成直到用后处置的整个产品生命周期内的所有因素（包括设计、工艺、质量、成本、进度和销售、售后要求）的一种系统方法（见图1-2），它把目前大多按阶段进行的跨部门（包括供应商和协作单位）工作尽可能进行同步作业。通过充分可靠的协同和一体化设计，可以使整个生产过程在符合生产纲领要求的前提下，低成本、高效率、高稳定性地生产出来。

同步工程有如下特点：

1) 同步性。产品开发的各个子过程（产品设计、工艺、生产、物流、质量等）尽可能同步进行。

2) 约束性。将约束条件（工艺约束、生产约束、物流约束、质量约束、销售和售后约束等）提前引入产品设计过程，尽可能满足各个方面要求。

图1-2 同步工程的概念

3) 协调性。各个子过程间密切协调，以获得质量（Q）、时间（D）、成本（C）等方面的最佳匹配。

4) 一致性。产品开发过程中重大决策的建立，是在全组成员意见一致的基础之上的。

实际上，简单讲，同步工程就是同步发挥与产品相关的所有人的智慧于产品的开发过程中，使产品所有的约束条件在设计过程中就得到充分的保证。

同步工程的目标是提高质量、降低成本、缩短产品开发周期，这是因为设计部门很难周全考虑制造可行性、现生产的兼容性及质量控制要求，使产品存在制造不可行、不兼容现生产、先天质量缺陷等风险，而这些问题往往到了项目后期才暴露出来。有的需要增加不必要的工艺设施来弥补，造成工艺成本增加；有的需要重新进行产品设计，造成大量人力、物力和时间的浪费；有的根本不能再重新设计，只能带着缺陷生产，造成新产品投产后，存在不同程度的质量缺陷，导致公司及品牌信誉受损。所以，为了降低设计风险、设计成本，缩短设计周期，同时降低工艺风险、工艺成本、工艺周期，以及提高质量保证的可靠性，必须伴随整个产品的研发周期，根据行业工艺水平及现有生产工艺、设备等情况，进行工艺工程、质量保证等方面的评审与策划工作，对设计数据进行修正。同步工程主要通过以下三种方法实现质量、成本、周期的目标。

1) 产品设计开发有效性改进，使开发全过程的方案变更次数减少50%以上。

2) 制造开发过程与产品设计过程同步，使产品开发周期缩短40%~60%。

3)产品设计和制造过程同步化、协同化、一体化,使制造成本降低30%~50%。

通过同步工程的实施,可以获得如下好处:

1)降低产品设计及工艺开发的成本。没有采用同步工程的工艺开发,产品设计变更达几百至几千次,而在策划良好的制造工艺同步开发模式下,产品设计过程中可以通过实时接收与工艺、设备相关的数据,进行结构工艺性分析;同步约束产品设计,使产品设计实时与现生产工艺及设备兼容。这样,可以有效地降低由于不能适应生产而产生的设计变更成本,以及为了符合产品设计而产生的工艺变更、设备开发的成本。在这种情况下,产品设计变更将由几百至几千次,变成几十个至十几次。如果一处设计变更的成本以平均5万元计算,则制造工艺的同步开发成本将节约几千万元;而频繁的设计变更也会影响产品投产的准时性,像以上的产品及设计变更之后的整合到位,一般都需要3~6个月的时间,按每天10万元的延滞费计算,其间接成本也将增加千万元级别。在工艺规划前期,将冲压、焊装、涂装、总装的工艺同步进行可行性的精确化论证,将有利于模具、夹具、设备的平均序数控制;一般来说,平均序数将从4.0降至3.5~3.7,这样一来,一个车型就可节约几百万元的模具、夹具或设备的投资费用。

2)缩短产品设计及工艺开发周期。没有采用同步工程的工艺开发,由于缺乏统一的制造要求,在制造过程的质量控制成本大幅增加的同时,也将导致开发周期的延长。在同步工程开发模式下,产品设计过程中可以通过实时接收与工艺、设备、质量等相关的数据,对产品的设计数据进行实时约束,并根据产品设计同步进行工艺、设备、质量的开发策划。这样,一方面,会使产品设计周期缩短;另一方面,也会使工艺设计及设备开发周期缩短,使汽车提前投产。设计变更次数的减少和设计变更时间的提前,使开发周期相对于异步工程开发可以缩短3~6个月。例如,在设计结构上,对冲压与焊装的定位统一进行提前约束,将有效缩短白车身的调试周期,一般可缩短1~2月的时间。

3)提高设计开发及工艺开发的质量。相关职能部门可以通过实时接收设计数据,并进行制造质量保证分析,提高质量的可靠性。通过有效的数据评审及设计失效模式及影响分析(DFMEA)和工艺失效模式及影响分析(PFMEA)的并行讨论,可以在设计阶段大大提高产品设计和工艺设计的可靠性,并将异步工程开发模式下的质量培育工作提前到可行性分析阶段和数据设计阶段。尤其需要说明的是,当确定重大设计方案时,由产品设计团队、工艺团队及相关部门人员形成工作小组,通过反复持续的沟通,很大程度上可以在产品设计阶段就规避重大设计风险。

总的来说,汽车同步工程是将整车设计开发与整车工艺及设备开发、零部件工艺及设备开发、质量开发等工作同步进行,在设计开发初始阶段,即同时进行包括工艺、设备等的开发工作(包括产品结构的设计、评审及策划、生产系统的规划与实施、工艺路线及工序设计、质量开发等),最终,使制造开发、质量开发等与产品开发同步的标准作业程序(SOP),如图1-3所示。

图1-3 同步工程(并行工程)的开发模式

下面简单介绍一下制造开发中工艺开发部分的同步工程，简称工艺同步过程。要实现工艺同步工程，对于工艺及设备开发，需要进行如下工作：

与产品设计策划同步，在产品预研阶段，工艺就必须介入，同步进行工艺前期策划。在产品的方案设计阶段，工艺在接收设计方案的同时，同步进行工艺方案设计与制造可行性分析。在产品参数设计阶段、手工样件阶段、工装样件阶段，要结合生产过程的工艺性对设计数据进行同步评审，并及时将评审结果发至产品设计，使产品设计能根据工艺建议及时调整产品设计数据，保证产品数据实时满足制造开发的时间需求、成本需求和工艺性需求。同时，同步进行工艺流程设计、工序设计、设备开发、工艺验证和生产导入，最后，与产品设计同步标准作业程序（SOP），使产品低成本、短周期、高质量的投产。

由于开发策略不同，工艺同步工程主要包含两种模式，一种是根据全新的产品开发进行全新的工艺同步开发；另一种是在老产品的基础上进行产品迭代设计，并在老生产线上进行混流生产。这两种模式的工艺同步工程都有各自的特点：对第一种模式，当进行工艺开发时，在制造工艺、制造设备上的相对限制性较弱，主要考虑投资成本的限制性；对第二种模式，则要考虑现有制造策略，考虑与现有的生产线进行兼容混流生产，限制性更多。

第2章 汽车设计开发流程

汽车的工艺同步工程是紧随汽车的产品设计开发而进行的。因此,在讨论汽车工艺同步工程之前,首先应概念性地了解汽车设计开发的流程,然后结合汽车设计开发流程和相关设计输出来开展工艺同步工程工作。

整车的开发,实际上是解决各种限制性的过程。在整车开发过程中,存在非常多的限制性,包括市场需求的限制性、造型的限制性、结构的限制性、成本的限制性、质量的限制性、零部件及整车试验的限制性、供应商选择的限制性、制造过程的限制性、销售和售后的限制性等,解决了这些限制性,就完成了整车的开发过程。与其他产品开发相比,汽车整车开发还有如下主要的不同:

1)汽车出产量大,品种及型号多,产品设计过程和制造过程要重点考虑零件标准化、部件通用化和产品系列化,以提高效率,保证产品质量,降低生产成本,减少配件品种,方便维修。

2)产品使用条件复杂多变。在汽车产品设计中,必须充分考虑其对复杂多变的使用条件的适应性。应特别注意热带、寒带等不同的气候条件和高原、山区、丘陵、沼泽、沿海等不同的地理条件,以及燃料供应等不同的使用条件对汽车结构、性能、材料、附件等的特殊要求。

3)要充分平衡汽车工况中的动力性、操控性、安全性、可靠性、经济性与环保性等。这些性能之间有时是相互矛盾的,因此要在一定的工况条件下协调各性能的要求,优选各性能指标,使汽车在该工况条件下的综合使用性能达到最优。

4)既要重视工程要求,也要注重外观造型。汽车整车设计既是工程设计,又是美工设计。从工程设计来看,它既要满足结构的强度要求、整车布置的匹配要求和冲压分块的工艺要求,又要适应车身的空气动力学要求,如具有最小的空气阻力系数。从美工设计来看,它应当适应时代的特点和人们的爱好,要像对待工艺品那样进行美工设计,给人以高度美感。

5)充分考虑人机工程、运营工程。汽车是由人来驾驶和乘坐的,因此其设计必须考虑人车关系,即操纵要方便,乘坐要舒适。此外,还必须符合交通工程的要求。

汽车设计开发流程大致包括以下几大步骤:手绘初步设计、效果图设计、制作油泥模型、布置设计、结构设计、计算机辅助工程(CAE)分析、制作样件和样车、零部件试验、整车试验等,如图2-1所示。

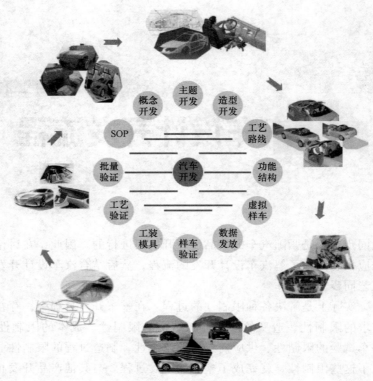

图 2-1 汽车设计开发流程

1）手绘初步设计。主要是用简单的线条勾勒出汽车的外形，包括整车轮廓特征线，整车外部重要特征部件的边界分形线，如发动机舱盖、车灯、车门、行李舱、车轮、外后视镜等，以及整车大体布置形式，包括驾驶室及车厢的布置、动力系统的布置、底盘的布置、车轮的布置等。

2）效果图设计。主要是在手绘初步设计的基础上，按正确的比例进行修正，并进行颜色和质感渲染，以及光影效果表达，为后续油泥模型、工程开发做准备。效果图具体可分为外形效果图、室内效果图和局部效果图。效果图的绘制，一般会先绘制小尺寸的效果图，选定的几个方案后，再绘制1∶1整车效果图。

3）制作油泥模型。在整车效果图的基础上，要进行整车油泥模式的制作。油泥模型是在彩色效果图的基础上更进一步表达造型构思，使之立体形象。油泥模型比效果图更真实，要求比例严格、曲线流畅、曲面光顺，一般是在构架上涂敷造型泥雕塑而成。同样，油泥模型一般也有两个比例，小尺寸油泥模式和1∶1比例的油泥模型。制作1∶1比例的油泥模式，是因为缩小比例模型可能看上去很精致，放大到1∶1后就可能显得笨拙臃肿，因此汽车形状的最后确定，必须通过1∶1油泥模型（包括1∶1效果图）的修正，以符合等大的尺度感和审美要求。

4）布置设计。将汽车各个总成及其所装载的人员或货物安排在恰当的位置，以保证各部分相互协调、乘坐舒适且装卸方便。为了保证汽车各部分相互合理的关系，需要定出许多重要的控制尺寸，依此绘制出汽车的总布置图、发动机布置图、底盘各总成布置图，以及驾驶操作场所、乘员和货物的具体位置和边界形状，也包括零部件的运动（如前轮转向与跳动)范围。经过总布置设计,就可以确定汽车的基本形状和主要尺寸参数。

5) 结构设计。结构设计是确定汽车整车、部件(总成)和零件的结构,也就是说,设计师需要考虑由哪些部件组合成整车,又由哪些零件组合成部件。零件是构成产品的最基本的、不可再分解的单元。当进行零件设计时,首先,要考虑这个零件在整个部件中的作用和要求;其次,为了满足这个要求,要考虑零件应选用什么材料和设计成什么形状;最后,要考虑零件如何与部件中的其他零件相互配合和安装。

同步工程中一项重要工作,就是对整车结构数据进行工艺性评审,评审产品设计的结构数据是否能低成本、高质量、高效率地生产出来。对发现的问题,提出从工艺角度出发的策划方案。

6) CAE 分析。主要是基于现代计算力学的有限元分析技术对工程进行分析计算和分析仿真,用于产品性能分析、预测和优化,从而指导产品设计,使产品设计指标得到保证,有效地提高设计产品的可靠性,缩短设计周期。当前,汽车 CAE 分析应用最广泛的方面,是进行汽车结构刚度分析和强度分析。

7) 制作样件和样车。汽车结构设计冻结之后,要进行多轮的手工样件和多轮工装样件的制作,为设计验证和批量生产验证做准备,以使产品设计和批量生产过程达到最优化。其中,手工样件主要用于产品设计的验证,工装样件主要用于产品的生产一致性和可靠性的验证。此外,还要进行样车制作,为整车功能、整车性能等评价、验证及优化做准备。

8) 零部件试验。主要是在非实际工况下,根据零部件的技术要求,通过模拟汽车实际运行工况来验证零部件的功能和性能,以优化零部件的设计。

9) 整车试验。由于汽车零部件的试验不能完全模拟整车在完全工况下的功能和性能,不能验证集成状态的功能和性能,因此必须进行整车试验。此外,有些零部件的功能性能试验需要非常昂贵的测试设备,而集成到整车上进行试验,可以节省测试设备的重复性投资。整车试验主要包括动力性试验、安全性试验、燃料经济性试验、操纵稳定性试验、平顺性试验、制动性试验、滑行试验、可靠性试验和耐久性试验等。

第3章 总装同步工程的开发流程

就汽车总装同步工程而言，从整车开发的起始阶段，就应开始同步进行总装工艺开发工作，即同步进行工艺可行性分析、同步进行工艺方案设计、同步进行工艺过程设计、同步进行设计数据评审、同步进行设备开发、同步进行产品导入与生产启动等，最后同步标准作业程序（SOP）。具体而言，总装同步工程主要包括如下几方面：

1）工艺可行性分析，包括产能、场地、工艺方案、工艺方法、工艺流程、关键工艺技术、工艺成本的可行性。

2）总装工艺规划方案的确定。综合工艺可行性分析，确定最后具体的工艺方案，包括产能、场地、工艺方法、工艺流程、关键工艺技术、工艺经济性等具体的工艺规划。

3）与产品设计同步，进行产品结构，包括产品设计概念、产品设计方案、产品设计具体结构、产品具体参数的总装工艺性评审，主要包括装配工艺性（质量特性实现、人机工程、操作空间）、拆卸工艺性、总装工艺成本等，还包括与总装工艺相关的其他设计输出物的总装工艺性评审。

4）与产品设计同步，在确定工艺方案的前提下，进行总装工艺设计，包括工艺方案设计、工艺分割设计、工艺流程设计、工位设计、工序设计、工艺参数设计等，并输出相应的工艺设计文件。

5）总装作业场地的规划、布置和实施，以及工装设备的规划、布置和实施等，包括总装生产场地的工艺 LAYOUT 图的设计、装配工艺装备（输送线、检测线、辅助设备等）、工装工具方案的拟定和技术要求的输出、技术协议的签订，以及安装调试、验证验收等工作。

6）新老产品开发项目物流的整体方案策划和具体方案评审与设计协同，生产工序间物流方案的评审与设计协同。

7）新老产品开发项目的装配工艺性验证工作，包括产品结构工艺性验证，生产工艺过程设计验证，设备、工装、工具的验证。

8）产前准备与生产启动，包括产前培训、单台份试装、5台份试装、小批量试装和批量生产。

总装的工艺开发同样有两种模式：第一种是对应新产品开发，同步进行全新的工艺开发与实施；第二种是在原有的产品上进行改造，或者新产品在原生产线上进行并线混流生产。由于第二种工艺开发模式是在原有总装生产线上进行混流生产，一般不会对总装的整个工艺过程进行全面的颠覆性改变,而更侧重于将改造产品或新产品与原有生产线兼容。本书侧重于讨论第一种模式,即全新产品、全新工艺规划模式的开发,总装同步工程的开发流程如图 3-1 所示。

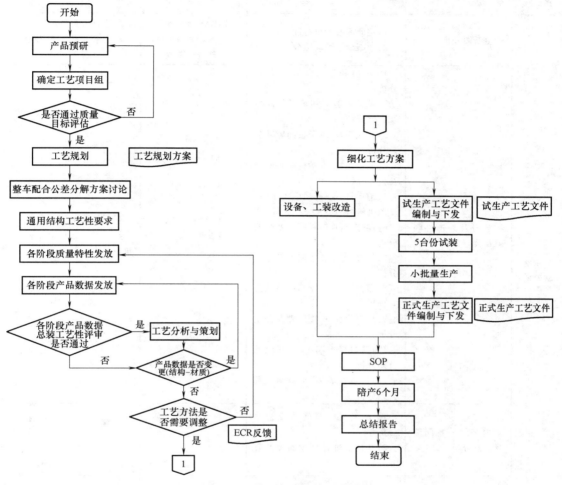

图 3-1 总装同步工程的开发流程

下面,再以清单的形式表述总装同步工程的开发流程和具体工作内容,见表 3-1。

表 3-1 总装同步工程的开发流程和具体工作内容

整车开发阶段	工艺开发工作项	工作内容	输入	输出
前期策划阶段	竞品车分析	1)装配工艺流程可行性分析 2)生产设备、工装适用性分析 3)装配部件装配可行性分析 4)装配基准和匹配分析	1)竞品车 2)拆车计划	竞品车总装工艺分析报告
	工艺可行性分析	1)生产能力分析 2)装配工艺流程可行性分析 3)生产设备、工装适用性分析 4)模块化分析 5)物流面积的需求分析	1)预研项目书 2)基地工艺信息	总装工艺可行性分析报告

（续）

整车开发阶段	工艺开发工作项	工作内容	输入	输出
整车造型阶段	主断面分析	1）主断面装配可行性分析 2）主断面装配间隙分析	1）CAS面数据 2）主断面数据 3）外观公差表	1）设计变更要求表 2）总装工艺主断面分析报告
	车身及外饰件间隙及公差分析	1）车门和车身间隙及公差分析 2）发动机舱盖和翼子板间隙及公差分析 3）前保险杠、翼子板间隙及公差分析 4）前保险杠、发动机舱盖间隙及公差分析 5）前照灯、前保险杠、翼子板、发动机舱盖间隙及公差分析 6）尾灯、后保险杠间隙及公差分析 7）尾灯、行李箱盖间隙及公差分析 8）后保险杠、行李箱盖间隙及公差分析 9）后保险杠、侧围间隙及公差分析 10）前风窗玻璃、车身间隙及公差分析 11）后风窗玻璃、车身间隙及公差分析	1）CAS面数据 2）主断面数据 3）外观公差表	1）设计变更要求表 2）总装工艺外观公差表审核报告
	内饰件外观间隙及公差分析	1）仪表板外观间隙及公差分析 2）其他内饰件外观间隙及公差分析		
	通用化分析	1）现有工装、设备通用化分析 2）平台车型通用化分析	1）基地工艺信息 2）CAS面数据 3）项目立项书	总装工艺通用化提案
工程化设计阶段	总装工艺规划	1）总装工艺流程分析 2）生产线合理性研究（布置、设备、物流等）	1）整车数模 2）车间工艺平面布置图 3）整车物料清单（BOM）表 4）项目立项书 5）供货状态表 6）车间工艺设计说明书 7）物流平面布置图 8）车间物流系统说明书 9）现有产品的零部件包装信息	1）总装工艺流程 2）总装车间工艺平面布置图审核报告

第 3 章 总装同步工程的开发流程

（续）

整车开发阶段	工艺开发工作项	工作内容	输入	输出
工程化设计阶段	间隙及公差分析	1）总装部件外观间隙及公差分析 2）车身外观间隙及公差分析 3）内饰件外观间隙及公差分析	1）整车数模 2）外观公差表（DTS） 3）零部件公差表（GD&T） 4）零部件基准点系统（RPS） 5）工艺流程	1）设计变更要求表 2）总装工艺外观公差分析报告
	零部件的装配可行性分析	1）动力总成副车架、发动机舱部分零部件装配可行性分析（锁机构、空调系统、发动机） 2）后悬架、燃油制动系统、排气管部分零部件装配可行性分析（制动踏板、加速踏板、离合器踏板） 3）仪表台、副仪表台部分零部件装配可行性分析（仪表、灯、开关、CD播放器） 4）四门、行李舱门部分零部件装配可行性分析 5）地毯、顶盖、行李舱、ABC柱、保险杠、车灯部分零部件装配可行性分析（线束、内饰板、座椅）	1）整车数模 2）整车BOM表 3）零部件描述	1）设计变更要求表 2）零部件装配可行性分析报告
	装配结构分析	1）部件面形状、干涉等分析 2）定位孔合理性分析 3）主要部件搭接面形状及结构分析 4）部件装配方向及角度分析 5）防水分析（预测是否存在漏水部位） 6）噪声及异响发生部位分析	1）整车数模 2）整车BOM表 3）零部件描述	1）设计变更要求表 2）装配结构性分析报告
	部件装配力矩分析	1）主要部件力矩可靠性分析 2）主要部件固定、插入力分析	1）整车数模 2）整车BOM表 3）零部件描述	1）设计变更要求表 2）部件装配力矩分析报告
	装配基准分析	部件装配基准分析	1）整车数模 2）整车BOM表 3）零部件描述	1）设计变更要求表 2）部件装配基准分析报告

（续）

整车开发阶段	工艺开发工作项	工作内容	输入	输出
样车试制阶段	试制工艺编制	编写试制阶段总装作业指导书	1）整车BOM表 2）整车力矩表 3）整车数模 4）供货状态表 5）产品特殊特性 6）设计失效模式及影响分析（DFMEA） 7）工艺失效模式及影响分析（PFMEA） 8）控制计划	试制工艺文件
	样车试装及验证	1）样车试装总装工艺指导 2）工艺分析合理性验证	1）试制工艺文件 2）试制样车 3）整车数模 4）公差分配表 5）设计变更要求表	1）设计变更要求表 2）总装工艺验证报告
	样车评审	样车工艺评审	试制样车	1）设计变更要求表 2）样车总装工艺评审报告
工装开发阶段	签订技术协议	编制和签订设备工装开发技术协议	技术要求	技术协议
	工装开发过程技术评审	1）工装设备方案评审 2）工装设备数据评审 3）工装设备图样会签	1）工装设备方案 2）工装设备数模 3）工装设备图样	评审纪要
	预验收终验收	1）工装设备预验收 2）工装设备终验收	工装设备样件	预验收报告 终验收报告
生产启动阶段	正式工艺文件	正式工艺文件编制与下发	1）整车BOM表 2）整车力矩表 3）整车数模 4）供货状态表 5）产品特殊特性 6）DFMEA 7）PFMEA 8）控制计划	正式工艺文件
	工艺培训	生产操作过程培训	正式工艺文件	工艺培训考核表
	5台份试装	5台份试生产	试生产整车	工艺验证记录
	150台份试生产	150台份试生产		

近些年，为了更好地对工艺开发的过程质量进行控制，引入了项目成熟度的概念。将整个项目的开发周期分成若干个阶段，为每个阶段定义主要工作内容和标志性交付物。图3-2所示为项目成熟度节点，总装工艺开发需要在确定节点前完成的工作内容和交付物。

（1）PV（产品愿景完成）
1）自制或采购策略建议。
2）工装、设备和生产启动等的投资预算。
3）设定估算的节拍目标，并进行初步的工艺规划。
（2）PPS（可行性分析完成）

图 3-2 项目成熟度节点

1) 详细投资评估,包括模具、设备和生产启动等部分。
2) 发布初步过程流程图,各个阶段的产品装配确定。
(3) TA (目标定义完成)
1) 间隙、面差可行性确定。
2) 装配工艺确定(白车身、涂装、内饰/最终装配)。
3) 自制或采购状态确定。
4) 单台车工时确定。
(4) CC (概念确认完成)
1) 回顾并更新工装、设备和生产启动的投资状态。
2) 提出对产品的制造成本细化目标。
3) 制造和装配仿真设计完成。
4) PTO 与 OS 阶段的产能爬坡计划达成一致。
(5) FC (功能确认完成)
1) 针对制造成本中直接人工、间接材料和增量费用方面的当前预测。
2) 工艺材料试验完成。
3) 最初的生产准备计划建议(4个月)。
(6) PTO (第一台产品试装完成)
1) 冲压、焊接可行性确认。
2) 装配可行性确认。
3) 车间初步布置完成。
4) 从 PTO 到生产阶段的生产爬坡计划达成一致,生产样车数量确定。
5) 直产工人的招聘。
6) 提出初始的生产工艺控制计划。
(7) PVS (5台份试装完成)
1) 识别过程特殊特性。
2) 在物料需求设计(MRP)系统中搭建 BOM。
3) 所有生产设备投产。
(8) OS (小批量试装完成)
1) 回顾和更新过程特殊特性。
2) 生产过程控制计划的评审。
3) 生产线操作培训完成。
4) 初始过程能力研究。
(9) SOP (第一台正式交付车生产)
1) 生产准备计划(4个月)执行状态报告。
2) 重大生产问题关闭。
3) 移交给生产系统制造部门。

第4章

确定工艺开发方案

通过工艺可行性分析，确定总装工艺开发方案，包括工艺技术实现方案，以及与之相对应的费用预算、进度计划与交付目标等。工艺开发方案的最后确定，通常根据整车的开发目标，包括生产纲领目标、质量目标、成本目标、投产时间等来确定。

4.1 总装工艺可行性分析

总装工艺可行性分析，主要是在一定的产品设计方案和生产纲领、质量状态、成本及投产时间预期的条件下，对总装工艺的各种限制性进行分析，分析是否可以解决这些限制性而获得可行性。总装工艺的限制性很多，如产品设计的工艺性限制性、生产场地的限制性、产能节拍的限制性、工艺流程的限制性、工艺投资的限制性、工艺成本的限制性、物流的限制性、质量等级的限制性等。此外，如果是在现有生产线上进行适应性改造开发，还要考虑对现生产的影响。完成总装工艺可行性分析后，一般可形成多个工艺可行性方案。

产品设计的工艺性限制性分析，主要是分析产品的设计结构是否符合工艺规划和装配工艺的工艺性需求。在工艺可行性分析中，对产品设计的工艺限制性分析是总装工艺可行性分析的前置工作。一般来说，汽车总装的工艺过程以拧紧装配工艺为主，占整个总装工作的70%以上。此外，还有插接装配工艺、卡嵌装配工艺、拉铆固定工艺、粘接装配工艺、气液加注工艺、电气检测工艺、功能测试工艺等，产品设计必须满足这些工艺方法的工艺性要求。因为，虽然工艺过程是为产品生产服务，但在一定程度上，产品设计必须符合工艺过程的要求，才能保证产品以低成本、高质量、高效率地生产出来。即使由于特定的产品设计，需要开发新工艺、新技术来满足产品设计的要求，那特定的产品设计也不能超越新工艺、新技术工艺性要求的边界，也要满足新工艺、新技术的工艺性要求。否则，会出现无法制造或不能低成本、高质量、高效率地生产出来而失去竞争优势的问题。

生产场地的限制性分析，主要是分析生产场地的限制性条件，包括场地面积的限制性、场地布置的限制性等。例如，5万台/年产能的总装车间和30万台/年产能的总装车间，对场地面积的需求差异性是很大的，而矩形场地和L形场地的工艺平面布置形式差异也会非常大。

产能节拍的限制性分析，主要是分析整个工艺条件，包括生产场地、生产形式（独立生产或混流生产)、生产工艺流程、生产设备及人员是否能满足与产能、节拍相适应的生产纲领的要求。

工艺流程的限制性,主要是分析工艺流程是否可行。这里所说的工艺流程,不单单指总装车间内部的工艺流程,一般还包括与焊装、涂装相关的接口工艺流程。

工艺投资的限制性分析,主要分析在一定的产能要求和工艺水平要求下的工艺投资是否符合预期。

工艺成本的限制性分析,主要是根据产品结构、生产模式和工艺流程等,分析制造过程的成本是否符合预期。

物流的限制性分析,主要分析总装外部物流和生产现场内部物流是否可以满足预期。

质量等级的限制性分析,主要是分析在一定的产品设计方案和工艺制造方案的条件下,总装的整个制造过程是否可以满足质量预期。

对现生产的影响分析,如果是在原有生产线上进行改造混流生产,需要分析原有生产线适应性改造是否需要停产,以及停产时间对现生产的影响。

4.2　总装工艺开发方案的制定

通过总装工艺性分析,可能会形成多个工艺可行性方案,因此必须通过权重分析或技术经济性分析,以确定最终的工艺开发方案。最终工艺开发方案可以采用各相关限制性的权重分析评分法来确定:先确定对工艺开发方案有主要限制性的方面,如产品限制性、生产场地的限制性、产能节拍的限制性、工艺流程的限制性、工艺投资的限制性、工艺成本的限制性、物流的限制性、质量保证限制性等;然后进行评分,按总分高低来确定工艺开发方案,见表4-1。

表 4-1　总装工艺规划方案对比分析表

标准	可行性方案一	得分	可行性方案二	得分
产品限制性 (权重10分)				
生产场地的限制性 (权重10分)				
产能节拍的限制性 (权重15分)				
工艺流程的限制性 (权重10分)				
工艺投资的限制性 (权重15分)				
工艺成本的限制性 (权重20分)				
质量保证限制性 (权重20分)				
总分				

由于汽车是大批量生产、长生命周期的产品,工艺成本的差异对整车的竞争优势影响非常大。例如,两种工艺方案的制造成本差异为每台 100 元,则按每年 15 万台产量、7 年生命周期计算,两种工艺方案的工艺经济性差异就高达一个多亿元。因此,在同样生产条件和质量指标的条件下,一般可直接通过工艺方案的技术经济性分析,通过生产成本的比较,选择出最经济的方案。当进行工艺方案的经济性分析时,必须全面考虑劳动条件、劳动生产率、生产技术先进性等方面的因素(其实质是短期技术经济性和长期技术经济性的对比)。

工艺成本的组成一般分两部分,一部分是可变费用,一部分是不变费用。

可变费用一般指与年产量大小相关并与之成比例的费用,用符号 V 表示。它包括材料费、工人工资、水电气费等。

不变费用(短期内)一般指与年产量大小无直接关系的费用,用符号 S 表示。它包括设备折旧费、维修保养费等。

由参考文献 [1] 可知,全年工艺成本可按可变费用 V 与不变费用 S 写为

$$E = VN + S$$

式中　E——全年工艺成本,单位为元/年;

N——全年产量,单位为件;

V——可变费用,单位为元/件;

S——不变费用,单位为元/件;

单件工艺成本 E_d(元)为

$$E_d = V + S/N$$

E 和 E_d 与 N 的关系如图 4-1 所示。

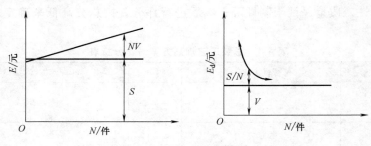

图 4-1　E 和 E_d 与 N 的关系

具体情况不同,采用的工艺方案比较方法也不同,一般有以下两种:

1)基本投资相近或使用现有设备的情况。当有几种工艺方案需要进行比较,而其基本投资相近或都是采用现有设备时,其工艺成本即可作为衡量工艺方案的经济性依据。

2)基本投资差额较大的情况。如果一个方案的基本投资较大,如采用了高生产率但价格较贵的工艺装备,但工艺成本较低;而另一种方案采用了生产率较低且价格较低的工艺装备,所以基本投资小而工艺成本较高。显然,前者工艺成本的降低是以增加基本投资为代价得到的。这个收益有多大,需要"回收期限"作为指标来衡量,即需用多长的时间才能把投资收回。回收期限可用下式表示:

$$\eta = (K_1 - K_2)/(E_2 - E_1) = \Delta K / \Delta E$$

式中　η——回收期限,单位为年;

K_1、K_2——方案1及方案2的基本投资,单位为元;

E_1、E_2——方案1及方案2的全年工艺成本,单位为元/年;

回收期限越短,则经济效益越好。一般计算的回收期限必须满足以下要求:

1) 回收期限应小于所采用设备或工艺装备的使用年限。
2) 回收期限应小于产品的生命周期。

根据工艺经济性分析确定基本的工艺开发方案后,就要对工艺开发方案进行细化。在细化具体的工艺开发方案之前,首先要进行基础资料的准备工作,主要包括:

1) 各类设计结构的参数。包括整车基本参数、整车数据模型、质量特性要求等。
2) 生产纲领。指单位时间内的产量(年产量、月产量、日产量)。
3) 工作制度及年时基数。工作制度一般为两班制,在某些特殊情况下可以采用三班制(见表4-2)。年时基数指工人或工艺设备在一年内工作的小时数。
4) 能源动力参数。可供使用的水、电、蒸汽、天然气、压缩空气等的相关工艺参数。
5) 工厂状况、厂房条件。在进行既有厂房改造的情况下,需有厂房布置图、车间工艺平面布置图、厂房建筑结构图(含立体图及剖面图)等。
6) 地方法规。三废排放的环保法规、安全卫生及消防法规、能源法规等。

在确定的工艺开发方案输入的条件下,需要进行工艺开发方案细化,包括具体的生产纲领与产能规划,工艺分割及工艺流程规划,车间布局及物流规划,工艺设备规划,质量控制规划,新工艺和特殊工艺应用规划,水污染物、环境空气污染物、噪声和固体废物处理分析等。

首先,要确定生产纲领与产能规划。生产纲领与总装的工艺规划关系很大。一般而言,生产纲领的大小直接决定了生产方式(是手工生产还是自动化生产,是作坊式生产还是流水线生产)、作业场地面积、设备选用(是选用通用设备还是专用设备、是选用手动设备还是自动设备)等。

当制定生产方案时,从产能规划的角度考虑,总装生产一般不建议按三班制计算,而最多按两大班计算。因为三班制的实际作业时间一般也只能在22h左右(去除就餐、间休,每班7h左右的工作量),而两大班每班10h,双班能有近18h的工作量,相差不多。如果按三班制,实际上增加了一个班次的人员,而产能提升却不是每天增加7h的产量。

$$产能 = 每小时产量 \times 年时基数 \times 综合运转率$$

表4-2 产能算法参考表格

节拍/ (s/台)	每小时产量/ (台/h)	作业 天数	班次	每班作业时间			年时基数/ (h/年)	综合 运转率	产能/ (万台/年)
				班	班	班			

其次,确定工艺分割和工艺流程规划。工艺分割主要确定哪些零部件在总装车间进行装配和装配部件的总成状态。之所以要进行此项工艺,是由于有些零部件,既可以在零部件供应商处生产,也可以在整车厂进行生产。而可以在整车厂进行装配的部件,有些既可以在总装车间进行装配,也可以在涂装车间进行装配,甚至在车身车间进行装配。为此需要进行工艺分割,以确定零部件的生产地点和总成状态。在确定工艺分割后,根据已经确定的总装零部件的结构关系和技术要求,可以确定基于产品设计要求的工艺流程。

接下来，根据确定的装配工艺流程、工厂状况、厂房条件、能源动力条件及投资水平的输入，可以确定总装车间的生产模式，如是低效率的手工生产模式还是大批量流水线生产模式。在此基础上，可以进行总装车间工艺布局及物流规划、工艺设备规划，再根据产品质量特性要求和车型质量要求，确定总装的质量控制方案。

在具体的规划方案设计时，新建生产线和在原有生产线上进行改造是有很大差别的。新建生产线时，一般在整个工艺流程图、工艺路线图及工位设计基本结束后，出具生产线的LAYOUT图、设备布置图，再根据设备布置图进行设备供应商的招投标、制作、安装调试工作。而在原有生产线上进行改造时，新车型的工艺流程图及工艺路线图一般都是在原来的工艺流程图及工艺路线图上进行变更的，整个的LAYOUT基本不变，总体设备布置也基本不变，只需对部分相关的设备进行局部改造。

对于新工艺和特殊工艺应用规划，需要注意的是：工艺开发和产品开发不一样。产品开发的创新来自于最终客户的持续需求，产品开发必须追求超越用户的感受，而用户存在体验疲劳，必须用持续不断的创新体验来解决用户使用感受疲劳的问题，所以创新是产品开发的原动力；而工艺是在产品幕后工作，是对产品创新后的可靠性、稳定性的保证，关注的是如何可靠地、稳定地以及低成本、高质量、高效率地生产出产品，所以创新不是工艺的原动力，在工艺开发中，不能为创新而创新，只有紧扣可靠性、稳定性和低成本、高质量、高效率生产的创新才是被允许的。特别是在汽车工艺开发过程中，不宜采用还处于试制阶段的、不成熟的、没有进行工业化验证的新工艺、新技术，或对整个传统成熟工艺进行重大调整和改进以适应产品设计需要，这么做对于大批量流水化工业生产模式的汽车产品生产而言，存在很大的工艺可靠性、稳定性风险。与产品设计有充分性验证手段不同，工艺技术和工艺装备的开发，在正式生产之前，一般都没有有效的手段进行充分的功能、性能、时效性、耐久性、可靠性试验，所以，由于没有和不能进行充分的工艺验证，在进行工艺开发时，要尽量用成熟的工艺技术及设备方案。如果是新的工艺技术和设备方案，需要进行充分的论证和严谨的验证，包括虚拟仿真验证或实物仿真验证，或者先进行局部应用，再逐步推广，大批量应用到批量化工业生产中。

总装的各种污染物规划，主要包括胶类、各种加注油液、整车排放废气、淋雨废水、装配噪声等的无害化处理规划。

4.3　总装工艺开发概算

总装工艺开发概算是总装工艺设计的重要内容之一，包括利用原有车间设备价值的概算（新建车间）、新增设备的投资概算。总装的工艺开发的概算，可根据经验或工作内容分解，利用原有车间设备的部分可以由财务部门提供，新增设备的投资概算可以由潜在的供应商进行预报价来确定。表4-3为工艺概算参考表格。

表4-3　工艺概算参考表格[2]

序号	项目名称	国内投资		引进设备		合计	备注
		费率(%)	金额/万元	费率(%)	金额/万元		
1	车间工艺总投资						

（续）

序号	项目名称	国内投资		引进设备		合计	备注
		费率(%)	金额/万元	费率(%)	金额/万元		
2	利用原有设备原始价值						
3	新增工艺投资						
	（1）设备原价						
	（2）设备运杂费						
	（3）设备安装费						
	（4）工装、工具费						
	（5）利用原有设备二次费用						
	①拆迁费						
	②安装费						
4	设备基础费						
	（1）新增设备基础费						
	（2）利用原有设备基础费						

注：1. 引进设备栏仅填写新增引进设备的费率及金额，外汇数额写在备注栏内；金额数值填写到小数点后两位；项目名称栏内的项目，可根据具体情况适当增减。

2. 设备价格估算要把各种影响考虑进去，包括项目实施周期对费用的影响（如仓储费、保管费、物价指数等）、使用借贷款的利息、税收等因素纳入估计中。此外，还要加入一些不可预见费用。

4.4 进度计划的编制

总装工艺开发的进度计划编制，可根据经验以及具体工作的分解来制定时间点和时间段。其中，具体的工作的分解要结合产品开发计划及各项工艺准备工作的时间周期。整个开发进度计划主要分如下几个部分：①工艺可行性分析部分；②结构工艺性分析与策划部分；③工艺过程设计与验证部分；④总装设备开发部分；⑤产前培训与生产启动部分。此外，还包括在如上方面工作所涉及的数据、样件、样车需求计划部分。

在进行工艺可行性分析工作部分的计划编制时，应结合产品数据的输出时间节点进行计划编制，包括产品基本参数的工艺可行性分析、产品详细设计的工艺可行性分析等；此外，生产纲领、工艺场地的规划、技术可行性分析、工艺成本分析等，都要在计划中体现。

在进行结构工艺性分析与策划工作的进度计划编制时，要紧跟产品设计的各个时间节点，完成相应的产品结构的总装工艺性评审的工作计划编制。比如效果图阶段、汽车初步造型（CAS面）阶段、A面阶段、结构设计阶段、样件阶段、试生产阶段、正式生产阶段等的总装工艺性评审，都要在计划中体现。特别要注意设计数据的总装工艺性校核计划编制时，一般要紧跟总布置的数字化电子样车（DMU）校核的计划，即总布置进行几轮DMU校核，总装工艺也要同步进行几轮装配工艺性校核。

在进行工艺过程设计和验证的工作计划编制时，要注意总装各类工艺过程设计文件的编制与输出的时间点，如过程特殊特性清单、PFMEA、控制计划、工艺流程图、工序卡、定额文件、整车质量交检原则等的编制与输出的时间点。一般的编制时序是：初始工艺流程图—初始过程特殊特性清单—PFMEA—控制计划—工艺流程图—过程特殊特性清单—工序卡和其他文件。其中，初始工艺流程图、初始过程特殊特性清单应在产品开发的初期随着产品特殊特性清单进行编制，并可同步开展进行 PFMEA 与控制计划的编制。

在制定设备开发方面的进度计划时，要注意如下几点：

1）为保证设备设计的进度计划可执行性，需要整车厂与工艺装备供应商共同讨论确定。

2）设备设计的进度计划，可以与研发数据设计的计划同步，即可以根据研发的初始化数据进行设备初步方案设计。但为了避免工程变更带来的工艺变更和设备变更成本，设备的采购及加工制造必须待产品设计冻结后才能进行。

3）如果是在原有生产线上进行混流生产，设备开发、安装、调试等工作必须在生产车间的大段停产时间进行。

4）为了保证设备方案及设备具体设计能被充分地研讨以保证设备的充分性，在制定计划时，应尽可能将设备开发的设计开始时间点向前调，以保证充分的设备方案和具体设计研讨时间。

另外，由于设备开发安装调试及工艺验证过程中，会不可避免地出现设备整改的问题。所以，在编制计划时，要为设备整改留出充分的时间。

数据、样车样件需求的时间计划编制要结合总装工艺要开展的各项工作进度计划和具体需求进行编制。总装工艺开发样车样件需求见表4-4。

表4-4 总装工艺开发样车样件需求

	用途	样车样件	数量	时间周期	备注
设备开发用样车样件	生产线通过性验证用样车样件	白车身	1	一天	做生产线通过性验证
	各类辅助装配机械手调试用样车样件	白车身+样件	1	20天	仪表板辅助机械手改造
	底盘及动力总成托盘改造用样车样件	样件	1	一周	用于托盘改造
	风窗玻璃涂胶机器人用样车样件	样件	5	一周	涂胶机器人改造
	加注设备开发用样车样件	整车	1~2	15天	各种制动电子控制单元（ECU）配置的整车各一台
	整车电子电器检测系统（ECOS）设备开发用样车样件	整车	2~3	15天	需要各种ECU组合的车各一台，一般自动变速箱（AT）高配车一台，手动变速箱（MT）低配车一台
工艺验证用样车样件	离线工艺验证用样车样件	整车	2~3	每台一周左右	一般新平台车型，每种动力总成1台，衍生车型及FACE-LIFT只需1台车即可
	在线工艺验证用样车样件	整车	3~5	一天	一般新平台车型，每种动力总成1台样车

（续）

	用途	样车样件	数量	时间周期	备注
产前培训用样车样件	离线培训用样车样件	整车	2~3	每台1周左右	一般新平台车每种动力总成1台
	在线培训用样车样件（含整车通过性验证）	整车	3	跟随生产计划	衍生车及FACELIFT只需1台车即可

注：总装进度计划编制，可分为正向拟定和逆向拟定，逆向拟定是根据整个项目的SOP时间进行反推工艺的必要节点。做进度计划时，还要考虑工作的并行性及均衡性。

4.5 交付目标的编制

总装工艺同步工程的交付目标，要从技术先进性、功能可靠性和经济性等几个方面来进行考虑。

1）功能方面：整个工艺过程设计应功能齐全，工艺平面布置合理，有充分的工艺灵活性和可调整性、高的机械化和自动化水平、物流和人流通畅、安全防护措施可靠。

2）工艺过程的质量方面：整个工艺过程质量及可靠性高、问题少。

3）经济性方面：投资额度和工艺成本是衡量工艺设计经济性的重要指标。

4）管理方面：优质、高产、低成本需要先进的科学管理来实现，整个工艺开发过程要具有此方面的先进性。

5）安全、环保和职业健康方面的指标要求。

总装的具体交付目标主要包括：生产纲领目标、进度目标、质量目标、成本目标、先进性或国产化率目标、下序抱怨目标和能耗和环保目标等。

1）生产纲领目标：主要包括生产线的节拍目标和产能目标。

2）质量目标：主要包括各阶段的AUDIT目标、产品一次下线合格率、过程能力目标、批量生产遗留问题数量目标、下序（生产工人）抱怨数量目标等。

3）成本目标：主要包括设备开发费用、工具和工装改造费用、工艺辅料和生产辅料成本、人力成本、整车返修工时目标（可以参照竞品车型或现有生产车型的返修工时来制定新车型的返修工时指标）等。其中成本目标可以通过技术经济指标来进行评价。

技术经济指标是表明整个方案的合理性、劳动生产率和生产过程机械化程度的指标。将技术经济性指标与早已实现的类似生产设计指标比较，可以判断工艺设计的水平和质量。表4-5为技术经济性指标参照表。

表4-5 技术经济性指标参照表[2]

序号	名称	单位	数据	竞品数据	备注
		主要数据			
1	年产量	台（套、件……）			
2	年总劳动量	h			
3	设备总数	台			
	其中：主要生产设备	台			

（续）

序号	名称	单位	数据	竞品数据	备注
主要数据					
4	车间总面积	m²			
	其中:车间面积	m²			
	生产面积	m²			
5	人员总数	人			
	其中:工人	人			
	直产工人	人			
6	电力安装容量	kW			
7	综合能耗	t 标煤			
8	工艺总投资	元			
	其中:新增工艺投资	元			
技术经济指标					
1	每个工人年产量	台（套、件……）			
2	每个直产工人年产量	台（套、件……）			
3	每台主要生产设备年产量	台（套、件……）			
4	每平方米车间总面积年产量	台（套、件……）			
5	每平方米车间生产面积年产量	台（套、件……）			
6	每台主要生产设备占车间面积	m²			
7	每台（套、件……）工时	h			
8	主要生产设备的平均负荷率	%			
9	每台（套、件……）综合能耗	t 标煤			
10	每台（套、件……）产品占工艺总投资	元			
11	每台主要设备占工艺总投资	元			

能耗和环保目标主要反映能源资源的利用率和三废产生指标（是否符合清洁生产的要求）。表 4-6 为能耗和污染物指标参照表。

表 4-6 能耗和污染物指标参照表[2]

序号	名称	单位[①]	数据	行业水平	备注
资源利用率指标					
1	耗新鲜水量	L/m²			
2	水循环利用率	%			
3	耗电量	kW·h/m²			
4	耗气量	kg/m²			
污染物产生指标					
1	废水产生量	L/m²			
2	有机废气产生量	g/m²			
3	废弃物产生量	g/m²			

① 指每平方米面积的资源能源和污染物的产生量。

总装工艺同步工程的交付物，主要指交付的各类文件，包括项目管理文件、产品结构总装工艺性分析文件、工艺开发文件、设备开发文件、工艺验证文件、培训文件等。这些文件要对工厂（车间）现状、新车间的任务、生产纲领、工作制度、年时基数、设计原则、工艺过程、劳动量、设备、人员、车间组成及面积、材料消耗、物料运输、职业安全、环境保护、技术经济指标等进行全面的描述。

第5章

设计结构的工艺性分析、评审与策划

同步工程中最重要的工作,就是对产品数据进行工艺性评审与策划。这项工作使"质量是策划出来的"这句话得到最大限度的体现。产品结构的工艺性分析与评审的三个重点作用:①设计质量特性可靠及稳定地实现;②良好的流水线生产工艺性;③低成本性。一般而言,通过与产品设计同步的设计结构的工艺性分析、评审与策划,90%的工艺性问题应在数模冻结前被发现,其中100%的重要工艺性问题应在此阶段被发现,剩下10%的问题一般在转产及售后被发现。

设计结构的工艺性分析、评审与策划的过程,是与产品数据设计工作同步进行的,伴随着产品设计过程,工艺部门同步接收研发中心的技术文件,包括设计BOM、零部件及整车数模、产品图纸、零部件及整车质量特性及技术规范、零部件及整车样件等设计输出物,进行产品结构的工艺性分析、评审与策划工作,以保证产品结构能满足后续的工艺要求。也为以后的工艺工程工作做输入的准备。此外,从产品结构的工艺性分析、评审与策划的方式方法上看,这个过程也是虚拟工艺验证的过程。

5.1 结构工艺性分析、评审与策划的主要目的

总装结构工艺性分析、评审和策划的主要目的是保证结构既能装好,又能好装。总装的装配,不仅仅要关注可装配性,更要关注好装配性。因为汽车总装生产不是单件生产,而是大批量流水生产。在这种条件下,操作人员会长时间地进行重复性装配,好的装配性就显得尤为重要。好的装配性,不仅可以尽可能降低操作人员的劳动强度,而且会由于零部件的易装配,使装配质量也得到保证。

5.2 总装工艺性分析、评审与策划的主要作用

通过前期良好的工艺性分析、评审与策划,可以保证产品的如下几个特性:

1. 可实现性

通过工艺校核,包括零部件的操作空间校核、设备空间校核、工具空间校核、手空间校核等,保证实现产品装配。

2. 良好的流水线生产工艺性（包括装配工艺性、拆卸工艺性）

1) 整车零部件是否好装及好拆。

2) 装配及拆卸的顺序限制性是否过强，是否适应柔性化生产。

3. 质量特性可靠的实现及稳定的保持

1) 是否可以通过简单的工序生产出来，既能节约生产成本，又能使过程质量得到很好的保证。

2) 各种尺寸配合要求，能否通过正常的尺寸链实现。

3) 是否保证质量特性的时效性。如整车线束的布置点是否会因为时效性差而失效，导致整车电器出现故障、甚至发生失火等情况。

4. 低成本性

1) 能否尽可能减少安装点或紧固点。

2) 在满足质量特性要求的前提下，是否可以进行标准件的形式及扭矩的统一，以节约成本；能否提高工具的通用性以减少成本。

5.3 总装工艺性分析、评审与策划的主要原则

大部分情况下，工艺可行性方案非常多，所以很难出现工艺无法实现的问题。在工艺性问题上，最经常面对的问题，不是"能不能"的问题，而是"好不好"的问题。同样的设计方案，一般会有很多种工艺实现方式，但哪一种最好（最低工艺成本、最快工艺效率、最高工艺质量），哪一种能最大限度地保证一致性？是需要工艺人员仔细分析和选择的。同样，产品设计人员对装配工艺性的保证工作，也是产品设计时的重要方面。而实际上，大部分时候，设计是可以解决工艺性问题的，工艺性问题是设计的限制性之一，也是衡量设计人员设计水平的标志之一。因此，良好的装配工艺性是工艺人员和设计人员共同的选择。在进行工艺性分析、评审与策划过程中，如何解决发现的设计问题，产品设计人员与工艺设计人员要遵循如下原则：

1. 若工艺无法实现，必须进行设计变更

在进行总装工艺性分析、评审与策划时，一般不对产品的可装配性进行分析、评审与策划，只对可装配的零部件进行工艺性好坏的分析、评审与策划，并提出提高装配工艺性的意见和建议。装配的可行性或者说可实现性是产品设计人员必须保证的，可装配性一般是产品工艺性评审的前提要求。所以如果存在不可装配性问题，或者说如果不进行设计变更，工艺（包括可装配性、质量、节拍等）无法实现的，设计必须进行变更。

2. 如果既可通过设计变更解决，又可通过工艺措施解决，则需进行质量风险评估和成本权衡

1) 如果两者的质量风险或变更成本相差巨大，则优先选择质量风险小、变更成本低的方案。

2) 如果两者的变更成本或风险相差不是特别悬殊，则首先应通过设计变更解决。

这是因为：

第一，虽然产品设计要受功能、性能、工程、成本等方面的限制，但产品设计自由度较高；而工艺受工艺方法、工艺流程、工艺设备的限制，工艺变化的自由度相对于设计变化的

自由度来说较低。所以,当设计与工艺之间出现矛盾时,通过设计变更来解决更容易。

第二,整车从设计开始到实际生产,问题解决主要在两个阶段,一个是设计阶段,处于整个开发周期的前期;一个是工艺阶段,处于整个开发周期的后期。问题的解决如果可以放在前期,则尽可能放在前期,不放在后期;如果放在后期解决,则会给项目结果的保证带来很大风险。这是因为相对于开发前期而言,开发后期工艺问题的整改周期和验证周期会非常长,有可能会对整个开发项目周期造成影响。

第三,工艺首先追求的是稳定,其次才是创新,所以工艺发展都是很平缓的。特别是在新产品开发过程中,不宜采用新的工艺或对整个工艺进行重大调整和改进以适应产品设计的需要。

第四,从工艺上解决会造成专机(专用模具、专用夹具、专用设备)的增加,不仅使投资和后期维修成本增加;而且,整个工艺线柔性扩展的难度会增大。

在实际产品开发过程中,当出现产品设计的装配工艺性差的问题时,产品设计部门经常推荐"工艺克服、操作人员克服"的解决方法。实际上这种解决方法有两个问题:首先,装配工艺性的保证与整车功能、整车性能等一样,是一个产品设计人员需要保证的基本要求。其次,为保证整车功能、性能而降低产品的工艺性,实际上就是以降低产品的一致性和牺牲产品质量为代价的,直接带来产品一致性问题,并会产生一定的质量隐患,进而严重影响最终用户的体验和满意度,降低用户对产品的认可度,最终影响产品的品牌影响力。因为,装配工艺性差这一问题,带来的不良后果在单件或小批量生产中不明显,但在大批量生产中会出现生产一致性的问题,导致工艺过程不稳定,带来相应的质量隐患和故障率提升。而在汽车的大批量流水化生产模式下,同一个操作人员,要在流水线上,每天重复几百次、每年要重复几万次,每次一两分钟的操作,这就要求每个操作人员的操作过程必须非常简易、顺畅,只有这样,才能最大限度地保证操作人员的规范性和一致性。而如果产品设计的工程问题需要通过"工艺克服、操作人员克服"来解决,操作人员所要负担的,就不是一台或几台的困难操作,而是每天要重复克服几百次、每年重复克服几万次的困难操作,而且每次克服困难要在一两分钟内。在此情况下,极易或者说百分之百会出现操作人员操作不到位的问题,而这些问题又很难通过后续检验发现,因此会降低产品的一致性,进而带来整车的质量问题,影响顾客的满意度。假设一个需要"工艺克服、操作人员克服"的工序,操作人员出现操作问题的概率是3%,如果一条整车生产线上有20个需要"工艺克服、操作人员克服"的工序,整车出现质量问题的概率就是60%,这意味着60%的整车会由于"工艺克服、操作人员克服"而出现质量问题。如果这些问题不易被发现或不易被返修,以及由于返修而带来其他问题,会进一步增加质量隐患。而这些质量隐患会传递到市场和用户中,带来客户抱怨,从而影响客户的满意度,降低产品的认可度和竞争力。

为此,当进行"工艺克服、操作人员克服"选择时,同样需进行质量风险和变更成本评估。进行质量风险评估时,可采用失效模式与影响分析(FMEA)的"S-严重度""O-频度""D-探测度"单项及乘积值评估法。单项分值大于8(也可设定为6),或乘积(S)×(O)×(D)值大于216,就不建议采用"工艺克服、操作人员克服"的方法,否则会增加质量缺陷的严重度、质量缺陷的探测度、质量缺陷的频度[降低生产线的直行率、一次交检合格率,增大百万分之一(PPM)和百台缺陷率]。特别是对于严重度大于8,频度也大于8的工艺性问题,更不能采用"工艺克服、操作人员克服"的方法。进行变更成本评估时,可将工艺变更成本（包括出现制造缺陷的返修成本）与设计变更成本进行对比评估以进行选择。总结下来，采用"工艺克服、操作人员克服"的方法，容易出现影响整车安全、人身安全、整个重要性能和功能的重大制造缺陷，出现制造缺陷率较高、制造缺陷不易被检查出来等问题。当出现的制造缺陷在后序不易被返修、返修成本较高，以及工艺变更成本较高时，就应停止采用，并从产品设计的角度来解决。

5.4 总装工艺性分析、评审与策划的主要工作

无论是全新车间及全新工艺流程的新车型，还是在已有生产线上进行生产的新车型，都要按照工艺流程顺序，对所有零部件进行工艺性分析、评审与策划。工艺性分析、评审与策划贯穿于设计过程的各个阶段。此外，设计数据一般都是顺次发布，且经常变更，所以要同步跟踪设计数据，以保证评审的有效性与及时性。

1. 数据分析、评审与策划的阶段和轮次

数据分析、评审与策划，主要在竞品车阶段；基本参数阶段；效果图、CAS 面、油泥阶段；典型断面阶段；A 面阶段；数模阶段；产品图样阶段；手工样件阶段；工装样件阶段进行。相对来讲，手工样件之前的阶段由于还没有进行工装样件的工装开发，整个开发投入还较少。为了尽可能降低由于设计变更导致工装模具变更的成本，应在工装样件之前尽可能地发现问题。所以，此时的评审特别重要，一般这些阶段的数据每种至少要进行两轮评审。特别是对于具体结构数据的评审，至少要进行三轮。其中，对数模数据的评审还可以利用制作工序卡的过程进行虚拟仿真装配进行再次评审。

在所有的设计数据分析、评审与策划阶段中，有三个阶段非常重要：一个是竞品车数据阶段；一个是 CAS 面阶段（包括主断面阶段）；一个是细节数据模型阶段。之所以这样讲，是因为这三个阶段的整车开发，还都处于数据阶段。此时，还没有进行样件工装和正式工装的开发。如果整车的问题在这三个阶段被发现，会最大限度地减少设计变更成本，最大限度地减少由于设计变更带来开发周期的延长。

一般新车型的产品设计，都是以竞品车为基础的，所以，对竞品车数据的分析，可以尽可能早地发现问题，从产品设计的起始阶段就形成对产品设计的有效约束，特别是基础性的设计方案或工艺方案问题，以减少由于设计方案或工艺方案问题而大量变更产品设计，减少设计变更成本，从一开始就保证了产品设计的工艺性。

CAS 面阶段（包括主断面阶段），主要对外观造型的分块方案和分缝线（见图 5-1），以及整车主断面结构等相关设计输入进行分析，发现有可能会对制造工艺产生影响的部位，并提出相应的设计变更要求。CAS 面和主断面评审是后期工程数据细化设计的基础，因此 CAS 面数据评审很重要。如果某一个 CAS 面或主断面的问题在进入工程细化设计阶段后才被发现出来，会造成大量的产品设计的细节数据变更。这个阶段，可以校核整车模块总成的装配空间（如仪表板、中控台等）、产品结构与相关设备的干涉检查（如吊具、辅助装配机械手）、与相关工具的干涉检查（如前保险杠紧固工具的空间）。此外，还可检查零部件的匹配难易度。

细节数据模型阶段是总装可实现性和工艺性全面检查的阶段。一般在这个阶段，结合工艺流程图进行初步的工艺过程设计和工序设计，按工艺流程进行装配模拟分析并结合以往生

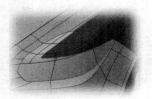 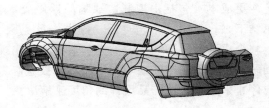

图 5-1　外观造型的分块方案和分缝线

产过程中出现的问题，分析每一个设计部件的可装配性和工艺性，并针对发现的问题提出相应的设计变更建议，促使产品设计可以低成本、高质量、高效率地生产出来。整个分析、评审与策划过程，要严格按照工艺路线图的顺序，一个件一个件地进行模拟装配，每装一件检查一下装配空间（能不能装进去）、设备空间（设备是否干涉）、工具空间（工具是否干涉，见图 5-2）、手的空间（管路、线束等装配时，是否有手操作的空间）。

除了刚才说的三个阶段，手工样件和样车试制阶段的产品工艺性分析、评审与策划也非常重要。由于前三个阶段，主要依赖于虚拟状态的产品数据进行工艺性分析、评审与策划，不直观、不具体，而且一般无法完全模拟所有装配流程和具体装配过程，所以很难完全发现问题，而手工样件样车试制阶段，就可以弥补前三个阶段对数据分析、评审与策划的不足。可以通过实际样件和样车来进行分析、评审与策划，发现和解决产品设计的工艺性问题，如图 5-3 所示。而且，这个阶段还没有进行批量生产工装的开发，如果在这个阶段发现问题，对批量生产的工装而言，变更成本也小些。在这个阶段，基本上可以对前三个阶段所有的分析、评审与策划的内容进行再次分析、评审与策划，可最大限度地保证产品设计的装配工艺性。

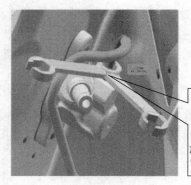 

图 5-2　工具与工件干涉　　　　　　　　图 5-3　通过样件来分析、评审与策划

每个阶段的设计数据，一般要经历几轮（一般2~3轮）的发布-评审过程，其中细节结构数据一般会根据整车数据的总布置校核要求，进行3~6轮发布-评审，最后再冻结。为此，装配工艺性分析、评审与策划可以与设计数据发布-评审过程同步，每轮数据发布后，都要进行相应的评审。一般一个项目总装的评审时间按内饰、底盘、终装线、分装线各2个人共8个人计算，需一周左右。另外，CAS 面及效果图、断面、结构数模一般不是顺次发布的，底盘数据及车身底部数据先发布，然后确定整车造型数据（通常先主断面、外饰 CAS 面、内饰 CAS 面），再根据底盘及造型数据确定车身及内外饰和其他数据，最后发布电子电器数据。所以，进行数据评审时，应与整车数据发布同步，底盘及车身底部数据发布时进行

一次结合整车工艺流程的系统性评审。此时的评审内容主要是底盘、车身底部数据及外饰 CAS 面的初始化数据。内饰造型（CAS 面）冻结时，如果时间来得及，再进行结合整车工艺流程的系统性数据评审。当整车数据相对齐全时，再结合整车工艺流程进行系统性的整车数据评审。

特殊说明一：在 CAS 面确定之后，产品数据的细化设计是分步骤进行的，一般分三个阶段：第一个阶段是在 CAS 面的基础上进行 A 面设计，明确整车基本框架、外形和基本布置。第二个阶段是在 A 面及整车断面的基础上，对产品数据进行进一步细化，增加定位孔、定位面、工艺孔、减重孔、主要功能孔、功能面等信息。第三个阶段是在总布置的协调下，完成每个部件的全部结构设计，使各零部件之间布置协调，装配关系明确。

特殊说明二：为了简化管理，设计结构的工艺性评审的轮次和时间，可以与总布置的 DMU CHECK 的轮次和时间同步。一般设计的总布置评审要在产品设计的细节设计阶段进行 3~6 轮：首先建立 DMU CHECK 的文件夹（此文件夹内的文件，只有只读权限），在每轮评审前，总布置向各专业设计组收集数据，然后集中评审。评审时，各校核工程师调用统一的 DMU CHECK 文件夹中的数据来建立评审的 PRODUCT 文件进行评审。当数据变更时，相应零件数据名称中的版本号等要进行相应变更。此时，相应的专业设计人员要通知总布置的数据信息管理员，将原来的文件删除，放入变更的文件。一方面，设计人员通过变更单等形式通知校核工程师，告知变更文件的位置，由总布置数据信息管理员，将变更的文件复制到 DMU CHECK 文件夹中再进行校核。另一方面，如果在 CATIA 环境下进行校核，当评审人员打开 PRODUCT 文件时，由于原来文件已经删除，更新为新文件，CATIA 会出现一个提示，告知原文件已没有。

2. 数据分析、评审与策划的工作形式

产品数据装配工艺性分析、评审与策划的工作形式主要有三种：第一种是工程师在服务器上调用数据进行独自分析、评审与策划；第二种是工艺项目组的相关成员一起进行分析、评审与策划；第三种是开评审会与相关设计人员集中讨论的方式进行分析、评审与策划。无论哪种评审，有两方面是产品设计人员必须同步说明的：

一方面为产品结构的设计思路、设计方案是什么？原型车是哪些竞品，是完全复制还是有细节变更？如果有细节变更，变更的是哪些地方？说明细节变更在哪些地方很关键，这样做可以使评审人员更好地了解产品设计过程中，需要重点关注的技术要点，并进行有针对性、有重点性的校核，防止本来可以很容易发现的问题被疏忽掉。

另一方面为产品的尺寸与性能参数的要点是什么？或者说产品的特殊特性是什么？

如果采用评审会议的方式，可采用如下过程：

（1）总装工艺的前期准备

包括整车数据（含要进行评审的设计数据及变更件数据）、工艺 BOM、设备及工具数据、以往车型存在的工艺问题点等。

（2）设计人员的前期准备

1）设计思路与设计方案，包括设计结构的参考基础（原型件）、细节变化的说明（变更哪些地方、为什么变更、可能会涉及哪些零部件和涉及哪些专业）等。

2）整车数据（包括要进行评审的设计数据及变更件数据）。

3）数据的具体尺寸参数（如定位与夹紧方式、尺寸及公差要求等）及性能参数（如相关的材料刚度、材料强度、使用寿命等）。

(3) 相关评审人员评审

相关评审人员通过头脑风暴，一起分析工艺的可实施性，其中主要关注如下方面：

1) 以往车型的问题，是否会在此数据方案中出现，如何规避。
2) 设计数据跟哪些专业是相互关联的，会带来哪些影响。

而在参加评审会之前，工艺人员一定要提前熟悉设计数据，并尽量发现工艺性问题。

此外，在产品设计人员进行设计前，工艺人员可以将总装工艺的通用性要求和在现生产过程中出现的问题提前反馈给设计人员。让设计人员在开始进行设计之前，就了解要注意哪些问题不能在产品设计中出现，提前进行问题规避。为此，可以召开专门的会议，将总装工艺的通用性要求，以及目前在产车型存在的问题向设计人员讲解。

当前，用的比较多的方式还是采用工艺工程师在服务器上调用数据进行评审、提交工程变更要求（ECR）。这种开展工作的形式，实际上还是异步工程，没有完全真正实现同步过程，会影响设计工作效率，延长设计冻结时间。较好的做法还是通过工艺与设计人员集中在一起形成工作组一体化工作的方式。这样，一个问题可能几分钟就得到解决。具体的做法是：工艺人员与设计人员坐在一起，或者同时在线到同一数据设计平台上，在设计人员进行设计初始时，就向专业工艺人员，包括冲压、焊装、涂装、总装人员介绍一下设计思路、设计方案、设计要点及相对于以往车型的细节变化，征集一下工艺要求；设计结束时，再在设计平台上通知工艺人员进行评审，检查是否存在装配工艺性问题，评审通过后数据冻结发放。这样，可以大大减少变更量，大大缩短设计时间；同时，也大大减少了ECR输出的数量和异步设计量，真正实现同步设计和一体化设计。

为了防止工程师出现评审遗漏，还要在工程师独自评审、集中评审会后召集专家组，对工艺项目组的评审进行再次评审。专家组对数据可能出现的问题再进行一次头脑风暴式的评审；同时，也对工程师独立评审的结果进行再次评审。在专家进行评审时，主要关注如下问题：

1) 评审工程师的评审方法是否正确，是否按照标准化的评审流程、评审内容要求及检查清单（CHECK LIST）进行逐一评审。
2) 涉及重要投资的关键设备、工装等数据，是否得到有效评审。
3) 对以往车型出现的问题，是否进行了有效规避。

如果不能召集所有相关人员进行数据评审，那设计人员应将设计思路、设计方案及设计数据做详细的说明（包括设计结构的原型、细节变化的说明、变更哪些地方、为什么变更、尺寸与性能参数、可能会涉及哪些零部件和涉及哪些专业）发给所有相关人员。不能及时参加评审的人员在评审会后，要抽出时间再与设计人员进行面对面的沟通，了解结构设计思路及数据细节并作补充评审，再在评审会签单上签字。

对于越是不能达成一致的评审问题，越要召集专家团队进行集中评审，以防不能达成一致的问题迟迟不能解决而影响项目的正常进展（为了更具可操作性，可每半月或每月召开一次专家评审会）。

进行整车数据分析时，可提前将可形成模块化的数模整理出来，以备以后使用时方便，如整车数模、白车身数模、前端模块数模、仪表板模块数模、底盘模块数模、动力总成模块数模、车门模块数模等，见表5-1。

表 5-1 整车数据分析模块化构建表

模块名称	Cgr格式	Product格式	备注
白车身(不含四门两盖)	√		车身坐标系下
左前门总成(钣金总成)	√		车身坐标系下
右前门总成(钣金总成)	√		车身坐标系下
左后门总成(钣金总成)	√		车身坐标系下
右后门总成(钣金总成)	√		车身坐标系下
发动机舱盖(钣金总成)	√		车身坐标系下
尾门或行李舱盖总成(钣金总成)	√		车身坐标系下
左前门总成(分装总成)	√	√	车身坐标系下
右前门总成(分装总成)	√	√	车身坐标系下
左后门总成(分装总成)	√	√	车身坐标系下
右后门总成(分装总成)	√	√	车身坐标系下
尾门或行李舱盖总成(分装总成)	√	√	车身坐标系下
前端模块分装总成	√	√	车身坐标系下
仪表板模块分装总成	√	√	车身坐标系下
动力总成模块分装总成	√	√	车身坐标系下
底盘模块分装总成	√	√	车身坐标系下
车轮总成	√		车身坐标系下
拉门(钣金总成)	√		车身坐标系下
拉门分装总成	√	√	车身坐标系下

典型案例：某项目在座椅设计时，不是完全复制原型车，分别取消了原型座椅的定位孔及螺母，此种变更没有及时通知评审人员进行有针对性的分析，导致评审疏漏。待工装件出来后，才发现进行座椅的四个安装点安装时，前两个螺栓必须先预紧到距离夹紧面一定距离（1~2mm 防止座椅滑动时滑道与螺栓发生干涉），然后再滑动座椅露出座椅后两点，摆动座椅对正后两孔后再紧固后两点，然后回过头来，再紧固前两点。这样的装配，从实际操作上看，根本不可能实现，如图 5-4 所示。

3. 数据的有效性与分析、评审与策划及时性的管理

设计数据的发布有两个特点，一个是顺次发布，一个是经常变更。为此，要对设计数据进行有效的管理，且同步评审变更数据。

在设计数据评审的及时性方面，由于设计数模经常变更，如何使数模的评审能跟得上数据变更的步伐，需要建立数据变更评审管理办法，此管理办法必须保证变更的数据经过相关评审才能发布。

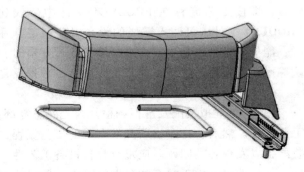

图 5-4 座椅的装配工艺性问题

由于在一定时段内，设计数据可能经常性地进行变更。为了保证变更数据评审工作的可操作性，可每半月或每月召集设计工程师及相关专家，集中进行一次变更数据的评审（注意在设计人员进行设计变更时，要同步通知项目组所有成员变更原因、变更点，让相关人员前期进行一定了解，为之后的评审做准备）。

这里要着重讨论数据变更件评审的主要方法。由于整车的数据都是相互关联的，所以数据评审一般都是结合整车的装配工艺流程，进行完全流程化的虚拟装配来评审设计数据的。此工作量非常大。而设计数据变更时，一般只对相关联的部件有影响，此时，如果再完全进行全部工艺、全部零件的虚拟装配，不仅费时费力，而且也无必要，对整个项目工作效率也有影响，所以一般只校核相关件及相关工艺。相关件及相关工艺的确定要遵循如下原则：

1）由于零件结构的变更可能会影响零件自身及分装总成的工艺，所以，从变更件上线装配时的工位开始，对变更件及变更件分装总成的工艺过程要逐一校核。

2）由于零件结构的变更可能会使此零件周围件的环境发生变化，所以，从变更件上线装配时开始，此零件及此零件外轮廓外展500mm范围内的部件都要进行校核。

对于设计数据变更的跟踪管理，有如下几种办法：

1）在数据评审流程上规定：总布置的DMU CHECK（运动校核）文件夹中的数据文件，以及BOM（物料清单）文件中的数据变更时，必须在数据变更单上签字才能发放。同时，要求所有设计人员在数模变更时，必须发放数据变更单。变更单上要注明变更日期、变更原因、变更部位、评审时间，提醒相关人员数据已变更，以便于引起数据评审人员关注。

2）设立专人进行数据跟踪，定期（每周）检查设计数据的变更日期，如果变更日期有变化，及时通知评审人员。

3）数据评审人员要建立CHECK LIST清单，在清单上加一列"数据变更日期"以此作为数据评审时间标记点。每周检查一次设计数据的变更日期（可在设计数据的属性中查到），如果与CHECK LIST清单中标记的日期一致，即可不用评审，如果不一致，需关注数据的变化并进行评审。

4）利用总布置的DMU CHECK文件夹，在本地内网计算机上，按装配工艺流程，建立各个工段的装配（PRODUCT）总装校核文件，当设计数据发生变更时，DMU CHECK中的原文件会被删除，新文件复制进来且文件名的版本号会变更。再打开校核的PRODUCT文件时，会有数据变更的提示，如图5-5所示。

这里，重点介绍一下PRODUCT文件的目录树结构的设定，目录树结构可以与工艺流程一致，即按工艺流程在PRODUCT文件中依次建立各工位的子PRODUCT文件，每个子PRODUCT文件中可调入需要的设备及工具、人手等数模。这样在进行各工段零件的分配时，能保证零件不缺失。在进行多轮设计评审时，直接打开PRODUCT文件，通过显示、隐藏等操作直接进行校核，能最大限度减少数据反复调入的时间。

4. 数据分析、评审与策划的主要手段

1）进行虚拟装配及虚拟调检。首先熟悉零部件、整车数模及新生产线或混流生产线的工艺流程。然后，排布出新开发车型的工艺流程，再对零部件数据模型按工艺流程进行虚拟装配，以发现各类问题。应重点校核设备工艺性、工具工艺性、操作人员操作过程中的工艺性、可视性等。由于整车的数据量较大，所以评审时可以以段为单位，且在评审过程中，前

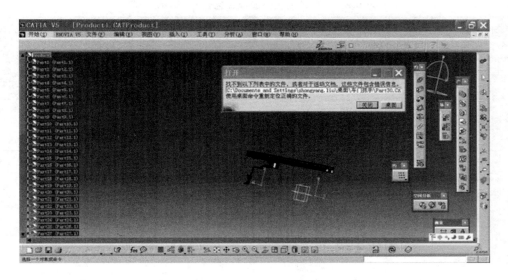

图 5-5 数据校核结构树

段的人要为后段的人评审搭建装配环境。即前段的人评审完成后,要将装配到本工段的整车数模状态交给下一工段,下一工段再根据本段之前的工艺概况表进行检查,没有问题后即可进行下一步校核。整个评审不仅要注重装配线,还要注重检测线的装配,如定位调整、车灯调整等。

2)生产问题。校核现生产问题是否在新车型中被解决。

3)实际模型校验。结构工艺性评审最好的方法是进行实际验证,可利用仿真校验模型、快速成型件等进行装配模拟、装配试验等。对于模拟装配难以分析的评审,就可以利用仿真校验模型或快速成型件来验证。

在独自进行设计结构工艺性评审前,要先制作出装配工艺性 CHECK LIST 清单。在清单中列出检查项,见表 5-2。根据此检查项,对每个零部件进行检查。装配工艺性 CHECK LIST 清单的制定,可以以零件为基准或者以每个零件为单位(也可以列出一些重点部件制作 CHECK LIST 清单),列出需要的检查项目,如数据变更与评审时间;设备是否需要开发或改造;零部件能否无干涉装配;工具是否干涉;是否装配困难(人机工程);是否需要定位基准;定位基准是否有效;公差能否有效实现;其他质量特性(公差)能否可靠快速实现;装配顺序是否存在限制性;安装点能否减少;安装孔尺寸及公差能否扩大;标准件能否统一至基准标准件;扭矩能否统一至标准扭矩;密封可靠性分析(防水降噪);是否能很容易地拆卸下来并被分解;装配方式是否会随时间变化而失效等。其中,"设备是否需要开发或改造""零部件能否无干涉装配""工具是否干涉""是否装配困难(人机工程)"必须得到重点关注。此清单可以起到防止漏掉检查项及防止漏掉零件的情况。特别是很多零部件的数据不是同时发放的,而是陆续发放并经常变更的。利用装配工艺性 CHECK LIST 清单可以在每个零部件检查完毕后,标记在装配工艺性 CHECK LIST 清单上,以提醒自己评审数据的变更日期,哪些已评审,哪些未评审及何时做评审等。在进行结构工艺性评审时,逐一落实并做审查标记,此检查清单要存档。

表 5-2　车门外后视镜装配工艺性 CHECK LIST

零部件名称		零部件编号		车型			检查人员		
序号	检查项目	标准及要求			检查结果			意见/必要的措施	备注
					YES	NO	N/A		
1	装配工艺性	当外后视镜布置在车门外板上且未安装紧固件时,必须有挂卡防脱落结构							
2		定位机构合理,可采用如下两种方式: 1) 采用安装孔定位,安装孔中,至少有一个主定位安装孔(圆孔),一个辅助定位孔(长圆孔),其他安装孔为通过孔(大圆孔) 2) 采用独立的定位方式,所有安装孔为通过孔(大圆孔)							
3		外后视镜与周沿外饰件,如水切等间隙、面差及搭接关系合理							
4		后视镜拧紧扳手与周边零部件之间间隙至少为7mm							
5		套筒与周围零部件之间间隙至少为2mm							
6		是否涉及重点设备、工具和手的装配工艺性要求:外后视镜安装与车门分装夹具无干涉							
7		外后视镜自带线束端子外形尺寸小于需要穿过的车门钣金孔径							
8		外后视镜自带线束走向且连接要便于操作,可视性好,不存在盲装							
9	扩展检查	工艺问题数据库、要点书中是否有相关问题需要确认							
校对(日期)					批准(日期)				

注:"YES"表示"检查项目"满足"标准和要求";"NO"表示检查项目不满足"标准和要求";"N/A"表示"检查项目"不涉及"标准和要求"。所有的检查项目都要在对应的"YSE""NO""N/A"栏中,用符合"√"进行标记。

5. 数据分析、评审与策划的记录、反馈与跟踪

各项目在进行装配校核时,对于工艺性问题,包括可能对设备操作、工具操作、装配空间等有影响的部位,特别是可能会影响整车造型、重要零部件生产模具、重要总装工艺装备的,一定要进行记录并存档。记录形式有如下几种:①ECR 报告,如设计变更要求表(见

表5-3）；②各种评审报告，如质量特性评审报告，主断面分析报告等；③问题管理表；④会议纪要。无论什么反馈，都要在反馈的基础上及时跟踪。

特殊说明一：对ECR的反馈，可召集相关人员每月召开一次集中讨论会，主要解决不能与设计达成一致的问题。

特殊说明二：问题管理表，将项目运行过程中的所有问题都记录到问题汇总表中。问题汇总表中列出的项目有："问题序号""问题状态分值""重要度""零件号或工位号""问题描述""问题发现时间""问题发现人""最初原因""最终解决措施""问题负责人""30分认证时间""70分认证时间""90分认证时间""97分认证时间""100分认证时间""问题认证人"等。其中，问题状态分值的定义如下：

——10分：问题被记录到问题汇总表中；
——30分：问题移交给相关问题负责人；
——50分：临时解决方案得到设计人员认可并记录到问题跟踪表中；
——60分：问题分析结束，问题的起因被发现；
——70分：问题解决方案的措施已制定、同意并认可通过；
——90分：措施执行了，零件到位了；
——97分：由于特殊原因中止解决；
——100分：方案有效被证明，问题负责人完成工作。

表5-3 设计变更要求表

设计变更要求表（ECR）			设计变更理由	问题重要度 关键(A) 重要(B) 一般(C)		文件编号		
						ECR编号		
车型		零件名称	版本号	工作阶段		分析	审核	批准
		零件号		分析方向				
问题描述：				变更建议：				
专业	意见			进一步说明		会签人		日期
冲压专业								
焊装专业								
涂装专业								
总装专业								
尺寸工程								
其他部门								
会签结论				结论说明				

5.5　总装工艺性分析、评审与策划的具体内容

总装工艺性分析、评审与策划的具体内容主要从总装工艺过程的人、机、料、法、环的要求出发，最大限度地保证总装工艺过程的工艺质量、最大限度地降低总装工艺过程的工艺成本、最大限度地提高总装工艺过程的工作效率。具体检查的内容主要包括零件完全性检查，操作工艺性检查，零部件匹配分析检查，干涉检查，装配成本检查，密封性检查，热保护检查，必要遮蔽性检查，拆卸、检修工艺性检查，结构的可靠时效性检查等。

1. 零件完全性检查

主要检查设计 BOM 中零部件是否可实现整车装配，包括：检查 BOM 中的零部件是否完全；零部件的工艺分割及总成状态是否符合装配工艺要求。

2. 操作工艺性检查

总装的操作工艺性分析主要指设备、工具操作空间、人机工程检查。检查主要包括：在所有零部件的装配过程中，要有足够的操作空间、良好的可视性，操作和调整方便（如有防错结构，或者标准件带有导向以节省拧紧时间）。不应存在与设备、工具（气动工具、套筒、夹钳等）等零部件干涉的情况；手臂操作时，手臂的可达性距离一般不超过 600mm；单手或双手操作时，整个手部的活动范围外要有 80mm 左右的无干涉空间；手指操作部件时，手指活动范围外的无干涉空间一般不小于 35mm。所有零部件的装配过程不应出现过于复杂、反复调整、劳动强度过大的情况。其中，重点要注意：

1）产品设计结构上，是否利于设备、工具和手的装配操作，如图 5-6 所示。

图 5-6　设备、工具和手的装配工艺性检查
a）合装过程干涉　b）制动液加注头与车身钣金干涉　c）灯光调整空间不够　d）工具与雨刮连杆干涉
e）手臂的操作距离不足　f）工具与支架干涉

2）设备运行过程（如加注制动液等）中，人员是否可以暂时离开，如图5-7所示。

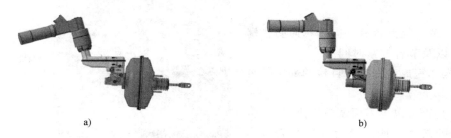

图 5-7　设备运行工艺性检查

a) 加注时，加注头必须扶持　b) 加注时，加注头不必扶持

由于设备是总装投资占比最大的部分，为保证设备工艺性要求满足的充分性，防止由于设备工艺性要求检查内容的疏漏导致设备不可用或因进行变更而追加投资，可设置重点设备装配工艺性要求检查表，对产品结构进行设备工艺性检查，见表5-4。

3）在操作过程中是否有足够的可见性。如装配的零部件在装配过程中应处于自然可视状态，装配点要处于易于可视的位置，不能刻意改变身体姿态或调整头颈才能看到装配件，如图5-8所示。

图 5-8　零部件装配路线被遮挡

4）零件（重点零件如线束、水管）能否在没有任何干涉的情况下放入装配位置，是否需要临时扶持，如图5-9、图5-10所示。

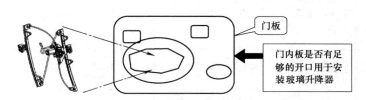

图 5-9　玻璃升降器的安装空间不足

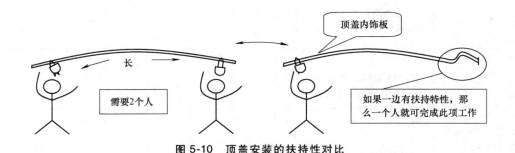

图 5-10　顶盖安装的扶持性对比

5）是否有一些可碰到操作人员的尖锐的边、角。

6）在选择零件时（如不同配置的零件、左右对称件、有轴向及径向限位要求的管路、易混件）是否有贴上区别标识的必要（左/右，上/下），如图5-11所示。

7）是否可设计为防错结构而避免错装。

8）安装螺栓是否有导向结构而防止螺栓偏斜，以及节省拧紧时间。

9）操作完成后，需要自检的部位是否容易检查。

10）是否可以不需要调整就进行装配，需要调整的部位（四门两盖等）是否容易调整。

11）需要涂胶部位，是否有涂胶标识。

12）人机工程是否符合标准要求，可用表5-5、表5-6来检查。

暖风机进出水管没有标识，装配时容易混装

图 5-11　水管安装没有轴向及径向位置标识

表 5-4　重点设备装配工艺性要求检查表（实际应用中，可附在装配工艺性 CHECK LIST 清单之后）

检查项目	标准及要求	涉及部件	检查人员	检查结果 YES	检查结果 NO	意见/必要的措施	备注
车身输送线	1）车身结构上是否有可用于定位和承载车身的结构 2）车身定位销孔径至少在20mm以上，并带翻边结构，以保证用于车身转载时车身定位销支承面和承载定位销的强度 3）调整车身轴距、轮距时，车身上的定位点和承载点是否能保持不变	车身					
底盘合装线	1）动力总成及底盘总成是否有定位和承载结构？ 2）各种配置动力总成和底盘总成的定位和承载结构是否一致？ 3）合装路径上不能存在合装设备及底盘部件与车身的干涉	车身、动力总成、底盘系统					
车辆识别代码（VIN）打码机	1）VIN 打码位置是否位于不可拆卸的结构上（常用布置位置为发动机舱内结构件上、副驾驶座椅侧右下方、副驾驶门的脚踏板上方） 2）VIN 打码区域是否为平面 3）VIN 位置是否为 VIN 打码机预留足够的空间，是否预留定位点和夹具结构	车身					

第 5 章 设计结构的工艺性分析、评审与策划

（续）

检查项目	标准及要求	涉及部件	检查人员	检查结果 YES	检查结果 NO	意见/必要的措施	备注
仪表板机械手	1）车身结构是否为仪表板总成及辅助装配机械手预留足够的安装空间？安装过程中，车身与仪表板总成及辅助装配机械手在 X、Z 方向的安全间隙要 $\geq$ 20mm；安装完成后，仪表板机械手退出过程中，与周边部件的间隙要 $\geq$ 15mm 2）车身上是否有仪表板预装配结构，可以保证仪表板总成机械手退出后紧固？ 3）是否具备仪表板总成的定位、夹紧结构，仪表板机械手抓持过程是否与仪表板总成干涉，是否有足够的抓持空间？ 4）仪表板总成紧固点的工具空间是否足够？	车身、仪表板					
风窗玻璃涂胶机器人	1）标准胶嘴的直径一般是 14mm，车身风窗玻璃装配止口尺寸是否满足涂胶宽度需要（一般 $\geq$ 18mm）？ 2）各种玻璃尺寸的差异性是否满足玻璃识别条件？一般要求不同车型的两款玻璃尺寸差别，单边在 20mm 以上以便于自动识别 3）后风窗玻璃除霜器接头是否与涂胶机器人胶嘴干涉等	车身、后风窗玻璃					
车门拆装机械手	铰链与车门连接处的工具空间能否确保车门打开状态可以进行铰链的拆装（一般安装螺栓到侧围的距离至少保证 45mm 以上）	车身、车门					
加注设备	加注口结构和尺寸是否为加注设备预留足够的空间	整车、加注口					
车灯调整	需要检查车灯参数调整工具的操作空间是否足够	整车、车灯					
转毂检测设备	采用尾气回收翻板收集尾气时，翻板翻起是否与车体干涉	整车					
校对（日期）			批准（日期）				

表 5-5 人机工程评价表 1（定量评价表，实际应用中，可附在装配工艺性 CHECK LIST 清单之后）

评估项目	具体描述	YES(NO)
全身姿势	操作人员是否在 1/3 班次或以上的时间中,有如下姿势:站立时使用脚踏板、仰卧或侧卧、跪或蹲?	
躯干姿势	操作人员是否在 1/3 班次或以上的时间中,有如下姿势:前屈、后仰、扭转或侧弯超过 20°?	
	操作人员在操作过程中,是否前屈超过 45°大于 15s	
颈部姿势	操作人员是否在 1/3 班次或以上的时间中,有如下姿势:严重前屈超过 45°、扭转或侧弯超过 20°?	
上肢姿势	操作人员在上料时,是否有旋转或翻转零件超过 120°?	
人工搬运	操作人员单手搬运物体质量是否超过 4.5kg?	
	操作人员双手搬运质量是否超过 10kg?	
外力压迫	操作人员操作时,是否有手指按压力超过 45N,或单手按压力超过 80N?	
反作用力	操作人员推拉等操作时,起动力是否超过 178N?	
	操作人员在 1/3 班次或以上的时间中是否有如下情况:操作人员手持的工具或其他物体的振动,会传递到操作人员本身?	
体力消耗	操作人员是否必须有如下情况:①持 2.5kg 的物体,每分钟行走 25m 以上? ②持 5kg 的物体,每分钟行走 20m 以上?	
	操作人员是否频繁地爬上爬下,且有以下情况之一:①75cm,两次;②50cm,三次;③150cm,一次	
重复操作	操作人员是否在 1min 内,重复按卡子超过 10 次?	
工作环境	操作人员的操作场地地面,是否过于光滑?	
	操作人员是否在 1/3 以上的班次,工作在斜度超过 0.5 的斜面上?	
	操作人员在工作时,是否暴露在以下环境中(室内):高温≥33℃且湿度>65%;高温≥30℃且湿度>50%;冬季低温≤16℃?	

表 5-6 人机工程评价表 2（定性评价表，实际应用中，可附在装配工艺性 CHECK LIST 清单之后）

	工作姿态	握住	捏住	掐住
手部	承受质量	≤3kg	3~6kg	≥6kg
	分数	1	2	3
	持续时间	≤3h/天	3~6h/天	≥6h/天
	分数	1	2	3
	重复频度	≤5 次/min	6~10 次/min	≥10 次/min
	分数	1	2	3
	承受振动	没有振动	1~4 次/s	≥4 次/s
	分数	1	2	3

（续）

腕部	工作姿态	手腕没有弯曲	手腕轻度弯曲±20°	手腕重度弯曲±60°
	承受质量	≤3kg	3~6kg	≥6kg
	分数	1	2	3
	持续时间	≤3h/天	3~6h/天	≥6h/天
	分数	1	2	3
	重复频度	≤5次/min	6~10次/min	≥10次/min
	分数	1	2	3
	承受振动	没有振动	1~4次/s	≥4次/s
	分数	1	2	3
臂部	工作姿态	双臂下垂至腰间	双臂与肩同高	双臂竖直向上
	承受质量	≤5kg	5~15kg	≥15kg
	分数	1	2	3
	持续时间	≤3h/天	3~6h/天	≥6h/天
	分数	1	2	3
	重复频度	≤5次/min	6~10次/min	≥10次/min
	分数	1	2	3
	承受振动	没有振动	1~4次/s	≥4次/s
	分数	1	2	3
颈部	工作姿态	0°~10° 自然挺立	10°~20° 轻度前曲	>20° 重度前曲
	承受质量	≤3kg	3~6kg	≥6kg
	分数	1	2	3
	持续时间	≤3h/天	3~6h/天	≥6h/天
	分数	1	2	3
	重复频度	≤5次/min	6~10次/min	≥10次/min
	分数	1	2	3
	承受振动	没有振动	1~4次/s	≥4次/s
	分数	1	2	3

（续）

	工作姿态	0° 自然直立	10°~20° 中等前倾	>20° 重度前倾
背部	承受质量	≤5kg	5~15kg	≥15kg
	分数	1	2	3
	持续时间	≤3h/天	3~6h/天	≥6h/天
	分数	1	2	3
	重复频度	≤5次/min	6~10次/min	≥10次/min
	分数	1	2	3
	承受振动	没有振动	1~4次/s	≥4次/s
	分数	1	2	3
腿部	工作姿态	180° 自然直立	160°~180° 轻度弯曲	<160° 重度弯曲
	承受质量	≤5kg	5~15kg	≥15kg
	分数	1	2	3
	持续时间	≤3h/天	3~6h/天	≥6h/天
	分数	1	2	3
	重复频度	≤5次/min	6~10次/min	≥10次/min
	分数	1	2	3
	承受振动	没有振动	1~4次/s	≥4次/s
	分数	1	2	3

风险等级	得分	结论	标记√
低	任一部位≤5分	任务是可接受的	
中	任一部位6~10分,总分31~60分	任务需要研究和调整	
高	任一部位>10分,总分>60分	任务不被接受,需要立刻调整	

如果新开发产品需要在原有生产线上进行兼容混流生产,为了最大限度地利用原有生产线的产能和最大限度地减少设备投资成本,需要对混流生产的产品设计做生产兼容性分析,以满足多车型混流生产的需求。

混流生产的生产兼容性分析主要包括产能适应性分析、工艺过程适应性分析、工艺装备适应性分析。其中：产能适应性分析,主要指整车的生产纲领是否适应产能规划的要求。工艺过程适应性分析，主要指装配工艺路线的分割方式，是否与现生产工艺路线兼容；是否一体化与模块化；是否同件同工位；是否尽可能少的线下分装等。工艺装备适应性分析主要指是否适应整个生产线上的重要工艺设备、工装、工具的通用性，这是混流生产兼容性分析的重点工作。在已有生产线上进行新产品规划的条件下，在设计开发初期，为了更好地实现新车型与现生产的工艺、设备更好地兼容，降低设计成本，应提前向设计提出总装通用的一些工艺要求。主要有：

1) 整车的模块化分块方案与结构形式应尽可能与现生产车型基本相同。

2) 输送系统要求：车身质量应适应滑板、吊具、移载机等输送设备的要求，车身上用于输送的定位结构应与现生产车型相同，整个车身外形尺寸应保证在滑板上支撑后有足够的操作空间，应保证与吊具之间的安全缝隙（一般 10~15mm）。

3) 检测系统要求，整车技术参数、技术要求、技术规范应适应现生产各类检测设备和其他设备的要求。如：车载自动诊断系统（OBD）Ⅱ诊断接口及针脚定义尽可能与现生产车型一致；车灯检测的参数应适应现车灯检测设备要求；整车轴距、轮距要适应四轮定位、转毂检测设备要求；整车电子控制单元（ECU）要求：发动机 ECU、变速器 ECU、汽车防抱死系统-控制器（ABS-ECU）通信协议与检测规范应适应现生产 ECU 通信检测、通信设备要求。

4) 辅助装配机械手要求：各辅助装配机械手的定位点、夹紧点应与现生产车型相同。如仪表板机械手、车门机械手、座椅机械手等。

5) VIN 刻码设备要求：整车 VIN 刻码位置和为刻码预留的定位结构应与现生产车型一致。

6) 底盘合装车要求：底盘模块（动力总成、前后桥）的形式与合装定位结构应与现生产相同。

7) 组合加注系统要求：制动、空调、动力转向、冷却液等加注的加注液型号及罐口结构（包括冷却液加注口的侧通道）应与现生产一致；制动、动力转向、冷却液加注口相对于液位标志（max 及 min）的 Z 向高度应与现生产一致。

8) 自动化涂胶机器人要求：风窗玻璃参数应适应涂胶设备的通用性、适合性要求。

9) 轮胎拧紧机要求：轮胎的拧紧螺栓数量及排列分度圆直径应与现生产相同。

10) 燃油加油机要求：燃油加注口在车身上的区域和位置（左侧或右侧）应与现生产车型相同。

11) 预装分装工装要求：各预装分装总成结构应适应现生产工装的定位、装夹要求。

12) 螺栓的公称直径、螺距、长度、强度等级、扭矩应系列化与标准化，以便于物料管理、工具使用。

13) 圆形橡胶堵塞的公称直径、密封形式应系列化，尽可能不生产异形橡胶堵塞。

3. 零部件匹配分析检查

零部件的匹配分析检查主要包括定位系统分析检查和公差实现分析检查。其中，定位系统分析检查主要包括：零部件的定位系统是否有效限制了零部件的自由度；零部件的定位系统能否消除基准位置误差，零部件的定位系统是否符合基准统一原则。公差实现分析检查主要包括：零部件从结构上能否有效包容车身偏差；整车的匹配公差能否得到有效分解等。在实际分析检查过程中，要重点关注如下几点：

1) 零部件的安装是否需要有确定的匹配要求。如果存在，则零件上是否有相应的安装基准（基准孔、基准面等），公差定义是否满足匹配要求，如图5-12所示。

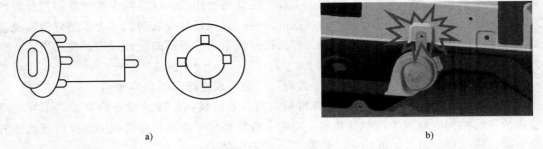

图 5-12　基准和定位分析

a) 钥匙柱体可以90°旋转安装　b) 喇叭没有定位

2) 零件是否存在过定位情况，如图5-13、图5-14所示。

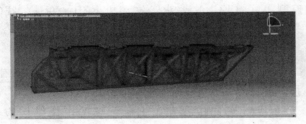

图 5-13　Z 向过定位

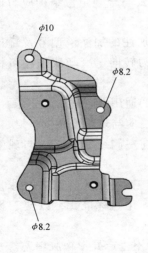
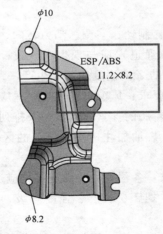

驻车制动操纵杆安装支架在前期设计时，有两个ϕ8.2mm的主定位孔和一个ϕ10mm的过度定位孔，这不符合一面两销定位的原则，导致驻车制动操纵杆安装支架在车身上过度定位。在装配基准分析时提出将其中一个ϕ8.2mm的圆孔变更为11.2mm×8.2mm的长圆孔

图 5-14　零件过定位

3) 有匹配要求的结构在分缝位置、零部件之间的组成环性质及个数上是否考虑零件尺寸偏差，如图5-15所示。

4) 有挠性的部件是否采用有效的过定位，以保证与其他件的配合（典型的部件如前、后保险杠，前、后车灯，四门两盖，一些内饰塑料部件等），如图5-16所示。

5) 此零件是否只有装配要求而没有匹配要求，因而不需要定位体系。此种零件的安装

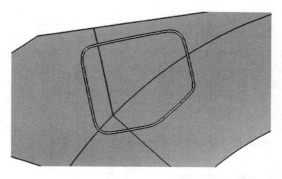

图 5-15　油箱门的分缝线不利于油箱门配合控制

图 5-16　保险杠缺少过定位点导致配合不良

孔是否为通过孔，并放大了尺寸及位置公差要求。

4. 干涉检查

干涉检查主要包括零部件之间的静态干涉、运动干涉、热变形干涉检查，保证零部件在静态、动态及热变形过程中不存在干涉的情况。其中重点要注意避免干涉和必须干涉部分。

（1）避免干涉的情况

1）运动零部件之间避免干涉；如考虑到制造偏差，整车的运动部件（四门与侧围之间、发动机舱盖和翼子板之间、后保险杠与背门内饰板之间、后风窗玻璃与侧围之间、动力总成带轮及变速机构与发动机舱及舱内管路之间、雨刮与进气隔栅之间）在运动时，是否与其他件存在干涉的可能。

2）在车辆运行中，零部件摆动或者振动时，考虑其周围空间，避免和其他零部件干涉。

3）线束、管路的布置与车身之间要有足够的间隙，一般在 5mm 以上。

4）线束、管路在留有足够间隙的基础上，要有适当的保护。特别是在钣金通过孔之间及一些翻边之间，需要增加线束护套或固定夹，防止线束、管路被磨损，如图 5-17 所示。

5）线束、管路等挠性零件，在零件上的固定点之间的距离，要大于在车身上的固定点之间的距离。

6）整车行驶振动时，各管路、线束是否存在运动干涉？如图 5-18 所示。

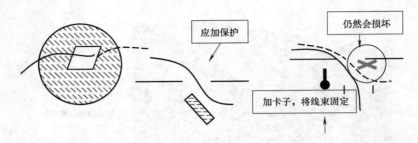

图 5-17 线束缺少必要的保护

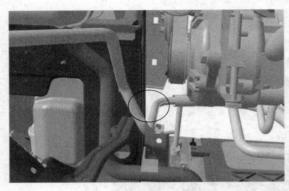

图 5-18 线束存在运动干涉

7) 在发动机与车身合装时，是否有合适的空间间隙（一般 15mm 以上）。

8) 对下地板部件（如制动油管、燃油管、油箱、油底壳）是否有适当的石头碎屑保护。

9) 强行安装会产生内应力的干涉，如后围板加强板与侧围之间、前保险杠与翼子板之间等应避免强行安装。

（2）必须干涉的情况

为保证密封性和间隙量，对于"软"零部件与"硬"零部件之间，如车顶内饰板与 A、B、C 柱上装饰板之间，固定在车身上的整车密封条与之相配合的部件之间的配合必须加以干涉。这些干涉，在数模上必须体现，否则密封条无法起到密封作用或实现间隙量控制。

5. 装配成本检查

装配成本检查主要包括设备投资成本检查、工艺材料成本检查、人工成本检查等。在检查过程中，重点要注意：

1) 零部件是否可以进行分装、模块化装配、总成供货等，以节约生产线投资成本，提高生产线柔性，提高生产率。例如，将原本在生产主线上进行装配的部件分装到前端模块或后保险杠上，就可以节省生产主线的工位数，以节省生产主线投资，而且能提高生产主线的柔性和适应性；由于减少了在生产主线装配零件的数量，会使生产主线的故障率降低而提高生产率，如图 5-19 所示。

车身部件是否可以整合和合并，以节省零部件成本。例如，将车身上两个打铁点整合到一个点上，可以节省一个车身焊接螺柱，如图 5-20 所示；优化零部件的紧固点数量，如图 5-21 所示；减少线束连接接头，以节省零部件成本；左右对称的零部件设计成左右通用件;标准件、橡胶堵塞、工艺孔能否统一至优选系列,做到不同车型的标准件、橡胶堵塞、工艺孔通用,且种类尽可能少。这些都可以节省零部件成本,还可以节省工具成本、材料成本、物流成本,减轻整车质量等。

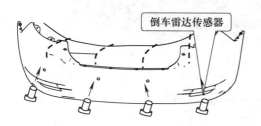
图 5-19 倒车雷达与保险杠模块化生产

图 5-20 车身打铁点整合

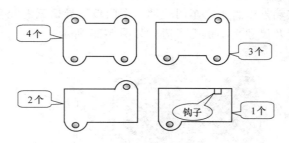
图 5-21 优化紧固点数量

2)同一零部件的装配工具是否统一,特别是拧紧工具,或者在相邻工位操作的工具是否可以使用同种工具,如图 5-22 所示。

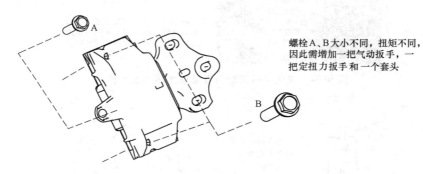
图 5-22 安装紧固件统一

6. 密封性检查

装配密封性,主要指整车结构的密封性,包括白车身密封及一些外覆盖件的密封,如车灯安装面的密封、天窗的密封、线束的密封等。其中重点要注意:整车结构要做防水密封性检查,对各种可能漏水的部位做研讨分析,主要是车身各种搭接部位及各种孔,以及直接与车身外覆盖面配合的附件和其他零件,如图 5-23 所示。

此外,还要重点关注如下部位或部件的密封性:

1)车身堵件是否缺少;堵件的选用是否合适;堵件与车身钣金配合间隙是否合适;堵

 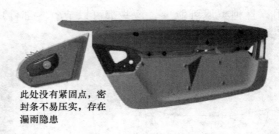

扬声器安装密封面处于两钣金搭接处，有凸台，安装后在钣金搭接处密封不良，易在钣金搭接处漏雨

此处没有紧固点，密封条不易压实，存在漏雨隐患

图 5-23　密封性差的示例

件的安装方向是否正确。

2）车门密封条与侧围外板的配合方式及干涉量是否合适；车门框密封条与车门内板干涉量是否合适；车门玻璃外密封条、车门玻璃、车门玻璃导槽三者配合是否合适，如图 5-24 所示；挡水膜粘贴位置及尺寸大小是否合适，如图 5-25 所示。

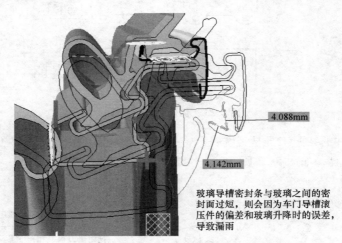

玻璃导槽密封条与玻璃之间的密封面过短，则会因为车门导槽滚压件的偏差和玻璃升降时的误差，导致漏雨

图 5-24　玻璃导槽密封条与玻璃之间的密封性差

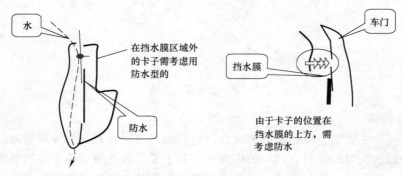

图 5-25　挡水膜没有密封作用示例

3）后背门部分的线束护套与顶盖配合是否合适；后雨刮电动机密封圈与后风窗玻璃、背门外板的配合是否合适。

4)风窗玻璃周边涂胶厚度与宽度是否合适;风窗玻璃尺寸、形状及与车身钣金的间隙是否适合。

5)行李架总成两端与顶盖配合是否合适。

6)天窗总成包边与天窗安装处顶盖周边的配合是否合适。

7)线束过线孔是否有密封胶垫;密封胶垫安装方向是否合理,如图 5-26 所示。密封胶垫安装孔钣金是否做了折边处理。

7. 热保护检查

主要是对高温部件的热封闭措施和高温部件周围的热保护检查,其中重点要注意:

1)高温零件(如发动机、排气管、车灯等)要有适当的热发散措施,保证这些零件的热量能有效地散发出去。

2)对高温零件周围的部件及易燃部件(如排气管上地盘、发动机上线束、油箱)要做必要的热隔离保护,如图 5-27 所示。

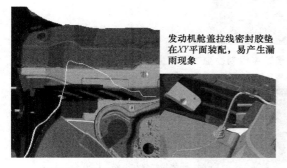

图 5-26 密封胶垫安装面结构密封性差

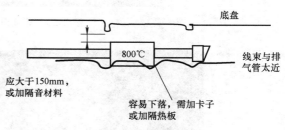

图 5-27 隔热不良

8. 必要遮蔽性检查

汽车是有一定外观要求的产品,所以必须对整车上一些影响视觉效果的结构进行有效地遮蔽。当进行整车必要的遮蔽性检查时,要重点注意:

1)整车有遮蔽要求的部位、一些不宜被观察到的内部结构(发动机舱、行李舱、车灯周围的间隙)是否可通过间隙面差被发现。

2)一些缝隙的方向是否与正常的视线角度一致,导致缝隙从视觉上被放大。

3)是否有外观问题,如图 5-28 所示。

9. 拆卸、检修工艺性检查

整车装配工艺性检查,不仅包括装配工艺性检查,而且还包括拆卸和检修工艺性检查。当进行整车拆卸、检修工艺性检查时,要重点注意:

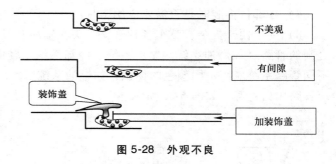

图 5-28 外观不良

1)整车设计时,是否考虑了返修,是否有足够的拆卸空间。

2)车身是否存在明显的举升点,强度是否足够。

3）零部件是否不可拆卸，拆卸后必然损坏或拆卸后容易损坏。

4）零部件拆卸过程中，如果损坏风险必须存在，则是否损坏成本最小（是否只损坏一些连接件，对零部件主体没有影响）。

5）零部件是否存在较强的拆卸顺序限制性，从而导致拆卸工作量加大，如图 5-29 和图 5-30 所示。

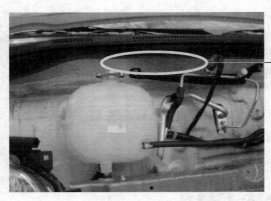

图 5-29　VIN 返修顺序限制性强

图 5-30　中排气管总成及消音器返修顺序限制性强

6）必要的检验部位是否容易检查，如图 5-31 所示。

7）零部件拆装时是否需要专用工具。

8）为了便于拆装，整车各种管路接头在轴向及径向应有配合标识；为了防止不同系统之间的管路（如燃油系统、制动系统、冷却系统、转向系统、空调系统的管路）连接错误，不同管路系统应用不同颜色的标识，如燃油系统管路用红色、冷却系统管路用蓝色、转向系统管路用白色等，如图 5-32 所示。

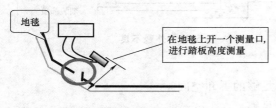

图 5-31　踏板高度的检查设计

图 5-32　转向管柱原点标记设计

10. 结构的可靠性时效性检查

由于汽车是一个长时间使用的产品，因此必须对结构的时效性进行检查。特别是结构出现时效失效时会不会出现隐患都要重点检查。在检查时，要重点注意：

1）线束、管路等是否会随着时间而产生固定方式失效，导致位移而产生重大隐患。

2）整车运动部件的周围是否存在其他部件，会在时效性固定失效后进入运动部件运动区域的情况。

3）整车是否存在设计缺陷而加快老化失效的情况。

5.6 各设计阶段总装工艺性分析、评审与策划的具体工作步骤与方法

各设计阶段主要有竞品车阶段，整车基本参数阶段，初始化数据阶段，效果图、CAS面、油泥阶段，典型断面阶段，A面阶段，零件数模阶段，整车技术参数、技术要求、技术规范阶段，产品图纸阶段，样件阶段等。在每个阶段，相对于不同的设计数据，有不同的工艺性分析、评审内容与方法。

1. 竞品车阶段检查步骤及方法

1）对竞品车进行拆装，同时校核竞品车 BOM 的完整性。

2）结合竞品车拆装、竞品车工厂生产调研、逆向数模、竞品车 BOM 进行工艺分割及总成供货分析。分析整车重要模块，如动力总成、前后桥、仪表板、前端、车门等的工艺分割与现生产的适应性分析（如是否必须进行模块分装，各模块的工艺流程是否适应生产），提交工艺分割及总成供货分析报告（含结构通用工艺性要求报告，如标准件形式及扭矩的统一建议，易混件及对称件标识建议等），并将报告内容集成到 ACTION LIST 跟踪表中。

3）排布竞品车在本企业生产的工艺流程。在排布工艺流程的过程中，要考虑现生产的工艺及设备情况。

4）结合竞品车拆装、竞品车工厂生产调研、逆向数模、竞品车 BOM，以及行业和本公司设备情况，进行竞品车设备适用性分析（如果是混流生产，需要做混流生产的兼容性分析），如与输送线、检测线、线旁辅助设备等进行适应性分析。确定哪些设计结构不适应设备需求而要进行设计变更，哪些需要工艺解决及如何解决，提交设备适用性分析报告，并将报告内容集成到问题跟踪表中。

5）结合竞品车实际拆装，根据虚拟化的工艺流程，由总装起点开始向总装终点行进，逐一工位、逐一零件验证，并将验证内容集成到 ACTION LIST 跟踪表中。每一工位具体验证的内容为：

① 结合所经过的设备，逐一分析每一零件与生产设备的适应性。重点结合车身底部结构、底盘结构进行输送线、检测线的适应性校核。此外，还有车门辅助装配机械手的操作空间适应性分析；汽油加油机加油位置适应性分析；VIN 码打刻装夹空间分析；铭牌拉铆操作空间适应性分析；风窗玻璃涂胶机器人的装夹适应性分析；油箱辅助装配机械手的装夹适应性分析；半轴拧紧机轴数、分度圆直径、扭矩适应性分析；车轮辅助装配机械手装夹空间分析；各加注口装夹适应性分析等。

② 对各零部件的匹配要求进行分析，确定哪些有匹配要求，哪些无匹配要求，并对有

匹配要求的零件进行定位体系与公差累积分析。重点零部件有四门两盖、油箱门、前后保险杠总成、前后车灯总成、发动机舱盖装饰条总成、牌照条总成、仪表板总成、中控台总成、组合仪表总成、车门内饰板总成、ABC柱总成、气囊盖总成等。

③ 对整车所有部件进行静态干涉、开关干涉、运动干涉、热干涉检查。重点检查线束、管路、开闭件等。

④ 逐一验证零件装配工艺性、拆卸工艺性、操作空间、人机工程。

6) 对竞品车车身的密封性进行分析。重点是车身底部各类孔、各种车身搭接面、各类密封条等的密封性。

7) 整车热保护部位检查。重点对发动机周围、排气管周围、车灯周围进行检查。

8) 整车必要遮蔽检查。重点对四门两盖、前后风窗玻璃、前后保险杠、进气隔栅等进行检查。

9) 对整车的标准件进行整合，以实现总装标准件的种类尽可能少。

2. 整车基本参数阶段检查步骤及方法

1) 根据整车的平台特性，校核生产场地布置的适应性，或者校核已有生产场地的兼容性。

2) 根据整车的长、宽、高和质量，校核新生产线体布置规划，或者校核已有生产线体的面积，生产线的承重，工位的长、宽、高等。

3) 根据整车的车身转接尺寸、轴距、轮距来校核新生产线体设备，或者校核已有生产线体的关键设备。关键设备包括输送线的转接及输送小车、合装线的前后托盘、定位转毂等检测线设备等。

3. 初始化数据阶段检查步骤及方法

1) 结合初始化数模、初始化设计BOM，进行工艺分割及总成供货分析。分析整车重要模块，如动力总成模块、前后桥模块、仪表板模块、前端模块、车门模块等的工艺分割与现生产的兼容性（如是否必须进行模块分装，各模块的工艺流程是否适应生产模式和工艺流程），并提交工艺分割及总成供货分析报告（含结构通用工艺性要求报告，如标准件形式及扭矩统一建议、易混件及对称件标识建议等）。

2) 检查工艺流程。在排布工艺流程过程中，要考虑工艺、设备、物流等情况。

3) 根据虚拟化的工艺流程，由总装生产线的起点开始，向总装生产线的终点行进。逐一工位、逐一零件验证。每一工位具体验证的内容为：

① 结合所经过的设备，逐一进行生产设备的适应性分析。重点结合车身底部结构、底盘结构进行输送线（见图5-33）、检测线的适应性检查。此外，还有车门辅助装配机械手的操作空间适应性分析，汽油加油机加油位置适应性分析，VIN码打刻装夹空间分析，铭牌拉铆操作空间适应性分析，风窗玻璃涂胶机器人的装夹适应性分析，油箱辅助装配机械手的装夹适应性分析，半轴拧紧机轴数、分度圆直径、扭矩适应性分析、车轮辅助装配机械手装夹空间分析、各加注口装夹适应性分析等。

② 对各零部件的匹配要求做分析。哪些有匹配要求，哪些无匹配要求；对匹配要求的零件，要做定位体系与公差累积分析。重点零部件有四门两盖、油箱门、前后保险杠总成、前后车灯总成、发动机舱盖装饰条总成、牌照条总成、仪表板总成、中控台总成、组合仪表总成、车门内饰板总成、ABC柱总成、气囊盖总成等。

第 5 章 设计结构的工艺性分析、评审与策划

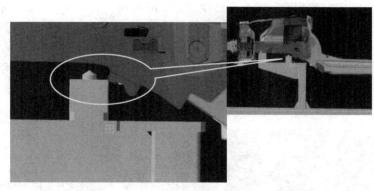

图 5-33 输送线适应性检查

③ 对整车所有部件进行静态干涉、开关干涉、运动干涉、热干涉检查。重点检查线束、管路、开闭件等。

④ 逐一零件验证装配工艺性、检修工艺性、拆卸工艺性、操作空间、人机工程。

⑤ 对竞品车车身的密封性进行分析。重点为车身底部各类孔、各种车身搭接面、密封条等。

⑥ 整车热保护部位进行检查。重点对发动机周围、排气管周围、车灯周围进行检查。

⑦ 整车必要遮蔽检查。重点对四门两盖、前后风窗玻璃、前后保险杠、进气隔栅等进行检查。

⑧ 对整车的标准件进行整合,以实现总装标准件的种类尽可能少。

特殊说明:在竞品车阶段、整车基本参数阶段、初始化数据阶段这三个阶段,虽然数据还不完全,但整车的平台结构、车架结构、工艺分割方案基本已确定,此阶段的重点是进行评审设备的适应性分析和选择工艺分割方式。

4. 效果图、CAS 面、油泥阶段检查步骤及方法

效果图、CAS 面、油泥阶段的数据检查,主要是检查车身的分块方案、分缝位置、分缝线、分缝细节。通过对这些部分的研究,来分析零部件及模块分装总成的装配空间(如仪表板、中控台等),并分析与相关设备的干涉检查(如吊具、辅助装配机械手)及与相关工具的干涉(如前保险杠紧固工具的空间过小)。此外,还可对零部件的匹配难易度进行检查。其中,CAS 面是数据状态的模型,可以方便进行测量分析,因此也是这个阶段数据检查的重点。

CAS 面:CAS 面是根据效果图制作出来的面,主要反映整车的造型及分缝线。根据 CAS 面,可以制作油泥模型,再根据油泥模型制作数据点云及 A 面。CAS 面的工艺性,除了会影响装配空间,还会影响车外观及内饰的匹配效果,以及后续内外饰件间隙、面差配合的工艺性的难易程度。

对于具体数据,先分析安装方式、安装方向、相关的安装设备及工具的操作空间,并可对搭接面、孔等进行断面分析。当进行 CAS 面评审时,要结合工艺流程对分缝位置进行虚拟装配,逐一工位、逐一工序、逐一零件进行分析。具体方法:首先把 CAS 面及已有数模调出来,从工艺流程的起始开始,顺次调用各工序零部件数模及安装设备、安装工具、手臂和手的数模,校验安装空间。此时,通常只有底盘数据和整车借用件数据,所以对于还没有的数据可以

与设计人员沟通，调用初始化数据或者自己设想数据的布置、结构及安装方式来分析。

1）将 CAS 面、底盘部件、整车借用件等按工艺流程顺次逐一调出，进行虚拟装配。同时，对分缝位置与分缝线进行装配影响检查。检查零部件及模块分装总成的装配空间（如仪表板、中控台等）、检查相关装配设备的装配空间（如输送线的吊具、线旁辅助装配机械手、线下返修设备加注机等）（见图 5-34）、检查相关工具的装配空间（如前后保险杠、中控台安装工具的空间）（见图 5-35）等。

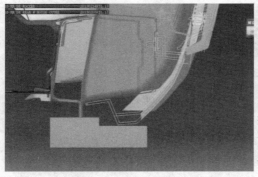

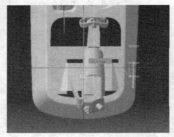

图 5-34　CAS 面检查—输送线与车身干涉

图 5-35　CAS 面检查—中控台安装工具空间不足

2）根据分缝位置与分缝线进行匹配难易程度分析，校核有匹配要求的部分匹配公差实现的难易程度。重点分析四门两盖匹配的难易程度（见图 5-36、图 5-37）、油箱门匹配的难易程度、风窗玻璃与车身匹配的难易程度、前后保险杠与车灯及车身之间匹配的难易程度、内饰部件匹配的难易程度等。

图 5-36　CAS 面检查—发动机舱盖匹配检查

图 5-37　CAS 面检查—前后门匹配检查

3）根据分缝位置与分缝线，进行动静态间隙检查，检查是否存在静态干涉、动态干涉（开关功能）及尺寸保证问题。重点检查四门两盖间隙、油箱门间隙、风窗玻璃与车身间隙、前后保险杠与车灯及车身之间的间隙、内饰部件的间隙等。

4）检查车身外饰 CAS 面与内饰 CAS 面之间的空间，是否满足两者之间零件（如水管、线束等在内外饰之间的部件）布置空间的要求。

由于 CAS 面阶段结束时，整车造型基本冻结，后续的工程数据在此基础上进行开发，还没有进行工装样件制作，而 CAS 面的分缝方案会直接影响零部件的可装配性，所以此时的评审特别重要。有效的评审，可大大降低以后的设计变更成本（造型变更及连带的数据变更），以及由于设计变更导致工装模具变更的成本。在以往的整车设计中，常出现由于 CAS 面分缝不合理导致装配空间不足的问题。比如：某款车型的翼子板与前照灯有搭接关系，翼子板覆盖在前照灯上方。进行前照灯装配时，必须拆下翼子板进行装配。所以，在总装装配前照灯时，必须将之前在焊装装配的翼子板拆下，装配前照灯后，再装配翼子板（见图 5-38）。

CAS 面评审同样需要结合工艺流程，此时整车已有基本的工艺流程，底盘及整体的结构方案也已确定，完全可以按照基本的工艺流程来检查 CAS 面的装配工艺性问题。（由于整车的数据量较大，所以在评审过程中，前段的评审人员要为后段的评审搭建装配环境，即前段的评审完成后，要将装配到本工段的数模交给下一工段，下一工段再根据本段之前的工艺概况表进行检查，没有问题后即可进行下一步校核。）

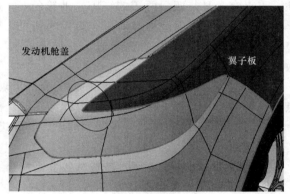

图 5-38　CAS 面检查—前照灯与发动机舱盖及翼子板检查

外饰 CAS 面检查需重点关注：①工位节距；②轴距、轮距与检测线的匹配性；③拆装车门辅助装配机械手的适应性；④风窗玻璃涂胶的适应性；⑤轮胎辅助装配机械手的适应性；⑥油箱门位置与燃油机布置位置的适应性；⑦整车加注设备，包括制动液、冷却液、动力转向液、风窗洗涤液等加注设备与车身的干涉性；⑧前后车灯的安装空间、工具空间；⑨前后保险杠的安装空间及工具空间；⑩其他外饰件的安装空间及工具空间。

内饰 CAS 面需重点关注：①仪表板模块的合装空间；②顶盖的合装空间；③相关内饰件的安装空间及工具空间。

5. 典型断面阶段检查步骤及方法

典型断面是结构数据前期完成的，与 CAS 面基本是同期完成的。通过典型断面可以看出零部件的结构关系，可以通过结构来判断零部件的设计定位，件与件之间的配合，件与件之间的设计间隙是否合理。在做主断面评审时，一定要充分考虑是否适应生产设备的要求。

1）结合总装生产线工艺设备的顺序，依次对各断面涉及的设备进行相关的整车结构的断面校核，分析断面结构与生产线设备的适应性。

2）对各个断面结构的尺寸及公差的匹配实现性进行分析，分析设计结构、定位体系对匹配难易程度的影响。需重点分析的零部件有四门两盖、油箱门、前后风窗玻璃总成、前后保险杠总成、前后车灯总成、发动机舱盖装饰条总成、牌照条总成、仪表板总成、中控台总成、组合仪表总成、车门内饰板总成、ABC柱总成、气囊盖总成等。

3）检查各断面是否存在静态干涉及动态干涉问题。重点为各开闭件，如四门两盖、油箱门。

4）按各断面顺序，对各断面有关装配操作部分的装配工艺性、装配空间进行校核。重点有车门安装、密封条安装等（见图5-39）。

5）按各断面的顺序，对各断面的整车密封性进行检查，重点检查各密封条、各水切、天窗、前后车灯等。

6）按各断面的顺序，对各断面的遮蔽要求进行检查，保证整车内部结构有很好的遮蔽性。重点有车身与四门两盖的缝隙、油箱门与车身的缝隙、前后保险杠与前后车灯及车身的缝隙、前后风窗玻璃的匿影遮蔽、进气隔栅、散热器隔栅的隔栅缝隙等。

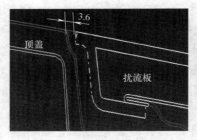

图5-39 断面检查—顶盖与扰流板检查

7）按各断面的顺序，对各断面的配合件出现时效性失效时会产生的影响进行分析。重点有安装螺栓松动、外饰件变形、内饰件变形、密封条变形等。

8）按各断面的顺序，对各断面的设计问题进行检查，检查设计结构自身的问题，如结构及性能问题等。

典型断面：也叫主断面，是整车各重要配合结构的剖视图，主要用于结构分析。

6. A面阶段检查步骤及方法

A面的检查与效果图、CAS面、油泥模型的检查相似，具体可见效果图、CAS面、油泥模型的检查。

A面：从工艺上讲，A面必须符合相邻曲面间的间隙在0.005mm以下，相邻曲面切线的夹角的改变在0.16°以下，曲率改变在0.005°以下的标准面。

7. 零件数模阶段检查步骤及方法

1）根据数模，对设计BOM进行装配虚拟校核，检查BOM的完整性。

2）通过工艺流程的排布，结合生产的工艺、设备、工具情况，逐一工位、逐一工序进行分析。做出零部件工艺分割及总成建议，做出标准件种类及扭矩的统一建议（减少装配成本），做出易混件及对称件标识建议。

3）按初步确定的工艺流程和工序卡，逐一工位、逐一工序地模拟装配［可用切断面方法或数字化电子样车（DMU方法）］，由总装工序起点开始向总装工序终点行进，每一工位、每一工序地进行检查，检查如下内容：

① 结合所经过的设备，逐一设备进行与现生产设备的适应性分析。重点结合车身底部结构、底盘结构进行输送线、线旁辅助设备、线下返修设备、检测线的适应性校核。此外，还有四门结构的辅助装配机械手分析、油箱门位置的汽油加油机分析、VIN码打刻位置分析、铭牌拉铆位置分析、风窗玻璃的涂胶机器人涂胶分析、油箱辅助装配机械手、半轴拧紧机、车轮辅助装配机械手、整车加注的各加注空间分析等。

② 检查装配顺序的限制性、装配工艺性、拆卸工艺性、操作空间、人机工程,零部件的安装点能否减少,以节省工时。特别要对零部件的安装空间(零件能不能装进去,管路、线束等连接时,是否有手的空间)、设备空间(设备是否干涉)、工具空间(是否干涉)进行检查。

③ 结合设计 BOM 以及质量特性要求,对各零部件的匹配要求进行分析。分析哪些有匹配要求,哪些无匹配要求,对有匹配要求的零件要进行定位体系与公差累积分析。重点零部件有四门两盖、油箱门、前后保险杠总成、前后车灯总成、发动机舱装饰条总成、牌照条总成、仪表板总成、中控台总成、组合仪表总成、车门内饰板总成、ABC 柱总成、气囊盖总成等。

④ 对部件进行静态干涉、开关干涉、运动干涉、热干涉检查。重点检查线束、管路、开闭件等。

⑤ 检查密封性。重点为车身底部各类孔、各种车身搭接面、密封条等。

⑥ 检查热保护部位。重点对发动机周围、排气管周围、车灯周围进行检查。

⑦ 检查质量特性,包括各类干涉、间隙尺寸及公差、面差尺寸。

⑧ 必要遮蔽检查,重点对四门两盖、前后风窗玻璃的匿影遮蔽、前后保险杠、进气隔栅等进行检查。

由于此阶段相对来讲处于数据阶段,还没有进行工装样件的工装开发,整个开发投入还较小。为了尽可能降低以后由于设计变更导致工装模具变更成本的增加,应在工装样件之前,尽可能地发现问题。所以,此时的评审特别重要,要严格按照工艺路线图的顺序,一个件一个件地进行虚拟装配。每装一个件检查一下零部件的安装空间(零件能不能装进去,管路、线束等连接时是否有手的空间)、设备空间(设备是否干涉)、工具空间(是否干涉)。切忌只对重点部件进行校核,这样会出现疏漏,必须进行全装配件校核。注意,在进行模拟装配时,各段的工程师可先将之前工段的数模调入整车数模后再开始进行模拟分析。具体评审的方法为:

① 按工艺流程,逐一顺次调入零部件数模(先装配的零件会对后续装配零件的装配有影响)。

② 审查零部件的装配空间是否能装入,手能否夹持装配(特别是管路及线束)。

③ 检查是否有设备空间(注意返修设备,如举升机、返修加注机等)。

④ 检查是否有工具空间。

由于整车的数据量较大,所以在评审过程中,前段的评审人员要为后段的评审搭建装配环境。即前段的评审完成后,要将装配到本工段的数模交给下一工段,下一工段再根据本段之前的工艺概况表进行检查,没有问题后即可进行下一步校核。

为了更好地保证前期的问题被尽可能地发现,数据评审至少要进行三轮。相对于内饰段而言,底盘段、终装段的数据集成性更高,更易出现问题,所以要加大评审力度。关键装配工艺性部位以及无法用虚拟校核进行装配验证的,要通过快速成型件进行样件装配验证。

8. 整车技术参数、技术要求、技术规范阶段检查步骤及方法

根据整车的技术参数、技术要求、技术规范(包括 OBD 接口尺寸和针脚定义、整车控制器的通信协议、检测规范、故障码等)等来规划或校核生产线的制动液加注、整车功能检测(整车电气系统、转毂、尾气等)是否可以适应。

9. 产品图纸阶段检查步骤及方法

1）视图的完整性。

2）检查图纸中各尺寸公差与匹配的质量特性是否一致。

3）检查图纸中各项技术要求，与总装工艺相关的要求的充分性。

10. 样件阶段检查步骤及方法

1）根据样车离线与在线装配，检查如下内容：

① 根据设计样件检查设计 BOM 的完整性、总成状态的正确性。（BOM 检查完毕后，要冻结 BOM，后续 BOM 变更时要相应发设计变更单，后续装车时，再进行整个 BOM 的检查再验证。）

② 检查各类设计结构设计功能、性能、可靠性、耐久性问题及车身、零部件质量问题。

③ 验证生产线的通过性，结合所经过的设备，逐一设备进行生产设备的适应性验证。重点结合车身底部结构、底盘结构进行输送线、检测线的适应性校核。此外，还有根据四门结构进行的辅助装配机械手适应性分析；油箱门位置的汽油加油机适应性分析；VIN 码打刻位置分析；铭牌拉铆位置分析；风窗玻璃的涂胶机器人涂胶分析；油箱辅助装配机械手、半轴拧紧机、车轮辅助装配机械手、各加注口等的适应性分析。

④ 按工序卡上的匹配要求，对有匹配要求的零件进行定位体系与公差累积验证。重点零部件有四门两盖、油箱门、前后保险杠总成、前后车灯总成、发动机舱盖装饰条总成、牌照条总成、仪表板总成、中控台总成、组合仪表总成、车门内饰板总成、ABC 柱总成、气囊盖总成等。

⑤ 对部件进行静态干涉、开关干涉、运动干涉、热干涉检查。重点检查线束、管路、开闭件等。

⑥ 验证装配顺序限制性、装配工艺性、拆卸工艺性、操作空间、人机工程。

⑦ 结合现生产的工艺、设备、工具情况，逐一工位进行分析。做出零部件工艺分割及总成建议，做出标准件形式及扭矩的统一建议，做出易混件及对称件标识建议。

⑧ 做无覆盖件（内饰件）淋雨试验，对整车的密封性进行检查。重点为车身底部各类孔、各种车身搭接面、密封条的密封性等。

⑨ 对热保护部位进行检查。重点对发动机周围、排气管周围、车灯周围进行检查。

⑩ 进行遮蔽性检查，重点对四门两盖、前后风窗玻璃的匿影遮蔽、前后保险杠、进气隔栅等进行检查。

⑪ 重点对无法通过前期虚拟装配分析的部件，进行装配工艺验证。如橡胶堵塞的材质是否影响堵孔操作、地毯的软硬是否影响地毯的安装和调整、线束的安装是否便利等。

2）根据样车，结合质量特性和用户说明书，对整车的质量特性和说明书做静态及动态检查。静态检查主要是整车外观配合检查，如间隙面差等。动态检查主要包括起动、检测线测试（包括定位、灯光、侧滑、转毂、尾气、淋雨等）、路试检查等（为了尽可能早地进行整车电子检测系统（ECOS）及整车检测线的通过性验证，可直接将样车拿到实际的生产车间进行 ECOS 及整车检测线的检测，包括路试线的检测）。重点检查整车的定位参数、灯光参数、加速性能参数与制动性能参数、噪声异响、驾驶平顺性等。

特别要进行说明的是淋雨试验，整车性能测试中的淋雨试验除了要进行基本淋雨试验外，还要进行强化淋雨试验以发现漏水问题。

① 基本淋雨试验：淋雨的压力（侧喷 0.2MPa、地喷 0.1MPa）、淋雨流量 60L/min、淋雨时间 2min。

② 强化淋雨试验：整车处于内饰件无覆盖的状态（将内饰等部件全部拆除）、鼓风机开至最大档位、淋雨时间 30min 以上、一次加速及制动、在淋雨室内两个以上的不同位置进行淋雨检测。

3）在样车装配中，除了产品设计的结构工艺性检查，还可以检查工艺设计，检查工艺流程是否有问题，工序卡的操作内容、质量特性、工具、工时是否有问题等。

总装工艺所做的产品结构的装配工艺性评审中，零部件是否与设备干涉（支撑、吊具、辅助装配机械手等）、零部件的装配空间是否足够（零件是否能装进去）、手的操作空间是否足够（手夹持零件是否能放至安装位置）、工具（气动扳手、套筒、管夹钳等）的装配空间是否足够是基本和核心的评审内容。在进行这方面的评审过程中，要像过筛子一样，按工艺流程顺序逐一零件地进行验证，一个件也不能遗漏，以免出现基本的装配问题，对复制现生产的工艺过程也要校核。

在进行数据评审过程中，如下几种情况经常会被校核人员疏忽而导致校核遗漏。

① 名义上复制，但实际的细节结构有变化的情况。（如：组合开关是复制现生产的，但是安装紧固件却有变化，此变化就可能使组合开关安装工具的空间不足，如图 5-40 所示。）

图 5-40　组合开关安装工具的空间不足

② 复制件的布置位置和布置方式发生变化的情况。（如：空气滤清器和继电器完全复制现生产车型，但两者的布置位置与现生产不同，导致两者过近，使空气滤清器安装工具的空间不足，如图 5-41 所示。）

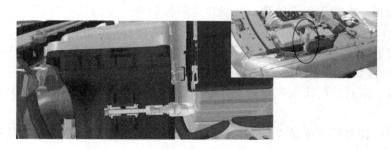

图 5-41　空气滤清器安装工具的空间不足

③ 零件本身没有变化，但相关件的结构有变化，导致此零件安装环境变化。（如：真空助力器及制动储液罐完全复制现生产车，但由于进气隔栅的造型变化，导致加注空间变化，致使制动液加注头与进气隔栅干涉，如图 5-42 所示。）

④ 零件的变化可能导致安装工艺流程发生变化，不能同件同工位装配。（如：压缩机与空调管路的连接口开口方向的变化，致使空调管与压缩机连接不能在现工位生产，需进行工

位调整。)

⑤ 对零部件后续的设计变更时，未充分考虑变更对于装配工艺的影响。比较典型的是上面提及的真空助力器及制动储液罐完全复制的例子，真空助力器和制动储液罐完全复制于现生产车，但由于进气隔栅的造型变化导致加注空间变化，致使制动液加注头与进气隔栅干涉。后续设计为了解决制动液加注头与进气隔栅干涉的问题，变更了制动储液罐加注口的位置（向前移动一定距离），但由于制动储液罐是随真空助力器分

图 5-42　加注头与进气隔栅干涉

装至仪表板模块上，此设计的变更在解决了原来问题的同时，却带来了一个新的问题，导致整个分装模块的尺寸变大，在合装此模块时车门框口的空间不够，最后必须变更加注头为特殊的形式才解决了问题。

特殊说明：在这个阶段，开始有了实际的样件样车，可以具体、直观地将各种问题反映出来。为了给以后的工艺开发提供充分的参考案例，可以建立一个数据库，将整个结构工艺性分析与策划过程中的典型案例收录进来，以供后续项目参考。

5.7　整车重点装配部件的重点检查项（主要应用在数模检查阶段）

1. 车身部分的重点检查项

1) 操作发动机舱盖的支撑方式是否合理、支撑杆强度是否足够，支撑杆是否符合人机工程，是否有漆面保护措施。

2) 车身上的重要安装点（如底盘件、保险杠、灯具等）定位是否合理，是否利于装配及返修。

3) 与密封条、水切等配合的止口、沿口是否控制在一定的尺寸厚度，钣金搭接是否有利于密封保证。

4) 各种安装支架的空间结构是否合理，强度是否足够，装配顺序性是否满足工艺要求，对称件是否有装配区分标识。

5) 焊缝胶、密封胶的涂敷范围是否合理，是否能在避免车身漏雨的同时保证可视位置美观。

6) 油箱门的铰链臂强度是否足够，铰链销轴的防腐措施是否能够保证使用寿命，开启位置是否有开启限位。

7) 车身上的装配工艺孔的孔径是否满足装配要求，可达性和可视性是否能够满足装配要求（见图 5-43）。

2. 外饰部分的重点检查项

1) 前后车灯、前后保险杠等重要外观件的结构和材料是否有利于保证外观的配合质量。

2) 前后车灯、前后保险杠等重要外观件的固定方式是否合理（采用螺栓、螺钉、夹

子、卡扣、粘接等）。

3) 前后车灯、前后保险杠等重要外观件固定点的数量是否足够，位置布局是否合理，不产生松动、翘起。

4) 前后车灯、前后保险杠等重要外观件的安装顺序是否便于拆卸和维修。

车身的工艺孔位置不对，行李架安装点的安装可视性和可达性都较差

图 5-43　行李架紧固件安装工具的空间不足

5) 前后车灯、前后保险杠等重要外观件是否有良好的操作空间及可视性。

6) 前后车灯、前后保险杠等重要外观件在行驶过程中是否会由于振动而产生噪声。

7) 前后车灯、前后保险杠等重要外观件标准件的选择是否具有通用性，利于现有工具的配置和选择。

8) 通过散热器格栅是否能够看见发动机舱内件，影响美观。

9) 保险杠下沿能否盖住下车身备胎。

3. 内饰部分的重点检查项

1) 零件结构和材料是否有利于保证外观的配合质量、搭接方式是否合理、件与件之间的安全间隙是否足够（A、B、C 柱与顶盖是否过盈、顶盖与风窗玻璃间隙、扳手与内饰件间隙、座椅与中控台间隙等是否足够）。

2) 零件是否有导向、定位销（孔）（A、B、C 柱，门板，地毯压条等）。

3) 零件固定点的数量是否足够，位置布局是否合理，不产生松动、翘起（见图 5-44）。

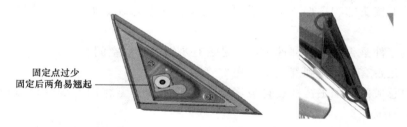

固定点过少
固定后两角易翘起

图 5-44　固定点过少且远离配合面

4) 零件的安装顺序应该考虑便于拆卸和维修。

5) 是否有良好的操作空间及可视性。

6) 顶盖、仪表板等件的形状、尺寸是否过大，是否有利于物流运输和储存，是否有利于合入车内。

7) 零件是否与线束、管路等存在干涉现象。

8) 零件在行驶过程中是否会由于振动而产生噪声，降噪措施是否合理。

9) 行李舱地毯是否预留尾灯维修孔。

10) 零件是否有装配标识（方向标识、位置标识等）。

11) 中控台是否预留人工制动调整口、工具空间是否足够。

12) 零件装配是否有足够的操作空间、扭矩值要求是否合理。

13）标准件的选择是否具有通用性，利于现有工具的配置和选择，尽量选择同平台标准件，扭矩值要与现有车型相同。

14）仪表板的定位方式是否合理，装配操作是否容易。

15）仪表板横梁的安装定位方式，是否便于装配质量保证；安装定位点是否与焊装夹具的定位体系一致。

4. 动力部分的重点检查项

1）各种管路、线束走向是否合理，保证足够的安全距离（油管、进排气管及线束与热源间隙）。发动机合装线束/软管的缠绕是否合适（见图5-45）。

2）操作空间是否合理，工具的通用性、安装点的可视性如何。

3）单体零件形状、尺寸是否过大，是否有利于拆卸和维修。

4）尽量选择通用的标准件，利于现有工具的配置和选择。

5）选用统一的诊断、测试程序，简化操作，便于生产和售后服务。

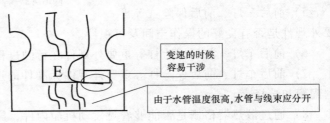

图5-45 线束布置有干涉

6）零件的安装顺序是否考虑便于拆卸和维修。

7）相对运动的管路之间，是否有足够的防磕碰、防摩擦保护。

8）各种管路是否有明显的安装标识（方向标识、位置标识等）。

9）产品开发中，应考虑与现有产品的通用性，充分利用已有的工装设备。

10）管路的接头部和端部（制动管、空调管、动力总成的水路及油路连接处等）是否有防尘保护。

11）运动零件是否和其他部件干涉，是否有足够的移动空间。

12）废气是否有可能排到驾驶室（尾部管路定位）。

13）动力总成的装配工艺性设计方案是否与共平台车型相同（零件供货形式、设备的通用性、扭矩的统一）。

14）建议发动机总成在与车身合装的过程中，与车身之间的间隙不小于15mm，如图5-46所示。

15）动力转向泵的安装、调整是否方便，以及带轮是否具有调整性。

16）发动机合装线束/软管的缠绕是否合适。

17）节气门拉线的布置（行程）、长度、保护和固定夹子是否合适。

18）暖风器水管的保护和发动机转动部件之间的间距是否合适。

19）暖风器水管和散热器水管是否需要固定点。

20）暖风器水管和散热器水管是否有足够的保护或位置标识，如图5-47所示。

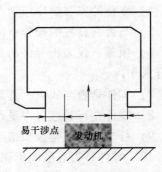

图5-46 发动机与车身合装时的间隙控制

21）暖风器水管和散热器水管是否有安装方向标记。
22）暖风器水管和散热器水管末端是否需要双凸起（见图 5-48）。

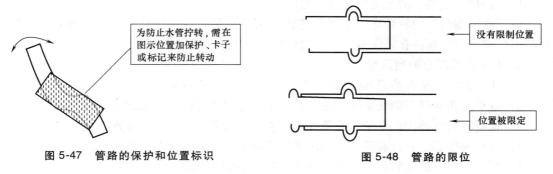

图 5-47　管路的保护和位置标识　　　　　图 5-48　管路的限位

23）排气管周围是否有合适的绝热措施。
24）排气管周围不应布置线束和电缆，是否有保护，如图 5-49 所示。

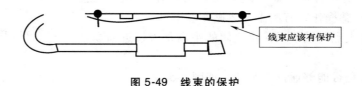

图 5-49　线束的保护

25）起动机维修空间是否合理。
26）有没有考虑到机油滤清器更换的方便性。
27）在发动机总成合装后，发动机线束与起动机是否方便连接。
28）发动机或空气滤清器的最高点与发动机舱盖隔热板的安全间隙是否足够。

5. 底盘部分的重点检查项

1）车架等部件是否存在装配孔之外的定位孔，以使底盘与车身合装时，可以准确定位。
2）制动管路、线束走向是否合理，是否有足够的安全距离（间隙）。
3）零件装配的操作空间是否合理，是否适用大型工具，安装点的可视性如何。
4）零件的安装顺序是否考虑便于拆卸和维修。
5）标准件的选择是否具有通用性，是否利于现有工具的配置和选择。
6）制动管路等是否有明显的安装标识（方向标识、位置标识等）。
7）轮胎、轮毂是否有配合动平衡试验的轻、重点装配标识。
8）新产品开发中，应考虑前、后桥总成的定位支撑位置是否与现有产品相同，是否充分利用已有的工装设备。
9）踏板高度是否容易检查和调整。
10）有相对运动的管路之间是否有保护。
11）管路的接头部和端部是否有防尘保护。
12）燃油箱的表面是否有足够的防摩擦保护。
13）运动零件是否和其他部件干涉，是否有足够的移动空间。
14）用于油泵检查和更换的检查口是否存在。

15）裸露线束的连接是否有防水保护，线束布置是否有利于防水保护。

16）各种加液口是否适用于现有的加注设备。

17）转向管柱与方向盘之间是否有定位。

18）转向器与转向管柱连接位置的花键是否有保护，转向管柱的转动区域是否与隔音棉间隙足够，周围是否有固定不牢件（橡胶套）的隐患存在。

6. 电子电气部分的重点检查项

1）线束的走向是否妨碍其他部件的安装，是否有堆积现象。

2）线束上相同规划的线束端子是否有明显的标识进行区分，如做成不同的颜色。

3）是否有足够的固定夹子，避免线束悬空，特别是在线束转弯布置的地方。

4）线束插接头是否没有固定，使端子悬垂摆动、松动，或者产生异响。

5）线束固定点的安装孔尺寸是否合适，如图5-50所示。

6）线束是否与锋利的部分接触而需要做防割伤保护，尤其与金属部件接触的部分。如图5-51所示。

7）线束长短是否合理，如果过长是否考虑增加线束插接头，分解为两个步骤操作，有利于工艺操作。

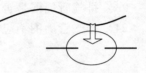

图 5-50　线束固定点过大

8）线束的分支点与端子插接点之间的距离是否过近而易使线束弯曲。

9）线束接头是否能够通过安装孔，如图5-52所示。

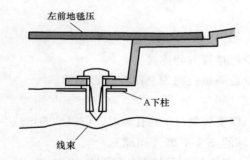

图 5-51　线束需做防割伤保护

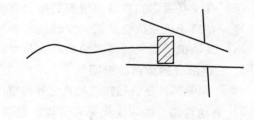

图 5-52　线束接头过孔孔径过小

10）线束是否需要用防水型接头。

11）零件周围是否存在温度非常高的零件，如排气管等，是否需要隔热防护。

12）线束固定点的距离是否合适，如图5-53所示。

13）车门线束与主线束的连接方式是否合理（操作空间、插接头防错）。

14）要保证线束与零件的紧固点有一定的安全间隙（大于20mm），避免紧固件损伤线束，存在失效或着火隐患。

15）灯具结构设计是否有利于保证外观的匹配质量，配合方式是否合理。

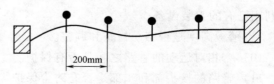

图 5-53　线束的固定点间距

16）灯具定位点是否有效，如果定位不当则会影响匹配效果。

17）灯具固定点是否设计在不同的冲压件上，是否容易产生公差积累而不利于定位、装配。

18）灯具操作空间是否足够，工具使用是否容易。

19）是否容易进行灯光调整，操作空间是否足够，如图 5-54 所示。

20）灯泡等易损件是否容易更换，是否留有维修口。

21）室内灯、行李舱灯是否有安装支架，以防止松动脱落；线束的连接形式是否有利于装配操作。

22）雨刮电动机及连杆运动部件在运行时是否与线束等周围部件干涉；周围线束等固定件的固定方式是否牢固可靠。

23）雨刮连杆机构是否有足够的安装空间。

24）雨刮刮片的装配位置是否有明确的标记或标准。

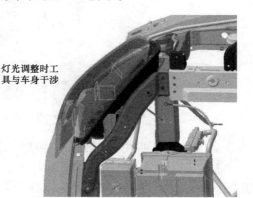

图 5-54　灯光调整工具空间不足

25）风窗玻璃洗涤液管路布置和走向是否合理，夹紧点是否足够，以防止液体阻塞，泵不出液。

26）雨刮喷嘴的连接方式是否牢固、易于操作，喷嘴的喷射位置是否便于调节。

27）空调管的连接位置及加注操作空间是否足够，工具使用是否容易。

7. 附件部分的重点检查项

1）开锁拉线的位置布局是否合理，固定点的数量是否足够。

2）车门系统装配件、密封系统、天窗等的安装顺序是否便于拆卸和维修。

3）锁体、锁扣是否有良好的操作空间及可视性，是否便于调整。

4）密封条是否有明确的安装标识（定位点、对称件、方向等）。

5）玻璃的装配定位是否合理。

6）风窗玻璃是否有定位，涂胶区域是否有足够的空间，以避免与涂胶设备干涉。

7）风窗玻璃的外沿密封条及内部后视镜的位置距离玻璃涂胶胶嘴的位置不小于 3mm。后风窗玻璃的电加热插头与风窗玻璃涂胶的中心轨迹位置距离要大于 10mm。

8）风窗玻璃在车身钣金上的风窗玻璃粘贴止口的宽度要超过 18mm（至少要保证不小于 16mm）；为防止玻璃胶经止口位置向车内渗漏，如果没有装饰板，胶型与玻璃边缘距离大于 15mm，止口总宽度大于 25mm。

9）玻璃的黑色区域是否有效地遮挡仪表板的翻沿，风窗玻璃设计是否考虑 VIN 码的粘贴位置，是否满足 GB 16735 4.1.3 的要求。

10）风窗玻璃装配过程中，与周沿发动机舱盖、翼子板等的间隙不小于 10mm。

11）在使用密封胶条进行密封条装配时，是否有定位导向。

8. 安全部分的重点检查项

1）安全带卷收器安装点是否有防转限位，如图 5-55 所示。

2）安全气囊控制器的安装点定位结构是否合理，扭矩设定是否合理。

3）安全点的拉带运动空间范围内是否与线束卡口、内饰件安装卡口干涉，内饰件与车

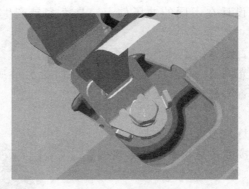

图 5-55　安全带卷收器未安装防转限位

身钣金件的安全间隙是否足够（运动件安全间隙应为 10mm 以上）。

4）方向盘安全气囊线束的长度要足够，便于驾驶气囊模块的安装；线束插接后要有合理的固定位置，避免造成喇叭长鸣或失灵。

5.8　外观质量特性分析方法

1. 外观质量特性分析的目的

针对设计部门的输入，结合现有工艺水平和制造能力，对输入的外观质量特性数据进行可行性分析，确认实际生产能否满足外观质量特性要求。外观质量特性的分析主要是公差分析。公称尺寸一般不进行分析，只在特殊的情况下进行分析。比如，公称尺寸的给定与一些整车结构功能要求相违背，或与公差值相冲突。例如：发动机舱盖到前保险杠之间的间隙一般都设定为（6±2）mm，但如果设计给定的配合间隙的公称值为 2mm，就可能在关舱盖时与前保险杠产生运动干涉。如果计算后的公差值大于公称尺寸，如计算结果为（2±3）mm，则可能出现两个零件干涉。

对于尺寸公差分析，一般有两个结果，一种为可行，一种为不可行。如果不可行，则反馈给相关部门；如果可行，则根据外观质量特性值进行分解，并可通过整车品质标准（间隙、面差）分解确认单（见表 5-7）与相关部门进行公差分解确认。

2. 外观质量特性分析涵盖的方面

外观质量特性涵盖了整车内、外饰装配件之间的间隙、面差值和一些主要装配部件的配合要求。

3. 外观质量特性分析流程

1）接收设计数据：接收设计的整车外观质量特性输入数据。

2）根据经验，做外观质量特性可实现性判断。

3）对于不好确定的外观质量特性要求，利用尺寸链原理，做外观质量特性的公差分析（可以采用手工计算或采用公差分析软件来分析）。由于实际生产中尺寸偏差经常不是按正态分布的规律进行分布的，所以对于尺寸链组成环个数小于 2 的只能用极值法进行分析（极值法：各组成环绝对值的加和），组成环个数大于等于 2 的可按数理统计方法进行分析计算，用计算结果确认外观质量特性给出值是否合理。

第 5 章 设计结构的工艺性分析、评审与策划

具体分析时，首先根据各相关尺寸画出尺寸链，包括相关尺寸及封闭环，然后将相关公差标注于尺寸链中（与尺寸相关的公差可用对应小写的尺寸链代号再加小标代替，如组成环为 A_1、A_2，封闭环为 A_0。则与组成环相关的公差可用 a_{11}、a_{12}……及 a_{21}、a_{22}……表示）。

尺寸链计算方法举例：

1) 零部件全部定位，不可调整。
2) 组成环中某一个零部件位置可调整。
3) 组成环中多个零部件位置可调整。

例1：按零部件全部定位，不可调整的情况进行的计算举例（见图 5-56）。

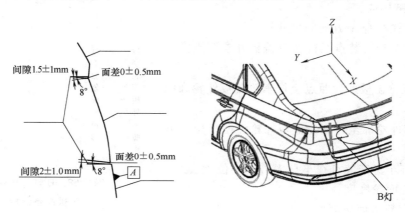

图 5-56　B 灯与行李舱盖匹配要求

按 B 灯不可调整，分别对 B 灯与行李舱盖灯槽上沿间隙、B 灯与行李舱后盖板面差进行分析，如图 5-57 所示。

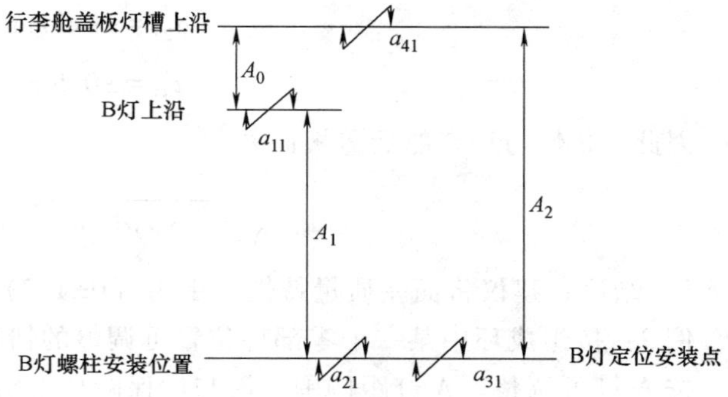

B 灯与行李舱盖灯槽上沿间隙：

1) 尺寸链构成：

A_1：B 灯上沿至 B 灯螺柱安装位置的公称尺寸；

A_2：行李舱盖板灯槽上沿至 B 灯定位安装点的公称尺寸；

A_0：行李舱盖板灯槽上沿至 B 灯上沿的公称尺寸；

a_{11}：B 灯尺寸轮廓度；

图 5-57　B 灯与行李舱盖间隙分析

a_{21}：B 灯固定到行李舱盖板上在车身 Z 方向的装配公差（$\phi 7$ 孔对 $\phi 6$ 的螺柱）；

a_{31}：B 灯行李舱盖板定位点在车身 Z 方向的位置偏差；

a_{41}：行李舱盖板轮廓度。

2) 具体分析：

$$a_{11} = \pm 0.5\text{mm}（单边）$$
$$a_{21} = \pm 0.5\text{mm}$$
$$a_{31} = \pm 1.0\text{mm}$$

$$a_{41} = \pm 0.7\text{mm}（单边）$$

因此，B 灯与行李舱盖灯槽上沿间隙公差

$$a_0 = \sqrt{a_{11}^2 + a_{21}^2 + a_{31}^2 + a_{41}^2} = \pm 1.4\text{mm}$$

计算值比较接近理论间隙值 1.5mm。

3) 结论：建议将间隙质量特性变更为（2.0±1.4）mm。

B 灯与行李舱后盖板面差（见图 5-58）：

1) 尺寸链构成：

A_1：B 灯在车身 X 方向的尺寸；

A_2：B 灯车身安装点至行李舱盖板外参照点的公称尺寸；

A_3：行李舱盖板外参照点至行李舱盖板外轮廓的公称尺寸；

A_0：B 灯外轮廓至行李舱盖板外轮廓在车身 X 方向的公称尺寸；

a_{11}：B 灯车身安装点在车身 X 方向的位置公差；

a_{21}：B 灯面轮廓度；

a_{31}：行李舱盖面轮廓度。

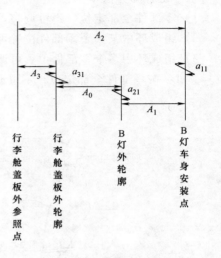

图 5-58 B 灯与行李舱盖板面差分析

2) 具体分析：

$$a_{11} = \pm 1\text{mm}$$
$$a_{21} = \pm 0.5\text{mm}$$
$$a_{31} = \pm 0.5\text{mm}$$

因此，B 灯与行李舱后盖板面差

$$a_0 = \sqrt{a_{11}^2 + a_{21}^2 + a_{31}^2} = \pm 1.2\text{mm}$$

3) 结论：建议将面差质量特性变更为（0±1.2）mm。

例 2：按组成环中某一个零部件位置可调整的情况进行的计算举例（见图 5-59）。

按 A 灯可调整（A 灯距侧围上沿与后保险杠上沿间隙相等），对 P 位置 A 灯与后保险杠上沿间隙进行分析，如图 5-60 所示。

1) 尺寸链构成：

A_1：A 灯外廓尺寸；

A_2：后保险杠上沿至后保险杠车身定位点的公称尺寸；

A_3：侧围灯槽上沿至后保险杠车身定位点的公称尺寸；

A_0：A 灯下沿与后保险杠上沿（A 灯上沿至侧围灯槽上沿）的公称尺寸；

a_{11}：后保险杠车身定位点在 Z 方向的位置偏差；

a_{21}：后保险杠尺寸轮廓度；

a_{31}：A 灯尺寸轮廓度；

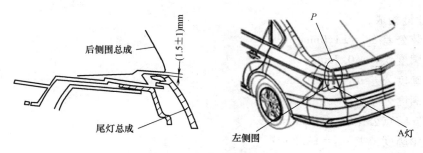

图 5-59　A 灯与侧围匹配

a_{41}：A 灯尺寸轮廓度；

a_{51}：侧围灯槽尺寸轮廓度。

2）具体分析：

$$a_{11} = \pm 1.0\text{mm}$$
$$a_{21} = \pm 0.5\text{mm}$$
$$a_{31} = \pm 0.5\text{mm（单边）}$$
$$a_{41} = \pm 0.5\text{mm（单边）}$$
$$a_{51} = \pm 0.7\text{mm（单边）}$$

因此，P 位置 A 灯与后保险杠上沿间隙公差

$$a_0 = \sqrt{a_{11}^2 + a_{21}^2 + a_{31}^2 + a_{41}^2 + a_{51}^2} = \pm 1.5\text{mm}，即 1/2 a_0 = \pm 0.7\text{mm}。$$

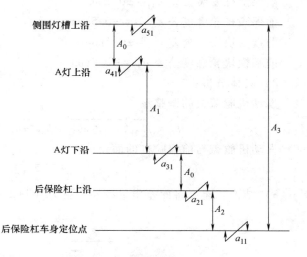

图 5-60　A 灯与侧围间隙分析

3）结论：现生产可以满足设计提出的间隙质量特性要求。

例 3：按组成环中多个零部件位置可调整的情况进行的计算举例（见图 5-61）。

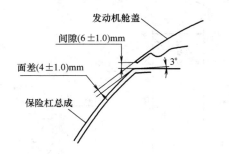

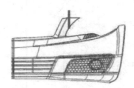

图 5-61　前保险杠与发动机舱盖匹配

针对前保险杠与发动机舱盖板进行公差分析，选择左前纵梁的前端面为参照基准，如图 5-62 所示。

焊装对四门两盖的调整顺序为后门、前门、翼子板、发动机舱盖。根据装配顺序及装配件之间的配合关系，发动机舱盖板与前保险杠面差可用尺寸链进行分析计算。

发动机舱盖板与前保险杠面差分析：

1）尺寸链构成：

侧围焊装公差 $b_{21} = \pm 1.0$ mm

侧围轮廓度 $b_{22} = \pm 0.7$ mm

后门轮廓度公差 $b_{31} = \pm 0.7$ mm

前门轮廓度公差 $b_{41} = \pm 0.7$ mm

翼子板安装点公差 $b_{51} = \pm 0.5$ mm

翼子板轮廓度公差 $b_{52} = \pm 0.5$ mm

发动机舱盖轮廓度公差 $b_{01} = \pm 0.5$ mm

前保险杠安装公差 $a_{11} = \pm 0.2$ mm

前保险杠轮廓度公差 $a_{12} = \pm 0.5$ mm

前端模块安装公差 $a_{21} = \pm 0.5$ mm

前端模块轮廓度公差 $a_{22} = \pm 0.5$ mm

2）具体分析：

发动机舱盖板的调整量

$$b_0 = \sqrt{b_{21}^2 + b_{22}^2 + b_{31}^2 + b_{41}^2 + b_{51}^2 + b_{52}^2 + b_{01}^2} = \pm 1.8 \text{mm}$$

发动机舱盖与前保险杠的面差值

$$a_0 = \sqrt{a_{11}^2 + a_{12}^2 + a_{21}^2 + a_{22}^2 + b_0^2} = \pm 2.0 \text{mm}$$

3）结论：建议将面差质量特性变更为（4±2.0）mm。

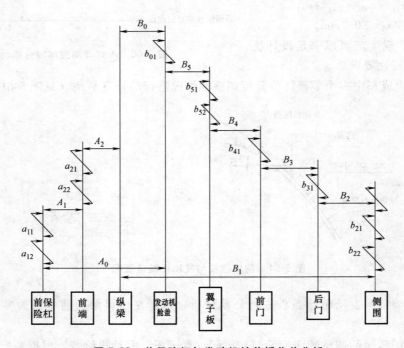

图 5-62　前保险杠与发动机舱盖板公差分析

如上几种方式的尺寸链计算的结果有两种：一种是计算公差与给定公差相符；一种是计算公差与给定公差不相符。

(1) 计算结果相符

计算结果在外观质量特性要求范围之内,则对计算结果进行分解,分别将数据分解给总装、车身、配套件等进行确认。如果均通过,则外观质量特性评审通过;如几个相关方中有任何一方未通过,则将其问题点反馈给数据输入方(见表5-7)。

(2) 计算结果不相符

需要总装及焊装等专业一起进行讨论(主要依据尺寸链路线原则、基准选择原则进行),并确认采用特殊工艺方式是否可弥补尺寸链超差问题。例如,改善焊接夹具的定位夹紧方式、调整工艺基准、调整相关尺寸链、采用协调环进行调整等。如可行,则外观质量特性评审通过,并采用专用工艺方案来解决;如不可行,则将其问题点反馈给数据输入部门变更外观质量特性数据。

表 5-7 整车品质标准(间隙、面差)分解确认单

车型:( )

输入文件名称		文件版本号(第 版) 文件日期(年 月 日)	
申请部门		申请人	

断面代号:

外观质量特性值:

数据确认列表:

序号	零件名称	输入公差值	输入部门	输入公差再确认	确认人签字(日期)

尺寸链计算过程:

综合结论:

编制(日期)		审核(日期)		批准(日期)	

5.9 整车公差控制

1. 公差控制概述

汽车零部件有几万个,这几万个零部件配合在一起,形成了整车。对于整车而言,任何两个有装配关系的零部件之间,都有具体的尺寸要求及公差匹配要求。一般而言,零部件之间的匹配尺寸无论从设计、生产、检测上都较易保证。例如设计上,在尺寸链上进行简单的分析就可以确定尺寸,很多绘图软件进行设计时能直观地反映出零部件之间及零部件自身的尺寸关系。而零部件之间的匹配公差及单件的公差控制,从设计、生产及检测上都较难控制,需要重点讨论。从设计上讲,由于公差涉及方面较多,又没有直观的软件进行分析而较难确定。从生产上讲,如何确定有效的工艺控制措施来保证公差要求,也是个较难的问题。从检测上看,如何用最少的检测点实现有效的控制,也是需要明确的。

2. 公差控制相关基本知识

(1) 尺寸链原理

在机器设计和制造过程中,常涉及一些有密切联系,相互依赖的尺寸组合。在分析这些尺寸间的影响关系时,可将这些尺寸从机器或零件的具体结构中抽象出来,根据其内在的联系,按一定的顺序首尾相接,形成具有封闭形式的尺寸组合进行分析。这一互相联系且按一定顺序排列的封闭尺寸组合,称为尺寸链。

在尺寸链中,最后形成的一环叫封闭环。对封闭环有影响的其他各环,称为组成环。

尺寸链按形态可分为直线尺寸链、平面尺寸链和空间尺寸链。

(2) 尺寸链的基本公式

1) 封闭环的公称尺寸 A_0。封闭环的公称尺寸为各组成环公称尺寸与传递系数乘积的代数和。

$$A_0 = \Sigma \xi_i A_i$$

2) 封闭环的中间偏差 Δ_0。封闭环的中间偏差为各组成环中间偏差与传递系数乘积的代数和。

$$\Delta_0 = \Sigma \xi_i \Delta_i$$

3) 封闭环的公差 T_0。封闭环的公差等于各组成环公差与传递系数乘积的代数和。

$$T_0 = \Sigma \xi_i T_i$$

4) 封闭环的极限偏差。封闭环的上极限偏差或下极限偏差,相应为封闭环中间偏差加或减封闭环公差的一半。

$$ES_0 = \Delta_0 + T_0/2$$
$$EI_0 = \Delta_0 - T_0/2$$

5) 封闭环的极限尺寸。封闭环的上极限尺寸和下极限尺寸,为封闭环公称尺寸加上封闭环的上极限偏差或下极限偏差。

$$ES_i = A_0 + ES_0$$
$$EI_i = A_0 + EI_0$$

(3) 解算尺寸链的一般步骤

1）根据零件之间的联系，确定相关的尺寸组。并大致按比例绘出尺寸链。
2）分析尺寸链中哪一环是间接获得的，找出封闭环。
3）按定义判断组成的增减环。
4）明确尺寸链中哪一个为未知，哪些为已知，求解。

（4）求解尺寸链的方法

求解尺寸链的方法主要有两种，一种是完全互换法，一种是大数互换法。完全互换法主要用于流水式、大批量、组成环较少、配合精度高的生产；大数互换法主要用于非流水式、大批量、组成环数较多、配合精度较高的生产。

1）完全互换法，累积公差完全按照尺寸链加和的方法进行计算。

$$T = T_1 + T_2 + T_3 + \cdots$$

2）大数互换法，累积公差等于各组成环公差的平方和再开方。

$$T = \sqrt{T_1^2 + T_2^2 + T_3^2 + \cdots}$$

相关尺寸链较少时，一般不可用大数互换法。因为用此种方法解算，极易出现两个零件的偏差方向都向不利方向发展，出现配合超差的情况。经常有这种情况：两个件构成一个封闭环，由于在分配公差时，采用大数互换法进行解算，导致在实际生产中经常出现两个件都处于极限偏差使配合超差。例如：车的尾灯及侧围配合后，有一定的间隙及面差要求。在实际生产过程中，经常出现两件都处于极限偏差的情况，在前期设计定义公差时，如果采用大数互换法进行公差分配，就会出现两件都处于极限偏差但都合格，而配合后的间隙或面差出现超差的情况。

（5）尺寸链路线的原则

1）组成环最短原则。
2）一件一环原则。
3）尽可能建立协调环原则。
4）高精度要求环一般直接作为组成环，不作为封闭环。

（6）定位原理

六点定位原理是工件按一定规则布置的6个定位支承点，限制工件的6个自由度，即可实现完全定位。此6点一般可抽象为3、2、1原则，即任何实现完全定位的工件，它的定位都可简化为空间坐标系内的3个坐标平面上（或平行于3个坐标平面）的3点、2点、1点来实现完全定位。定位是解决工件定不定的问题，夹紧是解决工件动不动的问题。

1）应限制自由度的确定。工件的定位一般只需限制影响配合精度的自由度即可，对配合精度无影响的自由度不必限制。

2）欠定位。按配合要求应限制的自由度没有被完全限制，使工件定位不足，称为欠定位。

3）过定位（重复定位）。工件定位时，几个定位重复限制同一个自由度，这样的定位称为重复定位。一般情况下，重复定位会出现定位干涉，使工件的定位精度受到影响。如果重复定位的平面是精加工面，一般不会产生定位干涉的问题，反之，重复定位会使工件定位不准。

完全定位一般用于刚性件，需要限制工件的6个自由度。具体的定位基准一般分为主定位（定位零部件3个或3个以上的自由度）和次定位（也叫辅定位，限制零部件的2个或1

个自由度）。常见的定位方式有两孔一面、两面一孔、三面等，在整车上一般用于大的总成模块、内外饰部件，整车安全部件等。过定位主要用于挠性件，如翼子板、保险杠、顶盖、地毯等；也可以用于精定位面，如发动机缸体。欠定位主要用于在某一个自由度上有配合，而在其他自由度上无配合要求的零部件。

在确定哪些零部件需要定位后，就要分析如何定位以保证零部件的配合精度。一般而言，应尽量使这些零部件定位于精基准上，并且尽量消除定位误差。

(7) 定位误差

由于每一个具体工件在尺寸上和表面形状上存在着公差范围内的差异，而且夹具定位元件也有一定的制造误差，这些结果会使每个具体加工表面产生偏离理想位置的变动量，即产生定位误差。在设计和制造时，一般限定定位误差不超过工件加工公差的 $1/5\sim1/3$。定位误差一般有两种类型：

1) 基准位置误差。这种由于定位副制造误差而引起的定位基准在加工尺寸方向的最大变动量，称为基准位置误差。

2) 基准不重合误差。工序基准相对定位基准在加工尺寸方向的最大位置变动量，称为基准不重合误差。

产生定位误差的原因：

1) 工件按六点定位原理在夹具上定位后，因定位副制造精度及工序基准与定位基准不重合，会使工序基准相对于加工表面产生位置变动，因而产生定位误差，影响加工精度。

2) 基准位置误差和基准不重合误差分别独立、互不相干，它们都使工序基准产生变动，按综合作用定义为定位误差。当定位基准与工序基准重合时，基准不重合误差为零；当无基准位置误差时，基准不重合误差为零；若两项都没有，则定位误差为零。

3) 计算定位误差时，应按工序基准在加工尺寸方向上可能处于的两个极端位置所产生的最大变动量来考虑。如果基准位置误差和基准不重合误差的最大变动量不在加工尺寸方向上，定位误差按折算到加工尺寸方向上的数值计算。

(8) 典型定位方式的定位误差分析与计算

1) 平面定位方式的定位误差。当以粗基准定位时，基准位置误差取决于基准表面的平整状况。当以精基准定位时，基准表面的形状误差引起的基准位置误差较小，在分析时可不作考虑。

2) 圆柱孔定位的定位误差。此时有两种情况：一种是工件以圆柱孔在无间隙心轴上定位，没有基准位置误差；另一种是工件以圆柱孔在间隙配合心轴上定位。当工件以圆柱孔在间隙配合心轴上定位时，也存在两种情况：

① 定位时，圆柱孔与心轴固定单边接触，定位副间有径向间隙。工件定位时，若采取一定措施，或加一固定方向作用力，使工件孔与心轴始终在一个固定处接触，则定位副间只存在单边间隙，孔中心位置的最大变动量即为基准位置误差，此基准位置误差等于工件孔尺寸公差与定位心轴尺寸公差之和的一半。

② 定位时圆柱孔与心轴任意边接触。孔中心线相对于心轴中心线可以在间隙范围内做任意方向、任意大小的位置变动。孔中心线的变动范围为以最大间隙为直径的圆柱体，基准位置误差为工件孔的尺寸公差、定位心轴的尺寸公差、最小直径孔与最大直径心轴差三者的和。

3）外圆柱面定位的定位误差。分三种：定心定位、支承定位、V形块定位。

① 外圆柱面的定心定位。其定位误差与圆柱孔定位的定位误差分析计算方法完全相同。

② 外圆柱面支承定位。定位误差与平面定位方式相同。

③ V形块定位。基准位置误差与V形块的角度有关。

（9）定位原则

1）基准重合原则。尽量使工艺基准与设计基准重合，整车外观的质量特性，应尽可能地使用基准重合原则。

2）基准统一原则。尽量选择同一基准定位需要配合的零部件，或者以一次加工面或孔等进行定位。例如同一冲压件上同一工序形成的孔或面；同一注塑件上同一工序形成的孔或面。这样可以减少因基准不统一而产生的定位误差。

3）互为基准原则。当两个零部件的相互位置精度要求较高时，可以使互相配合的两个零部件互为基准。

4）自为基准原则。采用自身形面和孔作为基准。

3. 如何确定车身与零部件之间的匹配公差

掌握了上述知识后，在进行整车零部件设计时，首先要确定整车零部件之间的配合特性。整车的匹配外观质量特性一般根据如下三方面确定：

1）整车一些重要部件的匹配公差是由外观质量特性中的性能要求决定的，如动力总成的位置公差是由动力总成的输出特性决定的。

2）用户要求的整车内外饰的匹配公差，一般是根据用户的需求而决定的。

3）经济加工精度在没有特定的性能要求及用户要求而只有紧固或固定要求的情况下，如整车线束、制动与燃油管路、各种拉线、排气系统等。整车匹配的公差要求一般是根据此种零部件的经济加工精度来确定的。

4. 如何对匹配公差进行分解

在整车配合件之间的公差确定后，需要根据整车的配合特性进行零部件的公差分配与分解（对于总成供货部件。整车厂一般只考虑总成状态的配合特性要求，不考虑总成内部件的配合特性，这部分配合特性由供应商来完成）。并对车身及零部件进行定位体系分析与确定。公差分配时需注意：

1）由于匹配的公差是由各个组成环的公差所累积的，所以各个组成环的公差之和要等于匹配的公差。

2）零部件公差确定时，要考虑此零部件的经济制造精度。

3）在进行零部件公差分配时，需要注意当此零部件有多个尺寸公差约束时，如果定位基准相同，则一定要以最小的尺寸公差的约束为此零部件的分配公差（特别是对于车身）。如果定位基准不同，则需分配复合公差。

4）车身公差分析时，由车身向分总成分解、再由分总成向单件分解。

5）公差分配时，也可采用逆向分配。即进行零部件公差确定时，可不由整车到分总成再到零部件的顺序进行分配，而是分析此零部件跟其他零部件的关联关系，再来确定此零部件的公差。

5. 如何从设计及工艺上更好地保证匹配效果的实现

零部件之间匹配公差的实现，简单而言，是两零部件之间的相关零部件的尺寸公差链的累积,即最后的匹配公差。但实际上,由于工艺条件及经济性的限制,各相关零部件之间的尺寸精度难以保证最后的匹配公差要求,这就需要设计及工艺人员想办法,解决设计要求精度与零部件制造精度之间的矛盾。设计人员在设计时,尽量考虑尺寸偏差对设计实现的影响;工艺人员在工艺设计时,尽量考虑如何满足匹配公差的实现。

在实际生产中,车身的波动是绝对的,车身的稳定是相对的。即一般不可能要求任何两个部件间的尺寸都是完全稳定的,或者说不能要求整车任何部件相对于整车的坐标原点都是稳定的,只能要求有严格匹配要求的部件之间的相对尺寸是稳定的。因为无论从尺寸链及公差分析上看,还是从工序能力上看,都只能在一定范围内保证尺寸的稳定性。

要达到如上目标,必须细致分析影响零部件之间的匹配公差的要素。一般来讲,与零部件的结构、零部件的定位体系、零部件之间的尺寸链关系、零部件尺寸公差等有关系。具体而言:

(1) 设计方面

1) 进行结构设计时,尽量使尺寸偏差的变化对外观的影响最小。

① 在结构上,尽量只在两个零部件之间建立匹配要求(功能尺寸要求),而不是几个零部件之间两两都建立匹配要求(功能尺寸要求),例如前照灯、翼子板、发动机舱盖、前保险杠之间都有匹配公差要求就不好实现。

② 遵循尺寸链最短原则,使有匹配公差要求的两零部件之间的组成环最少。可以利用有严格匹配关系的形面直接定位,或者将两件合并成一件(如在冲压工艺允许的情况下,应尽可能减小零件的分块,尽量采用整体结构,特别是对于不易保证结构或尺寸要求较高的焊接结构要尽量采用整体压件以减少焊接公差的累积。)等。

③ 尽量在有匹配公差要求的两零部件之间设立公差开放环(开放环的重要特征是:此件没有功能尺寸的定位要求,或定位精度是自由精度要求,为达到这一点,在设计上,如无必要,尽量不在零件上布置有功能尺寸要求的孔面,总布置时可提出要求。具体方法如下,一种方法是尽量将有功能尺寸要求的定位孔或面集中于一个零件上,以此零件为主基准零件,减少有定位孔或面要求的零件数量;另一种是功能尺寸之间的组成环尽量设计成没有公差要求的部件)。

④ 尽量弱化匹配关系,降低零部件自由度数量的要求。比如将对接结构改为搭接结构(B柱上饰板、B柱下饰板);由3个自由度要求的结构改为两个自由度要求的结构;增大圆角过渡或进行圆滑过渡等。

⑤ 尽量将零部件的设计定位点靠近匹配点或面,或者说零部件定位点的设计应尽可能靠近有匹配关系要求的零部件的外边缘;由于杠杆原理,使定位误差的变化不至于被放大。零部件的紧固点应尽量接近定位点,且紧固方向尽量与定位方向相同。即定位点靠近匹配点或面、紧固点靠近定位点的原则。

⑥ 定位孔尽可能选择圆孔、椭圆孔,避免使用方孔、不规则孔等定位。

⑦ 零部件的定位面尽可能选择刚性较好的平面定位,尽可能不选择曲面、斜面或刚性较差的平面定位。

2) 尽量使尺寸偏差对外观影响大的配合设计在不易被关注之处。

3) 尽量使零部件的设计基准、定位体系、定位点(RPS点)与冲压工艺、焊接工艺、总装工艺的工艺基准、定位体系、定位点(RPS点)保持一致,特别是对于内外饰件。

4) 公称尺寸的定义应利于公差的实现。比如定义匹配间隙和面差值有 3 种定义情况：(1, 0)、(0, -1) 和 (+0.5, -0.5)。虽然最后的结果都是一样的，但如果制造偏差是随机波动的，那么 (+0.5, -0.5) 一定会比 (-1, 0) 更好控制。而如果制造偏差是遵循入体原则发展的，则对于匹配间隙和面差的定义，(1, 0) 无疑会更好些，因为制造时，初始尺寸按 +1 控制，随着偏差的发展，匹配偏差会逐渐向 0 方向发展。举个实际的例子，比如希望后门相对于前门的面差要低，如果设计数模按前后门相平进行设计（这意味着两者匹配面差的公称尺寸为 0），而制造上不可调整且偏差符合随机波动，那么最后的结果就可能出现 (+0.5, -0.5) 的情况而不符合设计要求。

5) 如果以上都不能实现，则应尽可能使设计结构可调整，通过工艺调整来实现最后的匹配公差。例如车门间隙、发动机舱盖与翼子板面差、尾门或行李舱盖与侧围间隙或面差。

6) 挠性的部件尽量采用匹配要求的面直接定位，以及采用过定位的方式保证配合。

(2) 工艺方面

1) 工艺基准的选定，如：冲压工艺、焊装工艺、总装工艺的基准、定位体系、定位点（RPS 点）是否与设计的基准、定位体系、定位点（RPS 点）一致。工艺实现过程的各基准是否统一、基准的选定是否影响尺寸链的环数等。

2) 调整工艺顺序（如减少冲压工序、焊接工序、装配工序等使基准转换次数减少；或者调整工艺顺序，使基准尽量保持不变），以保证两个公差要求高的部件之间的组成环最少。

3) 如果设计进行公称尺寸及公差定义时，没有考虑制造偏差的波动方向，则工艺需要修正工艺尺寸或者规定特殊公差。比如希望后门相对于前门的面差要低为 (0, -1)，如果设计时没有考虑此位置制造偏差的方向是随机波动的，将数模按前后门相平进行设计（这意味着两者匹配面差的公称尺寸为 0），而制造上此处是不可调整且偏差符合随机波动的，则最后的结果就可能出现 (+0.5, -0.5) 的情况而不符合设计要求。这时，如果不调整设计，那么在工艺制造时会出现以下两种情况：一种是将两者匹配面差的公称尺寸定义为 -0.5，将公差定义为 (+0.5, -0.5)；另一种是将公称尺寸定义为 0，而将公差定义为特殊公差 (0, -1)，并以此进行分解。

4) 利用零部件的挠性对零部件进行局部过定位来保证最后的匹配公差。例如前保险杠、后保险杠、前照灯周沿相对于中心、尾灯周沿相对于中心、发动机舱盖周沿相对于中心、翼子板周沿相对于中心。

5) 可将各工装夹具的定位基准做成可调整式，以在实际调试过程中减小定位点的实际偏差值（即减小工装夹具的公差带，焊装夹具做成 XYZ 三向可调整也是此原因。通过焊装夹具的实际调试，车身的实际偏差值一般都会比理论计算值小）或者使定位点的偏差向改善补偿设计尺寸链缺陷及补偿冲压件系统性不可改善偏差的方向调整以保证最后的匹配公差，这也是必须要做车身匹配的原因所在。新产品车身调试及现生产经常利用同一批次零部件的偏差基本稳定的方法，对车身夹具进行对应批次的调整。此调整虽然会使车身夹具的定位偏离理论值较大，但却能使最后的匹配公差达到要求，这也是此基准做成三向可调的原因所在。即不追求单件的合格率，而追求最后车身匹配的合格率。

6. 如何确定车身最少数量的检测点来进行有效检测控制

(1) 检测部位的确定

车身上的孔位与形面点很多，如果每一处都要检测，则工作量较大。一般而言，车身孔位及形面点的检测可按三级控制：

1）冲压件检测：用检测工具来控制单个冲压件的形面点。

2）分总成检测：只检测冲压件的焊接定位点和焊接后的关键形面点。

3）车身的检测：只检测焊接分总成的焊接定位点及关键形面点，对于在冲压件检测及分总成检测中已得到控制的形面点不需要再进行检测。

注意：车身的检测除了检测焊接的分总成的焊接定位点及关键形面点外，还要对影响整车装配的部位进行二次检测。主要有：

1）重要模块及总成的主辅定位孔。

2）整车上有外观质量特性要求的孔面。

3）不同冲压件上有配合要求的孔面。

需要注意的是，整车上只起到安装及固定作用的孔面不需检测。如果需定位的孔面在同一冲压件上，而这些定位的孔面与其他孔面无配合要求，由于单个冲压件已经进行检测，因此对这些孔位一般不需要再检测；如果这一组孔与其他孔面有配合要求，则只需检测此成组孔面中，可起到定位此冲压件的孔面即可。

（2）检测公差的确定

在确定了具体的检测部位后，需要确定对应的检测公差。在分析各部分的检测公差时，需要根据前期公差分配与分解，确定公差值，并以此对车身孔位及形面点进行检测。

对于车身检测公差的确定，应注意：整车的检测公差一般只相对于整车坐标原点，而经过匹配公差分解的大多是有关联关系的相对公差。所以在进行公差检测时，对于车身的公差在 XYZ 方向上都应有多个检测值（即复合检测公差）。一个是整个车身孔位相对于整车坐标原点公差检测值，一般此公差不经过公差分解给出，只是对整车公差水平的一个简单反映。一般 XYZ 三个方向上都设定为±1mm 或±1.5mm；其他的检测公差应是对此孔位的 XYZ 方向上有要求的各零部件的公差要求，在标示时，此孔位的检测公差的检测基准一定要注明（检测基准一般是相关零部件在车身上的定位孔或定位形面）。

由于检测公差是基础数据，检测公差的形式要能够直接反映出设计公差要求及工艺公差要求，后续很多工作会据此开展。所以，为了减少数据的重复整理与转换工作，一定要将相关的配合公差要求明确地表示出来。为此，可用复合公差的形式进行表示。

第6章 装配工艺设计

与产品设计同步，在产品设计初期，可以进行装配工艺设计。在整个工艺同步工程的工作中，装配工艺设计是核心，其他的工作，包括前期的产品设计的装配工艺性分析、评审，后期的生产线及工艺装备开发、工艺验证、工艺培训、生产启动等，都是围绕装配工艺设计来展开的。

正向开发的装配工艺设计的工作顺序，大体按如下顺序进行：制订初步工艺规划方案-初步工序设计-初步工位设计-初步工艺流程设计-初步工艺布局设计-细化工艺规划方案-详细的工序设计-详细的工位设计-详细的工艺流程设计-详细的工艺布局设计。各类设计信息相对确定后，可以进行制订整车零部件的装配工艺规划方案。在确定工艺规划方案后，进行工序卡的编制，确定工序操作内容、操作顺序、操作工时及工艺参数，为以后的工位设计、工艺流程设计和生产线及设备开发做准备。由于没有实际样件进行实物仿真，工序卡中的工时部分，需要根据仿真时间测量（MTM）标准工时算法，计算出零部件及整车的标准装配工时。零部件及整车的标准装配工时计算完成后，根据生产节拍要求，就可以进行工位设计和装配工艺流程的排布了。在样件样车阶段，要进行样车离线模拟装配验证，准备一台样车的车身及零部件，模拟生产线的工位，按工艺流程图进行装配，验证工艺流程图的正确性、工位设计的正确性及工序卡的正确性，此工作应进行2~3轮。通过此工作，可进一步完善工序设计、工位设计和工艺流程设计。装配工艺设计的流程图如图6-1所示。

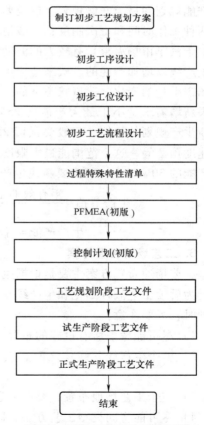

图6-1 装配工艺设计的流程图

6.1 工艺规划方案设计

在工艺可行性分析的基础上,通过工艺经济性对比,就可以确定工艺方案。具体包括工艺投资方案,产能节拍方案,工艺场地布置方案,设备工装规划方案,生产线运行及控制方式规划方案,工艺技术与工艺方法方案,工艺分割方案,工艺路线方案,工艺成本控制方案,物流规划方案,总装的选装辅助和防错装、防漏装方案,质量追溯件信息控制方案等。

1. 工艺投资方案

工艺投资方案主要根据企业的发展战略,结合产品开发需求和行业调研,确定工艺规划的投资概算和具体预算,为后续的生产线和工艺装备实施做准备。工艺投资方案的规划原则,应以满足产品技术要求及产能节拍要求为主要规划原则,在此基础上,兼顾工业技术迭代和技术发展的适应性和先进性需求。

2. 产能节拍方案

产能节拍方案主要根据销售需求和市场预测,明确整个工艺流程和生产线的产能和节拍,为后续工艺流程设计和生产线及工艺装备开发做基础输入。产能节拍规划时,要考虑正常产能规划和最大产能规划,以及要在规划上预留后续产能的提升空间。汽车生产厂一般采用两种工作时间和班次制度:一般情况多采用双班 8h 制,此制度的产能称为正常生产产能;但由于汽车市场需求量有较大的波动性,当市场需求量较多时,一般很难在短时间内通过新建生产线以增加产能的方式来适应市场新增需求量,而多采用两班调整为三班的制度以适应市场需求量的变化,三班状态下的产能即为最大产能。当汽车市场需求量超过最大产能时,如果新增需求量小于最大产能的 25%,一般通过扩增产能来解决产能不足的问题。为此,在新生产规划的初期,一般要预留 25%左右的产能扩增空间,包括场地预留、设备主机运行速度预留等,这个范围能最大限度地保证投资的经济性。而当汽车市场需求量持续超过最大产能的 30%时,一般需要新建生产线以满足市场需求。

$$生产节拍 = \frac{年有效的生产天数 \times 每天班数 \times 每班工作小时数 \times 60}{整车的生产纲领(年产量)}$$

$$生产产能 = 每小时产量 \times 年时基数 \times 综合运转率$$

3. 工艺场地布置方案

工艺场地布置方案主要是根据生产场地、工艺流程等规划和设计概念性的工艺平面布置图,为后续工艺流程细化和生产线及工艺装备开发做准备。在进行工艺场地布置和设备布置规划时,需要注意:

1) 尽可能考虑所有设施的布置,保证全面性和整体性布置。
2) 整个生产线各线体之间连接紧凑顺直,尽可能减少线体回转及线间的缓存区和缓存量。
3) 整个工艺场地布置,要有一定的柔性及产能扩增储备。
4) 尽可能将同类型工艺方法、同类型工艺装备、同类型物料集中布置。
5) 物料区布置尽可能接近对应的投料区域,减少物流运输距离。
6) 生产路线之间、物流路线之间尽可能不交叉。
7) 当规划生产线线旁物料的宽度时,除了要考虑物料的布置宽度要求,还要考虑生产线线旁设备的布置宽度要求。

8）如果生产线线旁需要布置休息区，应该规划在没有材料的工位（如缓冲区、技术工位）。

4．设备工装规划方案

设备工装规划方案主要是明确设备工装选型要求，其中，需要注意：

1）由于总装装配采用大批量流水线方式生产，因此对各类工艺设备的可靠性、耐久性要求较高。为此，总装设备工装规划必须优先考虑可靠性高、耐久性高的设备工装。因为汽车生产线的设备开发很难像汽车产品开发一样有充分的时间进行可靠性和耐久性验证，所以在进行设备工装规划和选型时，尽可能选用应用成熟的设备和工装。如果需要选用新技术、新设备，必须要经过充分的工艺论证和工艺验证，来保证可靠性、耐久性。最好先进行局部应用，再逐步推广，不宜大批量地应用到批量化工业生产中。

2）在保证可靠性、耐久性、质量稳定性和生产率的前提下，尽可能选用投资成本低、运行成本低的设备。

3）设备选型要考虑通用化、平台化、自动化、柔性化、智能化和精益化的要求。

4）尽可能满足人机工程要求，使操作人员接近性好、操作便利轻松。比如在内饰线的输送设备选型时，相对于吊具输送或者板链输送，采用宽板链或滑板的操作接近性要更好些。车身吊具也可设计成可绕 X 轴旋转的形式，以便于提高车身地板下面部件操作的接近性。又比如工具种类较多，装配紧固件较重、较多的工位，采用工具小车装载工具和装配标准件可能更好些；而在工具种类较少、装配标准件较少，需要在车身内操作的工位，采用工具提篮的方式可能更好些。还有线边固定的工艺设施，如安灯盒、气动三联件等尽量要设置在工位的首或末，在操作人员操作时，不易产生干涉。

5）设备选型必须满足平面布置、空间布置、安全、环保、消防、职业健康、维修维保和一定的美观要求。

6）设备必须为后续可能的技术升级、技术改造做技术、布置和接口等方面的预留。一般来讲，受生产成本等方面的制约，已投产的生产线在正常运营后，只进行生产设备的日常维护，很少对设备进行升级更新，由于工艺水平的发展是持续的，因此生产基地的设备都存在不同程度的落后及老化情况。而新项目通常都包括设备的开发投入，在设备开发时，应尽量考虑原有设备的更新换代，这样可使生产设备逐步更新，从而解决生产基地设备升级、更新换代困难的矛盾。

7）每种设备选型必须根据工艺过程特性进行综合技术、质量、经济性对比分析。比如：总装内饰线一般多为内外饰部件的装配操作，易存在磕碰划伤的风险，所以在选用拧紧工具时，尽可能选用充电的拧紧扳手，而不宜选用带气管路的气动工具。

5．生产线运行及控制方式规划方案

1）根据生产线结构和技术特点，确定适宜的生产线运行模式。尽可能采用拉动式、连续式、同步式的流水线式作业，减少离散式、批次式、分步式的分装形式，以提升生产率，降低缓存成本。汽车生产线的运行模式一般分为连续运行模式和走停运行模式。其中走停运行模式又分为相邻工位同步走停、相邻工位拉动走停、相邻工位异步走停。相邻工位同步走停是指一条生产线，所有工位输送机构完全同步走、同步停；相邻工位拉动走停是指在相邻工位同步走停的基础上，每一工位完成工作后，如果下一工位被占用，则停止并等待，如果下一工位为空，则可以向下一工位运行。相邻工位异步走停是指不管在什么情况下，只有在下一工位完成走停后，上一工位才能起动向下一工位的走停。从综合技术经济性的角度来说，在流水线式生产线的运行模式中，相邻工位拉动走停优于相邻工位同步走停及相邻工位异步走停，走停运行模式又优于连续运行模式。相邻工位拉动走停模式可以直观地发现生产线的线平衡问题，从长时间看，有助于生产线线平衡和生产率的持续改善，只是在外观上可能不如相邻工位同步走停模式美观，适用于带安全防撞区的自动引导车（AGV）输送线。电动自行小车系统（EMS）输送线由于没有安全防撞设施，一般都设置为相邻工位异步走停或相邻工位同步走停。而滑板的特点是前后工位物理载体完全接触，为了保证操作台面的安全性（保证操作人员在滑板上操作不会由于滑板的空位而落入基坑中）只能采用完全同步走停的方式。

2）可根据场地布局限制，灵活采用并行或串行的生产线。并行生产线改为串行生产线如图 6-2 所示。将节拍为 3min 的 3 条并联线，等效改成节拍为 1min 的 1 条串联线有两种方法。一种是直接合并，将 3 条并联的 6 个工位改为串联的 6 个工位，由于每条并联线上对应的操作相同，改为串联时，节拍可缩短为原来的 1/3，每个工位的操作时间为原来的 1/3。另一种方法是用总工时等效法，假设同样下线 3 个产品（相同的产量），并联的方式需要 3min，总工时 = 3×6min = 18min；若改为串联，则同样下线 3 个产品，节拍 = 18÷6÷3min = 1min（3 为 3 个产品）。

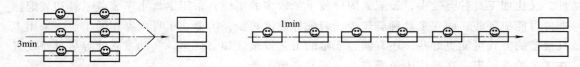

图 6-2 并行生产线改为串行生产线

3）如果分装线和主线同为流水线，在基本没有缓存的情况下，分装线和主线的速度应该一样（在精益生产要求下，为了提升零缺陷率，分装线和主线一般都直连，不设置缓存）。如果考虑填充缓存数量，一般分装线的运行速度可能要比主线快一些。

4）分装区分为线边分装区和线外分装区。对于并行分装区的生产顺序控制，由于节拍短于主线，灵活性较高，操作人员可以按生产计划灵活生产，所以一般多采用批量生产方式；但如果要求分装区的装配信息，如装配零件号或装配扭矩信息等必须与主装配线对应的整车绑定，则一般采用完全排序生产。如果还是采用批量生产方式，一般要形成新的序间总成号（也可直接由 VIN 号代替）；然后将要求装配的信息与序间总成号关联；在主装配线装配时，再选装对应的序间总成号部件。

6. 工艺技术与工艺方法方案

工艺技术与工艺方法方案明确了整个生产过程关键工艺方法的技术特点和对人、机、料、法、环的要求，为后续的技术应用做准备。总装的工艺方法主要有三部分，即安装、匹配、检测，具体可分为以下几种。

1）拧紧工艺：通过螺栓紧固两个零件，总装 70% 以上的装配内容都是拧紧工艺。

2）卡接工艺：通过各种弹簧卡扣等结构将一些内饰部件、外饰部件、线束等固定。

3）插接工艺：将线束接头、继电器等，通过线束头的插接结构连接起来。

4) 紧箍工艺：一般软管与硬管连接时，常通过弹簧卡箍紧固。

5) 粘贴工艺：用胶贴将标贴、标片等零件粘贴到车身上。

6) 标刻工艺：在零部件或车身上进行刻划标记，如 VIN、铭牌等。

7) 涂胶工艺：一般前后风窗玻璃安装时，常采用密封胶粘接的形式。

8) 加注工艺：通过定量式工艺装备，按加注量要求加注各种液体，如汽油、机油、变速器油、空调制冷剂、冷却液、制动液等。

9) 拓印工艺：拓印动力总成号、变速器号、整车 VIN 码等。

10) 整车检测工艺：包括燃油系统密封性检测、灯光检测、侧滑检测、加速与制动功能的转毂检测、喇叭声级检测、道路试验、整车密封性的淋雨检测、整车电气功能检测等。

11) 装调工艺：一些装配部件在不能直接采用零部件自身定位或工装定位保证装配间隙面差的情况下，需要进行必要的调整来保证要求。

12) 数据刷写工艺：整车各类 ECU 的数据初始化。

此外，根据工艺规划需要，有些总装还包括注塑加工、超声波焊接加工、压力压装加工等。

7. 工艺分割方案

如果拆分到不可拆卸状态，整车的零部件大约有几万种，而实际上总装装配的零部件大约只有几百种，这是通过工艺分割来完成的。工艺分割即零部件的分配状态，将整车零部件在供应商及冲压、焊装、涂装、总装之间进行分配，确定部件的总成状态。在产品开发的前期阶段，研发部门、工艺部门、配套部门需共同讨论确定 BOM 中零部件的分割状态，包括零部件的供货状态及各工艺之间的分割状态。此分割状态关系到工艺规划、工艺成本和采购成本，所以要综合研发部门、工艺部门、配套部门的意见来考虑。对于总装来说，需要通过讨论确定哪些零部件在总装时进行装配。总装工艺分割一般都是先通过行业经验来定义的，但也存在一定的工艺分割原则，如从技术经济性方面来讲，总装的各类分装总成多采用模块化外包分装、总成供货的形式，这样做主要有如下好处：

首先，模块化外包的好处是避免分散企业的精力、投资和流动资金，增强企业的主业竞争力；使企业集中资源和精力在自己的核心业务上，增强企业的核心竞争能力，把自己不擅长或没有优势的业务部分或全部以合同方式委托给专业的第三方公司运作。

其次，模块化外包还可以降低成本。企业考虑把业务运作外包给第三方的一大驱动力就是降低成本。因为企业可以将业务外包给第三方公司，以支付服务费用的形式获得服务，而不需要自己内部维持设备、仓库等基础设施和人员来满足这些需求，从而可以使公司的固定成本转化为可变成本。另外，企业还可以通过外包实现集约化。例如，几个工厂都有类似的分装，如果在几个工厂内都设立分装点，则浪费场地、库存、人工，而集中于一个分装工厂中，则可以实现场地、库存、人工的集约化。

再次，供应商不仅要分担成本上的压力，还要分担整车厂现场、物流、管理等方面的压力。多品牌、多品种、多批次混流生产的格局，意味着整车厂的仓库面积、线边存储面积将面临前所未有的困难。为了克服这些困难，模块化装配外包、物流外包是很好的解决办法，特别对于生产现场较混乱的总装车间现场，更加需要进行精益管理，以提升生产线与物流体系的柔性。多品种混流生产对各车型有一个平台化的要求，即新车型尽量不影响生产线的设备、工艺流程、物流体系，从而造成既定流程、现场管理上的混乱。

8. 工艺路线方案

工艺路线方案即明确总体的工艺顺序。一般总装总体上的工艺流程按照涂装接车→内饰装配→底盘装配→最终装配→检测调试→交车的顺序。在进行具体的工艺流程方案设计时，需要注意：

1）在工艺规划中，主要装配工艺段都必须配置一定数量的空工位（一般为2~3个），一般设置在固定设备前后或生产线首尾，防止产生由于规划工时过短而导致实际生产时需要增加工位的情况。

2）尽可能不要在顺序限制性较强的工艺段首末和中间布置固定设备，因为由于装配顺序的限制性，当出现顺序限制性较强的工艺段操作工时不足的情况时，可能没有布置这些装配操作的工位。更不要在这些工艺段布置多个固定设备，当在这些固定设备之间的装配操作工时不足时，会出现固定设备无法调整工位的问题。

3）如果可以，尽可能在固定设备前后都设置空工位，特别是在顺序限制性强的工艺段的固定设备前后布置空工位（前和后取决于顺序限制性强的工艺段相对于固定设备的位置），以防止实际排布工艺操作工时不足时，固定设备的前后没有空工位而需要移动固定设备。

4）在工艺规划中，一般15个工位后应设置一个检查工位和一个返修工位。

5）拆车门工位至车门分装线之间要有缓冲区，车门分装线至车门合装线之间不仅要有车门总成存储区，而且要有车门总成缓存区，车门总成存储区的数量要与拆车门工位至装车门工位之间的工位数相适应。

6）工艺排布时，还要考虑线边物料区域摆放面积的限制性，将大件的安装工位尽可能分开，不要安排在连续工位。

7）粘接风窗玻璃的工位应尽量不放在终装线，因终装线离淋雨线较近。淋雨时，水压可能会将风窗玻璃胶吹开，导致漏雨。

另外，大多数汽车生产企业在前期规划时，都缺少总装返修规划，因此，在后期生产时，对返修过程的控制也较差。而实际上，返修过程是整车工艺控制的重要环节，很多质量问题都是在返修过程中造成的。因此，前期规划时，要重点规划返修工艺流程。

轿车总装返修控制是控制整车质量，保证整车过程一致性和最终产品一致性的重要方面。从一定程度上讲，返修率的高低、返修水平的高低是一个企业工艺过程水平、质量水平的重要指标。返修量越大、返修水平越低，产品的质量水平越低；而返修量越小、返修水平越高，产品的质量水平越高。从另一角度来说，很多的产品缺陷都是返修造成的，一是返修不彻底，没有完全有效地去除缺陷；另一个就是由于返修的不规范造成新的问题。对于同一种缺陷，可能有多种多样的返修方法，而不同返修方法会带来不同的返修结果，个别的返修过程可能会对质量造成影响。为了保证整个生产的标准化、规范化，保证返修的效果且不带来新的质量问题，必须通过返修工作的工艺规范来明示生产过程中的返修工艺控制，并通过有效彻底地执行来规范实际返修工作，保证生产过程中的返修能得到有效的控制。

返修工艺控制流程如图6-3所示。返修车的生成主要有两种形式：一种是生产现场返修车，包括生产线上工人自检、互检、质量门专检、检测线检测、路试、终检，检查过程中发现的半成品或成品的质量问题，需在《随车检查卡》对应的《缺陷记录表》中记录，同时生成返修车，进入返修控制程序。另一种是售前返修车，已合格车辆在售前发生的质量问题同样属于返修车控制,需进入返修控制程序。

返修区域一般包括:生产线前返修,如总装缓冲区接车检查返修;生产线上返修,如内饰线返修、底盘线返修、终装线返修;装配后返修,如终装线线下返修;调试返修,如检测线返修、路试线检查返修、终检线检查返修等;此外,还包括销售返修。

返修指标的控制一般可通过如下几个关键点的统计表来控制:生产线的起始点或漆后车身缓存区(PBS)的检查统计表来标示前序车间的返修控制质量;通过终装线下线检查统计表来标示生产线的返修控制水平;通过调试段(检测线检测、路试、终检)的检查统计表来标示最终产品的返修控制水平;通过出厂前检查(PDI)及 AUDIT 的检查统计表来标示返修的控制水平。

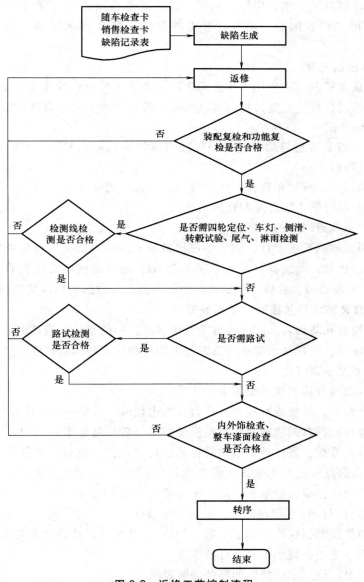

图 6-3 返修工艺控制流程

对于在生产线上能返修的缺陷项（能否在线上返修的工作量衡量依据为：在发现缺陷的工位开始至本工段最后一个工位截止，这一段时间内可完成的拆装且不影响本工段后序操作的工作量），由生产线上的返修人员进行返修处理，并由线末返修人员进行装配复检确认，质量人员进行质量检查确认。

对于生产线上不能及时返修的缺陷项，转至最终装配线返修区，由各工艺段返修人员负责进行返修处理，并由最终装配线检查人员进行装配复检。

调试段检测线（四轮定位、车灯、侧滑、转毂试验、尾气、淋雨）检测、路试、终检反馈缺陷项可由调试段或生产线上各段人员返修。除进行装配复检并在随车检查卡对应位置确认，还要判定是否需要检测线检测，并用对应的检测设备进行复检。

对于已合格车辆的缺陷项，由销售认定，总装服务人员进行返修（此返修涉及如四轮定位、车灯、侧滑、转毂试验、尾气、淋雨的检测，以及路试等相应检测），销售进行复检。

9. 工艺成本控制方案

总装的工艺成本控制，主要用人均劳动生产率或者人均单台操作工时单车工时（HPU）来衡量。一般需要对标同行业竞品设定适宜的人均劳动生产率或人均单台操作工时。

10. 物流规划方案

物流规划方案需要确定与总装过程相关的内部物流通道、配送区及线边物料区域的布置。设计时需要注意：

1）物流通道设计，要以单向流、线路最短、物流通道或物流通道与生产线转运路线之间交叉最少，以及尽可能少的升降和迂回为原则。

2）拣配区尽量靠近对应的装配区。

3）线边物料区域的宽度设计，除了考虑物料摆放的空间要求，还要考虑一些线边设备的布置宽度要求。比如，线边物料区域宽度为2.5m，而风窗玻璃涂胶机器人的布置宽度需要4m，那么在工艺规划时，就应将风窗玻璃涂胶机器人工位的物料区宽度调整为4m。

11. 总装的选装辅助和防错装、防漏装方案

总装的选装辅助和防错装、防漏装方案有很多种，一般来说，应该以一种为主，再根据实际的工艺过程需要，选择其他特殊的选装辅助和防错装、防漏装措施。总装的选装辅助和防错装、防漏装方案主要有：

1）线边配置选装件清单或易错易混件清单。

2）纸质随车看板，投资成本较少，运营成本也较低，需要一些打印耗材。

3）带零件号指示信息的装车自检互检质量跟单（随车装配单），耗材消耗较多。

4）固定式电子看板，通过计算机辅助计算，可显示订单信息、零件号信息，甚至可显示选装零件的图像信息或图形化信息，前期投资成本较高，运营成本较低。

5）纸质生产顺次订单，成本低，适用于分装区。

6）工位一体机+订单+零部件清单，常用于分装区。

7）工位零部件识别扫描枪或掌上电脑（PDA），适用于零件排序及带零件条码的零件。

8）灯选零件，适用于较小不易区分的零件。

9）光感或拍照，适用于分装区的零件漏装控制。

10）线旁KITTING排序，适用于零件配置较多且不易区分的工位。

11）零部件成套供应（SPS）小车配送，投资成本较高，适用于多车型柔性化生产线。

12. 质量追溯件信息控制方案

总装的一些装配零件的生产日期、批次、作业人员信息需要与车身 VIN 码绑定，一些需要重点控制的扭矩、加注量及检测信息也需要与车身 VIN 码绑定，以便后续出现质量问题时进行追溯。零部件信息追溯的方法主要采用零件信息码与整车 VIN 码扫描后绑定上传至存储服务器的办法。其他需要追溯的装配信息上传，主要采用在设备工作前扫描等方式与整车 VIN 码绑定，设备完工后再将过程或结果信息与 VIN 码绑定并上传至存储服务器的方法。

6.2　工序卡的制作

工序卡是整个工艺过程中最基本的单元，规定了在某一场地，应用某一工艺技术或方法，应用某一工艺装备（或人工），连续完成一个最小操作单元的工作过程。详细说明操作过程、工艺参数和技术要求，是用来指导具体操作的指令性文件，一般以工序简图为主，说明该工序每一工步的工作内容、工艺参数、操作要求及所用的设备和工艺装备等。

在产品设计前期，与产品设计同步进行工序卡的制作。就总装的工序卡来说，制作工序卡的输入文件主要有：设计 BOM、零部件的供货状态、产品数模和图样、产品及零部件的装配特性要求、生产线及工装设备的概念性构想等。在制作工序卡时，首先要保证所做的工序卡与 BOM 及数模能一一对应，即保证每个零部件至少都有一个完整的装配工序卡。零部件装配工序卡的制作，主要根据整车质量特性要求及零部件之间的相互装配关系来编制。工序卡主要包括操作零部件名称及代码、配置关系、操作内容、工时、设备及工装工具、产品和过程特性、质量要求、检验方法等。

1. 总装工序卡的分类

总装工序卡按照工艺开发的时段来分类可分为两种：一种是工艺规划阶段工序卡（见图 6-4）；另一种是生产阶段工序卡（见图 6-5）。与生产阶段的工序卡相比，工艺规划阶段工序卡增加了 MTM 工时计算、零部件在整车中的位置、所需工位的高低、相关联的零部件列表等信息以便于进行工艺流程的排布。

按照工序卡与零部件之间的关联关系，工序卡也可分两类：一类是根据设计 BOM，以设计 BOM 中的零部件为装配工序卡的编制单元来编制零部件的装配工序卡；另一类是不能在 BOM 中体现的，为满足整车正常下线，在总装生产线上的各种装配操作，如各种线束及管路的连接、各种关键扭矩的定扭、打印选装单、打印 VIN 码、打刻 VIN 码、打刻铭牌、填写检查卡、分锁、钥匙编程、摘挂车身挂具、摘挂车门、摘挂车身保护、摘挂四门两盖及临时支撑、四门两盖调整、各种踏板高度及自由行程的调整、手制动调整、各分装模块的下线及合装、检查、返修、各种加注、各种检测等。

2. 工序卡的编制时间

为了保证总装工艺开发各阶段工作的均衡性，包括后续的生产线和工艺装备开发技术管理、工艺验证、工艺培训与生产启动等工作的均衡性，工序卡的编制时间要尽可能提前。设计 BOM 下发后，即可与数模（包括竞品车数模）核对有哪些工序卡可以编制，并根据数模和质量特性文件，逐步开展工序卡的编制工作。

<table>
<tr><td rowspan="4">工序卡</td><td rowspan="4">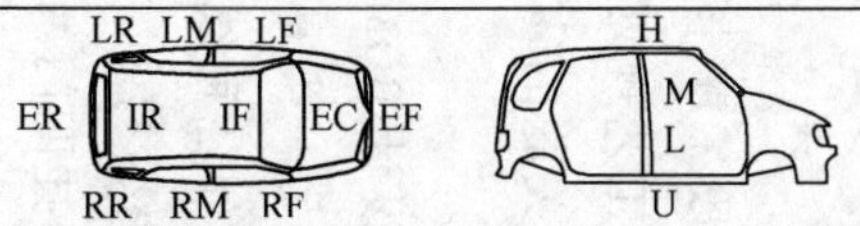
</td><td>总工时</td><td>min</td><td>卡子时间</td><td colspan="2">min</td><td>水平</td><td>垂直</td></tr>
<tr><td>名称</td><td></td><td>操作人数</td><td></td><td>零部件位置</td><td></td><td></td></tr>
<tr><td>工序卡号</td><td></td><td>车型</td><td></td><td>编号</td><td colspan="2"></td></tr>
<tr><td>分组代码</td><td></td><td>重要度</td><td></td><td>第　页</td><td colspan="2">共　页</td></tr>
</table>

功能描述			所占比率	
关联零部件	零部件件号	零部件名称	顺序	

操作内容	检验标准

序号	零部件件号	零部件名称	数量
1			
2			
3			

编制(日期)	审核(日期)	标准化(日期)	会签(日期)

(装配示意图)

序号	工具名称	技术参数	设定参数	型号	数量	工装名称	编号	数量
1								
2								
3								

图 6-4　工艺规划阶段工序卡

第6章 装配工艺设计

装配工序卡片		工序名称	蓄电池	分组号		H3703	2392
		工序卡号	H3703-01	工时		19"	共 1 页 第 1 页

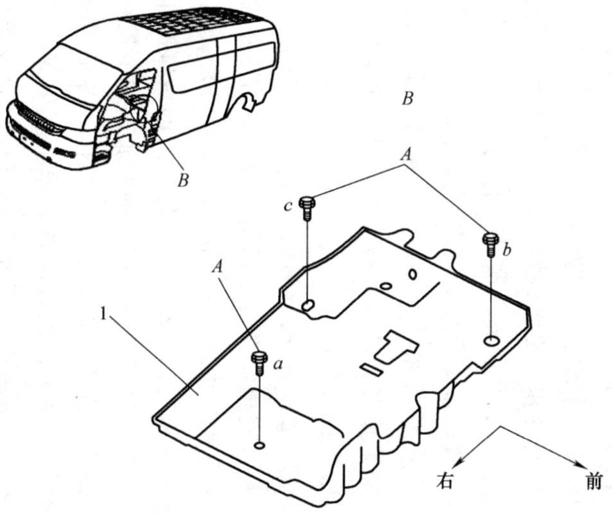

配置描述

序号	操作描述	操作要点及要求
1	将1放置在蓄电池舱内，并用A紧固。紧固顺序：预紧a、c、b，紧固b-c-a	$T=(23\pm2)N\cdot m$

序号	零部件号	零部件名称	数量
1	3731102	电池托盘	1
2	1003047	组合螺栓M8×25	3

工序重要度	C

序号	工装名称	技术参数	数量
1	电枪		1
2	套筒	12mm	1
3	转接头		
4			

标记	处数	更改文件号	签字	日期		编制(日期)	审核(日期)	标准化(日期)	会签(日期)
标记	处数	更改文件号	签字	日期					

图 6-5 生产阶段工序卡

89

3. 工序卡编制分工

一个整车的装配工序卡，大约有几百个，需要多人合作共同编制。在根据设计 BOM 编制工序卡的阶段进行工作分工时，有两种方式。第一种是以设计 BOM 分组为主，按工艺段分组为依据进行分工。工程师按车身、附件、内饰、外饰、电器、安全、整车等设计分组进行分工，每人负责其中一组或几组，再按内饰段、底盘段、终装段、分装段等进行二次分组；第二种是完全按工艺段分组，如内饰工艺段、底盘工艺段、终装工艺段、调试工艺段等。这两种分组方式各有利弊。前者的好处是可以使工艺工程师与设计工程师紧密地接触与沟通，更加容易发现并解决设计问题。由于制作工序卡时每个人对应一个系统，工序卡会制作较完全，特别是对于不能在投料工位完成所有操作的工序，如线束连接等。弊处是与工艺流程、工艺路线接合不紧密，进行工艺流程排布时各段工艺流程的负责人对对应的产品结构不是十分清楚，在进行工艺流程排布、工艺验证、转产培训等过程中会出现一系列问题。后面一种方法的好处是在整个工艺开发过程中，每个工艺工程师可以从头到尾地负责一个工艺段，包括此工艺段的零部件设计结构、总成状态，此工艺段的工艺流程、设备改造、产前培训、工艺验证等过程。弊处是在与设计工程师接触上要比前一种方式烦琐，因为一个设计工程师可能对应多个工艺段的负责人。另一个问题是对于不能在投料工位完成对应零件的装配操作内容，如线束安装、管路连接等容易被忽略。

工艺开发人员按设计分组分工的情况，具体分工可按设计 BOM 分组为划分依据，如按附件部分、开闭件部分、车身部分、底盘部分、动力总成部分、内外饰部分、电子电器部分、安全系统部分、整车部分等进行工序卡编制任务分配。工序卡制作以零件为单元来编制完成此零部件的所有装配过程。如果此零部件与其他零部件有共用或配合关系，在制作工序卡时，要与相关零件装配工序卡的制作者共同确认此工序卡的制作，一般需要制作为单独的卡片。

设计 BOM 一般根据整车结构分组，包括附件部分、开闭件部分、上车身部分、下车身部分、底盘部分、动力总成部分、内外饰部分、电子电器部分、安全系统部分等。与之对应，每一部分需在文件编制系统中建立一个相应的文件夹，保存此分组下的所有装配卡片，形成工序卡的唯一数据库，并注明编制者和变更者的姓名，方便以后的检查。

对于不能与 BOM 零件对应的工序卡，如打印选装单、打刻 VIN 码、打印 VIN 码、粘贴 VIN 码、打印铭牌、拉铆铭牌、调整踏板高度及自由行程、摘装车门、做静载试验、检测制动力、调整手刹、各种加注、检测电气检查系统（ECOS）、编程、调整四门两盖等一些技术性要求及一些工艺辅料操作等，应单独在文件编制系统中列出一个文件夹，注明此文件夹所包括的工序卡是设计 BOM 中不能体现的部分。

工艺开发人员按工艺流程分组的情况，一般分为内饰工艺段、底盘工艺段、终装工艺段、调试工艺段、分装工艺段等，每人完全负责自己所管辖工艺段范围内的工序卡的编制。首先对设计 BOM 中在总装进行装配的零部件进行工艺流程和工位分配，然后每个人针对分配到自己范围内的零部件进行工序卡的编制，在不同零部件之间的接口操作时，相关零部件的工序卡的制作者之间要进行沟通，确认接口工序卡制作的归属，并由投料工位的工艺负责人负责追踪零部件安装的完整性，防止工序卡中疏漏必要的操作。各工艺流程的负责人还需要制作一些不涉及具体零部件装配的工序卡，如打印选装单、打刻 VIN 码、打印 VIN 码、粘贴 VIN 码、打印铭牌、拉铆铭牌、调整踏板高度及自由行程、摘装车门、做静载试验、检测制动力、调整手刹、各种加注、检测 ECOS、编程、调整四门两盖等一些技术性要求及一些工艺辅料操作等。

考虑到工序卡编制的完整性及与后序工艺流程的衔接，在实际工作中，为解决两种分工方法的弊端，大多都采用如下方法：在生产线工艺验证前，同一工程师承担两种角色。每一个工程师既负责按设计分组分配工序卡的编制，同时也负责某一工艺段的工艺流程的排布，以及本工艺段内不涉及零部件装配（如打印看板、模块分装、加注、返修等）的工序卡的编制。在生产线工艺验证后，统一将本工艺段的所有工序卡的完善和工艺路线的排布都分配给该工艺段的工程师。

4. 工序卡的格式及内容要求

工序卡的内容编制应以可以完全形成具体操作指令，实现工序完整的操作过程为依据。整个工序卡的编制，应以最小装配单元为准则。即使安装方式相同，不同配置的零部件也应分别编制于不同的工序卡中。在具体进行工序卡编制时，应尽可能多用示意图、少用文字来表达操作的具体要求。下面介绍一下正式工序卡的格式及内容的一些基本要求。

（1）工序单元的划分

1）当具体编制工序卡时，应按最小的装配单元来编制。小的简单部件的装配，可以作为一个装配单元；大的复杂部件的装配，要拆分为多个装配单元。一般以装配的同一性、相似性及区域性来划分，这样可便于工艺路线排布时工序的相互调整。这一点，在编制工序卡时要尤其注意。当然，即使不能拆分至最小装配单元，对于工艺路线的排布妨碍也不大，可在不同工位的工艺过程卡中引用同一工序卡，并在工艺过程卡中做出注释，即同一张工序卡可在不同工位中体现。

2）在编制工序卡时，不同配置的零件即使安装方式完全相同，也要单独制作卡片。这样，在取消某个配置或某个配置的状态变化时，直接取消对应的工序卡或变更对应的工序卡即可，其他工序卡不需处理。要注意，一般所有车型都装配的配置只作为标准配置，用于区分车型的配置才列为选装配置，这一点十分重要。比如，动力转向为所有车型都装配，动力转向不应为选装配置，而是标准配置。

（2）工序卡名称

工序卡名称最好要包含安装零部件的标准名称，以便于检索，且安装的零部件要放在操作描述的前面，如"后制动软管安装""气囊线束插接"等。

（3）工序卡号

工序卡号可按车系平台+国家分组（如 2400）或厂内设计分组（如 POWER）+流水号（可自定义流水号的位数，主要以满足工序卡的总数为准则）的形式。如"G-2400-0001"或"A-POWER-0001"的形式，但在一个车系中要统一。

（4）工时单位

1）工时单位一般统一为"s"。

2）工时一般包括从线旁取料的时间。

（5）配置选项

配置描述应与整车配置表及工艺概况表中的配置选项一致，为"配置分类+配置选项"形式。多配置规定项之间可以用"·"或"/"等符号间隔。

(6) 重要度

重要度的分级，可以参照失效模式与影响分析（FMEA）的严重度的分级方法进行分级。

(7) 示意图

1) 示意图要能清晰地表达出零部件在整车（分装总成）上的位置及与相关零部件之间的位置关系。

2) 示意图要能清晰表达出零部件的安装结构。

3) 示意图要能清晰表达零部件的安装方向。

4) 示意图中注意不要加入零部件的各质量特性（操作要点及要求），以防止在维护时重复工作。

(8) 操作描述

操作描述要尽量简明扼要，但不能只具有指导性，需要具有指令性描述。即根据操作描述的指令，可以实现完全装配的操作。

(9) 操作要点及要求

操作要点及要求主要体现的是产品特性和过程特性要求。其中间隙、面差、扭矩都要有公差范围要求。各项工艺标准要列在对应的操作描述后面，同时在示意图及操作描述中用位置号注明位置。其中面差要注明正方向和相对于正方向的低面；扭矩标识可按如下两种形式标注：$T=46\sim54N\cdot m$ 和 $T=(50\pm4)N\cdot m$。

(10) 装配零件明细

1) 装配零件明细分为零件名称、零件号、零件数量。

2) 装配零件明细要求各零部件在工艺流程中第一次出现时体现出来，在后续的工序中再出现时则不可再体现出来。另外工序卡及工艺过程卡中的数据提取可链接到设计 BOM 中，在设计 BOM 变更时，后序的文件会自动更新。

(11) 工具工装信息

1) 工具工装信息中主要包括工具工装编号、工具工装名称、技术参数和数量。

2) 对于技术参数项，要标示出工具工装技术参数的公差范围，气动拧紧工具用 $46\sim54N\cdot m$、$(50\pm4)N\cdot m$ 等形式表达，定扭力扳手用扭矩后加注精度范围的形式表达，如：$50N\cdot m\ 3\%$。

工序卡初步完成后，需检测工序卡的总量及质量。检查所编制工序卡的总量是否缺少可以采用如下方法：首先同已生产同类型车的工序卡的数量进行对比，如工艺规划某个阶段，所编制工序卡总数为 500 张，而已生产同类车的工序卡为 800 张，说明现工序卡的数量可能不够，还应检查并补充。然后可将已编制的工序卡与设计 BOM 一一比对，来检查是否缺少零部件，以及是否缺少对零部件操作的工序卡。最后要结合生产线的规划构想及已生产的成熟车型的工艺过程卡片和生产实际，比对是否有在设计 BOM 中不能体现出来的工序及工序的缺失，如拆车门、静载、制动力检测、ECOS 检测、四门两盖调整及一些工艺辅料的操作等。工序卡的质量检查，可将工序卡在各编制组之间进行相互检查，并且在样车离线装配的过程中进行验证。

对乘用车装配而言，每辆整车的总装装配部件（供货状态件）总共有 2000 多种，包括车身件及各级总成。除去车身件约 1400 多种；此 1400 多种部件中，有 1100 多种是在总装进行装配，其余是各级总成状态；再除去标准件，装配的部件约 700 多种，考虑到零部件间有配合关系，一般工序卡的数量不少于 600 张。

由于工序卡是指导操作人员生产的重要文件，为了保证工序卡的高度准确，工序卡完成后要反复检查。特别要注意关系到人身安全、整车安全、整车重要性能、易错装件工序卡的正确性，要加大此方面工序卡的编制检查力度。

5. 编制工序卡过程中应注意的其他事项

1) 整车工序卡编制完成后，整个文件编制人员要聚集在一起，结合数模进行虚拟装配，来校验工序卡的完整性。另外，在样件阶段还要进行实际装车，验证工序卡的完整性。

2) 工序卡编制完成后，在设计 BOM 中的零件号后，最好填写所对应的工序卡号以利于产品结构工艺性检查或者工艺流程检查，便可清晰查找出与装配零件对应的工序内容。

3) 在前期结合产品 BOM 和数模编制工序卡时，由于此时还没有进行生产线和工艺装备的开发，在编制工序卡时，对工艺装备进行概念性构想，可关注工艺装备设计的几个要点：①工艺装备的占地面积及高度；②工艺装备的布置方式，如地面或空中布置；③作业方式，包括手动或自动；④多种配置的共用性；⑤定位和夹紧方式等。

4) 在工序卡中，可按经验选择工具。对辅助工具的要求是：装配部件在 5kg 以下的，可不借助辅助吊挂；在 5kg 以上的，需借助辅助吊挂来实现。30N·m 以下扭力操作，可不用反作用力杆；30N·m 以上的扭力操作，需借用反作用力杆。

5) 在对连接零部件的标准件进行操作设计时，发动机、车身及一些成本高易损坏的部件需要先手动连接。一般需定扭的部件主要是关系到整车安全、人身安全、整车主要功能及性能的系统部件，如制动系统、悬挂系统、转向系统、燃油系统等。

6.3 标准工时计算

MTM 工时分析，实质上是将人的操作机械化，类比成一个机器人，此机器人由机械的动作指令来控制动作。然后将完成每个动作的时间标准化。标准工时的计算，可按 MTM 计算方法来进行，也可将 MTM 工时计算方法进行总结和简化，总结出适用的标准工时计算方法。

表 6-1 所示为日本 MTM 工程协会的标准工时表中的一种，具体的 MTM 工时计算方法可查阅相关书籍。其中，1TMU（时间测量单位）= 0.00001h。

表 6-1 标准工时表

距离/cm	时间/TMU				手移动/m		注释
	A	B	C,D	E	A	B	
2 以下	2.0	2.0	2.0	2.0	1.6	1.6	
4	3.4	3.4	5.1	3.2	3.0	2.4	A:移动至指定位置（位置固定）
6	4.5	4.5	6.5	4.4	3.9	3.1	B:物体移动
8	5.5	5.5	7.5	5.5	4.6	3.7	C:移动多个物体中的一个（需要先寻找）
10	6.1	6.3	8.4	6.8	4.9	4.3	D:物体非常小或操作部位非常小
12	6.4	7.4	9.1	7.3	5.2	4.8	E:手返回位置有要求
14	6.8	8.2	9.7	7.8	5.5	5.4	

(续)

距离/cm	时间/TMU				手移动/m		注释
	A	B	C、D	E	A	B	
16	7.1	8.8	10.3	8.2	5.8	5.9	
18	7.5	9.4	10.8	8.7	6.1	6.5	
20	7.8	10.0	11.4	9.2	6.5	7.1	
22	8.1	10.5	11.9	9.7	6.8	7.7	
24	8.5	11.1	12.5	10.2	7.1	8.2	
26	8.8	11.7	13.0	10.7	7.4	8.8	
28	9.2	12.2	13.6	11.2	7.7	9.4	
30	9.5	12.8	14.1	11.7	8.0	9.9	A:移动至指定位置(位置固定)
35	10.4	14.2	15.5	12.9	8.8	11.4	B:物体移动
40	11.3	15.6	16.8	14.1	9.6	12.8	C:移动多个物体中的一个(需要先寻找)
45	12.1	17.0	18.2	15.3	10.4	14.2	D:物体非常小或操作部位非常小
50	13.0	18.4	19.6	16.5	11.2	15.7	E:手返回位置有要求
55	13.9	19.8	20.9	17.8	12.0	17.1	
60	14.7	21.2	22.3	19.0	12.8	18.5	
65	15.6	22.6	23.6	20.2	13.5	19.9	
70	16.5	24.1	25.0	21.4	14.3	21.4	
75	17.3	25.5	26.4	22.6	15.1	22.8	
80	18.2	26.9	27.7	23.9	15.9	24.2	

表 6-2~表 6-6 所示为日本某公司针对汽车总装工艺过程总结简化的标准工时表。此标准工时采用精益生产原则编制，在实际应用过程中，时间可能较紧张。所以，注意使用此表时，可乘以一定的系数 K，一般为 1.1~1.3，即规划时间为此表所示的时间乘以 K，最后，考虑计算误差，应给出 10% 的浮动公差。

表 6-2 总装工艺过程的标准工时表

序号	动作名称	时间/min	定义	注释
1	Axle ass'y(A/A)	0.010	带导向装配	
2	Face ass'y(F/A)	0.020	面定位装配	
3	Fasten hand	0.008	用手指预拧紧	旋转 180°
4	Fasten rub hand	0.003	用手检查螺栓、螺母是否在上面	
5	Push	0.005	带导向装配后,推动工件	用手指
6	Push hand	0.010	用手推	
7	Cut nipper	0.010	用剪刀剪	
8	Spanner	0.010	扣动拧紧扳手的扳机	
9	Air tool	0.010	用气动工具紧固	气动扳手
10	Battery tool		用电动扳手紧固	电动扳手

（续）

序号	动作名称	时间/min	定义	注释
11	Adjust	0.005	轴定位或面定位时调整位置	调试，一般调试两次
12	Fold	0.005	弯折	
13	Hang	0.010	悬挂	
14	Hit	0.005	拍打	
15	Inspect	0.010	操作后目视确认	检查（目视）
16	Peel	0.010	扯开	
17	Place	0.010	随便放置	
18	Pull	0.010	拉	
19	Read	0.010	读看板及作业指示单	
20	Release	0.000	松手	
21	Remove	0.005	移动	
22	Search	0.005	寻找安装点（不能直接看到）	
23	Select out	0.005	挑选、选择	
24	Shake	0.010	摇摆	
25	Sit	0.010	坐下	
26	Stand	0.010	站起	
27	Switch	0.010	从左手换右手	
28	Throw	0.005	扔、抛	
29	Turn	0.010	旋转（身体）	
30	Twist	0.005	拧（手或手臂）	
31	Pick	见表 6-3	拿，时间一般为 0.010min，其他情况参照表 6-3	
32	Walk	见表 6-4	走步，一步 75cm，时间一般为 0.010min，其他情况参照表 6-4	
33	Move hand（M/H）	见表 6-5	移动手，时间一般为 0.010min，其他情况参照表 6-5	
34	Move body（M/B）	见表 6-6	移动上半身，时间一般为 0.010min，其他情况参照表 6-6	

表 6-3 Pick 动作的工时表

动作名称		时间/min	定义
标准	Pick	0.010	大多数
许多	Pick many	0.020	许多，两个以上
取后放回	Pick return	0.020	取多放回
大件	Pick big	0.020	大件
复杂件	Pick complex	0.020	外形结构复杂件

注：一次取 5 个以上为 0.030min。

表 6-4 Walk 动作的工时表

动作名称		时间/min	定义
标准(1步)	Walk	0.010	基本
特殊情况 1(1步)	Walk	0.012	带 12kg 以上工具
特殊情况 2(1步)	Walk	0.012	有阻碍物
特殊情况 3(1步)	Walk	0.012	视觉受阻(或拿大件)
特殊情况 4(1步)	Walk	0.012	地面滑

表 6-5 Move hand 动作的工时表

动作名称	质量/kg	距离/cm		
		1~10	10~50	50~100
Move hand	0~1	0.005	0.005	0.010
	1~3	0.005	0.010	0.010
	3~6	0.005	0.010	0.015
	6~9	0.005	0.010	0.015
	>9	0.005	0.015	0.020

表 6-6 Move body 动作的工时表

动作名称	质量/kg	距离/cm		
		0~10	10~50	>50
Move body	0~5	0.005	0.010	0.010
	>5	0.005	0.0010	0.015

备注：

1）面定位的状态如图 6-6 所示。

2）Push、Push Hand 和 Hit 的区别：Push 是手指的动作，Push Hand 是手的动作，而 Hit 一般小臂要弯曲。

3）A/A 和 F/A 的区别：存在轴向导的装配用 A/A，靠面装配的用 F/A。如，环箍钳卡紧的动作用 F/A。

4）Walk：在操作过程中需要走步的情况加 Walk，一步为一个 Walk，距离为 0.075m。

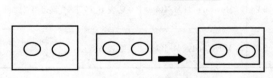

图 6-6 面定位的状态

工时分析时的注意事项：

1）无论用哪种方法，切记标准要统一。用同一种工时计算方法，以保证各工序工时的比例关系。

2）由于工时计算需要多人进行，因此，在进行具体零部件装配的 MTM 工时计算前，可选典型的零部件进行 MTM 工时计算统一化。下面为典型的总装装配过程的 MTM 工时计算，可用来做工时计算统一用。

① 取多个螺栓和工具，然后将其中一个放至气动工具套筒中，见表 6-7。

② 用气动扳手直接紧固一个螺栓，见表6-8。
③ 用气动扳手直接紧固两个螺栓，见表6-9。
④ 一个螺栓用气动工具预紧后，定扭点漆，见表6-10。
⑤ 一个内饰件由三个卡扣固定于车身上，见表6-11。
⑥ 两条管路用环箍连接，见表6-12。
⑦ 两条线束连接，见表6-13。
⑧ 用气动扳手紧固一个螺栓，用手预连接，见表6-14。
⑨ 用气动扳手紧固两个螺栓，用手预连接，见表6-15。
⑩ 用一个螺栓安装一个零部件，用手预连接，气动拧紧后并定扭，见表6-16。
⑪ 用两个螺栓安装一个零部件，用手预连接，气动拧紧后并定扭，见表6-17。
⑫ 用两个螺栓安装一个零部件，不用手预连接，气动拧紧后并定扭，见表6-18。
⑬ 氧传感器安装及定扭，见表6-19。
⑭ B柱表面贴膜，见表6-20。

表6-7 取多个螺栓和工具，然后将其中一个放至气动工具套筒中

动作	时间/min	操作手	对象	备注
Pick many	0.02	左手	螺栓	
M/H	0.01	左手	螺栓	
Pick	0.01	右手	气动工具	
M/H	0.01	右手	气动工具	
Select out	0.005	左手	螺栓	选
M/H	0.01	左手	螺栓至工具	
A/A	0.01	左手	螺栓至工具	
总	0.075			

表6-8 用气动扳手直接紧固一个螺栓

动作	时间/min	操作手	对象	备注
Read	0.01		作业看板	
Pick	0.01	左手	螺栓	
M/H	0.01	左手	螺栓	
Pick	0.01	右手	气动工具	
M/H	0.01	右手	气动工具	
M/H	0.01	左手	螺栓	
A/A	0.01	左手	螺栓到工具	
Pick	0.01	左手	零部件	
M/H	0.01	左手	零部件	

（续）

动作	时间/min	操作手	对象	备注
M/H	0.01	左手	零部件	
F/A	0.02	左手	零部件	
M/H	0.01	右手	工具	
A/A	0.01	右手	工具	
Push	0.005		工具	
Air tool	0.04		工具	
Place	0.01		工具	
总	0.195			

表 6-9　用气动扳手直接紧固两个螺栓

动作	时间/min	操作手	对象	备注
Read	0.01		作业看板	
Pick many	0.02	左手	螺栓	
M/H	0.01	左手	螺栓	
Pick	0.01	右手	工具	
M/H	0.01	右手	工具	
Select out	0.005	左手	螺栓	
M/H	0.01	左手	螺栓	
A/A	0.01	左手	螺栓到工具	
Pick	0.01	左手	零部件	
M/H	0.01	左手	零部件	
M/H	0.01	左手	零部件	
F/A	0.02	左手	零部件	
M/H	0.01	右手	工具	
A/A	0.01	右手	工具	
Push	0.005	右手	工具	
Air tool	0.04	右手	工具	
Select out	0.005	左手	螺栓	
M/H	0.01	左手	螺栓	
A/A	0.01	左手	螺栓到工具	
M/H	0.01	右手	工具	
A/A	0.01	右手	工具	
Push	0.005	右手	工具	
Air tool	0.04	右手	工具	
Place	0.01	右手	工具	
总	0.3			

第 6 章 装配工艺设计

表 6-10 一个螺栓用气动工具预紧后，定扭点漆

动作	时间/min	操作手	对象	备注
Pick	0.01	右手	定扭力扳手	
M/H	0.01	右手	定扭力扳手	
M/H	0.01	右手	定扭力扳手	
A/A	0.01	右手	定扭力扳手	
Torque	0.05	右手	定扭力扳手	
Place	0.01	右手	定扭力扳手	
Paint	0.1	右手	漆笔	
总	0.2			

表 6-11 一个内饰件由三个卡扣固定于车身上

动作	时间/min	操作手	对象	备注
Read	0.01		作业看板	
Pick	0.01	右手	内饰件	
M/H	0.01	右手	内饰件	
M/B	0.01			
M/H	0.01	右手	内饰件	
A/A	0.01	右手	孔	
Adjust	0.005	左手	内饰件	
Adjust	0.005	左手	内饰件	
A/A	0.01	右手	孔	
Adjust	0.005	左手	内饰件	
Adjust	0.005	左手	内饰件	
M/H	0.01	右手		
Hit	0.005	右手	拍	
M/H	0.01	右手		
Hit	0.005	右手	拍	
M/H	0.01	右手		
Hit	0.005	右手	拍	
Inspect	0.01		检查	
M/B	0.01		转身	
总	0.155			

表 6-12 两条管路用环箍连接

动作	时间/min	操作手	对象	备注
Pick	0.01	左手	环箍	
M/H	0.01	左手	环箍	
Pick	0.01	右手	管夹钳	

（续）

动作	时间/min	操作手	对象	备注
M/H	0.01	右手	管夹钳	
M/H	0.01	右手	管夹钳	
A/A	0.01	左手	孔	
Cut nipper	0.01	右手	环箍	
Pick	0.01	左手	管一	
M/H	0.01	左手	管一	
A/A	0.01	右手	套管	
M/H	0.01	右手	环箍	
Cut nipper	0.01	右手	管夹钳	
Switch	0.01	左手右手	管夹钳	
Pick	0.01	左手	另一管	
M/H	0.01	左手	另一管	
M/H	0.01	右手	管	
A/A	0.01	右手	管	
Adjust	0.005	右手	管	
Adjust	0.005	右手	管	
Adjust	0.005	右手	管	
Pick	0.01	右手	管夹钳	
M/H	0.01	右手	管夹钳	
M/H	0.01	右手	环箍	
A/A	0.01	右手	孔	
Cut nipper	0.01	右手	管夹钳	
M/H	0.01	右手	管夹钳	
Adjust	0.005	右手	管夹钳	
Adjust	0.005	右手	管夹钳	
Cut nipper	0.01	右手	管夹钳	
Please	0.01	右手	管夹钳	
总	0.275			

表 6-13 两条线束连接

动作	时间/min	操作手	对象	备注
Pick	0.01	左手	线束一	
M/H	0.01	左手	线束一	
Pick	0.01	右手	线束二	
M/H	0.01	右手	线束二	
M/H	0.01	左手	左手至右手	

（续）

动作	时间/min	操作手	对象	备注
A/A	0.01	左手	孔	
Push	0.005	左手	线束接头	
总	0.065			

表 6-14 用气动扳手紧固一个螺栓，用手预连接

动作	时间/min	操作手	对象	备注
Read	0.01		作业看板	
Pick	0.01	右手	螺栓	
M/H	0.01	右手	螺栓	
Pick	0.01	左手	零部件	
M/H	0.01	左手	零部件	
M/H	0.01	左手	零部件	
A/A	0.01	左手	零部件	
A/A	0.01	左手	零部件	
M/H	0.01	右手	螺栓	
A/A	0.01	右手	螺栓	
F/H	0.024	右手	螺栓	
Pick	0.01	右手	工具	
M/H	0.01	右手	工具	
M/H	0.01	右手	工具	
A/A	0.01	右手	工具	
Push	0.005	右手	工具	
Air tool	0.04	右手	工具	
Place	0.01	右手	工具	
总	0.219			

表 6-15 用气动扳手紧固两个螺栓，用手预连接

动作	时间/min	操作手	对象	备注
Read	0.01		作业看板	
Pick many	0.02	右手	螺栓	
M/H	0.01	右手	螺栓	
pick	0.01	左手	零部件	
M/H	0.01	左手	零部件	
M/H	0.01	左手	零部件	
F/A	0.02	左手	零部件	
Select out	0.005	右手	螺栓	
M/H	0.01	右手	螺栓	

（续）

动作	时间/min	操作手	对象	备注
A/A	0.01	右手	螺栓	
F/H	0.024	右手	螺栓	
Select out	0.005	右手	螺栓	
M/H	0.01	右手	螺栓	
A/A	0.01	右手	螺栓	
F/H	0.024	右手	螺栓	
Pick	0.01	右手	工具	
M/H	0.01	右手	工具	
M/H	0.01	右手	工具	
A/A	0.01	右手	工具	
Push	0.005	右手	工具	
Air tool	0.04	右手	工具	
M/H	0.01	右手	工具	
A/A	0.01	右手	工具	
Push	0.005	右手	工具	
Air tool	0.04	右手	工具	
Place	0.01	右手	工具	
总	0.348			

表 6-16 用一个螺栓安装一个零部件，用手预连接，气动拧紧后并定扭

动作	时间/min	操作手	对象	备注
Read	0.01		作业看板	
Pick	0.01	左手	零部件	
M/H	0.01	左手	零部件	
Pick	0.01	右手	螺栓	
M/H	0.01	右手	螺栓	
M/H	0.01	左手	零部件	
A/A	0.01	左手	零部件	对孔
A/A	0.01	左手	零部件	
M/H	0.01	右手	螺栓	
A/A	0.01	右手	螺栓	
F/A	0.024	右手	螺栓	
Pick	0.01	右手	工具	
M/H	0.01	右手	工具	
M/H	0.01	右手	工具	
A/A	0.01	右手	工具	

（续）

动作	时间/min	操作手	对象	备注
Push	0.005	右手	工具	
Air tool	0.06	右手	工具	
Place	0.01	右手	工具	
Pick	0.01	右手	校扭扳手	
M/H	0.01	右手	校扭扳手	
M/H	0.01	右手	校扭扳手	
A/A	0.01		螺栓	对准
Torque	0.05		螺栓	校扭
Place	0.01	右手	工具	
Paint	0.1		漆笔	点漆
总	0.439			

表 6-17 用两个螺栓安装一个零部件，用手预连接，气动拧紧后并定扭

动作	时间/min	操作手	对象	备注
Read	0.01		作业看板	
Pick	0.01	左手	零部件	
M/H	0.01	左手	零部件	
Pick many	0.02	右手	螺栓	
M/H	0.01	右手	螺栓	
Pick	0.01	左手	零部件	
M/H	0.01	左手	零部件	
F/A	0.02	左手	零部件	对孔
Select out	0.005	右手	螺栓	
M/H	0.01	右手	螺栓	
A/A	0.01	右手	螺栓	
F/A	0.024	右手	螺栓	
Select out	0.005	右手	螺栓	
M/H	0.01	右手	螺栓	
A/A	0.01	右手	螺栓	
F/A	0.024	右手	螺栓	
Pick	0.01	右手	工具	
M/H	0.01	右手	工具	
M/H	0.01	右手	工具	
A/A	0.01	右手	工具	
Push	0.005	右手	工具	
Air tool	0.06	右手	工具	
M/H	0.01	右手	工具	

（续）

动作	时间/min	操作手	对象	备注
A/A	0.01	右手	工具	
Push	0.005	右手	工具	
Air tool	0.06	右手	工具	
Place	0.01	右手	工具	
Pick	0.01	右手	校扭扳手	
M/H	0.01	右手	校扭扳手	
M/H	0.01	右手	校扭扳手	
A/A	0.01		螺栓	对准
Torque	0.05		螺栓	校扭
M/H	0.01	右手	校扭扳手	
A/A	0.01		螺栓	对准
Torque	0.05		螺栓	校扭
Place	0.01	右手	工具	
Paint	0.16		漆笔	点漆
总	0.728			

表6-18 用两个螺栓安装一个零部件，不用手预连接，气动拧紧后并定扭

动作	时间/min	操作手	对象	备注
Read	0.01		作业看板	
Pick many	0.02	左手	螺栓	
M/H	0.01	左手	螺栓	
Pick	0.01	右手	工具	
M/H	0.01	右手	工具	
Select out	0.005	左手	螺栓	
M/H	0.01		螺栓	
A/A	0.01	左手	螺栓到工具	
Pick	0.01	左手	零部件	
M/H	0.01	左手	零部件	
M/H	0.01		零部件	
F/A	0.02		零部件	
M/H	0.01	右手	工具	
A/A	0.01		工具	
Push	0.005	右手	工具	
Air tool	0.04	右手	工具	
Select out	0.005	左手	螺栓	
M/H	0.01	左手	螺栓	
A/A	0.01	左手	螺栓到工具	

（续）

动作	时间/min	操作手	对象	备注
M/H	0.01	右手	工具	
A/A	0.01	右手	工具	
Push	0.005	右手	工具	
Air tool	0.04	右手	工具	
Place	0.01	右手	工具	
Pick	0.01	右手	校扭扳手	
M/H	0.01	右手	校扭扳手	
M/H	0.01	右手	校扭扳手	
A/A	0.01		螺栓	对准
Torque	0.05		螺栓	校扭
M/H	0.01	右手	校扭扳手	
A/A	0.01		螺栓	对准
Torque	0.05		螺栓	校扭
Place	0.01	右手	工具	
Paint	0.16		漆笔	点漆
总	0.63			

表 6-19 氧传感器安装及定扭

动作	时间/min	操作手	对象	备注
Read	0.01		作业看板	
Pick	0.01	左手	氧传感器	
M/H	0.01	左手	氧传感器	
Pick	0.01	右手	定扭力扳手	
M/H	0.01	右手	定扭力扳手	
M/H	0.01	左手	氧传感器	
A/A	0.01	左手	氧传感器	
F/H	0.024	左手	氧传感器	
M/H	0.01		定扭力扳手	
A/A	0.01	右手	定扭力扳手	
Torque	0.05	右手	定扭力扳手	
Place	0.01	右手	定扭力扳手	
Paint	0.1	右手	漆笔	
总	0.274			

表 6-20　B 柱表面贴膜

动作	时间/min	操作手	对象	备注
Pick	0.01	左手	贴膜	
M/H	0.01	左手	贴膜	
Peel	0.01	右手	护纸	
M/H	0.01	两手	贴膜	
F/A	0.02	两手	贴膜	
Adjust	0.005	两手	贴膜	
Adjust	0.005	两手	贴膜	
M/H	0.01	两手	贴膜上部	
Pick	0.01	右手	贴膜工具	
M/H	0.01	右手	贴膜工具	
M/H	0.01	右手	贴膜工具	
M/H	0.01	右手	贴膜工具	
总	0.12			

常见的典型安装过程工时：

① 一个零部件用一个螺栓通过气动工具紧固，时间约 0.2min，即 12s；以后每加一个螺栓增加 7s。

② 一个螺栓预紧后定扭并点漆，时间约 0.2min，即 12s。

③ 一个零部件用两个卡扣手工固定，时间约 0.15min 约 9s，以后每加一个卡扣增加 1s。

④ 两管用钢带式环箍通过管夹钳连接，时间约 0.2min，即 12s。

⑤ 两条线束连接，时间约 0.065min，即 4s。

3）工时计算和分析过程中，要完全模拟操作人员的工作过程，切忌将必要的操作步骤忽略掉以影响工时分析的准确性。为此，在做工时分析初期，可以将部分零部件的计算工时与已生产车型的相似零部件的实测装配工时做比对，来修正计算过程中的问题。

4）总工作时间占节拍的 95% 左右，5% 为空闲时间（此空闲时间一般为休息时间及返修时间）。取料走步时间占整车节拍的 20% 左右，纯操作时间占节拍的 75% 左右。

5）在做工时分析时，一般只仿真计算 75% 的纯操作时间，对 20% 的取送料时间不做具体时间分析；在进行工艺路线排布时，可根据节拍要求乘以 75%，来进行工时平衡。

6）做工时计算时，对特别复杂不易进行工时分析的零部件，可在样车试制阶段进行实测或参考其他相似车型的工时来最终确定。

7）一般硬连接（刚性部件）及销定位的零部件，计算工时要比实际操作的工时长，因为很多的动作及节拍可以合并；而软连接（挠性部件，如地毯、线束等）及孔定位的零部件的计算工时相对于实际操作工时要短，因为很多操作都需要进行调整。所以，在进行工时计算时，要根据零部件的装配工艺性、以往规划的经验和已生产车型，对如上部件要反复地修订，或者乘以一个修订系数，来最后确定操作工时。

8）在实际生产过程中，人工操作工时计算错误、设备甘特图分析错误、结构工艺性差等原因，常导致计算工时不足；后续新增零部件也会导致实际生产总工时增加。为此，在进行工时分析时，为保证工时分析时间充分，要考虑到这些因素，可将计算工时乘以一个大于1的系数。以下是常见的需要乘以修订系数的情况：

① 操作工艺性差，人机工程不良。如操作空间小、紧固螺栓方向是由下至上、不能直接看到操作件等。

② 软连接件和其他挠性件，如线束、软管、地毯等。

③ 面定位件，如舱壁隔音材料。

④ 大型件、重型件、长件，如仪表板、保险杠等。

⑤ 过盈量大的连接件。

9）在进行完初步的工时计算后，要结合其他车型的生产实际，将规划车型与已生产车型的相类似装配件进行对比，在装配过程中实测已生产车型与规划车型相似的零部件的工时，来检验计算工时，并据此修订计算工时。原则上，相似装配件的计算工时与已生产车型相似装配件的工时应相差不多。

10）对于多配置车型的整车工时的计算，一般应按当量工时来计算，即按不同配置的百分比来计算。如某一配置，AT（自动档车）占30%的份额，MT（手动档车）占70%的份额，则此配置的当量工时为AT×30%+MT×70%；但当配置的份额不能确定时，应该按配置工时高车型的总工时来计算，如可按最豪华配置车型的工时，作为生产线规划的总工时。

11）如果有整车样件及样车装配的实测时间，则需要根据实际装车实测时间修订计算工时。

12）在所有工序卡的操作工时分析完成后，就可将其工时进行累加，得出整车的纯操作工时。用此操作工时除以75%，就得出包括取送料走步时间及空闲时间的整车装配的总工时。用整车的总工时除以计划生产节拍，就可得出生产线所需求的总工位数。

13）一般来说，A级车按标准工时法核算，主装配线的操作工时为4~5h；一般B级车主装配线的操作工时为6~7h。总工时量与装配件的数量和车型的质量等级关系明显，某车型的工时统计见表6-21。

表 6-21 某车型的工时统计

工段	MT/min			AT/min		
	计算	实测	差异	计算	实测	差异
内饰一工艺段	35.000	36.72	-1.72	35.00	39.97	-4.97
内饰二工艺段	47.000	69.88	-22.88	47.00	71.18	-24.18
底盘一工艺段	27.361	28.50	-1.14	27.36	42.12	-14.76
底盘二工艺段	19.875	35.90	-16.03	19.88	35.08	-15.20
最终装配工艺段	39.942	43.23	-3.29	39.94	42.67	-2.73
终检工艺段	1.530	1.53	0.00	1.53	1.53	0.00
返修	0.180	1.18	-1.00	0.18	1.18	-1.00
仪表板模块分装工艺段	13.435	18.07	-4.64	13.44	18.07	-4.63
车门模块分装工艺段	39.934	57.33	-17.40	39.93	61.99	-22.06
前桥模块分装工艺段	8.012	14.50	-6.49	8.01	14.30	-6.29
底盘合装工艺段	3.439	5.65	-2.21	3.44	5.43	-1.99
前端模块分装工艺段	5.674	4.07	1.61	5.67	4.47	1.20
汇总	241.382	316.56	-75.18	241.38	337.98	-96.61

6.4 工艺流程排布

工艺流程，简单讲就是从原料到制成品的各项工序安排的程序。一般而言，工艺流程图是将整个工艺过程进行细化总结而形成的。对于总装而言，一般分为两种工艺流程图，宏观工艺流程图和微观工艺流程图。一般宏观的工艺流程顺序为：涂装接车→内饰装配工艺段→底盘装配工艺段→最终装配工艺段→整车调试工艺段→交车。微观的工艺流程是将总装各工序进行排布编制而形成的工艺流程图，即工艺路线或工艺过程。微观的工艺流程图也有两种：一种是工艺规划阶段的工艺流程图，这种工艺流程图主要是为了进行工序排布而编制的，只标示出每个零部件的工序排布和整车的工艺顺序；另一种是批量生产阶段的工艺流程图，除定义了工序排布，还定义了加工、搬运、存放、检验等工步内容及对应的特殊特性。其中，从工艺规划阶段的工艺路线到批量生产阶段的工艺流程排布，是在不同的设计阶段与工艺开发阶段中逐渐完善的。

1) 初始工艺流程图阶段：一般在竞品车及初版 BOM 阶段进行编制，主要结合生产纲领及投资预算方案、产品结构特性、工艺流程的常用形式等来制定宏观的工艺流程和主要部件的工艺顺序或工位。比如，将整个工艺流程分为内饰工艺段→底盘工艺段→终装工艺段→调试工艺段等几大块。相对于完善的工艺流程而言，此时的完善程度只有10%左右。将白车身、动力总成、底盘总成、仪表板总成、车门总成、座椅总成、风窗总成、车轮总成等定义装配顺次和工位，相对于完善的工艺路线而言，此时的完善程度约30%。

2) 基本工艺流程图阶段：此时工序卡已基本编制完毕，工时分析也基本完成，可以根据计算工时进行理论的线平衡。相对于完善的工艺路线而言，此时的完善程度约70%。

3) 工艺流程图调整阶段：随着工艺验证样车的装配，可进一步发现整个工艺路线排布中的问题，并相应进行调整，并加入搬运、存放、检验等过程，相对于完善的工艺路线而言，此时的完善程度约90%。

4) 正式生产线平衡阶段：生产已顺利转产，根据生产实际，对整个工艺路线做细微调整。相对于完善的工艺路线而言，正式生产线平衡阶段的工艺流程的完善程度为100%，至此，工艺流程图冻结。

在前期基本工艺流程图的基础上，根据工序卡的编制，可以细化工艺流程的排布。首先，需要根据生产纲领及整车工时确定生产节拍，然后根据前期的工艺流程及工序卡，进行工位的工艺过程设计，进而细化整个生产线的工艺流程。

1. 确定生产节拍和工位数量

首先，根据生产纲领，可计算出生产节拍。再用整车工时除以生产节拍，得出生产所需的大体工位数。

生产节拍=(年有效的生产天数×每天班数×每班工作小时数×60)/整车的生产纲领(年产量)。

总工位概数＝整车工时÷生产节拍÷平均每工位人数。

各线体需要具体工位数＝操作工位+转接工位+缓存工位+检查工位+返修工位+混流准备工位+线末空工位。

年有效生产天数一般可按 250 天计算；每天班次可按 2 班计算；每班的工作小时数按 8h 计算；轿车主装配线一般每个工位为 2 人，车门模块总成装配线、仪表板模块总成装配线、发动机分装模块装配线一般每个工位 1 人，检测线每个工位 1 人。一般乘用车生产线平均每个工位 1.5 人；货车驾驶室总成工艺段一般每个工位 2 人，底盘工艺段一般每个工位 4 人，车门线、仪表板线、发动机线一般每个工位 1 人，检测线每个工位 1 人，整个生产线平均每个工位 3 人左右。

2．确定工艺流程

（1）新生产线工艺流程图的排布

初始工序卡编制完成后，根据生产节拍和工位数量及零部件的相互装配关系，就可以进行工艺流程的排布。首先，要熟悉零部件的相互装配关系，这主要结合设计 BOM、产品数模、各系统布置图和装配图来完成。汽车生产流程的排布一般都是在一定的经验基础上进行的，如轿车装配大多数是按内饰线、底盘线、终装线的顺序来布置主装配线（货车装配线大多数按照先使车架线与内饰线并行、然后布置底盘线、最后布置最终装配线的顺序来布置主装配线）。再按调试线、终检线、路试线来布置检测线。此外，再加上车门模块分装线、仪表板模块分装线、动力总成模块分装线及其他一些小总成的分装线。其中，以轿车装配线为例，内饰线主要包括汽车内外饰部件的安装；底盘线主要包括整车发动机及悬挂系统等部件的安装；终装线主要包括在动力总成及悬挂系统装配完成后的内外饰附件的安装及一些组合加注等工作。根据如上所述的内饰线、底盘线、终装线、车门分装线、动力总成分装线、终检线规划等对初始工序卡进行大体分块。具体分块时，可按如下方式：先确定内饰线、底盘线及终装线的大体形式，如工位的高低、采用的输送方式等。一般内饰线大多以低工位为主、半高及高工位为辅；底盘线大多以高工位为主，低工位为辅。在内饰线、底盘线、终装线等各生产线体上，将重要装配零部件及重点辅助装配设备设定为工艺流程排布时的分割点，如拆车门机械手、仪表板模块装配机械手、动力总成及底盘合装车、轮胎安装机械手、风窗玻璃安装机器人、车门模块装配机械手、汽油加油机、组合加注机、ECOS 检测设备等，将工序卡在各工艺流程分割点之间进行分配，再结合生产节拍和线边物料布局进行细分。

对于内饰线，可将工序卡按与车身的配合关系分为完全与车身配合的紧贴于白车身层次的零部件、在紧贴于白车身件之上的第二层装配的零部件。每一层次的装配零部件又可以分为发动机舱区域装配件、乘客舱区域装配件、行李舱区域装配件、车身下部区域装配件、车身上部区域装配件。之后，又可对每个区域再进行细化划分。比如，可细分为发动机舱左部区域装配件、发动机舱右部区域装配件，A 柱左部区域装配件、A 柱右部区域装配件、B 柱左部区域装配件、B 柱右部区域装配件、C 柱左部区域装配件、C 柱右部区域装配件，车身下部左部区域装配件、车身下部右部区域装配件，车身上部左部区域装配件、车身上部右部区域装配件等。根据上述方法，不仅可将零部件分块，而且可划拨至生产线中，并确定高低工位。在此之后，再根据节拍要求和零部件之间的装配顺序的限制性排序，这样，工位大体上就确定下来了。

底盘线可先按动力总成及底盘合装车为节点，划分为两段：动力总成及底盘合装之前装配件、动力总成及底盘合装之后装配件。每一块又可按高低工位分为高工位装配件和低工位装配件。划分时，尽量将高低工位分配与动力总成及底盘合装之前装配、合装之后装配的分配统一，如将动力总成及底盘合装之前、动力总成及底盘合装之后的一整段设定为高工位，再设置一段低工位段。这样，便于生产线布置，并节省高低工位转换时的空工位。底盘线的装配零部件和工序卡按动力总成、底盘合装点及高低工位分块后，又可再按发动机舱区域装配件、乘客舱区域装配件、行李舱区域装配件分块。之后，还可按发动机舱左部区域装配件、发动机舱右部区域装配件、乘客舱左部区域装配件、乘客舱右部区域装配件，行李舱左部区域装配件、行李舱右部区域装配件进行分块。然后再根据节拍要求和零部件之间的装配顺序的限制性排序，这样，底盘线的工位布置大体就出来了。

对于终装线工艺段，可将工序卡先按固定的设备为分割点进行分配，如组合加注设备、制动力检测设备、装车门设备、ECOS 检测设备等。再将体积大、质量大的零部件作为工艺分割点进行工艺分割，如座椅总成、地毯总成、帽架总成等。然后按零部件在车身上的位置进行分块，根据节拍要求和零部件之间的装配顺序的限制性排序，这样，终装线的装配流程也可以大体确定下来。

对于每条生产线上的一些可在任何工位安装的工序卡，可单独拿出来，在进行工时线平衡时用。此装配零部件和工序卡的装配顺序和工艺分割，要结合 3D 数模等来完成。在分析的过程中，如发现工序卡需调整至其他工艺段，则要与其他工艺段沟通解决。在节拍的要求上，要注意前面所计算的工时是纯粹的操作工时，不包括取送料时间及空闲时间，因此，要将节拍乘以 75%作为衡量工位工时的标准。

此工作完成后，应再对整个装配工艺流程进行集中检查，校验工艺流程图的合理性及工序卡的正确性、完整性、完善性，为以后的装车验证做准备。对于按设计分组进行工序卡的编制分工来讲，此检查工作应交叉进行。因为负责工艺段的人与负责工序卡的人不统一，所以，一方面进行工序卡的自查与互查工作；另一方面在工位设计过程中，各工艺段的负责人在发现工序卡需要拆分或变更时，应及时与工序卡负责人进行沟通，解决工序卡的正确性问题。

此工作完成后，在工艺流程图和工艺平面布置图最终确定前（工艺平面布置图、土建基础建设图样等定稿前），最好进行样车离线模拟装配验证，以保证工艺流程排布的准确性和完整性。准备一台或几台样车的车身及零部件，模拟生产线的工位，由工艺工程师、熟练工人按工艺流程图进行装配验证。重点验证工艺流程图的正确性、工序卡的正确性、计算工时的正确性，以及工艺流程、工序卡的完整性，保证后续实际的工艺开发、工艺准备的准确性。此外，样车离线模拟装配还可验证设计 BOM 的正确性、装配工艺性、工艺高度、工装设备、工具、线边布局等。此工作一般可进行 2~3 轮，每轮每一工序装车 3~4 遍。第 1 轮、第 2 轮装车主要以工序验证和工位验证为主，第 3 轮装车可以与工艺流程调整结合在一起。注意在实测工时的时候，不仅要测量单工序工时，还要实测整个工位工时，与生产节拍进行比对，以发现工位操作工时不足的问题。通过此工作，可进一步完善工序卡和工艺流程图，为整个生产线的工艺平面布置图做准确性和完整性的保证。在进行此工作时，一定要做相应的前期准备：①要准备设计 BOM、工艺 BOM、工艺流程图、工序卡、问题记录本等，其中工序卡要按工位进行整理；②准备几名操作熟练的工人；③由于样车样件的状态可能较差，所以在装车前或每个工序装车前，一定要将车身及零部件修配，使车身及零部件的状态不影响工时的测量；④准备好相应的辅助装配设施，特别是装配工具。

这里着重讲一下工时验证，工时的验证对生产线工位规划的正确性验证特别重要。为防止理论的规划与最后的实际生产不符，必须在工艺流程图、工艺平面布置图定稿之前，进行实际工时的测算，以修订工艺流程图，进而修订工艺平面布置图。具体装车进行工时验证时，每个工序的工时都要进行 3~4 次的实测，再取平均值。然后，与计算工时对比，一般实测工时超过计算工时 10s 的都要进行分析，发现工时不一致的原因。一般来讲，工时不一致的原因主要有如下几种：

1）工时计算错误，导致工时增加。
2）操作人员操作不熟练或工作拖拉，导致实际操作时间过长。
3）设计结构工艺性差，工时计算时缺少了必要的步骤，导致计算工时过短。
4）工序步骤不合理，导致实际操作工时过长。
5）工装、机械手等计算工时少于实测工时，导致总工时增加。
6）新增零部件，导致总工时增加。

（2）混流生产线工艺流程图的排布

在已有生产线上规划新车型的工艺流程的排布与在新车间进行工艺流程的排布不一样。混流生产除了要考虑装配顺序的限制性，还要着重要考虑混流生产的兼容性。混流生产兼容性的基本原则是同件同工位，即对于不同车型而言，相同的零件尽可能在同一工位。之所以这样，是因为一方面工具整合可以节省成本和工时；另一方面，对于操作人员来说，操作工艺类似，能很大程度地保证装配质量。

设计人员在设计时，一般不会考虑混流生产的同件同工位要求；而且，当出现结构问题影响同件同工位时，他们更倾向于通过调整工艺流程的方法而不是改变结构以满足同件同工位的要求。这样做解决了设计人员结构设计的问题，但会给生产、物流、质量等带来更多问题，这些问题主要有：

1）造成现场状态混乱。包括工艺流程、物料投放混乱。
2）造成现场工作负荷增大。
3）增加了线旁物料区域摆放空间的负荷。不同车型的同一种零部件可能会在不同工位装配，这样会使新增件工位的线旁物料周转器具的摆放紧张（料箱或周转器具增加）；如果是配送零部件，也会由于配送零部件的大小形式不同，增加物流配送的难度（如门板与顶盖配送、暖风机与空调管配送等）。
4）增加了物料投放的频次。比如，不同车型的同一种零部件在两工位投放，会使物流的投放频次增加一倍。
5）增加了操作人员的技能要求。不同车型的同一种零部件在不同工位装配，使新增零部件工位的操作人员需要掌握多种件的装配技能，特别是生产线人员的流动性大时，会增加质量控制的风险。
6）增加了工具种类与数量。对于新增零部件的工位，一般都需要配置不同的工具，这样不仅增加了工具成本，而且工位工具过多，易产生失误操作，导致质量问题发生。
7）增大了生产线工时平衡及负荷平衡的风险，使各工位的工时及劳动负荷的不平衡度增大。
8）降低了生产线的工艺柔性，对以后新车型的工艺排布来说，增加了难度。由于总装生产线大部分都是混流生产，如果不同车型的零部件的工位限制性过强，则会大大降低整车生产线的柔性，以后新车型共线的工艺排布困难会越来越大。
9）增加生产过程的稳定性风险，总装的工艺流程的排布与调整，很多是牵一发而动全身的。由于装配顺序的限制性、节拍的限制性等，对一个零部件进行工位调整，很多零部件都会跟着调整。这样整个工艺安排、生产管理、物流投放都会存在调整风险,以及增加调整过程中的生产过程稳定性风险。

因此,同件同工位应该是对设计人员的一个基本工作要求。设计人员不能简单地把"结构设计上不能解决同件不同工位"作为理由来要求工艺进行流程调整。一般来讲,在设计结构上总会有办法解决同件同工位的问题(一些重要的部件,如动力总成、加注等不同件同工位对总装生产是不可想象的),而且,各种零部件在进行工装件开发之前,整个设计变更的办法有很多,且变更成本是非常小的。

(3) 整个装配线的工艺流程图的排布过程中还要注意的事项

1)进行工艺流程编制时,每个工位最好有一个主要装配部件,再加上一些小的部件,这样对于线旁物料摆放有好处。另外,对于特别大的部件,可将其装配操作放至空工位前或空工位后,这样,可将此物料布置至操作工位前或操作工位后的空工位。例如,顶盖、地毯、仪表板总成、空调组件、车身底部管路、轮胎、座椅等部件。

2)理想的工时平衡图,如图 6-7 所示。

3)线平衡示意如图 6-8 所示。工时平衡的结果 A 图比 B 图好,A 图更易通过调整消除一个工位。

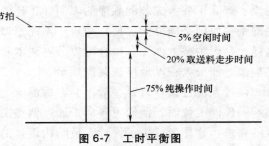

图 6-7 工时平衡图

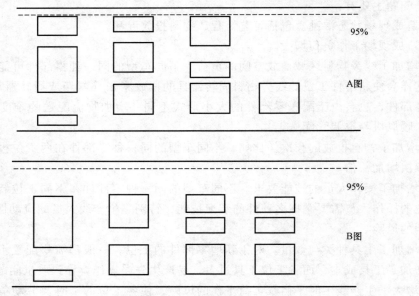

图 6-8 线平衡示意

4)总装线上操作人员的平均密度为 2 人,但特殊情况下,也可能设置 3~6 人,工位密度示意如图 6-9 所示。

5)生产线工艺流程设计时,一般都将内饰线设计得长一些,这主要是考虑到平台化混流生产的限制性。一般来讲,无论是乘用车还是商用车,底盘结构大体上都是一样的,车型变化和多车型混流生产时,大部分的变化都是内外饰的变化,反映到总装工艺上,内饰线变

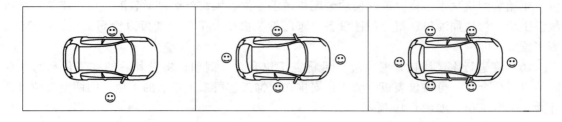

图 6-9 工位密度示意

化会导致零部件的种类增多，而加长的内饰线可以解决工位不足和线边物料场地面积不足的问题，增加内饰线混流生产的兼容性。

6）在进行生产线工艺排布时，如果确实出现了不能进行工位拆分的工时瓶颈，可以采用单工位多人轮流装配的方法解决。但此方法的前提是，后一工位没有对前一工位的顺序产生限制性。比如，某个工位的操作工时是节拍的 1.5 倍，则可在此工位布置两人。此工位来车时，每人完成一个完整的装配过程。单人的工时为 1.5 个节拍，但平均到每个操作人员则为 0.75 个节拍。

7）对于整车工时的计算，一般来讲，应按当量工时来计算，即按不同配置的百分比来计算。如某一配置，AT 占 30% 的份额，MT 占 70% 的份额，则此配置的当量工时为 AT×30%+MT×70%；但当配置的份额不能确定时，应该按配置工时高的车型的总工时来计算，如可按最豪华配置的车型的工时作为进行生产线规划的总工时。

8）工艺排布时，还要考虑物流摆放的限制性，将大件装配设置到间隔工位，不要设置到连续工位。

9）仪表板与风窗玻璃的装配先后顺序，一般先装配仪表板再装配风窗玻璃，这样有利于仪表板的装配。

10）对于必须在有限工位内完成的装配操作，如果在节拍上存在问题时，应尽可能进行分装。

11）可以采用生产线下布置踏台的方法，来实现高低工位的布置。但有一定缺点，主要是：①影响物流通道；②取件会费力。而采用生产线上高低工位固定高度的办法，生产线的柔性会较差。

12）对于顺序限制性及操作空间限制性强的部件，每个工位设 2 个人或多个人的可行性很低。所需总工位数就很多，不能按总工时除以节拍再除以平均操作人数得出总工位，一般直接用总工时除以节拍得出工位数（这种情况在底盘线出现较多）。

13）对于某一个大的选装件，单独装配时需占用一个工位的，一般有两种解决办法。一种是将此零部件的装配分解到各个工位；另一种是为此配置单独设立一个工位，在生产此配置车型时，由线下的多技能工等替补人员来补充此工位的操作。

14）在规划生产线上工位时，还有一些在 BOM 中不能体现出来的工位，需要特别注意。例如：燃油气密性检测、制动力检测、ECOS 检测、组合加注、拆装车门、模块分装之后的总成的上线装配等都要进行操作工位规划。

15）生产线上的独立设备工位一般有：钥匙编程工位、拆车门机械手工位、天窗装配机械手工位、仪表板装配机械手工位、动力总成及底盘合装工位、燃油气密性检测设备工位、轮胎装配机械手工位、前端模块装配机械手工位、风窗玻璃自动装配工位、座椅装配机械手工位、汽油加油机、组合加注设备、车门拆装机械手工位、踏板力检测工位、ECOS 检测工位等。

16）在进行生产线设计时，应尽量将空工位合并。例如，将设备后的空工位和每条线末的空工位合并。可将仪表板合装工位安排在内饰工艺段末工位前的工位，则两空工位可合并为一个空工位，如图 6-10 所示。

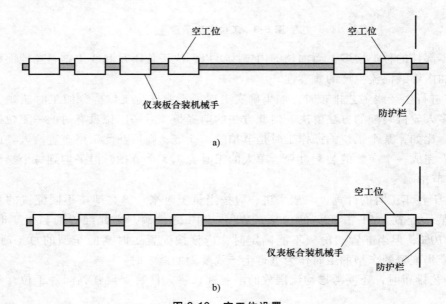

图 6-10 空工位设置
a）此布置需要两个空工位　b）此布置需要一个空工位

17）在工艺流程设计完成后，进行高低配置车的生产时，一般应按 1∶1 的比例来分配。例如，前一台为高配置车，下一台为低配置车这样进行排产，以保证操作人员操作工时和负荷的线平衡。

18）在工艺规划阶段，为了保证工序的可调整性，需在固定设备的前后都预留 2~3 个空工位，然后，再通过后续的工艺验证逐步减少预留工位。生产线上需要布置空工位的主要依据为：

① 每条生产线的最后一个工位要空置，这有两种原因：一是每条生产线的末端都设置护栏，此护栏前的一个工位如果设置操作，会导致随线运动操作时被护栏挡住；二是如末端工位要周转，上升或平移时，也不能操作。

② 生产线工位高低调整的前一个工位也要空置，如吊具上升、下降或增加、减少踏台时。

③ 大型设备前最好预留一个空工位，以保证在工位设计不准确需在大型设备前增加操作时，不至于搬迁设备。

④ 为以后平台化混流生产或增加产能做准备，各个工艺段都要预留出一部分空工位作储备。另外，生产线旁的随行设备的停止位置，如占用操作区，则此设备的停止位置也要空置。

19)特殊情况下,生产线由高工位向半高工位及由半高工位至低工位过渡的工位,也可进行装配操作。

20)最终装配线的下线区域,是装配线向调试线转接的一个接口,也是装配问题的一个控制点。为了有效地保证调试线的顺利运行,最终装配线下线区域可设立装配完工检查区域,其长度可与总检线的长度相当;并且,为最终装配线完工检查返修配备的线下返修区域要足够大。

21)如果设备的操作时间多于一个节拍,一般来讲,设备的运行轨道就要布置两个工位的长度。然后,可同侧或两侧布置两套设备同时工作,如图 6-11 所示。

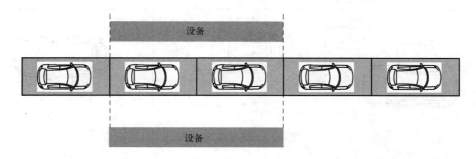

图 6-11　多节拍设备布置

22)对于在一个节拍内不能完成的工序(连续操作),可采用如图 6-12 所示的设置。

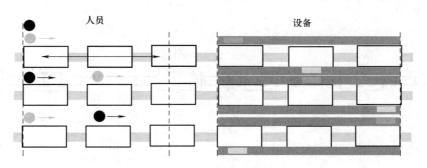

图 6-12　多节拍操作人员设置

23)线末工位是否可用作操作工位的原则:①最后一个工位的姿态有变化,肯定不能用作操作工位;②线末有护栏,一般不用作操作工位,特别对于非走停模式的连续运行生产线而言,一般都在最后一个工位后设置快速运行段,这时候如果有操作人员还在工作的话,则会出现安全问题。

6.5　工位设计(工位内部工艺设计)

工艺流程规划完成后,可做生产线具体工位设计,包括各工位区域的人、机、料、法、环的设计,一般可出具各工位操作区域分析图(带线边物料摆放示意图)。内容主要包括工位区域的人、机、料、法、环的布局和操作人员,以及设备运行的区域和路径分析,为后续的实际生产做准备。通过工位设计,还可以发现工艺规划和工艺流程的问题,可以反过来修正工艺规划方案和工艺流程。

进行工位设计前所需的准备主要有：工序卡、工艺流程图、作业场地规划预想、零部件及整车 BOM 表、零部件及整车数模、安装顺序图、装配爆炸图、工序计算工时（或实测工时）、设备及工装工具的预想等。

1）工位设计时，工位范围可用工位定置线来表示，工位的区分和界定，不以移动的输送承载机构，如滑板、吊具为基准，而要以在地面上确定的固定标记为准。操作人员相对于工位的操作区域可用直线箭头标示的范围表示，操作人员相对于车身的操作路线可用曲线标示的范围表示，如图 6-13 所示。

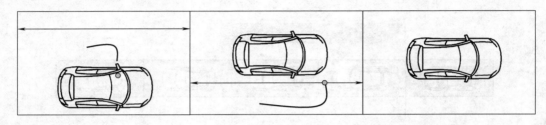

图 6-13 操作路线标示

2）在工位设计中，操作人员的布置应尽量交叉，如图 6-14 所示。这样布置的好处是当前一工位的操作没有按时完成，出现超节拍或超过工位范围的操作时，不会干涉下一工位人员的操作路径。

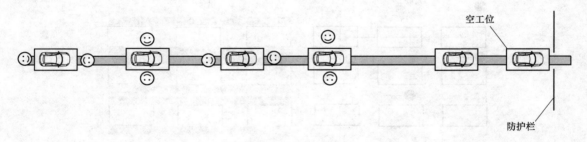

图 6-14 操作人员的布置

3）物料摆放区应尽可能在工位操作的起点，如图 6-15 所示。操作人员 A 的装配物料尽可能摆放于工位的起始位置，操作人员 B、操作人员 C 的装配物料一般摆放在操作人员 A

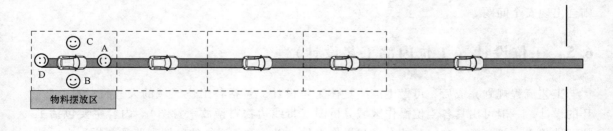

图 6-15 工位的物料摆放区

的装配物料之后，操作人员 D 的装配物料一般置于操作人员 B 和操作人员 C 之后。

6.6 概念性工艺平面布置图制作

工艺流程图完成后，根据此路线图，可做出整个车间装配主线、分装线、分装区及各线线旁物料区的工艺 LAYOUT 图，如图 6-16 所示。此图中应包括生产主线的总体布置和生产工艺路线，包括总工位数及各工位的概念信息（工位形式、初步尺寸、初步高低等）、工装设备的概念化布置、物流通道的概念化布置和工位器具的概念化布置等。

总工位数主要依据排布完成的工艺流程图确定。工位形式主要依据工艺路线和投资水平来确定，如内饰是采用滑板、宽板链还是吊具。工位的初步尺寸主要根据车型尺寸、作业区域要求、物料区域要求等确定，一般工位的长度是在整车长度的基础上，前后加 1.5～1.8m，工位宽度是在整车宽度基础上，左右加 1～1.2m。工位高度主要是依据操作零件的工艺高度需求而确定，一般每个工艺段都有一个基准高度，这个基准高度是综合考虑本工艺段最低和最高操作位置的零件操作高度要求来确定的，保证工艺段的基准工位高度能兼容最低最高工艺操作高度的要求。工装设备的概念化布置，主要结合行业常用设备的标准尺寸及与设备供应商交流的内容来确定。物流通道的概念化布置，主要参考行业通用的规划及本车型生产的特殊需求来确定。工位器具的形式和尺寸，主要结合工艺流程确定的每个工位的装配零部件的尺寸和物流方案来确定。

工艺布置图设计完成后，需要根据各类限制要求，进行必要的校核和变更，具体的校核步骤为：

第一步：熟悉整车的装配结构和装配工艺流程。

第二步：输入《车间工艺平面布置图》。

第三步：分析生产线主线工位数量设置是否足够或过多。注意生产线工位设置数量要满足在正常的生产节拍下车辆的装配。

第四步：分析各分装线工位数量设置是否足够或过多。

第五步：分析各分装线位置设置是否合理；注意分装线位置的设置要方便分装总成至装配主线的输送。动力总成分装线、后桥分装线、仪表台分装线、车门分装线和各种分装台应遵循就近原则（除场地空间限制或有专用的输送线）。

第六步：分析主要设备的位置设置是否合理。注意主要设备的安装位置满足车辆装配工序的要求和设备对周围环境的要求。如：各种加注设备、加热箱、VIN 打号机、玻璃涂胶机等。

第七步：分析零部件物流配送是否合理。零部件的物流配送要快捷方便。零部件的配送应遵循距离近、场地空间足够、路线单向等原则。

第八步：分析气源、电源的分布和位置是否能满足各工位的需要，气源、电源的具体位置设置是否合理。

第九步：分析工位器具的位置设置是否合理。注意工位器具的摆放位置满足取件和物流配送的方便性。

第十步：分析各工位的作业环境是否合适。注意各工位作业环境要保证操作人员正常的操作和人身安全。

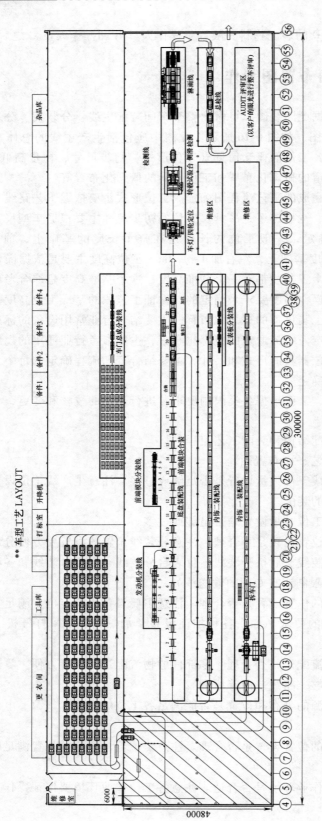

图 6-16 工艺 LAYOUT 图

6.7　工序卡的完善

　　由于原来的工序卡是借助于数据模型及虚拟的工艺流程进行的，还没有进行实际验证。在离线模拟装配验证后，一般都会对整个工序卡进行大的变更。根据前期工序卡编制分工的不同，变更方式也不同。

　　在以设计分组来进行工序卡编制的前提下，由于离线装车是以假定的工艺段为前提并验证工序的，而不是以设计 BOM 的分块为前提来进行的，每个工艺段的负责人对工序卡的问题是比较清楚的，所以，此轮工序卡的完善，可由各工艺段负责人来完成。即原来按设计 BOM 分块负责的各负责人，现在按工艺段来进行分块维护和完善工序卡。但要注意，此时不是各工艺段负责人接手了工序卡的编制，只能理解为现在各工艺段负责人只是在替原来以设计 BOM 分块的各工序卡的负责人来完善工序卡。工序卡的具体完善工作，还要在原工序卡文件夹中进行，工序卡的最后负责人还是原来以设计 BOM 分块的各负责人。此负责人按设计 BOM 追踪自己所负责零部件的装配工序及卡片，检查内容是否完全。在做此工作时，要注意，每个人还是以设计 BOM 分块为主，负责工序卡及工艺 BOM。在以各工艺段为单位维护和完善工序卡时，不要以工艺段为单位新建立文件夹管理，而应在原来以设计 BOM 分块的各文件夹中进行维护，并在文件名中注明变更者的姓名。由于此时，流程图已完成，各工艺段及各工艺段中各工位所包含的工序卡在流程图中都有体现。所以，此时，完善工序卡可以理解为是替原来以设计 BOM 为基础分块编制工序卡的各工程师来完善，而不是接手工序卡。工序卡的编制与完善还是以设计 BOM 分块为主，这样既可实现前后统一，又可保证当设计零部件变更时，不至于遗漏新增工序卡编制。至于工艺流程图中的工序卡，可采用链接的形式。若按工艺段进行完善，则有如下问题：

　　1）存在两个编制基准，一个是设计 BOM，另一个是工艺段，容易造成由于基准不统一而导致工序卡与设计 BOM 不一致。

　　2）工作责任不明确，当设计 BOM 中新增一个零部件时，由于此装配可能在多个工艺段中都可实现，所以此零部件的工序卡到底是由谁来维护不明确，如果说由原来以设计 BOM 分块的负责人来分配，那么会出现层次性，做出的工序卡可能会失真。

　　3）会导致此工作脱离设计 BOM，失去设计 BOM 的基础，慢慢会造成设计 BOM 与工艺 BOM 不一致。

　　4）所制作的零部件的操作卡片可能在各段中丢失或重复。比如备胎橡胶垫，可在内饰线装配，也可在终装线装配，这样，此操作卡可能在两段都体现或都缺失；再比如一段线束，共 6 个卡子装配，分内饰线和终装线两段操作，每段 3 个，结果是内饰线段和终装线段都多做了卡子或都少做卡子的工序卡。而以设计 BOM 为基础和起始点来做，一是可实现设计 BOM 与工艺 BOM 的相互追踪；二是当设计 BOM 出现新增件、减少件，或出现问题时，有专人负责，形成明确的责任链条，保证设计 BOM 与工艺 BOM 实时一致，并保证所有操作的每一部分都有对应的一个负责者。

　　上面的论述，从侧面也说明了工序卡编制时尽量以最小的装配单元来做，以便于进行工序拆分。在实际工作中，上面的工作也可由工艺段负责人在一段时间内负责工序卡的完善，待完善后，再归还给以设计 BOM 来划分的各负责人。在此阶段，原来以设计 BOM 分块的各负责人还负责以设计 BOM 为基础，追踪工艺 BOM，即按配置或车型，追踪出自己所负责的零部件的投料工位，形成工艺 BOM。

按工艺段完善工序卡的过程，还有一个重要工作，是将各段中各工位的投料物料在工序卡中逐一标示出来，以便于以后提取物流 BOM。

6.8 工艺设计的输出文件

工艺过程设计文件主要包括工艺流程图、工艺概况表、工艺 BOM、过程特殊特性清单、PFMEA、控制计划、工序卡片（操作指导卡）、材料定额文件、质量交检原则、初始过程能力研究等文件。如果涉及新厂房、生产线和工艺装备的开发，还要包括工艺平面布置图（LAYOUT 图）、厂房建设和施工图、生产输送线体和工艺装备布置图、物流区域规划图及一些衍生文件。

在进行工艺过程设计时，一般的文件编制顺序为：首先根据工艺规划方案，确定概念性的工艺流程图，以及初步的工艺 BOM，然后根据初步的工艺流程图和工艺 BOM，编制此车型的潜在失效模式分析文件，即 PFMEA、过程特殊特性清单和控制计划。同时，可制作装配工序卡。工序卡编制完成之后，可进行虚拟装配工艺验证或者进行样车装配验证，以完善上述文件。在如下文件基本确定之后，就可编制工艺衍生文件，如材料定额文件、质量交检原则等。

同样，厂房和设备的规划图也是首先根据工艺规划方案，确定概念性的厂房外形尺寸图和工艺平面布置图，随着工艺设计的深入，工序卡编制完成后，再根据具体的工位设计需求，在厂房外形尺寸图基础上，加入生产线和工艺装备规划信息、物流信息并逐步细化，形成整个生产场地的完整工艺平面布置图和工艺装备布置图。

以上文件的发放，一般分两版：一版在试生产前，下发试生产的工艺过程文件；一版在正式生产前，下发正式生产的工艺过程文件。下面，简单介绍工艺过程设计中的一些重要文件。

1. 工艺流程图

工艺流程图是总装工艺开发的概念性指导文件，同时也是现场生产的指导文件，主要体现产品的工艺过程。根据工艺设计的不同需要，工艺流程图可以有多种形式，以汽车总装为例，一般有三种层次的工艺流程图：第一种层次的工艺流程图是工艺段层级的概念性工艺流程图，主要对整个生产线各工艺段的工艺进行概念性的定义并按工艺顺序进行连接，形成工艺流程图。比如将整个生产线定义为内饰线工艺段、底盘线工艺段、终装线工艺段、检测调试工艺段和各种分装工艺段等，并将其图形化，以便于从整体上概念性地掌握整车的生产流程，如图 6-17 所示。第二种层次的工艺流程图主要是定义工位层级的工艺流程图，一般在工艺规划阶段输出，主要定义各工位的主要工作内容，零部件的装配顺序并将各工位按工艺顺序进行连接，为生产线平衡、设备规划等做文件输出。在工艺规划过程中，可根据此工艺流程图做工艺顺序限制性检查和工时线平衡检查和调整，如图 6-18 所示。第三种层次的工艺流程图是工序层级的工艺流程图，将工位层级的工艺流程图细化到工序层次，增加每一工序的加工、搬运、存放、检验等工步内容及对应的特殊特性等内容，如图 6-19 所示。

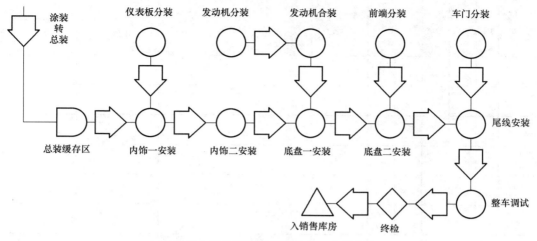

图 6-17 工艺段层级的概念性工艺流程图

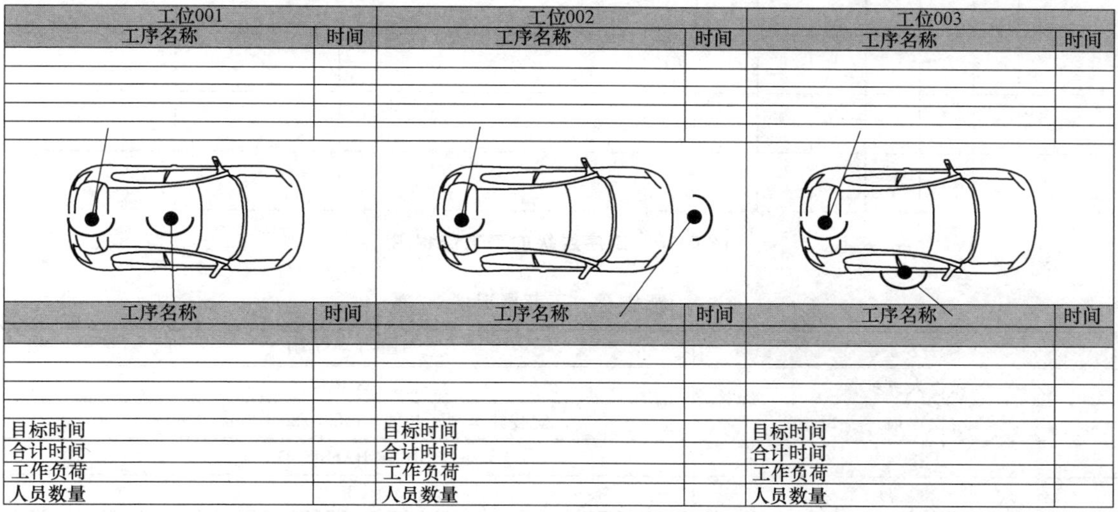

图 6-18 工位层级的工艺流程图

2. 工艺概况表

在工艺文件中，工艺概况表是一个十分重要的文件。它是一个基础文件，其中包含很多信息，如配置与车型的关系、工艺段、工位、操作人员数量与代号、设备信息、工装信息、工具信息、产品特性及工艺特性信息等。工艺概况表能衍生出很多文件，如工艺 BOM、设备明细表、工装明细表、工具明细表、工时表等，而且是工艺培训、生产启动过程中的一个重要指导性文件，见表 6-22。

工艺概括表需要根据设计变更、工艺变更等信息进行实时维护。为了保证当前性和可追溯性，要建立两个表：一个是当前表，一个是变更记录表。在变更记录表中要记录每次变更的内容，包括变更时间、变更缘由、实施人等信息。另一种方式是直接在原工艺概况表中进行变更，只不过必须保证每次变更都要标识出变更的部位。

工位	步骤	加工	搬运	存放	检验	编号	作业说明	关键产品特性 (KPC)	关键控制特性 (KCC)

图 6-19 工序层级的工艺流程图

表 6-22 工艺概况表

工段-工位	TrimⅠ-NO.01
操作人员步骤	A-01
操作描述	安装驻车制动拉线（Install Hand-Brake Cable）
工序卡号	MPS-CHASSIS-076
重要度	B
主要零件号	3000887
主要零件名称	驻车制动拉线总成-左
数量	1
连接件名称、件号及数量	组合螺栓 M8×1.25-1000121-3
工具名称	枪式气动扳手（10~30）（N·m）[Gun Wrench(Air)]
工具型号	EP6PTS22HR10-RE H13
扭矩设定值/N·m	12~18N·m
设备工装名称	仪表板抓手
设备工装编号	RS-001
工装设备主要参数	1200mm×500mm
标准工时	57s
实测工时	50s
备注	

3. 工艺BOM

工艺 BOM 也常被称为制造物料清单或总装零部件明细表。可以通过工艺概况表筛选得到，或者通过将设计 BOM 进行处理，将随总成供货的零部件删除，加入投料工位信息、工序卡信息等，形成可以指导物料投料、工人装配的总装装配零部件的信息清单。

工艺 BOM 可以以设计 BOM 为基础，或者集成于设计 BOM 中。这样，有利于 BOM 的统一。具体操作方法，可以在设计 BOM 的基本内容和格式确定后，加入后序部门（包括工艺、配套、物流、财务等部门。）工作需在 BOM 中所要体现的信息。在确定了后序部门的需求后，将这些信息在设计 BOM 中体现出来，形成另一个 BOM，即总 BOM，总 BOM 不是对设计 BOM 的变更，而是对设计 BOM 的扩展和补充。即研发、工艺、配套和财务可共同维护此表，只不过各自负责的部分不同。这样，基本数据固定，不需要其他部门从中提取，只需维护相关的信息，保证了数据源的唯一性和一致性。

4. 过程特殊特性清单

过程特殊特性清单，是在产品前期策划阶段和产品开发阶段，将容易导致关键、主要、重要的产品功能失效的那些制造参数找出来，以便在以后的产品设计或产品制造中提前采取措施预防，减少事后变更的风险和重大损失，见表 6-23。

表 6-23 过程特殊特性清单

项目名称：

（总装）工艺项目组

序号	工序名称	特性分类 （A-关键、B-主要、C-重要）	过程特殊特性	备注
1	安装离合总泵进油软管	A	软管距凸台端面 0~3mm，环箍距端面 2~7mm	
2	安装离合器油管总成（一）	A	定扭力扳手设定：$T=26N \cdot m\ 5\%$	
3	安装后门线束	B	手感（牢固）、目测（安装到位）	
4	安装拉门门框密封条	B	手感（牢固）、目测（安装到位）	
5	安装拉门限位锁锁扣	B	手感、目测	
6				
7				
8				
9				
10				
编制（日期）：		审核（日期）：	批准（日期）：	会签（日期）：

以汽车产品为例，产品自身和制造过程的所有属性可分为两类：一类是对政府法规要求、最终用户要求、中间用户要求和自身要求没有影响的属性，这一类属性可称为非

特性;一类是对政府法规要求、最终用户要求、中间用户要求和自身要求有影响的属性,这一类属性可称为特性。在所有的特性中,关系到整车安全、人身安全、政府法规、基本功能和重要功能的特性,称为特殊特性;特殊特性按严重度可分为关键特性、重要特性和一般特性。其中,关键特殊特性是指影响政府法规、整车安全、人身安全的特性;重要特性是可能引起产品基本功能丧失或下降,或影响顾客主观感受、期望,会引起顾客抱怨的过程制造参数;一般特性是不会影响政府法规要求、最终用户要求、中间用户要求的特性。制造过程中的特殊特性,被称为过程特殊特性,这些特性的失效,可能影响产品质量,也可能影响过程质效。

对过程特殊特性的识别,可以基于如下准则:一般如果过程特性(主要是制造参数,如工艺参数、设备参数、检测参数等)的变差超出预期的稳定范围,从而影响重大安全、政府法规、过程控制等方面的,或者过程特性属于客户特殊要求的,那么这些制造参数就被指定为特殊特性。

5. PFMEA

PFMEA 是一种重要的工艺开发过程文件,采用小组研讨形式,由制造技术部门牵头,通过多方论证小组(设计研发部门、技术部门、质保部门、生产部门、销售部门等多个部门联合参与)对工艺开发的潜在失效模式进行提炼和分析,根据问题的严重度、频度、探测度级别,提前进行预防,找出针对性的解决措施,使整个工艺开发的风险在开发初期尽可能地被发现并有效地规避,使"质量是策划出来的"这句话得到具体的体现。PFMEA 作为一种预防性策划工具,其主要目的是发现、评价产品过程中潜在的失效及其后果;找到能够避免或减少潜在失效发生的措施并且不断地完善。其核心是对失效模式的严重度、频度和探测度级别进行风险评估,通过量化指标确定高风险的失效模式,并制定预防措施加以控制,从而将风险完全消除或减小到可接受的水平,见表 6-24。其工作原理为:

1) 明确潜在的失效模式,并对失效所产生的后果进行评分。

2) 客观评估各种原因出现的可能性,以及当某种原因出现时,能检测出该原因发生的可能性。

3) 对各种潜在的产品和流程失效进行排序。

4) 以消除产品和流程存在的问题为重点,并预防问题再次发生。

PFMEA 是以生产工序为单位进行分析(对于工艺方法单一和集中的工艺模式,可以以工艺方法为单位先进行基础分析,然后在工序 PFMEA 分析时进行调用),一般在生产工装准备之前、过程可行性分析阶段或之前开始,而且要考虑从单个零部件到总成的所有制造过程。其评价与分析的对象是所有新的零部件/过程、变更过的零部件/过程及应用或环境有变化的原有零部件/过程。

PFMEA 的分析过程,包括以下几个关键步骤:

1) 确定与工艺生产或产品制造过程相关的潜在失效模式与起因。

2) 评价失效对产品质量和顾客的潜在影响。

3) 找出减少失效发生或失效条件的过程控制变量,并制定纠正和预防措施。

4) 编制潜在失效模式分级表,确保严重的失效模式得到优先控制。

5) 跟踪控制措施的实施情况,更新失效模式分级表。

PFMEA 的编制流程如下：

第一步骤：确定 PFMEA 编制启动时机，建立解决问题小组。PFMEA 编制时机必须提前在具体数据设计和制造工程数据之前；在人员组成上，应集合相关人员组成工作团队，核心小组至少包括产品设计人员、质量管理人员、生产管理人员、设备管理人员。

第二步骤：描述问题。向团队说明何时、何地、可能会发生什么事、严重程度、目前状态、如何紧急处理。细节描述越清楚，解决问题速度越快。

第三步骤：执行暂时对策。若真正原因还未找到，暂时用什么方法可以最快地解决问题？如全检、筛选、将自动改为手动、库存清查等。

第四步骤：找出问题的真正原因。要先观察、分析、比较，可用鱼骨图列出所有的相关要素，逐一观察，看看哪些条件变化会导致失效模式发生，进而找到问题的真正原因。在查找问题的真正原因时，要注意分清直接原因和根本原因。不要只停留在问题的表面原因或直接原因上，而要深入分析问题的根本原因或起始原因。可以通过多问几个"为什么"找到根本原因。

第五步骤：选择永久对策。找到造成问题的主要原因后，便可开始拟出对策方法。对策方法也许有很多种，对可能的选择列出其优缺点，要花多少钱？需要多少人力？能持续多久？再对可能的方法做出最佳的选择，并且确认这样的对策方法不会产生其他问题。

第六步骤：执行及验证永久对策。当永久对策准备妥当，则可开始执行及停止暂时对策。并且对永久对策进行验证，如不良率已下降至要求；过程能力指数（CPK）上升至要求；下游工段及客户已完全接受，不再产生问题等。

第七步骤：防止再发。对类似的其他生产，虽然尚未发生问题，但是也需同步改善，防止再发，即常说的"举一反三"。

PFMEA 的文件内容主要包括：

1）功能要求：填写被分析过程（或工序）的简要说明和工艺描述。

2）潜在失效模式：记录可能会出现的问题点。

3）潜在失效后果：推测问题点可能会引发的不良影响。

4）严重度（S）：评价上述失效后果并赋予分值 1~10 分，不良影响越严重分值越高。

5）潜在失效起因或机理：潜在问题点可能出现的原因或产生机理。

6）频度（O）：上述潜在失效起因或机理出现的概率（1~10）分，出现的概率越大分值越高。

7）现行工艺控制：列出目前对潜在问题点的控制方法。

8）探测度（D）：在采用现行的控制方法实施控制时，潜在问题可被查出的难易程度 1~10 分，查出难度越大分值越高。

9）风险顺序数（RPN）：严重度、频度、探测度三者得分之积，其数值越大潜在问题越严重，越应及时采取预防措施。

10）建议措施：列出风险系数较高的潜在问题点，并制定相应的预防措施，以防止潜在问题的发生。

11）责任人完成日期：制定实施预防措施的计划案。

12）措施结果回顾：对预防措施计划案实施状况的确认。

表 6-24　PFMEA

项目名称：				潜在失效模式及后果分析（PFMEA）										页码：第　页　共　页			
车型年/车辆类型：				过程责任部门：						PFMEA 编号：							
主要参加人：				关键日期：						编制者：				修订（日期）：			
												编制（日期）：					
功能要求	潜在失效模式	潜在失效后果	严重度(S)	级别	潜在失效起因或机理	频度(O)	现行工艺控制（预防）	现行工艺控制（探测）	探测度(D)	风险顺序数(RPN)	建议措施	责任人完成日期	措施结果回顾				
													采取措施	严重度(S)	频度(O)	探测度(D)	风险顺序数(RPN)

6. 控制计划

控制计划一般是在特殊特性清单和 PFMEA 文件编制完成后,针对 PFMEA 文件中的潜在失效模式,从产品制造的角度,以系统控制为目的,确定过程控制方法和检验方法,是规定专门的质量措施、资源和活动顺序的一种文件,见表 6-25。

通过控制计划,可以有效识别导致产品特性变差(输出变差)的过程特性的变差源(输入变差);识别并传递产品/过程特性、控制方法和测量方法;集中资源用于改善顾客关心的过程和产品;可以减少缺陷,提高产品质量。

控制计划的编制,同样由制造技术部门牵头,通过多方论证小组(包括设计研发部门、技术部门、质保部门、生产部门、销售部门等多个部门)的共同研讨。一般分为样件控制计划、试生产控制计划、正式生产控制计划。控制计划至少要包括以下内容:

1) 一般信息:控制计划编号、发布日期、变更日期、客户信息、组织名称/指定的生产现场、零件编号/描述、所包含的阶段(样件、试生产、生产)、关键联系人、零件/过程步骤编号、过程名称/操作描述。

2) 产品控制:和产品有关的特殊特性、其他控制特性(编号、产品和过程)、规范/公差。

3) 过程控制:工艺参数,和过程有关的特殊特性,生产制造用的机器、夹具、装置、工装。

4) 控制方法:评价测量技术、防错设计、样品数量和频率监控。

5) 反应计划和纠正措施。

7. 工序卡片

总装工序卡片是总装各种工艺过程文件中最小的文件单元,也可称为作业指导书。主要是对各工序的操作过程进行文件化定义,形成用于指导生产操作的指令性文件。汽车总装工艺过程的工序定义是:在一个工位中、对一个零件、采用同一工艺方法的一次连续作业称为一个工序。工序卡是工艺三级文件中的第三级文件,以简单易懂的图例、图片为主,文字说明为辅的方式进行表达。工序卡片一般在工艺流程图、工艺概况表、过程特殊特性清单、PFEMA、控制计划编制完成之后,在现场安装、匹配、调试、培训之前编制。试生产工序卡片一般在工装件试装之前输出;正式生产工序卡片应在小批量试装之后,批量生产之前发放。

8. 材料定额文件

材料定额文件包括两种:一种是总装生产材料定额文件;一种是总装辅助材料定额文件。其中,前一种文件定义了总装生产过程中的各种胶类、加注液体等随车装配的生产材料的工艺定额;后一种文件则定义了总装生产过程中,为了满足整车装配,非随车装配的辅助性材料的工艺定额,如随车看板打印纸、临时固定胶带等辅助性材料的定额,见表 6-26。

9. 质量交检原则

质量交检原则是一种质量检查指导性文件,主要用于汽车总装的过程检查控制,规定了汽车总装生产过程中的一些重要工艺指标和检验标准。主要包括两个方面:一个是装配线装配过程的重要控制参数和检验标准,主要包括一些质量特性等级为 A 级和 B 级的关键工艺参数,如关键扭矩、加注量等;另一个是检测线的检测标准,主要包括一些关系到整车重要

表 6-25 控制计划

控制计划

试生产 □ 生产 □		产品型号：		工艺项目组：
零件编号及最新变更等级：		编号：		第　页　共　页
零件名称及描述：	主要编制人及电话：	编制（日期）：		修订（日期）：
	项目经理批准（日期）：	小组负责人审核：		
		相关部门会签（日期）：		

零部件/过程编号	过程名称/操作描述（作业内容）	生产设备、夹具、工具	特性		特殊特性分类（重要度）	方法					反应计划
			编号	产品	过程		产品/过程规格/公差	评估/测量技术（检验方法）	样本		控制方法	负责人
									容量	频率		

表 6-26 材料定额文件

材料消耗工艺定额明细表						产品型号		共 页	第 页
						产品名称			
序号	物料号	材料名称	单位	规格/型号	工艺定额/台		用途		备注

标记	处数	变更文件号	签字	日期	编制（日期）	审核（日期）	标准化（日期）	会签（日期）
标记	处数	变更文件号	签字	日期				

性能和功能的整车检测参数,如四轮定位参数、灯光检测参数、侧滑参数、轮毂参数、淋雨参数、路试参数、终检参数等,见表6-27。

表 6-27 质量交检原则

工序号	装配内容	工艺标准/要求	重要度分级	检验方法/手段

编制(日期):　　　　　　　　　　审核(日期):
批准(日期):

10. 初始过程能力研究文件

工序过程能力,是指工序过程在符合正态分布的人、机、料、法、环的状态下,稳定生产合格品的实际能力。过程能力取决于机器设备、材料、工艺、工艺装备的精度、工人的工作质量及其他技术条件。过程能力指数用 C_p、C_{pk} 表示。一般如果在人、机、料、法、环等因素符合正态分布的情况下,过程能力的波动也是符合正态分布规律的。初始过程能力研究文件就是在总装小批量试生产过程中,对总装工序能力的一种评估文件,见表6-28。它实际上是对控制计划的闭环验证,是工序稳定性的一个很重要的指标。在实际评估过程中,一般取样样本数量分5组,总样本数在125个以上,再根据样本的数据进行 C_{pk} 值的计算。一般 C_{pk} 值在 1.33~1.67 之间为良好的工序能力状态。在总装工艺开发过程中,初始过程能力研究的主要对象是安装扭矩。

表 6-28 初始过程能力研究文件

初始过程能力研究							
工艺项目组		项目名称 产品型号		工序名称		评价技术	
零件编号		工艺装备名称			公称值		
零件名称		工艺装备编号			公差值		
数组	1	2	3	4	5		

（续）

数组	1	2	3	4	5					

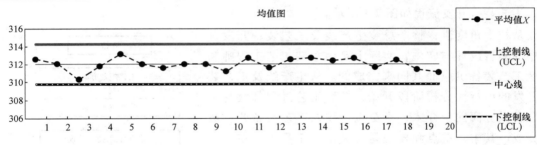

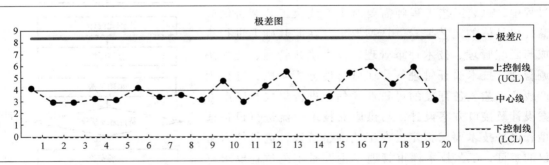

计算结果：

通过对　　　的过程能力研究分析，其结果为：

过程能力指数 C_{pk} =

测量人及日期	分析人及日期	审核人及日期

第7章

总装生产线及工艺装备开发

与产品设计及工艺设计同步,可以进行总装生产线及工艺装备的开发工作。在产品结构方案及工艺规划方案确定阶段,就可以同步开展生产线及工艺装备可行性研究、设计方案研究、选型研究、技术要求确定。在具体的工艺流程及工艺文件基本完成后,就可以开展生产线及工艺装备开发的招投标、合同签订、技术确认、采购制造、安装调试、验收使用等工作,工艺装备开发流程如图7-1所示。

从技术角度讲,整个总装生产线及工艺装备开发过程中的装备设计与实施,实际上是由总装工艺工程师和总装工艺装备供应商共同来完成的。从生产线及工艺装备开发的可行性分析阶段开始,总装工艺过程师就与工艺装备供应商同步介入,直至生产线及工艺装备开发最终完成。其中,重点和核心是总装工艺工程师。在开发过程中,总装工艺工程师需要对生产线及工艺装备供应商提出具体的工艺要求、选型要求,在此基础上进行集成与匹配管理、技术评审管理、技术确认管理、技术协调管理、技术验证管理等。在可行性分析阶段,进行生产线及工艺装备开发的可行性评估,进行集成与匹配方案设计及接口方案设计,与供应商技术交流进行设备选型和设备技术要求拟定;在工艺准备阶段,进行技术协议的签订,工艺技术评审管理(主要是工艺过程要求符合性评审、产品或工艺接口评审和工艺经济性评审等),并在整车厂与供应商之间、供应商与供应商之间进行工艺与设备、设备与设备之间的技术集成匹配管理及技术协调管理;在生产线及工艺装备安装调试阶段,进行工艺验证与技术问题管理。生产线和工艺装备供应商负责具体技术实现方案和具体结构设计、生产线及工艺装备开发的过程实施等工作。

在总装生产线及工艺装备开发过程中,总装工艺工

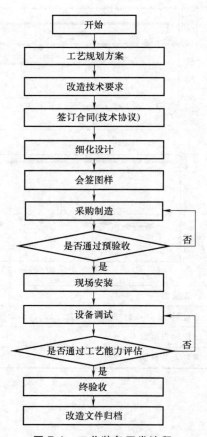

图7-1 工艺装备开发流程

程师应该更多地关注装配工艺性要求、接口技术要求和集成匹配技术要求（生产线及工艺装备的对外输出特性要求，包括功能和性能特性、接口和集成匹配等特性），对工艺装备本身的具体结构和参数无须过多关注和研究。在下面的论述中将更多地从功能和性能特性、接口和集成匹配等特性角度出发，而较少论述生产线及工艺装备的内部技术和结构。

总装生产线及工艺装备开发，按时段划分，一般分为如下几个阶段：可行性分析、规划方案确定、具体开发项目确定、选型和技术要求确定、招投标、合同签订、设计制造和采购、现场安装调试和终验收，以及变更管理。

1. 可行性分析

在产品和工艺进行可行性分析阶段，生产线及工艺装备需要同步进行可行性分析，特别是生产线及工艺装备的可行性方案分析。要根据国家或行业要求、产品要求、工艺要求、质量要求、场地产能的限制性、投资成本的限制性等，确定各类生产线及工艺装备的可行性方案。一般制造过程的可行性方案可能有很多种，不可能完全一一列出。一般在进行可行性分析时，主要根据产品及工艺要求，结合行业对标及考虑扩展性和先进性需求列出可行性方案，为下一步工艺规划方案的确定做准备。注意如果是混流生产，还需要分析原有生产线及工艺装备的适应性、兼容性以及改造的可行性。

2. 规划方案确定

规划方案的确定，一般根据工艺设计的需求，结合整个项目的生产纲领、投资预算、技术先进性、生产要求等方面确定，并综合考虑生产率和制造成本。比如，是选用手工生产还是自动化生产，是离散型生产方式还是流水线生产方式，是通用设备还是专用设备，是手动装备、自动装备还是智能化装备。这项工作一般在工艺规划方案之后确定。生产线及工艺装备开发过程中，概念及方案的确定非常重要，如果概念及方案确定错误，则会对后续工作产生很大影响。因为概念及方案的确定直接决定后续的细节设计及制作安装，所以需要反复地进行详细的调研、研讨或者先行试验。

在解决了生产线及工艺装备开发的各种要求和限制性后，就可以确定开发的可行性方案。满足开发的各种要求和限制性的可行性方案可能很多，这时，同样可以通过工艺规划方案确定的权重分析评分法来进行综合技术和经济性分析和对比，选择成本低、效率高、可靠性高、耐久性好的方案。其中，重点要确定和研究新产品、新工艺等要求的新生产线及工艺装备的规划方案，保证这部分生产线及工艺装备的功能、性能、可靠性和耐久性。之所以这么说，是因为生产线及工艺装备开发与产品开发不一样，产品开发可以制作样车来进行产品功能、性能、可靠性和耐久性试验，而生产线及工艺装备开发过程中，对功能、性能、可靠性及耐久性的验证，一般都是在实际生产中进行的，验证失败后需要重新规划和投入，从而导致投资增加、工期延长的风险。

3. 具体开发项目确定

在完成初步工序设计、工位设计及排布完整的工艺流程后，就可以通过细化的工艺流程确定生产线及工艺装备的种类和数量，进而可以明确具体的开发项目。根据总装生产线及工艺装备方案，结合工艺方案和工艺流程、列出总装过程涉及的所有生产线及工艺装备，做出包括新增项目清单和改造项目清单，并可注明关键技术要求、预算和开发周期。其中，预算可以根据经验，或者根据投资水平要求，以及行业和市场调研来确定。为保证工艺开发与生产线及工艺装备开发同步标准作业程序（SOP），以及实现分期投资以节约投资成本，也需要将设备按长周期和短周期进行分类，并按设备的技术相关性和开发周期的长短确定开发顺序，一般按生产线、线边辅助设备、工装、工具顺序进行开发。总装的生产线及工艺装备开发周期一般长周期在 7 个月左右，而短周期在 4 个月左右（设计 1~2 个月，采购加工 2~3 个月，安装 1~2 个月）。

4. 选型和技术要求确定

具体开发项目确定后，需要根据初步的生产线及工艺装备规划方案、预算要求、关键技术要求和关键参数等进行选型，确定生产线及工艺装备的种类和形式，使整个生产线及工艺装备符合产品及工艺要求、预算及相关联的方案协调，并满足关键技术要求。选型主要包括：是选用先进性设备、传统性设备，还是低成本设备；是选用一次成套设备还是二次集成设备；是选用刚性化专机设备还是柔性化通用设备等。

在确定基本选型方案后，需要结合具体新增项目及改造项目清单，确定具体技术要求，一般包括如下内容：

1）通用技术要求。对需要通用化、标准化要求的部分，如材料、结构、工艺、控制等方面做统一要求，也可包括元器件选型要求和外观色标要求。在编制通用技术要求时，如果通用技术要求直接来源于国家或行业标准，也可以直接列出。

2）功能要求。对具体功能要求的细化描述，可以使供应商针对功能进行相应的开发。具体的功能描述，可以通过细化的工艺流程描述来体现。在此基础上，加上特殊技术要求和关键技术指标，如工作循环时间要求、运行速度要求、载荷要求、直线与平行度要求、振动要求、噪声要求、手动、自动、维修模式要求、故障报警要求、标识要求、设备平均故障时间要求、设备平均修复时间要求、设备可动率（设备运转率）要求等，以及通用化、平台化、自动化、柔性化、智能化、精益化等技术及生产理念的要求等。如果是混流生产，还应适应多车型共线生产的要求。

3）性能要求。主要规定设备的耐久性、可靠性、安全性、可扩展性等方面的要求。整个生产线及工艺装备能满足一定的寿命要求，故障率低，出现故障有快速保证生产的应急预案，能快速维修损坏的设备，保证设备不长停，减少停线时间。此外，要有必要的消防设施和消防通道。

4）潜在失效模式分析及预防性要求。包括潜在的失效模式、失效模式解决措施及失效预防措施要求。

5）验收标准要求。明确具体的验收条件、交付标准和验收时间。

在进行技术要求的拟定时，需要注意的是对技术要求深度和细度的把握。生产线及工艺装备的开发是分层次的，一般分为整车厂—生产线及工艺装备承包商—中间部件供应商—材料供应商等层次。上一层次对下一层次，一般只提出下一层次部件的功能、性能及输入输出接口要求。对于一些内部技术细节和结构细节，可以有目的性和有针对性地提出一些技术要求，但不能泛泛地对所有的技术细节和结构细节进行技术约束。其中，对内部技术细节和结构细节的技术要求，主要是针对潜在失效模式分析发现的一些会导致失效模式的关键技术细节和关键结构细节，和保证技术细节和结构细节的先进性、通用性及防止工艺装备供应商滥用而进行的特殊技术约束。比如，一些元器件的品牌、材质等。实际上，在进行功能、性能和输入输出接口要求的必要约束外，对所有的技术细节和结构细节进行技术约束是不可能的。所以，在技术要求中，不应过多加入生产线及工艺装备内部的细节技术要求和细节结构要求，如一些零部件的机械加工精度、配合精度等，只需在技术要求中明确功能、性能和输入输出接口要求即可。举个例子，如果要买一个电视机或手机，一般我们会对功能、性能和输入输出接口提出一些要求，至多再对内部元器件的品牌及一些重点部件进行约束，一般不会也不可能对电视机或手机内部的所有结构和所有电路细节进行约束。而电视机或手机供应商在对下级供应商进行技术约束时，同样，一般只对下级供应商供应的零部件进行功能、性能和输入输出接口的约束，至多再对内部的元器件的品牌及一些重点零部件进行技术约束，一般不会也不可能对供应的零部件的所有内部结构和电路细节进行约束。

为什么不能直接对供应商内部技术细节和结构细节提出要求？下面我们从如下两方面来具体分析一下：一方面从技术分工和技术能力来说，另一方面从过度指向性的细节技术约束可能会对供应商造成反向的技术限制而使工艺装备的可靠性、先进性降低及工艺装备投资成本升高来说。

首先，从技术分工和技术能力的角度来说。现代化工业生产，是高度分工合作的生产模式，从产业链的最上游一直到最下游，每一层次的参与者都分担不同层次的工作，都需要关注不同层面的技术内容。以汽车生产为例，汽车整车厂要进行汽车整车层面的制造技术的研究和整车的技术集成；分装供应商主要进行分装总成层面的制造技术研究和分装总成的技术集成；零部件供应商主要进行零部件层面的制造技术研究，材料供应商主要进行零部件基础材料和工艺装备基础材料的供应。这样形成了一个整车厂—分装供应商—零部件供应商—材料供应商的产业链。对于工艺装备而言，各层次产品生产企业的工程技术人员关注其生产层面的功能、性能和输入输出接口要求，而工艺装备集成供应商则关注工艺装备内部技术和内部结构如何保证工艺装备功能、性能和输入输出接口要求的满足。再下一级的供应商关注从零部件层面保证上一层工艺装备零部件的功能、性能和输入输出接口要求的满足。这样形成了一个整车厂—工艺装备集成供应商—工艺装备部件供应商—工艺装备零件供应商—工艺装备材料供应商的产业链。从这一角度来讲，产业链上各层次的工程技术人员，关注和研究的是该层次的工艺装备的功能、性能和输入输出接口要求，从而形成一个高度分工合作的状态，最终保证产品的功能、性能。

其次，对于汽车制造这种大规模分层次的集成技术而言，无论是技术水平上，还是时间和精力上，每一层次的技术团队都没有能力提出所有下层次零部件细化的结构要求和技术要求。在具体专业技术上，由于术业有专攻，各层次的技术团队，更多的是研究该层次装备的工艺要求，包括功能、性能和输入输出接口要求等，而实际上他们的大部分时间和精力也放在了这一方面。上层技术团队主要研究上层工艺装备的功能、性能和输入输出接口要求等；中间工艺装备或零部件的供应商主要研究中间层次工艺装备的功能、性能和输入输出接口要求的保证；而下层次的工艺装备供应商主要研究下层工艺装备的技术细节和结构细节。以整车厂为例，如果整车厂工艺人员或设备人员将时间和精力放在研究工艺装备供应商内部技术和结构细节上，不但是本末倒置，而且由于作业环境等方面的限制，不仅在工艺装备供应商的内部细节技术和结构的研究上不能很全面和深入，还会影响工艺技术研究的全面性和深度。可以设想一下，每一个工艺装备的后面，都包含许多工艺装备供应商的技术人员多年的研究支持，而整车厂的工艺人员想在短时间达到和工艺装备供应商的技术人员同样的水平，进而想通过细节技术要求来约束工艺装备的内部细节技术和结构，是不可能的。

接下来，再从过度指向性的细节技术约束可能会对供应商造成反向的技术限制而使工艺装备的可靠性、先进性降低和成本升高来说。首先，不完整的、不准确的、不切实际的细化技术要求，反而会给客户和供应商都造成一些不必要的工作付出和麻烦。对客户来说，会给自己带来非常大的工作量，且不完整、不准确。对供应商来说，还要对客户的要求进行研究，对客户提出的很多不对的地方，反复地进行交流。最后可能达到的结果，反而对工艺装备的可靠性、先进性和成本产生反向的不利影响。举个例子，客户对供应商的产品部件的材质，提出用45钢的要求，有三家不同的供应商，其中一家可能用更好的工具钢而给客户与45钢同样的价格；另一家供应商可能会用特殊处理的35钢，但给客户的价格较低；第三家供应商直接按客户要求选用45钢。而由于客户不那么专业，可能会对前两家的技术方案进行否定，而选择第三家。再举个例子，客户在某一工艺装备的技术要求中，直接要求采用液压缸机构，而实际上，现在行业上已逐渐应用电动推杆这一新的机构，不仅可以防止泄漏污染，而且结构简单、占地较小、成本又不高。而由于客户对这些不熟悉，反而限制了可靠性高、先进性高、成本低的工艺装备的应用。有时，供应商也会利用客户对具体技术细节内容的要求不当而提出变更要求和追加投资要求，导致工艺装备的投资成本增加。

不在技术要求中进行具体的技术细节和结构细节的约束，不等于对供应商没有技术细节和结构细节的约束。一方面，可以对工艺装备供应商的技术管理体系进行约束，使供应商的整个技术管理模式能够保证其技术细节和结构细节可以保证工艺要求［这和产品零件的供应商管理一样，在生产件批准程序（PPAP）中，对供应商主要是资质、体系、功能、性能、过程管理输入输出方面的要求，而不会对供应商的零部件技术细节和具体的工艺文件技术细节提要求］；另一方面，虽然招标文件中没有细化对工艺装备供应商的技术细节和结构细节的要求，但供应商的投标文件中，要清晰地体现其在技术细节和结构细节上是如何保证工艺要求的，包括功能、性能和输入输出接口要求，以及重点零部件的技术细节和核心元器件选型要求，甚至要求其加入对其下级潜在供应商的技术细节和结构细节要求。而整车厂的工程技术人员，可以通过管理评审和技术评审，来评判各个供应商的技术保证能力。

5. 招投标

根据开发进度要求，在具体技术要求明确后，即可按招投标程序，向供应商发出报价需求书，进行相应的招投标工作。报价需求书主要包含项目概述、项目范围、双方责任、技术要求、管理要求、文件要求等，其中核心是技术要求部分。具体来说，报价需求书包括：

1）项目概述。包括产品概述，主要说明产品技术特性中对开发有约束和限制性的部分，如产品的形式、规格、特殊工艺要求等；生产环境，主要说明自然条件及厂房环境等对开发有限制性的部分；此外，还要说明生产布局要求、产能及节拍要求、工期及关键时间节点要求等。

2）项目范围。包括项目的供货范围或工作界面说明、项目的相关工作接口说明等。

3）甲方、乙方责任。明确甲方、乙方在项目中的分工和具体责任。

4）技术要求。明确项目范围内的具体技术要求，包括功能、性能、关键参数等。

5）分包及外购件要求。主要明确项目分包、外购原则，以及对分包供应商和外购件的质量控制策略。

6）项目管理要求。主要明确供应商在项目管理过程中的人员组织管理、进度管理、质量管理、风险管理等内容。其中，重点要明确进度管理和风险管理的方式、方法。进度管理不单单要明确供应商内部的项目进度管理内容，还要包括对整车厂的接口要求的进度点，如整车厂公用动力交付的时间点、数据样件提供的时间点、会签评审验收的时间点等。风险管理要明确项目过程中可能在进度、成本、质量等方面出现的风险及预防性解决措施，以及问题解决的机制和方式。

7）开发过程质量控制要求。主要明确供应商开发体系、开发流程和过程质量控制的方式方法，以保证整个开发过程在供应商内部受控。必要时，需要供应商出具开发过程质量控制计划。

8）现场施工管理要求。主要规定供应商入厂施工时的具体作业要求，包括人员资质管理、资源管理等。

9）交付文件要求。主要明确项目需要交付的文件种类、格式、版本、份数和具体内容要求，以及交付时间和存档要求。

10）知识产权说明。主要明确项目过程中的各种技术资料的知识产权归属。

11）项目变更要求。主要明确项目过程中进度、成本、质量及技术方面的偏离管理和具体变更管理的方式和程序要求。

12）质保和售后要求。主要明确项目的质保范围、质保期限，以及售后的陪产培训、备品备件与维保维修要求。

13）安全、环保、职业健康要求。主要明确项目的安全、环保、职业健康的三同时要求。

14）保密要求。主要明确双方交接文件的保密要求。

由于汽车生产是大批量工业化生产模式，选用的设备一般都应是可靠性高、耐久性好的成熟产品，如果选用不成熟的工艺装备，可能会降低生产线和工艺装备的可靠性、耐久性而导致停线停产问题的经常发生，从而降低生产率。为此，可在技术要求中明确投标方不得采用带有试制性质的设备，如果采用带有试制性质的设备，必须经过招标方的同意进行约束。为了防止招标方技术要求中的具体技术条款的要求低于行业标准，或者由于具体技术条款的要求限制了先进技术应用，可在技术要求中注明投标方可以提供优于招标方技术要求的先进的、成熟的、可靠的设备方案。另外，为了更好地解决进度上不确定性因素的影响，一般生产线及工艺装备开发的启动时间可比实际进度要求早一些。按照开发项目的计划资金与费用预算，进行费用审批和招投标。在招投标过程中，可通过技术要求与潜在供应商进行技术对接和技术交流，供应商会提交适应性的技术方案，为后续的投标和技术协议签订做前期准备。

6. 合同签订

通过招投标程序确定中标厂家后，需签订相应合同。一般合同主要包括两部分：一部分是商务协议，主要明确价格、付款条件和违约责任的事宜；一部分是技术协议，主要确定技术、进度、质量等事宜。注意，无论是商务协议还是技术协议，既不由整车厂拟定，也不由供应商拟定，而是整车厂提出要求，供应商进行响应，双方共同拟定，不能单方拟定。

7. 设计制造和采购

签订合同后，供应商应开始按双方共同确定的进度文件进行生产线及工艺装备的具体方案设计、具体结构设计、制造和采购等过程。在这个过程中，除了供应商自身要进行过程质量控制外，整车厂也会通过质量管理体系评审、开发过程评审（包括过程文件评审、技术文件会签、预验收和验收等）、技术确认和技术协调等工作，保证供应商开发的过程质量。

质量管理体系评审主要评审供应商的设计开发流程及质量控制体系的符合性,保证供应商内部的开发流程、开发程序、开发过程的管理方法和记录符合质量管理体系的要求。

开发过程评审,主要是对整个开发过程中的技术文件进行评审,以及对工艺装备实物进行技术评审和预验收,以保证开发过程和结果的质量。技术文件的评审和会签一般分为具体技术方案评审和会签、设备技术总图(布置图和装配总成数据)评审和会签、具体设计数据(数模、图样)评审和会签等。技术文件的评审和会签一般在设计完成后、正式加工制造前进行。作为正式加工的指令,技术图样正式会签后,供应商应立即进行正式采购加工工作。实物评审一般指在制造过程中对工艺装备的样件进行的评审、预验收,一般在工艺装备发运前进行。其中,为了保证设备技术文件的评审和会签的充分性,防止根本性、方案性问题出现,以及评审和会签后变更量过多等问题,可增加过程数据评审环节,将设计数据过程评审再细分为两轮或三轮。比如,增加草图评审、中等完工状态数据评审和完工状态数据评审。由于总装工艺装备与设计、工艺、设备、生产、质量等的接口较多,评审人员也可包括设计人员、工艺人员、设备人员、生产人员、质量人员等相关人员。

对具体工艺装备的设计数据(数模、图样)的评审,主要需要关注:
1) 输入输出接口是否与对应工艺要求或设施设备相匹配。
2) 是否满足工艺装备的工作过程符合性要求。
3) 所有工况下的全工作过程中,自身内部结构、工作对象、周沿设施等是否存在动态、静态干涉或者空间过小。
4) 是否满足人机工程要求。
5) 是否存在安全风险。
6) 是否满足维修便利性要求。
7) 是否满足通用化、标准化、柔性化、精益化要求。
8) 是否满足可靠性及耐久性。
9) 是否满足面积和空间的有效利用率要求。生产线及各工艺装备所占的必要面积与实际占用面积的比例要大于 80%(面积有效利用率的统计要注意,预留场地要算作有效场地)。各生产线和工艺装备的必要容积与实际容积的比例要大于 50%。因为空置空间多,除了意味着造价的提高,还意味着在车间内会产生能源损失。

进行开发过程评审,较好的方法是结合评审检查清单或会签确认清单,对生产线的工艺装备进行全工况运行过程检查,包括每一步工作过程(如输送线的每一个运行段、每一个转接点、每一个相关工位等)。可借助工作过程设想、虚拟仿真运行或实物台架运行试验来检查,要重点关注设备的特殊特性。无论是技术文件评审和会签,还是实物评审和预验收,需要关注的信息量会非常多,整车厂和工艺装备供应商的关注点可能还不一致。为了保证在数据评审和会签及工艺装备评审和预验收过程中,双方对评审和会签信息的一致性以及评审内容和会签内容的完整性和充分性,要在评审前制定评审检查项清单(Check List)或会签确认项清单,明确评审范围、评审点和会签范围、会签点。输送线检查 Check List 及输送线检查操作人机工程检查表分别见表 7-1 和表 7-2。

需要注意的是,一般来说,合同规定设计责任主体为供应商,供应商应对缺陷和问题发现和解决的完整性负责。所以,供应商需要有完整的技术文件审查流程,保证技术文件在供应商内部受控,各种技术文件都需要经过内部审核、评审等过程。整车厂的技术评审关注点与供应商关注点不同,其主要关注选型接口、布置接口、工作过程接口、工作参数接口、工作过程的工艺功能、安全性、可靠性、耐久性、维修性和具体的维修保护方案等,一般不关注内部细节结构。整车厂的技术评审,只是保证技术文件和实物质量的辅助性措施,不应作为缺陷和问题发现的完整性依据。

表 7-1 输送线检查 Check List(评审、会签、预验收项)

设备名称				检查人员				
序号	检查项目	标准及要求		检查结果			意见/必要的措施	备注
				YES	NO	N/A		
1		设备总图是否与工艺平面布置图一致						
2		是否满足技术协议中的具体技术要求						
3		与涂装车间的接口及水电气等的接口是否满足要求						
4		全工况状态下,是否满足白车身及整车的通过性要求						
5		输送线上的车身承载工装是否可以承载车身质量						
6		输送线上的车身承载工装与车身轮廓之间是否有足够的安全距离,并可满足零部件装配空间需求						
7		承载点的轴距、轮距是否可以根据车型需求调整						
8	功能	全工况状态下的每一步工作过程,所有静态部件和动态部件是否满足工艺过程要求;是否与周围设施、自身内部结构、输送对象等存在动态或静态干涉或者空间过小;如涂装接车过程、PBS 转接内饰滑板线过程、内饰滑板线运行过程、滑板线转至 EMS 输送线过程、EMS 输送线运行过程、EMS 输送线转最终线过程、最终线过程等是否与公用动力,水、电、气管线干涉;设备运行时,自身部件之间是否存在干涉,是否与沿线设备干涉	工作点位 1					
			工作点位 2					
			工作点位 3					
			……					
			……					
9		输送线的辅助工艺设施,如照明、风扇、安东(Andon)按钮盒等是否影响线旁辅助装配设备和操作人员的装配空间						
10		是否满足缓存数量要求						
11		主要设备部件选型是否符合要求						
12		是否适应人机工艺性要求,如工艺高度、可视性、操作便利性要求等						
13		转接部分的工作周期是否满足产能及节拍要求						

（续）

设备名称				检查人员				
序号	检查项目	标准及要求	检查结果			意见/必要的措施	备注
			YES	NO	N/A		
14	功能	与物流场地、物流路线是否匹配					
15		维修是否便利					
16		是否满足技术协议中其他特殊功能和特性要求					
17	性能	在输送线的全长中,工艺操作的工作场地所占的长度和面积要大于整个输送线长度和面积的80%					
18		安全性检查,输送线是否有必要的急停控制和可靠联锁					
19		安全性检查,输送设备的可进入区域是否有足够的空间及安全防护设施					
20		可靠性检查,是否存是故障率高的结构或部件					
21		耐久性检查,工作主机及易损件的工作寿命是否存在问题					
	扩展检查	设备问题数据库、设备要点书中是否有相关问题需要确认					
校对人及日期			批准人及日期				

注："YES"表示检查项目满足标准和要求；"NO"表示检查项目不满足标准和要求；"N/A"表示检查项目不涉及标准和要求。所有的检查项目都要在对应的"YSE""NO""N/A"栏中,用"√"进行标记。

表7-2 输送线检查操作人机工程检查表（评审、会签、预验收项）

设备名称			检查人员				
检查项目	标准及要求	检查结果			意见/必要的措施	备注
		YES	NO	N/A		
光环境	1)外观检查工位照度一般要≥1500lx（注：可通过增加局部照明获得）					
	2)一般装配工位的照度≥500lx					
	3)进出口、走廊、通道、楼梯、仓库的照度一般要≥300lx					
热环境	1)厂房环境的工作温度在-15~45℃之间					
	2)工作作业环境在18~36℃之间					
	3)通风系统可保证车间空气循环良好					
噪声环境	装配工位:<75dB					距噪声源1m处测量
	作业频次较低的设备机房、输送区域等:<85dB					
作业场所	1)站立姿态垂直方向的作业场所空间≥2000mm,水平方向可自主回转空间至少要≥1200mm×1200mm					
	2)坐立状态垂直方向的作业场所空间≥2000mm,水平方向可自主回转空间至少要≥1000mm×1000mm					

（续）

设备名称		检查人员			意见/必要的措施	备注
检查项目	标准及要求	检查结果				
		YES	NO	N/A		
作业场所	3）特殊姿态操作作业场所空间至少要大于1000mm×1000mm×2000mm					
	4）作业高度超过1800mm时，必须考虑设计防止人员坠落的平台					
	5）人工物流通道的宽度至少要≥600mm，人工搬运通道的宽度至少要≥1000mm，双向人行通道至少要≥1000mm，最终间距根据作业要求确定					
	6）斜坡布置，倾斜角度≤15°（每米提升26cm），斜坡表面要做防滑处理					
	7）楼梯布置，楼梯台阶高度范围为150~200mm；台阶面前后宽度范围为260~300mm，整个台阶面高度如果大于500mm，则需要配备可扶持围栏					
	8）设备之间的间距至少要≥700mm，最终间距要根据作业、维修需求来确定					
作业姿态	1）尽可能调整到坐姿或站姿的作业姿态					
	2）倾斜作业时，需要设置必要的扶持机构					
	3）坐姿作业时，座椅背宽度需≥600mm，座椅面高度低于小腿50mm左右，座椅面深度范围为400~500mm					
操作动作	1）站姿状态，手部的操作面高度范围为840~1300mm；坐姿状态，手部操作面高度范围为700~840mm					
	2）操作时，手臂的可达性距离一般不要超过600mm；单手或双手操作时，整个手部的活动范围外要有80mm左右的无干涉空间；手指操作部件时，手指活动范围外的无干涉空间一般不小于35mm					
	3）质量大于15kg的设备零件，要考虑拆卸时的吊装结构和吊装防护					
作业指示	作业时，作业区需要有明显的必要安全标识及作业指示，作业指示最好设置在人的最佳视野范围内或作业面旁					
校对人及日期		批准人及日期				

技术确认和技术协调，在设计制造及后期的安装调试过程中，会与生产线及工艺装备供应商进行大量的技术确认和技术协调工作。供应商和整车厂会共同确认整车厂提供输入信息的准确性和完整性，以及供应商技术响应的准确性和完整性。对整车厂来说，需要确认产品设计信息、工艺要求信息，与生产线和工艺装备相关的其他信息的准确性与完整性；对供应商来说，需要确认相关的设备方案、设备布置、设备基础、设备结构等技术响应的准确性与完整性。双方要对不一致的技术内容进行技术协调并协调相关方，保证生产线和设备开发技

术衔接的充分性。在这个过程中，由于双方需要对信息输入和技术响应的差异进行统一，一般会产生大量的技术变更，为此，可以制作一个技术变更确认记录表。

预验收主要是在生产线及工艺装备设计完成并进行样件生产后、批量生产前或者发货前，在供应商处进行实际运行模拟，进行充分的功能验证（由于开发周期和验证手段的限制，此时的验证，一般只能验证功能，而无法验证性能），验证合格后再进行批量生产或发货。前期对生产线及工艺装备的技术评审，一般只能采用经验和工况设想评价的方法，无法完全直观性和全面性地发现问题，所以具有一定的限制性。因此，原则上预验收过程的功能验证，要包括实际生产的全工况过程的功能验证。但由于验证条件的限制，又无法验证所有的功能过程，此时，要明确预验收必须要进行的功能验证项目，如关键的设备功能、安装后不易调整和变更的功能等都必须在预验收时进行实物验证。预验收前，除了设备具备工作条件，还需要准备一定数量的样件样车，一般至少一台套样件样车。由于计算机辅助技术的发展，现在很多预验收都可以通过虚拟仿真的形式来完成；但就目前行业发展来说，虚拟仿真可以验证关键运行过程，但不能验证所有功能和性能，因此只能作为预验收的辅助手段，不能完全代替实体预验收。同样，预验收前，要对每一预验收设备编制预验收检查表，注明预验收内容和记录检查结果，以保证验证内容的充分性。

8. 现场安装调试和终验收

在供应商完成加工制造并通过预验收后，就可以发货到厂，进行现场安装调试。在安装调试前，要召开安装调试准备会，进行安装调试所需具体条件的筹划与落实，协调相关方（如设备部门、工艺部门、生产车间、物流部门、保卫部门等）落实需要配合的具体工作等。在安装调试前，办理完入厂和施工手续，如涉及动力作业，还要办理相关的动力作业手续。

生产线及工艺装备的安装过程，一般按设备地面基础→钢结构→二次水电气→生产线等非标设备安装→线旁辅助装配设备等标准设备安装→单机配电验证及调试→联动配电验证及调试→试生产的顺序进行。

安装调整完成后，即可进行装配通过性验证，包括白车身通过性、整车零部件装配通过性和整车通过性验证，一般需要进行单台单动和多台联动运行验证。装配通过性验证是十分必要的，因为整车进行装配时，其装配件可能仍与生产线及工艺装备干涉。比如，底盘合装时，工艺装备可能与车身干涉；内饰工艺段生产线的车身支座及底盘工艺段生产线的车身吊具可能与装配件干涉。与设备数据评审和预验收相同，在安装调试后，要编制对应的工艺验证清单，对整个设备进行功能、性能等检查。其中，重点要检查设备数据和预验收没有关注的设备特性。

9. 变更管理

在生产线及工艺装备开发过程中，除了需要进行大量的技术变更，还会有一些进度变更、费用变更等，需要对这些变更进行管理，以保证整个开发过程受控和可追溯。

7.1 工艺总布置图（工艺总图）

工艺总布置图，又叫工艺 LAYOUT 或工艺平面布置图，是生产线及工艺装备开发的基础，主要用在平面上定义工艺布局、工艺流程、装备布局，如厂房面积和尺寸、厂房结构立柱和工艺结构立柱的尺寸及间距、生产线工艺流程、工位尺寸、生产线及工艺装备大体的布置尺寸、物流布局尺寸和路线等。之所以称其为工艺总布置图，是因为整个生产线及工艺装备的开发起点是工艺要求，整个生产线及工艺装备的开发都是从工艺要求出发的。工艺总布置图一般不需要进行立面、断面尺寸的确定，对于立面的布置，包括多层平台、高工位等，可以进行文字说明。

工艺总布置图的规划方法一般有两种：一种是正向法，是从产品设计、工艺设计出发的方法。根据产品设计BOM、产品结构及生产纲领要求，编制工序卡及初始的工艺路线图，形成初步的工艺布置图；再根据工艺方案选择生产线及工艺装备，以及其他的生产辅助设施并进行相应的综合细化布置，形成完整的工艺布置图。另一种是逆向法，也可以叫经验法，参照相同或相似车型的工艺规划来布置工艺总布置图。考虑到工艺规划的高成本、大投入及工作的时效性，在布置工艺平面布置图时，应以第一种方法为主，同时，要用第二种方法来参照与校验。

工艺总布置图的概念图，主要包括：

1）装配主线及分装线的场地大小、场地位置及各场地内部布置（内部布置主要包括各工位的布置，各设备工装的布置等）。

2）总装缓存区PBS线的场地大小、场地位置及各场地内部布置。

3）检测线的场地大小、场地位置及各场地内部布置。

4）路试线的场地大小、场地位置、各场地内部布置及各线之间的连接方式。

5）不合格品区、返修区的场地大小、场地位置及各场地内部布置。

6）线旁物料存放区的场地大小、场地位置及各场地内部布置。

7）物流通道的场地大小、场地位置及各场地内部布置。

8）休息区的场地大小及场地布置。

9）材料段的场地大小及场地布置。

10）工具库的场地大小、场地布置及各场地内部布置。

工艺总布置图一般是在工艺方案、工艺流程基本确定后开始设计，一般在工位设计完成后冻结，作为整个生产厂房、车间、生产线、设备工装及附属设施的具体布置和实施的基础性文件。在工艺总布置图的基础上，进一步可进行厂房基建图、设备工装布置图的设计输出。目前，行业上进行工艺总布置图的制作和输出，主要采用CAD二维平面图形式，只有平面图，没有断面图，一般各系统做成独立的分层文件，并整合到一个文件中，这样既可以清晰地表达各系统的内容，又可以发现各系统、各部分之间的干涉等问题。考虑到三维技术的发展，整个工艺总布置图如果用三维图来完成，则可以解决工艺总布置图不能反映空间上各系统之间的相互关系和接口关系的问题，所有系统可以直观地在三维制图中表示出来。这样在相互关系和接口关系的表达上就会十分清晰，是工艺总布置图的发展方向。

总装工艺总布置图需要的设计输入主要有：

1）年产量。

2）产品装配件的供货状态。

3）零件储存方案。

4）工艺分割方案。

5) 最大通过的车型尺寸、工位节距。
6) 生产线工位数、工艺方案和工艺流程图。
7) 生产场地方案。
8) 投资水平。
9) 所需要的线旁设备方案（粗略限制性）。

工艺总布置图设计的具体过程：首先，根据工艺流程和生产场地的限制性，确定初步的工艺总布置图的概念图；然后，通过细化的工艺设计、生产线及工艺装备设计、工艺优化、生产线及工艺装备优化来校正、完善和细化工艺总布置图的概念图，形成最终包含厂房平面布置信息、钢结构布置信息、公用动力布置信息、工艺布置信息、生产线及工艺装备布置信息、物流物料布置信息及生产辅助设施等的完整工艺总布置图。

工艺总布置图的概念图的确定过程：首先，根据总装工艺方案和工位设计，确定生产场地内部构成和工艺流程图；然后，根据各装配线的工艺流程图和各装配线工位区域面积需求、生产线及工艺装备布置空间需求、物料区域需求、物流区域等需求来确定工艺总布置的概念图。在这个过程中，各场地面积的确定及厂房总体面积的确定是主要的。下面先说明一下各场地面积的计算方法。

总装厂房总体面积($S_总$) = 装配线面积($S_装$) + 缓存区面积($S_{缓存}$) + 检测线面积($S_检$) + 返修区面积($S_{返修}$) + 线旁物料存放区面积($S_{物料}$) + 物流通道面积($S_{通道}$) + 休息区、材料段、工具库等辅助区面积($S_辅$)。

1) 装配线面积$S_装$的确定。根据初步的工序设计、工位设计和工艺流程设计，确定装配线的种类及每种装配线的工位面积和工位数量；再根据每一装配线的工位面积和数量，核算该装配线的面积；最后，将各装配线的面积进行累加，即得到装配线的总面积。常见的汽车装配线分为主装配线、动力总成模块装配线、底盘装配线、仪表板模块装配线、车门模块装配线等。确定主装配线单个工位的区域面积时，需要考虑在车身或整车前后预留1m左右的装配操作空间，车身或整车左右要预留1.2m左右的装配操作空间；确定动力总成装配线和底盘装配线单个工位的区域面积时，如果采用自动引导车（AGV）输送，一般在动力总成前后预留0.5~1.0m的空间，在动力总成左右预留1.0m左右的操作宽度；确定仪表板装配线单个工位的区域面积时，一般在承载工装前后预留0.5m左右的操作空间，操作面方向一般预留1m左右的操作宽度；确定车门装配线单个工位的区域面积时，一般承载工装前后预留1.0m左右的空间，操作面方向一般预留1.5m左右的操作宽度（保证车门打开时不与周围设施干涉）。如果各线体需要布置工艺吊挂，还需要在操作宽度外预留0.6~0.8m的工艺吊挂宽度。如果需要在线体上布置零部件成套供应（SPS）小车，还需要相应在工位面积上增加SPS小车的布置面积。

特殊说明：对于承载式车身，车身长度与整车长度相差不大。核算主装配线工位长度时，直接在车身或整车长度前后增加1m左右的装配空间即可。以普通的三厢轿车为例，一般白车身及整车的长度为4~5m，相应的主装配线的工位长度一般设置为6~7m。而非承载式车身的整车结构较特殊，一般分为驾驶室、底盘两个系统，相应的装配线一般分为驾驶室装配线部分、底盘装配线部分和将驾驶室总成和底盘总成合装后的整车装配线部分。三部分线体的工位长度核算，要根据总成形式确定，一般在总成长度的前后再加上1m左右的装配空间。一般货车白车身长度是2.0~2.5m，对应的驾驶线工位长度一般可设置为4m、5m、

5.5m；底盘线主要依据车架长度确定，一般车架长度为 3~11m，相应的工位长度一般设置为 5~13m。

工位数量的确定，主要依据工序设计中的 MTM 工时分析来确定总工时，再根据生产产能及节拍要求和工位人数设计，用装配总工时除以生产节拍和每个工位的平均人数，可以确定总工位数。

在确定了各装配线的单个工位的区域面积和相应的工位数量后，可以用单个工位面积乘以工位数确定装配线的面积。注意对于非垂直回转而采用平面回转的装配线，还需要加上线体回程所占的面积。

2) 缓存区面积 $S_{缓存}$ 的确定。装配线的缓存区，一般分为两部分：一部分是涂装车间喷涂后的漆后车身缓存区；一部分是各装配线体之间的缓存区。缓存区有可能布置于地面，也可能布置于空中。一般为了节约场地面积，装配线的缓存区都设置空中高位。如果由于形式或结构限制，不能布置到空中，如滑板生产线，则布置于地面上。缓存区的大小根据缓存车数来确定，从保证生产线正常运行的角度来看，缓存的数量越大越好，但从占用成本和推进生产问题零发生的角度考虑，缓存的数量越小越好。在实际的工艺规划中，主要根据设备故障的停线时间来考虑。

漆后车身的缓存区的缓存面积的确定，一般先要确定漆后车身缓存区的数量，数量设定至少要大于一个生产班次的产量。这样设置主要考虑两点：一是考虑涂装设备故障排除时间，一般至少一个班次；二是考虑涂装、总装生产班次出现不一致时，至少一个班次的涂装产量可以被漆后车身的缓存区吸纳。确定漆后车身缓存区的数量后，再乘以单个缓存工位面积，加上缓存区转接设备占用的面积，以及缓存线间人工通道的面积，即可确定漆后缓存区的总面积。

线间缓存区面积的确定，同样先确定线间缓存区的缓存数量，再乘以单个缓存工位的工位面积，即可确定线间缓存区的面积。

决定线间缓存区数量设置的因素，主要是各装配线的停线时间。停线时间主要由生产线设备故障率、质量故障率、待料率决定。

假定一条生产线由 3 条线组成，A 线、B 线、C 线，各条生产线的设备故障率、质量故障率、待料率分别为：

① 生产线的设备故障率 G_a、G_b、G_c。
② 质量故障率 Z_a、Z_b、Z_c。
③ 待料率 D_a、D_b、D_c。

假定每天有两次可以恢复缓存数量的时间，而由于各种原因导致的停线，都可以在这两个时间段将已消耗掉的缓存恢复。则每天每个时段一般会停线的时间为（按每个时段 4h 计）：

A 线：$(G_a+Z_a+D_a)\times 4$
B 线：$(G_b+Z_b+D_b)\times 4$
C 线：$(G_c+Z_c+D_c)\times 4$

按此计算，最大的线间缓存数量为前后两条线的最长停线时间内可生产车的数量，即：

$M=\max(A 线、B 线停线时间)/生产节拍$
$N=\max(缓存前后线体的 B 线、C 线停线时间)/生产节拍$

3）检测线面积 $S_{检}$ 的确定。可先列出检测项目所需的设备，并确订单台设备进行检测所需的时间，再确定设备的套数，最后，将单件设备的尺寸乘以套数再根据设备的布置方式即可确定检测线的面积。

4）不合格品区、返修区面积的确定。各生产线体应布置不合格品区，面积大小可根据经验或对标其他企业进行确定。对于返修区，需要单独列出地沟返修区、架机返修区、地面返修区等。先确定返修工位数，再用返修工位数乘以单个返修工位的面积，即可求出返修区面积。其中，返修工位数的确定，可先预估此车型每班次的返修率和平均每台车的返修时间；然后，用返修率与返修时间的乘积，再除以生产节拍，即得出返修工位数。

5）线旁物料存放区面积 $S_{物料}$ 的确定。由于装配物料大小的不同，各装配线线旁物料区面积是不同的。一般装配主线物料区单边宽度在 2.5～3.5m 之间，发动机线旁物料区单边宽度约为 3m，仪表板线、车门线的线旁物料区单边宽度约为 2m。用装配线长乘以线旁物料区宽度，即得线旁物料存放区的面积。

6）物流通道面积 $S_{通道}$ 的确定。物流通道宽度一般设置为 4～5m，用此宽度乘以物流通道路线的长度，即得物流通道的面积。

7）休息区、材料段、工具库等辅助区面积 $S_{辅}$ 的确定。可根据实际规划确定休息区、材料区、工具库的面积。

在确定了各场地面积后，结合各场地面积需求和工艺流程图，将工艺流程和场地面积图形化，可做出工艺总布置图的概念图。这种概念图是厂房规划、生产线及工艺装备等布置的基础。目前，较流行的布置方式有 U 形布置、S 形布置、T 形布置等。

U 形布置方式适用于生产线较短的车型，如图 7-2 所示。

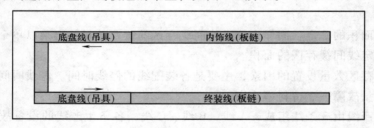

图 7-2 U 形布置方式

S 形布置方式如图 7-3 所示。另一种 S 形布置方式如图 7-4 所示。

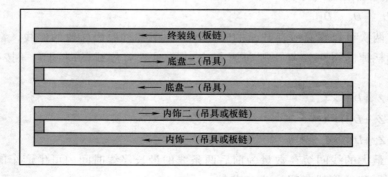

图 7-3 S 形布置方式

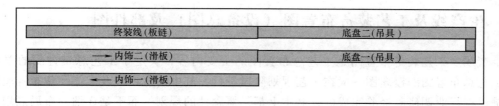

图 7-4 另一种 S 形布置方式

T 形布置方式的优点是便于物流配送，如图 7-5 所示。

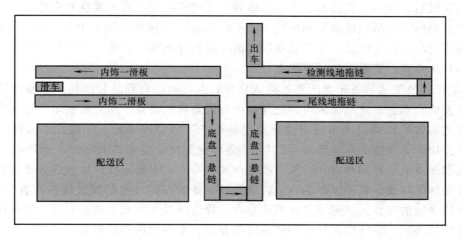

图 7-5 T 形布置方式

其他异形布置方式如图 7-6 所示。

工艺总布置图的概念图一般在工艺方案和初步工艺流程图后完成。在此之后，随着工艺设计的细化、对生产线及工艺装备布局和结构设计的细化，以及其他相关辅助设施的设计和细化，通过工艺优化、生产线及工艺装备优化过程和后续的现场实勘对比来逐步地校正、完善和细化，最终形成包含厂房平面布置信息、钢结构布置信息、公用动力布置信息、工艺布置信息、生产线及工艺装备布置信息、物流物料布置信息、生产辅助设施等完整的工艺总布置图。

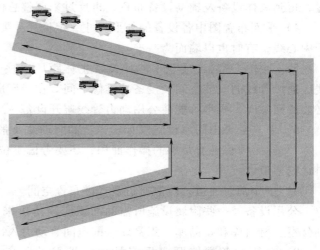

图 7-6 其他异形布置方式

在进行 LAYOUT 概念图及各层规划图的设计过程中，一定要进行实际场地与图样校验。特别对于改造的场地，更要进行设计图样与实际场地的校验，使图样设计与场地的实际尺寸相符合。

7.2 生产线及工艺装备布置图（设备总图）及部件图

生产线及工艺装备布置图是工艺总布置图的主要内容，决定了工艺总布置图的总体规划。工艺总布置图的概念图一般在工艺规划阶段进行，其中的生产线及工艺装备布置规划一般都是根据行业调研和经验完成的，基本上都是概念性的规划，而不是详细的布局规划。在后期进行生产线和工艺装备的实际选型和开发时，实际生产线和具体工艺装备的形式可能有很多种，结构尺寸差别也会很大。所以，必须在确定生产线及工艺装备的选型、技术方案、结构方案完成后，对原工艺总布置图进行检验、变更和细化，形成准确和完整的生产线及工艺装备布置总图，包括机械系统和电气系统平面布置图（机械总图和电气总图）。下面所论述的主要是指厂房、生产线、工艺装备供应商出具的详细的布置图。一般生产线及工艺装备布置图的具体布置，需要注意如下要点：

1）生产线及工艺装备布置图要包括从总装起点开始一直到总装交付的完整生产流程布局。从工艺流程来说，要从涂装接口处开始进行设备布置设计，一直到整车合格入库。从生产线及工艺装备的相关设施布置来说，要包括生产厂房界面确定，一次、二次钢结构和一次、二次公用动力管线的布置和布点，IT线路及相关设备的布置和布点，消防管线、消防通道、疏散通道的布置和布点，通风管线的布置和布点，主输送线线体和线旁辅助设备的布置，各分装区线体或分装区设备的布置，检测线设备的布置（包括路试线的布置），各线体及独立返修区域的布置，线旁物料区域的布置，物流路线和物流通道的布置，各种库房和集中供液管线的布置，车间内工作区和休息区的布置，水房厕所的布置等。

2）生产线及工艺装备布置图与工艺平面布置图不一样，不仅要包括平面图，还要包括断面图或立体图，以明确垂直方向上的结构和尺寸关系。

3）生产线及工艺装备布置图是分层逐步修正和细化的，一般按从厂房界面到线体布置，再到具体设备及辅助设备布置，再反过来调整总体布置的顺序进行。

4）平面布置图中各设备的外形尺寸、定位尺寸要清楚。一般的定位基准线是轴线或柱子中心线，有时也以墙面为基准。

5）具体布置时，注意不能使设备主体距厂房柱子或墙壁太近，要预留出公用动力管线、通风管线的安装空间及设备的维修空间。在老厂房改造或因某种特殊情况不能保证留出必要的间隙时，要尽可能使公用动力管线避开设备。

6）要充分考虑附属设施（如输送链的驱动站及张紧装置、工具轨、照明等）的空间。

7）除了要保证有足够的操作面积，还要考虑工位器具、料箱、料架的空间及相应的物料运输通道。

8）安全消防通道、疏散通道要考虑布置空间。

公用设备及一些附属设施所需的面积应预留出来（如采暖空调房、中央控制室、车间办公室、材料库和备品库、工具库、配电间、动力入口、厕所等）。

9）一般设备主体距离厂房柱子或墙壁的距离为1.0~1.5m，作业区域宽度为1~2.0m，物流通道宽度为3.5~4.5m，正常的人行通道宽度为1.0m，维修设备的通道宽度为0.8~1m，从工位到最近的安全疏散通道口的距离一般不要大于75m，多层建筑内不应大于50m。

10）工艺立柱周围可不设置防撞装置。因为总装操作区的工艺立柱一般都布置在线边，物流投料时一般都不使用叉车而是用拖车，所以一般不存在撞柱的风险。

11）在布置远近结合的过渡性方案时，要充分考虑将来的改扩建需求。

12）除了做好自身规划外，还要做好与外界的水、电、气等的接口的设计。

生产线的工艺装备布置主要根据工艺要求来确定。首先，做出装配主线的布置图。此布置图包括各段的线体形式、各线连接、各工位大小、工位高低、工位走向、各工装设备的布置及线旁物料区的布置等。然后，根据工艺路线图，确定内饰线、底盘线、终装线、检测线在厂房流程图中的大体布置及工位数。初步确定各段的内部循环形式及各段的衔接形式、工装设备，还有线旁物料区的布置。然后，再考虑厂房内的时间顺序性、空间顺序性及国家规范等要求。在整个厂房的轮廓图中，确定整个生产线，包括线旁物料区的布置。与厂房地面的布置同步，要进行空中的布置。主要包括车身存储区及缓存区、车门分装线、存储区及缓存区的布置等。

各种场地布置图完成后，需要对各场地进行内部再布置。主要根据工艺路线图及其他限制要求布置。主线包括工位布置、工装设备布置，以及工位器具布置的线旁物料区布置等。

无论是新建厂房还是在原有厂房内改造，在厂房交付后，一定要对竣工图的厂房关键尺寸（比如基准尺寸、边界尺寸、柱尺寸等）进行现场实勘。因为往往会存在竣工图没有完全按实际施工进行变更的情况而出现偏差。在校验实际厂房关键尺寸后，再依此校验和修正工艺平面布置图和生产线及工艺装备布置图。

在工艺总布置图、生产线及工艺装备布置图（设备总图和电气总图）的基础上，可进一步出具生产线及工艺装备的部件图和零件图。一般来说，整车厂工艺技术人员对生产线及工艺装备的部件图和零件图的评审，不需要关注具体的内部结构设计，一般只需要关注涉及设备集成或匹配的输入输出接口的设计、关键设备元器件的选型、以及关系到总装操作人员、设备操作或维修人员的操作人机工程、维修维护空间和维修便利性等方面的内容。评审的顺序，一般按工艺尺寸→工程尺寸的评审顺序进行。要注意线体定位基准、线体位置尺寸、线体外形尺寸、设备定位基准、设备位置尺寸、设备外形尺寸等。特别要注意，所有图样中必须有工艺要求的尺寸和参数，如工位长度、工位宽度、工位高度、物料区长度、物料区宽度、设备接口尺寸要求、工艺载荷要求、设备工艺接口参数要求等。因为所有的工艺布置、设备布置、设备结构等都是从工艺要求的尺寸和参数出发的，所以最后也要落脚到满足工艺要求上来。

7.3 具体生产线及工艺装备开发须关注的要点

1. 土建与公用动力设计

（1）内容简述

土建与公用动力设计，主要是指整个厂房和公用动力的工程设计。主要工作内容包括土建设计、给排水设计、配电设计、压缩空气设计等。此外，还包括采暖设计、通风设计、排放设计、卫生设计、消防安全设计、职业健康设计等。一般在项目预研阶段进行技术交流；在项目准备阶段开始进入项目具体设计；在项目实施阶段组织实施，出具具体施工图样；在项目竣工阶段出具竣工图样。

在工艺平面布置图的基础上，对设备布置图和物流布置图进行整合，并加入对工艺动力和附属设施的要求，从而输出包括工艺、设备、物流、公用动力、消防、附属设施的工艺平面布置图，并依此形成对建筑、结构、能源、给排水、消防、信息等的具体要求，通过冲突解决和设计细化，最后出具厂房设计方案和具体施工图样。主要包括设计方案说明、厂房总布置图、厂房施工图等。其中厂房设计方案说明主要包括厂房设计的前提条件说明、设计范围说明、设计依据说明、设计原则说明、规划布局说明，以及各设计专篇的设计要点说明等。厂房总布置图主要体现了厂房的位置及与相关外部接口的结构关系。厂房施工图主要包括结构、建筑、能源、暖通、电气、给排水、消防、信息等的平面图和断面图。由于以往的设备开发都是在厂房设计之后进行，所以施工图中的土建图样大多进行二次设计，一次设计主要做通用化设计，厂房地面等都采用通用水平地面，在设备开发时，再进行土建基础的二次设计。同样，由于设备开发一般滞后厂房设计的原因，公用动力设计图样一般也分为两个层次，一个是水、电、气干线图样，一个是水、电、气支线图样，包括与设备的接口部分。原则上，厂房的图样设计有三版：扩初设计、施工设计、竣工设计。

（2）基本输入

1）产品介绍和生产纲领介绍。

2）工艺平面布置图。

3）总体设备方案。

4）国家相关设计标准。

5）厂房外围的水、电、气供应量和消防、环保等限制性要求。

6）厂房内各设施的水、电、气等的总量需求（一般30件/h的总装车间用电量约3000kW，平均耗气量约2400m^3/h，用水量约30m^3/h）。

（3）基本输出

1）设计方案说明。

2）厂房总图，建筑、结构、能源、给排水、消防、信息等的设计图，施工设计图，竣工设计图。

（4）工作周期

一般设计方案说明大约20天，厂房总图和具体设计图约30天。

（5）价格

按照国家标准，工程设计费一般按照工程造价2%~3%来计算（但在实际工程设计合同中，一般1亿元项目的工程设计费约40万~50万元）。

（6）需要关注的技术要点

1）厂房面积、形状、出入口要综合考虑厂房内工厂布局的限制性，厂房面积与大小的限制性，工艺流程、设备布置、物流路线的限制性，以及与涂装的接口、物流的接口的限制性。

2）总体布置上，要充分考虑未来的扩展及改造需求。原则上待扩建部分与已有部分要分开，尽量不因扩建而影响生产。

3）结构设计上，尽可能采用承载式屋顶结构，尽可能减少厂房立柱，以提高厂房内部规划的灵活性。

4）水、电、气设计要充分考虑外部输入量和内部需求量的匹配。

5）各种管线布置设计，必须考虑到与其他管线的干涉。管道截面的变化必须是逐渐由上游向下游减少，截面变化的管路必须采用圆锥曲面的形式逐渐过渡，且应该避免小半径的拐弯。在装配区域，每个工位的起始位置、中间位置及结束位置都应设置两个供气接口（球阀控制）。

6）配电布置设计，车间内应设一个总开关箱，各个功能独立集中的工作区域（如内饰线、底盘线等）应设置分控制箱；配电安装位置应最大限度地满足"就近"原则；每个工位都应布置电源。

7）考虑未来信息化、智能化的要求，每个工位都应被网络覆盖。

2．涂装至总装接口

（1）形式简述

涂装段至总装段较多用滑橇输送车身。一般操作过程为：涂装的漆后白车身，通过承载工装（一般有滑橇和吊具两种形式），输送至总装接口；总装移载设备将漆后白车身从涂装承载工装上移载至总装承载设备上，完成一个工作循环。总装接车时，一般有滑橇、吊具两种形式。根据车身转载时的承载机构（滑橇—滑橇，滑橇—吊具）的不同，转接区的设备一般有：停止器、举升机、移载机等。

停止器主要用于滑橇或吊具停止位置的定位。其中滑橇的停止器一般为夹式停止器和销式停止器；吊具的停止器一般为推杆停止器。滑橇停止时，由光感信号控制，一般设定两个光感信号：其中一个为减速信号，另一个为停止信号。

夹式停止器如图7-7所示。销式停止器如图7-8所示。

图7-7 夹式停止器

图7-8 销式停止器

推杆停止器如图7-9所示。

停止光感信号如图7-10所示，右侧的光感器为减速信号、左侧的光感器为停止信号。

举升机主要用于将车身顶起，以保证移载机能够伸入车身与滑橇之间拾取车身，或保证吊具能够拾取车身，如图7-11所示。

移载机主要用于车身转接至总装滑橇或吊具上，一般只能向一个方向平移，如图7-12所示。

为了使涂装至总装转接设备处可适应多种车型的需要，转接设备周围要预留一定的空间，特别是 X 向的空间。滑橇滚床的 X 向空间如图 7-13 所示，单边裕量大约有 400mm，可以适应加长 300mm 左右的车身。

图 7-9　推杆停止器

图 7-10　停止光感信号

图 7-11　举升机

图 7-12　移载机

图 7-13　滑橇滚床的 X 向空间

（2）开发输入接口

1）产品接口：①车身数据模型；②车身转接部位强度；③VIN 条形码及定义。

2) 工艺、土建、钢结构、水电气及 IT 接口：①工艺平面布置图；②产能及节拍；③设备运转率（设备开动率）；④涂装至总装接口区域的工艺钢结构图；⑤压缩空气管路布点；⑥到设备连接位置的主电缆；⑦网络接口点。

3) 其他接口：涂装滑橇数据模型。

（3）开发周期

合同签订后 4 个月左右。

（4）价格范围

20 万~40 万元。

（5）转接节拍

一般 60s 左右。

（6）开发时需要关注的技术要点

1) 转接设备是否可以兼容白车身的相关参数，如白车身的结构形式、长、宽、高、质量（轿车车身质量一般为 350kg，轻型客车车身质量一般为 750kg）等。

2) 转接接口定位系统在转接时，接车位置的准确性。要保证涂装滑橇的停止位和总装滑橇的停止位的位置度（一般位置度要求在 1mm 左右）。

3) 转接接口在转接时，转接节拍设计上可以调速，既可以低于生产线正常运行节拍，也可以高于生产线正常运行节拍，以保证常态生产时能调整漆后车身缓存区的容量。

4) 转接过程要平稳可靠，不能损坏漆后车身漆面，转接后进行位置自检。当出现接车偏差时，能够自动实现急停。

5) 要能适应多车型转接需要，不同车型车身的支撑定位点尽可能统一。涂装来车的支撑与总装接车的支撑尽可能远，使涂装到总装实现一次接车。如果车身上涂装滑橇的定位支撑点与总装滑橇的定位支撑点采用统一的定位支撑，则还要在涂装与总装转接处设置移载机，进行二次接车。

3. 输送线

（1）输送线介绍

总装输送线是总装生产线和工艺装备的主体设备，无论是所占的长度、面积、空间还是投资，在总装的工艺装备中都是最大的。输送线是总装整个装配过程的基础性设备，起着白车身和整车的重要装配载体的作用。总装输送线可有多种分类方式，按输送载体形式进行分类，一般可分悬挂输送、板式输送、摩擦滑板输送、辊式输送、滑橇输送、带式输送、AGV 输送、升降转载输送等。按输送的布置形式进行分类，一般分为空中输送线、地面输送线及各种垂直升降输送机构等。按功能进行分类，可分为内饰工艺段输送线、底盘工艺段输送线、最终装配工艺段输送线及各种模块分装工艺段输送线等。一般输送线的结构主要包括输送线体、压缩空气线路、配电线路、工艺吊架、照明、风扇等。下面，我们按输送线载体形式和输送线功能来分别介绍。

1) 悬挂输送。悬挂输送是总装输送线的一种主要形式，主要用于底盘工艺段、车门分装工艺段、仪表板分装工艺段等（见图 7-14~图 7-16）。主要由输送链条或轨道、吊具或自行小车、驱动机构等组成。一般分为悬链积放式、摩擦线积放式和轨道自行小车积放式三种。有些悬挂输送的吊具采用可绕车身中心轴线旋转的形式，以解决车身地板下表面装配操作的人机工程问题。悬挂输送的优点主要是可以自由布置输送线路；回程、转载或缓存等都可以布置于空中，能有效地利用空间。缺点主要是需要厂房屋顶承载或布置专门的输送线钢结构以承载输送线；生产线路变更柔性较差；悬链式输送噪声大等。

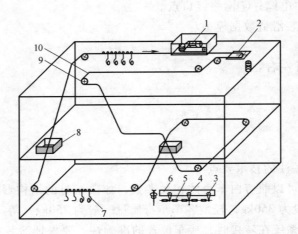

图 7-14 悬挂输送机简图
1—驱动装置 2—张紧装置 3—支撑滑架 4—承载滑架 5—链条 6—架空轨道 7—吊具及货物
8—防护设施 9—光轮或链轮回转 10—滚子排回转

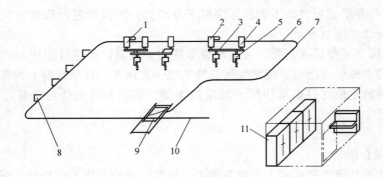

图 7-15 悬挂自行小车简图
1—载物车 2—主车 3—均衡梁 4—副车 5—环链电动葫芦 6—直轨 7—弯轨
8—支撑件 9—道岔 10—维修段 11—电气控制系统

2）板式输送。板式输送在汽车总装的应用范围也比较广，如内饰工艺段、最终装配工艺段、总检工艺段等。板式输送主要是利用固接在牵引链上的一系列板条在水平或倾斜方向输送物料的输送机构，板式输送机简图如图 7-17 所示。一般只设置一个驱动机构或在线体两侧布置一组驱动机构，并设置阻尼装置防止板链翘曲。板式输送机的结构形式多样，按输送机的布置形式可分为水平型、水平-倾斜型、倾斜型、倾斜-水平型、

图 7-16 空中摩擦线

水平-倾斜-水平型等；按牵引链的数量可分为单链式和双链式；按底板的结构形式可分为鳞板式（有挡边波浪型、无挡边波浪型、有挡边深型等）和平板式（有挡边平型和无挡边平型等），其中平板式按结构分为单板链、双板链、宽板链、滑板等。

板式输送的优点主要是承载力大，运行平稳可靠；驱动力大，可用作长距离输送；连续板链工位节距调整简单，只需要调整板链上装夹机构的节距即可；相对于单板链和双板链而言，宽板链还具有减轻操作人员行走疲劳强度、接近性好的特点。其缺点是一般都需要预制地面设备基坑，土建投资高，设备布置后生产线路几乎完全不可变更，柔性差。

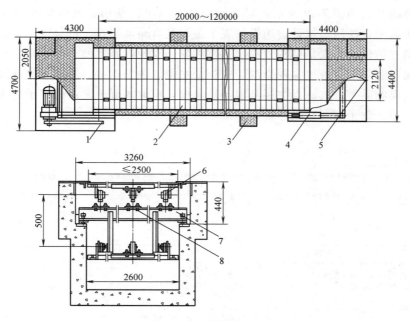

图 7-17　板式输送机简图

1—头轮及驱动装置　2—板片总成　3—检修坑　4—尾轮及张紧装置
5—地坑骨架、盖板　6—牵引链总成　7—中间架　8—导轨总成

3）摩擦滑板输送。摩擦滑板输送也在行业上应用较多，主要是通过摩擦轮作用于滑板摩擦驱动面进行直线驱动，如图 7-18 所示。为保证滑板驱动的直线度，可设置导轨。为保证前后滑板之间紧密接触和间隙的消除，主要靠线前及线尾驱动速度的差形成阻尼来实现，线尾阻尼轮的轮速一般比前驱动轮轮速低 5% 左右。有的滑板线设置车身支撑工艺高度可调机构，使滑板可以适应不同工艺操作高度的要求。摩擦滑板输送的优

图 7-18　摩擦滑板输送

点主要是结构简单、运行平稳可靠、故障率低；输送轨道多采用包胶辊子与滑板接触，摩擦驱动噪声小、能耗低；由于采用摩擦驱动、各主要部件运行工况简单不易损坏，包胶辊子对滑板的摩擦也基本无磨损，所以维修成本低、使用寿命长；包胶辊子与滑板多点接触，运行

速度高、停止更迅速和精确、不会打滑；宽滑板由于操作人员可以站在滑板上相对于车身静止进行操作，具有减轻操作人员行走疲劳强度、接近性好的特点。其缺点是同样都需要预制地面设备基坑，土建投资高；设备布置后生产线路几乎完全不可变更，柔性差，而且一般只能直线布置，输送路线方向变更时一般只能直角转角，且变更段的设备转接机构和转角机构不能作为工艺段。

4) 辊式输送。辊式输送一般用于分总成装配线，主要承载和输送 500kg 以内的工件，如动力总成装配线、车桥总成装配线等。主要利用按一定间距架设在固定支架上的若干个辊子来输送成件物品，如图 7-19 所示。辊子输送机可以单独使用，也可在流水线上与其他输送机或工作机械配合使用。这种输送机按辊子是否具有驱动装置，可分为无动力式和动力式两类。辊式输送的优点主要是结构简单、工作可靠；安装拆卸方便、易于维修；节能、运行成本低；线路布置灵活，可以实现直线、曲线、水平、倾斜运行，并能完成分流、合流等要求；可输送高温物品等。其缺点主要是辊子易磨损，积放式辊子输送的辊子与承载板摩擦易产生油渍或污渍，辊子运行有噪声等。

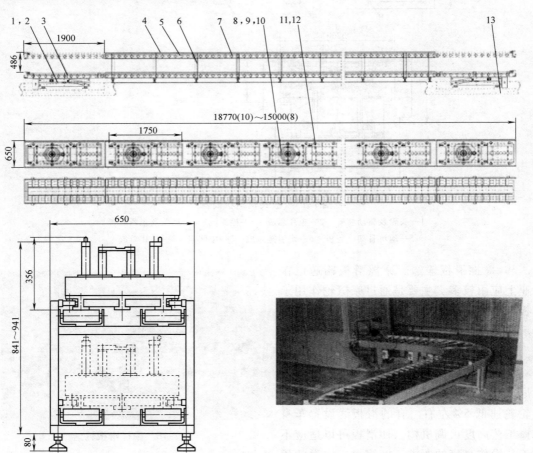

图 7-19　辊式输送

1—举升台　2—电控装置　3—升降滚子台架　4—辊子　5—辊子支撑架　6—输送机撑架
7—导向装置　8~12—不同物品的工艺托盘、支撑台架和物品　13—升降台架

5）滑橇输送。滑橇输送在汽车总装中主要用于总装漆后车身存储区。是由多种标准单元模块组合成的复杂的组合式输送系统，滑橇本身不带有驱动机构，其输送物件的橇体依靠滚床托辊或驱动摩擦轮的摩擦力实现前进、后退、平移、举升、积放和旋转的功能。可实现被运工件的线间平移、直角转弯、垂直提升、水平旋转、储存等特殊功能。主要的构成有滚床，包括直线滚床、回转滚床、举升滚床及移行机、升降机、转载机等，如图 7-20 所示。滑橇输送的优点主要有：模块化、柔性好、可以根据工艺需要改变运送间距、可以承载多种车型；滑橇输送机没有地下工程，所有设备均安置在地面之上，从而降低了建筑费用，且设备安装时间短；有较高的设备开动率，配套条件成熟；空滑橇可以实现堆垛储存，节省空间；摩擦驱动，噪声低等。滑橇输送的缺点主要是人机接近性不好，滑橇在滚床之间移载时存在安全风险，不适用于工艺装配操作；输送线路只能进行平移，一般不能水平转弯和垂直转弯；一般橇体本身不带驱动机构，需要固定的滚床或移行机驱动；承载力受滚床摩擦轮承载限值的限制等。

图 7-20　滑橇输送

6）带式输送。带式输送机又称胶带输送机，是一种经济型物流输送设备，主要用于汽车总装质量轻、尺寸小的装配总成的装配，如轮胎总成装配线、散热器总成装配线、暖风机总成装配线等。主要由机架、输送带、托辊、滚筒、张紧装置、传动装置等组成，如图 7-21 所示。带式输送的优点主要有：结构简单、动力消耗低、易于维护、投资成本和运营成本低；输送距离远、运量大、生产率高、能方便地实行程序化控制和自动化操作；线体输送可根据工艺要求选用普通连续运行、节拍运行、变速运行等多种控制方式；运行线路可选用直线、弯道、斜坡等线体形式；运行高速平稳性好，噪声低，且可以上下坡传送。其缺点是由于输送带具有挠性且易打滑，一般不适用于需要精确定位的装配总成；不适合重载或大型总成装配线。

7）AGV 输送。AGV 输送机又叫自导航小车，由于具有较高的灵活性和美观性，越来越广泛地应用于总装各种装配工艺段的输送，如内饰工艺段、最终装配工艺段、底盘合装工艺段及各分装总成工艺段等，如图 7-22 所示。主要采用充电蓄电池为动力，综合运行功率一般在 800~2000W。一般采用磁条导航或光学导航，并可通过计算机来灵活控制运行策略，其中磁条导航一般有两种形式，一种是贴磁条方式，另一种是预埋磁条方式。贴磁条方式的磁条厚度约 2.5mm，外部加保护带，总高一般为 5~6mm。预埋磁条方式可保证与地面平

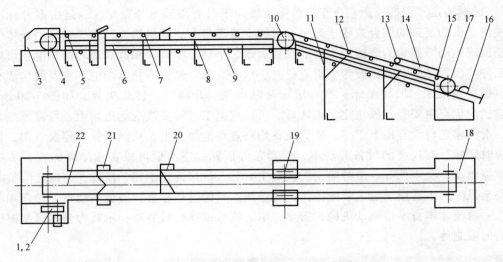

图 7-21 带式输送机简图

1—驱动装置 2—驱动装置架 3—头罩、头部清扫器、头架 4—传动滚筒 5—调心托辊组 6—中间架 7—上平行托辊 8—中间架支腿 9—下平行托辊 10—中间改向滚筒 11—带斜撑中间支腿 12—槽形托辊组 13—收口导料槽 14—中间导料槽 15—缓冲托辊组 16—螺栓张紧 17—尾部改向滚筒 18—尾罩、尾架 19—中间改向滚筒装置 20—单侧犁式卸料器 21—双侧犁式卸料器 22—橡胶带

齐,用于经常受碾压的工况。

AGV 对作业环境的要求主要有:地面承载能力一般要≥3t/m²,地面压强一般要≥5MPa;AGV 运行及工作区域地面不平度一般≤5mm/m²,地面伸缩缝宽度一般≤5mm;运行区域地面以下 50mm 不允许有金属结构,地面要能释放静电,需要有专门的充电设备布置区域。为防止 AGV 设备的可靠性问题,一般每 10 台 AGV 需要增加 1 台作为备用,可直接布置在线体中作为缓

图 7-22 AGV

冲,也可设置单独的存放区。AGV 运行时,运行速度一般可在 5~40m/min 之间稳定变速(0~5m/min 一般采用非变频控速),一般空载速度为 40m/min 左右,承载速度为 30m/min 左右,转弯和倒车速度为 20m/min 左右。定位精度一般在 ±10mm,如果增加二次定位机构可实现 ±2mm 定位(一般 ±2mm 的定位精度主要靠二次定位的传感器实现,在需要精定位的工位首先通过磁钉停位,然后传感器检测二次定位的偏差,根据偏差移动 AGV 进行前后微调,直到偏差达到 ±2mm 以内)。按控制系统可分为可编程逻辑控制器(PLC)控制和个人计算机(PC)控制两种,一般 AGV 数量少时,选用 PLC 控制;AGV 数量多时,选用 PC 控制(可控制 200 台左右),并可通过局域网与外界进行信息交互。按牵引及承载功能分类,通常可分为无承载牵引式、轻载式(2t 以下)、中载式(2~5t)、重载式(5t 以上)几种形式。按驱动形式可分为前驱式和对角驱动式。

AGV 在总装中主要用于输送,工艺运行模式可设置为连续运行模式和走停模式等。

AGV 的高度设计主要受结构和内部构件限制，最低高度主要取决于驱动结构，舵轮驱动一般能做到 380mm 左右，差速驱动一般可做到 300mm 左右。为适合工艺过程要求，AGV 可设置举升装置，常见的有液压重载举升、剪式中载和轻载举升，举升高度一般在 1m 左右。为适应物料供应需求，AGV 侧面或后面可拖拽物料小车，由于有导航路线修正，侧面拖拽料车也不会造成路线偏离。防碰撞安全感应一般可覆盖 270°，分为接触式和感应式，一般近距离操作的 AGV 采用接触式防撞模式，远距离操作时为防撞一般采用感应式。充电一般分为侧充和地充两种，充电站尺寸一般与配电柜大小相似（大约 250mm×250mm）。充电电压一般分为 24V 和 48V 两种。电池可充电次数为 1500 次左右，充放比大约为 1∶4。

在总装的各类输送系统中，悬挂自行小车（EMS）与 AGV 的输送形式和功能相类似，一般可相互替换。相比于 EMS，AGV 的优点主要是路线灵活，可以沿预定的路线或通过自识别系统进行自动行驶；生产柔性好，产量较低时，可减小 AGV 的数量；自动化程度高，可实现自驱动；布置实施不需要任何土建基础和钢结构；行驶路径可以根据工艺流程的调整而及时调整，改变的费用非常低廉；AGV 还具有清洁生产的特点，运行过程中无噪声、无污染；AGV 一般都设置安全防撞感应器，可有效保护作业人员安全。其缺点是投资成本高；蓄电池一般使用寿命为三年左右，且出现故障后维修成本较高；蓄电池到达使用寿命后要进行无害化处理；由于设定了安全防撞装置，有时会影响作业人员的接近性。

8）升降输送。升降输送的种类有很多种，总装中常用的起吊设备主要有桥式起重机、卷扬起重机、悬臂起重机、电动葫芦、举升机、双柱升降机、多柱升降机及载重电梯等。总装设备一般根据工件质量、输送路径等进行选型。大型工件一般选用桥式起重机、卷扬起重机、多柱升降机及载重电梯等。从输送路径来说，主要分为两类，一类是起吊设备，一类是举升设备。其中起吊设备主要是从空中向地面抓取工件，可以进行垂直方向和水平方向的移载；而举升设备主要是从地面向上托举，一般只能进行垂直方向的移载。

9）转载输送。转载输送主要是指车身总成在整个工艺流程过程中进行的移载转接。如涂装到总装的转接、总装缓存区到内饰工艺段输送线的转接、内饰工艺段输送线到底盘工艺段输送线的转接、底盘工艺段输送线至最终装配工艺段输送线的转接等。按车身的转出与转入形式分类，主要有从滑橇转接至滑橇、从滑橇转接至吊具、从吊具转接至滑橇、从吊具转接至板链等。车身在转接过程中的运行方式主要有水平 XY 方向移载和垂直升降移载两种。下面我们按车身转出与转入形式来逐一分析。

第一种形式：从滑橇转接至滑橇。

从滑橇转接至滑橇主要用于涂装白车身存储（White Body Storage，WBS）至总装喷漆车身存储（Painted Body Storage，PBS）的转接过程。主要转接设备有车身底部支撑升降机、平行叉式移载机等，如图 7-23 所示。转接设备的选择与设计，主要取决于来橇支撑点与去橇支撑点的限制性，以及叉式移载机平行叉是否与滑橇支撑点干涉的限制性。如果来橇与去橇支撑点为同一点，且移载机的平行叉与来橇支撑点不干涉，则简单的转接方式是只需要找到稳定的车身支点，用平行叉式移载机将车身从来橇接住，送至去橇即可。如果移载机的平行叉与来橇支撑点干涉，则一般要再设立一个转接机构，此转接机构一般设立于来橇停止处，用于垂直方向支撑车身并让出移载机平行叉的位置。为了保证转接位置准确，一般来橇和去橇都设有停止器。

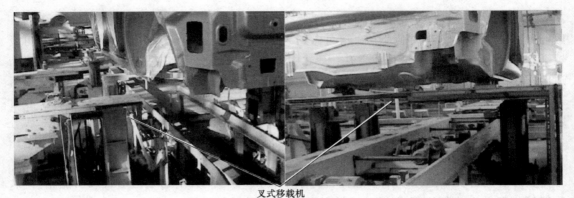

叉式移载机

图 7-23　从滑橇转接至滑橇

第二种形式：从滑橇转接至吊具。

从滑橇转接至吊具主要用于 PBS 缓存区至内饰线工艺段的移载。主要转接设备有叉式平移移载机和垂直升降机（见图 7-24）等。其中叉式平移移载机主要用于从来橇上将车身取下来；垂直升降机主要用于将车身从叉式平移移载机上脱离，以免与吊具干涉，并实现将车身移至吊具上。如果转接过程是垂直转接，一般只需要垂直升降机即可。吊具顺车身纵向进入垂直升降机套取车身，然后垂直升降机升起吊具托起车身。如果吊具直接纵向进入车身出现干涉情况，则可设置一个垂直举升机将车身垂直举起，吊具打开后进入，套取车身后回正，垂直举升机再下落，将车身落于吊具上。

图 7-24　垂直升降机

第三种形式：从吊具转接至滑橇。

从吊具转接至滑橇的过程应用较少，一般在涂装转接总装的 PBS 工艺段使用。主要转接设备为一个垂直升降机。吊具运行至升降机处，升降机将吊具连同车身一同承载并下降，由上至下直接落于滑橇上。同时吊具打开，升降机再将吊具提升至轨道上。

第四种形式：从吊具转接至板链。

从吊具转接至板链的转接过程，与车身从吊具转接至滑橇的转接过程类似，相当于将滑橇换成板链，如图 7-25 所示。从吊具转接至板链的转接过程一般用于底盘工艺段向最终装配工艺段转载。主要转接设备是升降机，一般采用四柱升降机。转载时，升降机抱住整车车轮或下车身地板，然后吊具从车身两侧脱开，升降机再将整车放于板链上。为了保证整车落至板链

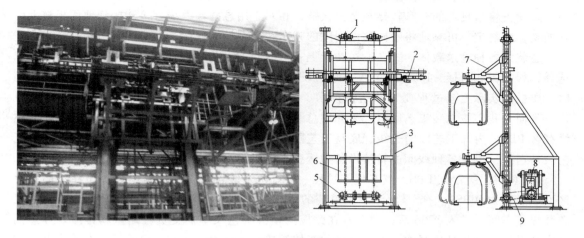

图 7-25 从吊具转接至板链（1）

1—改向轴 2、7—升降支架 3—提升链条 4—主机架 5—传动轴
6—配重 8—驱动装置 9—驱动链条

时，车身水平运行与板链运行同步，可设置一个垂直升降机的随行转接设备。此转接设备可将升降机上的整车先转接至垂直升降机上，然后垂直升降机下落，将整车置于板链上。为了保证整车落于板链的过程不影响板链的正常运行，垂直升降机也要与板链随行，如图 7-26 所示。

四柱升降机

图 7-26 从吊具转接至板链（2）

用升降设备将吊具上的整车转接至地面板链，相对于用悬挂输送线直接转接到地面板链上的好处是，能稳定、可靠地将不同离地间隙的整车转接至板链。

总装的各种输送载体形式在输送功能上相似，同一工艺过程，可能有多种输送形式可以选择，如滑板和滑橇、EMS和AGV、起吊设备和举升设备等。在进行设备方案制订和选型时，要根据实际工艺过程要求并结合技术、成本、质量对比分析，选用适当适用的输送机构。下面，我们按总装工艺段组成来介绍总装各输送线体。总装的输送线体，一般由总装主缓存区PBS、内饰工艺段输送线、底盘工艺段输送线、最终装配工艺段输送线、模块分装工艺段输送线，以及各种线间的转接设备和缓存区等组成。

1) 总装主缓存区PBS。汽车生产过程一般有两个缓存区：一个是由装焊至涂装的缓存区，一般称为WBS；一个是由涂装至总装的缓存区，一般称为PBS。当白车身携带VIN码离开焊接车间，进入WBS后，白车身在此根据车身颜色及车辆交货日期重新排序。理想的排序结果是：交货日期紧的、相同颜色的车体被成组送往涂装车间。已喷漆的车体离开涂装车间后，即进入PBS。车体在此区域根据车型、内饰选项、交货日期及总装车间的生产负荷重新排序，排序后的车体被送往总装车间完成总装。WBS和PBS是整车生产过程中的两个重要缓存区。这两个缓存区的控制效果也影响了涂装车间的原料消耗和总装车间的生产率。通常，WBS和PBS多采用平面车库或立体车库式的存储模式，每个存储单元的存车和取车操作，按照预先设立的规则来完成。其中，由WBS取车送往涂装车间的操作一般符合如下规则：必须将至少一个经济批次的相同喷涂颜色的车体排成一组，送往涂装车间。由于涂装的喷涂大多采用机器人自动喷涂，在此缓存区的车体排序可不考虑车体形式、内饰选项等限制。

现在，具体讨论总装缓存区的设置。由PBS取车送往总装车间的操作应符合如下规则：①确保送往总装车间的车体所需安装的部件不能处于缺料状态；②按整车重要总成部件（如动力总成、底盘总成）的经济投放批次投放；③根据不同车型所需的劳动强度，将不同车型的车体交叉排序送往总装车间，使总装车间的工人劳动负荷处于均衡状态；④在此缓存区的车体排序一般不考虑车身颜色。

具体而言，PBS的主要功能有两个：一个是存储，另一个是排序。具体来说可实现的功能有：车辆搬送功能。在涂装车间完成的车辆，由涂装车间向装配车间搬送。吸收生产差异的缓存器。考虑车身、涂装的经济批次、生产过程中因为设备故障、品质不良、出勤率低下、开动时间的差异等原因，涂装车间和装配车间之间的生产匹配性实际必定存在差异。此时，PBS起到一个缓存器的作用，使涂装车间和装配车间的生产损失互不影响，弥补上述原因造成的生产损失。物料拉动功能。PBS一般配有信息采集系统，可以直接把缓存上线的车型信息准确地传递到物流部门实现提前物料拉动，这样可以大大提高物流配送的效率，节省物流的库存量。装配生产线投入顺序的补正功能。一般在焊装车间生产时，每台车身都有固定的VIN，并按生产计划顺序生产，正常来说，涂装和装配生产线也同样。但因为车体在焊装车间和涂装车间特别是涂装车间中不可能完全保证按生产计划顺序生产，所以PBS就承担了投入顺序的补正机能。缺件车或质量问题车保留。装配零件发生缺件或部分车辆有质量问题需要滞留的时候，避免向装配生产线上投入这种缺件或有质量问题的车辆，在PBS中保留这种车辆。空进程生成功能。在车型变更进行调试或工艺验证时，从在装配生产线上投入试制车，到作业熟练为止的期间内，在车辆的前后生成空工位，吸收与普通车的作业时间差，或在装配过程中将抽出的车辆装载回PBS。

总装PBS的输送形式，较常采用的是滑橇式输送，其优点是模块化、布置灵活、柔性好，可进行平面布置和立体布置，空滑橇还可以通过堆垛的方式来节省空间；设备安装时间短；设备开动率较高；配套条件成熟；滑橇驱动多采用摩擦驱动，运行噪声小。此区域设置主要考虑如下问题：①缓存区车体的数量；②缓存区的空间尺寸；③缓存区的结构形式；④缓存区的车序控制。

总装缓存区车体的数量主要由涂装与总装的生产产量匹配关系、涂装车间和总装车间的故障率，以及物料拉动时间周期需求来确定。从涂装与总装的生产匹配性来考虑，涂装生产的班次与总装不同，涂装三班倒，总装两班倒，则总装缓存区的缓存数量至少要大于涂装一个班次的产量。从涂装及总装的故障率来考虑，如果涂装由于常发故障导致停线，维修一般需6h，则总装缓存区的数量应能保证总装6h的产量；如果总装常发故障导致停线，维修时间一般需要6h，则总装缓存区内一般要能接纳涂装6h的产量。从物料拉动时间周期需求来说，由于库存成本、线边物料区域场地面积限制性的原因，物流部门一般不会提前将全天的生产物料都投放到生产工位，而是设置一定的物料拉动时间周期，根据生产运营情况，物料拉动时间周期设置为2~4h，即至少生产前2h或4h要确定生产车型和物料信息。为此，需要在生产前锁定2h或4h的生产车型，包括锁定生产顺序。

缓存区的空间尺寸：为了节约场地，总装车身缓存区常布置于空中。缓存区的空间尺寸，主要根据缓存区的布置形式、需要缓存的车体数量及缓存区设备设施的空间尺寸限制性等因素来确定。一般平面缓存区所占的面积较大，由于立体缓存区可以最大限度地利用垂直空间，所以占地面积较小。

缓存区的结构形式：平面车身缓存区的主要结构形式有吊具缓存和滑橇堆垛缓存等。立体车身缓存区多采用蜂窝式车库形式。

缓存区的车序控制：对于总装缓存区而言，其车序的控制是比较重要的。要保证由缓存区输送到总装车间的车辆能有效地按生产计划要求排序，而且可以临时调整顺序。缓存区的排序区一般分为粗排序区和精排序区，其中粗排序区内只要求收纳一个时段内要生产的车型，如一个班次或一天的产量，不需要按生产计划进行精准排序。精排序区的数量主要是根据物料拉动的时间周期来确定，精排序区的车型一般不可以再变更上线顺序，否则会出现物料配置混乱的情况。

对于平面车库形式的PBS来说，首先，需根据总装线上所存储的物料的生产能力，确定不可变更顺序生产的车体数量，此数量关系到缓存区至总装上线点的车体数量。按物料平均投料间隔为2h来考虑，一般缓存区至总装下线点的不可变更顺序车数为2h的产量。在确定了精排序区的数量后，可确定缓存区内的具体排序方式及调车方式，下面用图7-27所示的PBS布置形式来说明。缓存区内线1、线2、线3的车体顺序，主要是根据车体形式来大体排序，不考虑车体颜色；线4为锁定区，用于锁定问题车辆，或者锁定特殊订单车辆及试制车辆；线5为精排序线；线6为调整线，一般情况下为空，主要用于进行车体临时调整；快速链1、快速链2为快速直通链，其中快速链2可以直接将涂装转运来的车身快速输送到总装上线点。一般的运行程序是，涂装来的车辆在辨识点经辨识后，如果属于正常生产的车辆，则通过快速链1输送到缓存区线1、线2、线3中，同时PBS控制系统中记录PBS中线1、线2、线3的VIN信息，再经过调整线6导入到精排序线5中，最后按生产需求输送至总装车间进行装配。如果涂装转运过来的车身不属于正常生产的车辆，则经由快速链 1 输送至线 4 锁定；如果涂装转运来的车身为加急生产车，可以直接经快速链 2 输送至总装车间进行装配。如果要从线 1、线 2、线 3 中提取加急生产车，也可以通过线 6 的调整实现。外委车辆和按计划已经在精排序位置的涂装返修车辆，也可以通过临时上线点上线。

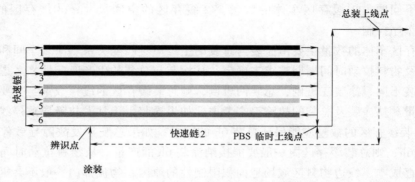

图 7-27　PBS 布置形式

实际上，PBS 的布置及运行方式有很多。如果在同一生产线上生产多车系、多车型、多颜色的车辆，并要求按车系、车型、颜色排序生产，则需在 PBS 上考虑其顺序。如果在图 7-27 的基础上进行变更，则可采用图 7-28 所示的形式：其中线 1、线 2、线 3、线 4 为按车系、车型、颜色排序的存储线，线 5 为调整线，用于将线 1、线 2、线 3、线 4 中的车辆向线 6 中调整，线 6 为精排序线，用于按生产任务进行排序。

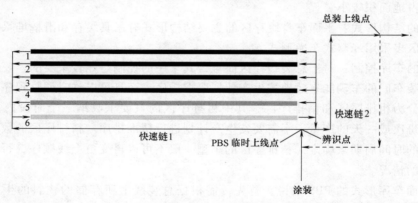

图 7-28　PBS 的另一种布置形式

对于采用立体车库形式的 PBS 来说，由于采用多层蜂窝式货架储存单元的布置形式和具有可快速抓取任一库位车身的特点，使有限空间内存储车身数量成倍增加，大大提高了快速出入库的能力，每一库位都可实现快速出入库。这就淡化了精排序和粗排序的概念，每一个库位既可作为精排序点又可作为粗排序点，使整个生产顺序的控制变得更加灵活。

2）内饰工艺段输送线。内饰工艺段主要用于汽车内饰部件和部分外饰部件的装配，由于大部分装配都在车身内部，所以一般都设置为低工艺高度运行以保证操作的接近性。在多车系、多配置车型生产时，车型变化和配置变化大多体现在内饰装配部件上，所以，为保证内饰工艺段装配线的柔性，需要预留必要的工位。

目前，内饰工艺段输送线的输送形式，主要有滑橇输送、板链输送和滑板输送。采用较多的形式是滑板输送，主要由驱动机构、阻尼装置、制动机构、导向机构、移行机构、升降机构、滑板本体等组成。输送线的布置形式多采用矩形布置，整个内饰线可设置几个缓存车位（Buffer，一般2~4个），以满足内饰线缓存的需要；线体的运行速度一般为6~30m/min，工作负荷一般为1000~2000kg；滑板大小主要根据装配车身的大小进行设计，一般要保证车身前后左右各有0.7~1.5m左右的装配空间（一般通过工位节距和线宽的形式体现）；滑板支撑高度主要根据工艺需求设计，要综合满足最高装配高度需求和最低装配高度需求，工艺高度的设计应尽可能满足大部分装配操作的人机工程要求，有些滑板采用可升降式支撑，可以根据工艺高度要求，在滑板行进至该工位时按要求进行升降调整；滑板上支撑脚的设计一般需要支撑在车身上，不应支撑在装配部件上，且应满足混线安装的工艺需求；由于需要在滑板回转线的内部线边配置物料，因此一般在滑板矩形线两端的短边或一端短边设置物流通道。

为了防止物流通道与线体交叉干涉，可将矩形线短边设置为快速段，工艺段输送组运行到矩形短边时，可快速通过以使物流通道空出；或者将短边全部布置在空中或地下，以保证与物流通道空间不干涉。为保证滑板线运行的平顺度，要控制滑板本身的几何精度，一般要求滑板轮廓长度方向上要控制在±1.5mm公差范围内，宽度方向上要控制在±1.0mm公差范围内，平面度要控制在±1.5mm公差范围内，相临滑板之间的高度差要控制在1.0mm公差范围内；还要控制滑板轨道的直线度，一般要控制在（0±1.5）mm公差范围内。为防止小装配零部件落入滑板线基坑，一般滑板与侧面地面基础之间的间隙要控制在0~3mm范围内。为保证线边辅助装配设备安装时的精度，滑板在工位停止点的重复定位精度要控制在±1mm公差范围内。一般滑板输送线在转接时，需要由连续运行变为走停模式，这时需要在转接设备前设置一个缓冲区，以缓冲由于滑板转接时间连续运行的距离。如果整条滑板输送线的运行段，既有连续运行段，也有走停运行段，同样要在走停运行段前设置一个缓冲区，缓冲区的距离一般要大于连续运行的滑板在一个节拍内的运行距离。

3) 底盘工艺段输送线。底盘工艺段输送线主要用于汽车底盘部件和动力总成部件的装配。由于乘用车和商用车的底盘结构完全不同，所以乘用车底盘工艺段和商用车底盘工艺段的输送线结构差异较大。乘用车的车身大多为承载式车身，没有单独的车架，车架被简化为前后副车架，底盘部件大都在车身地板下装配，如制动管路、燃油管路、车轮等，底盘工艺段输送线大多在高工位运行，并有一条较短的动力总成和底盘分装线；商用车的车身大多为非承载式车身，有单独的车架，动力总成和底盘大部分部件都在车架上装配，底盘工艺段输送线一般可分为两段，一段是车架线，一段是底盘线，大多在低工位运行。

根据承载式车身和非承载式车身的结构不同，底盘工艺段输送线的输送形式也不同。一般承载式车身的底盘工艺段输送线主要采用积放式输送链、全摩擦输送链、电动单轨自行小车等，其中电动单轨自行小车应用较广泛。非承载式车身的底盘工艺段输送线多采用地拖链或AGV输送，随着AGV成本的降低及可靠性、耐久性的提升，AGV输送在非承载式车身的底盘工艺段输送线中应用越来越广泛。积放式输送链主要是采用空中拖动链拖动运载小车（吊具）连续运转；全摩擦输送链主要是采用摩擦轮驱动运载小车（吊具），使运载小车连续运行。全摩擦输送链系统由轨道、车组、主驱动、直线驱动、转弯驱动、上下坡辅助链、吊具等部分组成。电动单轨自行小车是在每个运载小车上配置驱动机构，驱动运载小车连续运转。整个输送线的标高一般依据厂房高度和工艺需求来确定；运行速度一般为1~12m/min；工位节距一般根据底盘线装配的工艺需求确定；运载小车的高度一般分固定式和可调节式。其中，高度固定式的底盘输送线的运载小车的高度主要依靠运载轨道的高度确定；高度可调节式运载小车的输送轨道高度一般是不变的，高度依靠运载小车自身进行调整。为了保证输送线在运行时，能够与线上其他装配设备对接，必须对底盘输送线的几何精度进行约束：一般轨道对称度公差不大于2mm。轨道每米长度上的直线度公差不大于1.5mm；全长上的直线度公差不大于5mm；在同一横向截面内，两条轨道的相对标高公差不大于2mm。水平区段上，轨道的纵向倾斜度公差为其长度的1/1000，但全长上的公差不大于10mm。地拖链主要由驱动机构、牵引链条和承载小车组成，驱动机构和牵引链条布置在地面以下，通过承载小车上的插销机构与牵引链条连接，带动承载小车运行。AGV在底盘线多采用重载AGV，承载力大多在3t以上。

4) 最终装配工艺段输送线。最终装配工艺段输送线主要用于通过汽车内饰工艺段输送线装配的驾驶室总成和整车动力总成及底盘合装后部件的装配。以乘用车为例，主要包括车门总成、座椅总成等部件的装配，以及各种加注及电器检测等。

最终装配工艺段的输送形式，可采用单板链输送、双板链输送、宽板链输送、滑板输送、AGV输送等形式。应用较多的是宽板链输送，主要由轨道、链体或宽板、主驱动、制动机构等部分组成。其优点是结构简单，投资成本低；人站在宽板链上操作时与车身相对静止，人机工程好等。宽板链输送时，运行速度可在5~12m/min的范围内调整；工位节距一般根据终装线装配的工艺需求确定；注意宽板链的宽度设置，至少要保证车身左右操作区域的宽度不小于800mm。当整车由底盘工艺段转接到最终装配工艺段时，要保证转接的速度与终装线的速度一致（或者转接至终装线时，使车轮先落在终装线体上，利用车轮的自由滚动来解决两者之间速度差的影响）。

特殊说明：乘用车主装配线的平台化。

为实现汽车车身的转接，一般在汽车结构设计时，都会在车身地板或纵梁上设计输送和转载的支撑孔和支撑面，一般会在车身地板上设计四个孔位（又称内四孔），在车身纵梁上设计四个孔位（又称外四孔）。现在整车混流生产的平台化程度越来越高，同一工艺平台上，可能生产几种或十几种车型。同一平台车型的底盘结构形式基本相同，只是整车造型有一些变化。对于混流生产的输送线改造，主要的影响是轴距和轮距的变化。轴距和轮距的变化会导致内四孔及外四孔相对位置的变化，一般会直接影响车身在焊装、涂装、总装之间的输送过程和转接过程，以及影响各工艺流程内部的转接。反映到总装输送线改造上，需要对输送线上用于移载白车身的定位和支撑（对应车身内四孔及外四孔）进行调整改造。这样，一方面会造成投资成本的增加；一方面由于平台化车型种类的增加，会导致输送线改造难度越来越大。

为了解决以上问题，在进行车身设计时，应最大限度地保证输送线的兼容性。通过白车身的结构设计，保证输送线的改造范围降低到最小的限度。要实现如上目标，一方面，在进行车身设计时，同一平台的不同车型，要保证内四孔的相对位置一致。为了保证不同轴距的车内四孔的相对位置一致，可对内四孔的后两孔所在的车身面进行特殊设计，在X向前后加长一段，以保证轴距变化时，内四孔的后两孔设计时，能够相对于前两孔的布置位置不变（见图7-29）。另一方面，在进行整个输送线设计时，包括焊装、涂装、总装的输送设计，要将输送线的定位支撑点都设置于车身的内四孔上（这要求焊装、涂装、总装内部进行输送及焊装、涂装、总装转接时，都要用内四孔，以实现输送过程定位支撑的统一，而不是有的过程用内四孔，有的过程用外四孔）。这是为了保证总装底盘合装过程中，改造工作量最小；在设计上还可以保证车身内四孔的前两孔与车身外四孔的前两孔的相对位置（X向、Y向）一致。这样，就可以实现在整车平台化的新车型输送设备开发时，输送线的改造量最小或基本不用改造。

如果不能通过车身设计保证车身地板上的内四孔相对位置一致，一般在输送线设计时，可将内四孔的后支撑都做成 X 向可调整的，以适应不同轴距变化的影响。

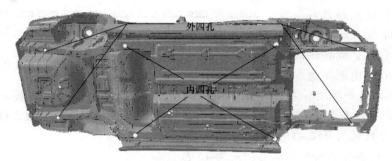

图 7-29　车身转接孔位

5）模块分装工艺段输送线。模块分装工艺段输送线一般包括前端总成模块分装线、动力总成模块分装线、底盘总成模块分装线、仪表板总成模块分装线、车门总成模块分装线等，如图 7-30 所示。底盘总成模块分装线一般多采用地面拖动式；其他总成模块分装线的线体形式主要有两种：一种是地面输送式，一种是空中悬挂输送式。地面拖动式主要采用窄板链输送、辊子输送、窄滑板输送、AGV 输送等形式；空中拖动主要采用悬挂积放输送、空间摩擦输送、自行小车输送等形式。当模块分装线布置设计时，应避免与其他相关输送线和物流输送路径（包括物流通道、物流 AGV 输送路径等）干涉，原则上以路径最短、与输送线和物流路径交叉次数最少、主线接口尽量不占用操作工位为最佳设计方案。

　　　　　　a)　　　　　　　　　　　　　　　　b)

图 7-30　模块分装工艺段输送线

a）仪表板总成模块分装线　b）车门总成模块分装线

分装工艺段输送线台车数量的确定，除了要考虑分装线本身需要承载台车的数量，还需要考虑周转台车的数量，下面我们举例分析一下，如图 7-31 所示。

条件输入：①分装线有效工位数为 8 个，总工位数为 9 个；②分装线至合装工位距离为 90m；③用一台电瓶车周转，每次可以拉两台台车，拖拽电瓶车速度为 5km/h；④生产节拍为 2.25min；⑤分装台车与周转车共用。

计算过程：

① 生产工位必须布置台车数量：分装线 9 台。

② 周转用台车，周转距离为 90+90＝180（m），电瓶车速度为

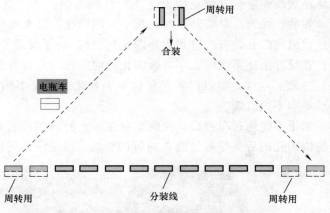

图 7-31 分装工艺段输送线台车数量分析

5km/h；电瓶车周转一次用时为 180×60/5000＝2.17（min），考虑到装卸过程大概两个节拍，约 4.5min，所以每个位置（线首、线末、IP 合装）的周转台车数量至少为 2 台，共 6 台。

③ 最低台车数量为 9+6＝15（台）。

计算结果：所需分装台车的最低数量为 15 台。

6）典型分装线—底盘总成模块分装线。由于非承载式车身的整车一般都有专门的底盘装配线，所以，这里所说的底盘总成模块分装线主要是指承载式车身的乘用车的分装线，又叫合装线。主要进行动力总成、前后副车架、排气系统等部件的分装，以及与车身进行合装。合装车的形式一般分为三种：①地拖链，主要采用拖链拖动合装车运动。②有轨制导车辆（RGV），有轨导引，利用滑触取电来实现驱动能量及信号的传递。③AGV，电磁或光学引导，利用电池或电磁互感来传递驱动能量及信号。目前，应用较多的是 AGV 输送形式。通常在进行汽车底盘及动力总成合装时，线体速度一般需要与底盘线的速度一致，同步运行（一般由码盘控制同步）至合装位置；当合装车运行到随行位置时，前后举升台同时自动上升到一定位置，操作人员将底盘总成模块分装线上的定位销与白车身上的定位孔进行定位，再进行动力总成和底盘部件的二次举升，使待装配总成升至装配位置；当举升台升到满足装配的位置时，可以单独按下锁止开关，没有锁止的托盘可单独再升降；合装位置锁定后，操作人员用紧固螺栓将待装配底盘模块总成装配至车身上；当装配完成后，操作人员将挂在车身上的防悬架弹簧顶升车身的锁止机构解锁并按下前后举升台的所有释放按钮，前后升降平台才会同时自动下降至指定位置，使底盘总成模块分装线与白车身脱离；当将挂在车身尾部的锁链放下且底盘总成模块分装线与白车身脱离时，合装车与输送线的随行信号随之断开，完成一个工作循环；此时，合装车单独运行，继续下一次的合装。

底盘总成模块分装线的 AGV 多为重载、可举升式大型 AGV，一般承载质量大于 1.5t；小车的前后升降平台可独立或联动，在采用联动方式向上举升时，两平台高度差一般小于 3mm；在同步工作模式下需要设置安全互锁按钮（只有当相关的操作人员同时按上升或下降按钮时，该动作才起作用，如果操作人员不需要同步，可以采用控制面板上另外的按钮，进行独立控制）；前后举升平台的距离要可以调节，以适应多车型轴距变化的需要；前后举升平台一般均采用浮动盘结构（X、Y 方向浮动量需要根据实际需要设计，一般在±200mm）以保证底盘分装模块总成可以整体或单独合装；多采用液压缸或链条方式升降并可实现静

载;每个升降平台提供的最大托举力要大于承载总成的质量,并可实现静载,如果有压缩悬架等过程,最大推举力还要加上压缩悬架的反弹力。此外,还要在 AGV 和车身之间设置锁止机构以防止悬架合装时产生的反作用力将车身顶起;可举升高度范围为 1.0~2.0m;最高举升速度在 100mm/s 左右且速度可调,一般实际的举升时间在 10s 左右,具体时间还取决于合装过程设计、部件、车身状况,以及工人的操作水平等;后举升平台上一般要设置与车身定位的定位销,保证合装过程的精度要求(定位销的精度一般在±0.25mm 范围内)。AGV 上一般设置踏台,操作人员可以站在踏台上随行操作。下面,我们举两个例子来分析一下底盘总成模块分装线与底盘线车身合装的过程。

例 1:假定所需合装车与车身合装的工位为 2 个,在分装区域的工位为 3 个。具体布置和运行形式可采用如图 7-32 所示的形式。

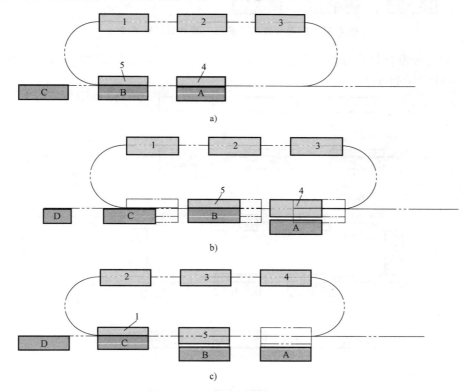

图 7-32　底盘合装线合装车布置和运行形式 1
a)起始状态　b)合装状态　c)一个节拍结束状态

说明:起始状态如图 7-32a 所示。此时,合装车 4、5 与车身 A、B 对正,合装车 1、2、3 静止,合装车 4、5 运行。

合装状态如图 7-32b 所示。此时,合装车 4、5 与车身 A、B 同步运行,合装车 1、2、3 静止,当合装车 4、5 与车身 A、B 同步运行一个节拍的一个比率时,如 4/5,合装车与车身脱开。

一个节拍结束状态如图 7-32c 所示。此时合装车 4 利用一个节拍剩下的时间快速运行至图 7-32c 所示位置,同时合装车 1 也利用这个时间,快速由中图位置运行至图 7-32c 所示位置。合装车 2、3、4 也在这个时间快速运行,由图 7-32b 所示位置至图 7-32c 所示位置。

因合装线快速运转的时间是不能进行装配操作的，所以合装线的工作时间接近一个节拍。如果想实现合装线操作时间的延长，则必须将在合装线上合装车的间距减小，使合装线运转时的距离变小、速度变慢。但此时要考虑到合装线上合装车间距小时，两旁的物料区也会同样变短，这样合装线所操作的物料必须小而且少。

如果想使合装线操作时间满节拍，则可采用如图 7-33 所示的形式，此时主线运转时，合装线也运转。

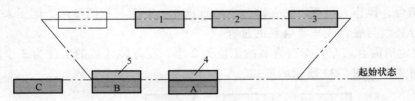

图 7-33　底盘合装线合装车布置和运行形式 2

例 2：假定所需合装车与车身合装的工位为 3 个，在合装线的工位为 3 个。具体布置可采用如图 7-34 所示的方式。

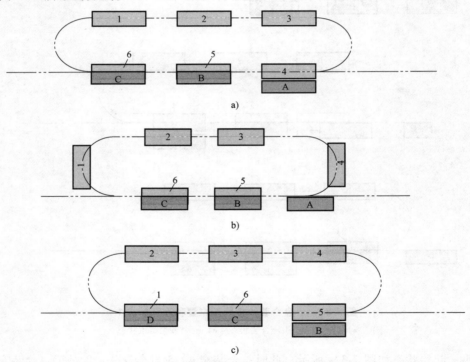

图 7-34　底盘合装线合装车布置和运行形式 3
a) 起始状态　b) 合装状态　c) 一个节拍结束状态

说明：起始状态如图 7-34a 所示，合装过程如图 7-34b 所示，一个节拍结束状态如图 7-34c 所示，此布置要求合装车转弯时间必须在一个节拍之内。

为了使动力总成及底盘总成在合装时，尽可能少地受各种定位及支撑的精度波动影响及磨损因素的影响，各类定位销及支撑应尽量布置在整个动力总成及底盘总成的最大尺寸处。每一定位点或支撑点的尺寸变化，都会直接影响动力总成悬置点的位置及底盘安装点的位置。一般来讲，定位点或支撑点的位置变化时，会绕一个支点进行旋转，因此变化点离支点越近，对动力总成悬置点或底盘安装点的影响越大。动力总成支撑点变化对悬置点的影响如图 7-35 所示，A 支撑 Z 向变化 2mm，整机会分别绕支点 1 和支点 2 旋转。这对于悬置点 1、悬置点 2 的 X 向的窜动量的影响是不同的。如果绕支点 1 旋转，则悬置点 1、悬置点 2 的 X 向的窜动量一般与 A 支撑 Z 向变化量相同；如果绕支点 2 旋转，则悬置点 1、悬置点 2 的 X 向的窜动量可能是 A 支撑 Z 向变化量的 2 倍。

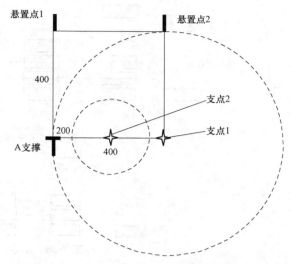

图 7-35 动力总成支撑点变化对悬置点的影响

7）典型分装线—车门分装线。漆后白车身进入总装车间时，车门及发动机舱盖、行李舱盖一般都是随漆后白车身一起转运至总装车间。整车装配时，为了保证人进出车身进行装配操作的便利性，防止车门磕碰划伤，一般需要在 PBS 或内饰工艺段输送线将车门从车身上拆下单独装配，在整车车内部件基本装配完成后，再在最终装配工艺段输送线上进行车门总成与车身的合装。为此，一般设置单独的车门模块总成分装线并多采用空中悬挂的方式，这样的输送方式结构简单，操作人员接近性好，可以在空中缓存和积放。

常用的悬挂式车门输送线有两种方式，一种是设置平行的两条车门分装线进行装配，然后两条车门分装线分别转运至最终工艺段输送线进行合装。另外一种是采用一条驱动链驱动一条车门分装线进行车门分装，采用同一个挂具承载四门，这样做的优点是可节省一条驱动链。采用此布置形式，如果在一个节拍内可以将整台套的车门总成从车门挂具上拆下，则整车的两个车门或四个车门可以布置在一个吊具上；如果在一个节拍内不能完成整台套车门总成从挂具上拆下装配到车身上，则一般需要将一台车身上的车门布置到相邻的两个吊具上。

8）线间缓存区。线间的缓存区分为两种形式，一种是定序缓存，另一种是不定序缓存。图 7-36 所示为无缓存形式，图 7-37 所示为定序缓存形式。图 7-38 为不定序缓存形式。

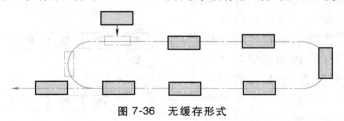

图 7-36 无缓存形式

缓存线需要设置为快速链，这样才能实现缓存。各缓存区车体的数量一般有三个状态，一是保证生产线正常运行的最少数量，此数量与缓存线的线速度有关，线速度越大，数量越小；二是缓存区布满的最大数量；三是缓存区含正常缓存运行的车体数量。

当缓存区处于最小数量或最大数量时，只能实现单向缓存。最大数量与最小数量之差即为单向最大缓存数量。例如，缓存区保持最小数量，则此缓存区后的生产线停线时，此缓存

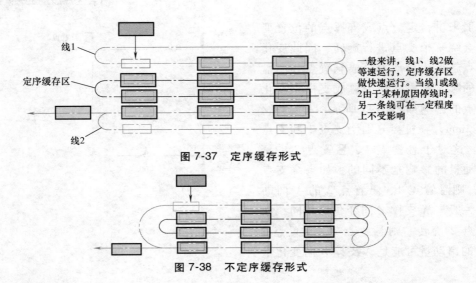

图 7-37 定序缓存形式

图 7-38 不定序缓存形式

区前的生产线也不能运行;如果缓存区保持最大数量,则此缓存区前的生产线停线时,此缓存区后的生产线也不能再运行。所以整个缓存区在正常运行时,不能处于最小数量和最大数量状态,必须处于最小数量和最大数量之间的一个值,保证可实现双向缓存。此值与最小数量之差,为缓存区后生产线的缓存数量;最大数量与此值之差,为此缓存区前生产线的缓存数量。按生产节拍为 3min,主线 15min 缓存时间并且终装线能全部清空计算,各线间缓存区的正常缓存台数为 15÷3=5(台),再确定缓存区最大数量及最小数量,具体计算方法如下

$$L = nY = mXt$$

$$正常缓存数 = Y-(X+Y)/2 = (X+Y)/2-X$$

式中　X——最小数量;

　　　Y——最大数量;

　　　m——缓存线速;

　　　n——单个缓存工位长度;

　　　L——缓存线长度;

　　　t——生产节拍。

需要注意地板链或滑板形式内饰工艺段之间缓存区的规划。例如,内饰一工艺段与内饰二工艺段采用周转的滑板形式。如图 7-39 所示,两端的缓存区最小数量为 0,最大数量为 4,则正常缓存量为 2。所以内饰一工艺段与内饰二工艺段只有两台车的缓存量,缓存时间只有两个节拍。内饰一工艺段如果停线,

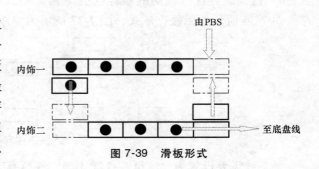

图 7-39 滑板形式

内饰一工艺段尾部的两台滑板及车身可移至内饰二工艺段;如果内饰二工艺段停线,则在内饰一工艺段尾部的两台滑板及车身移至内饰二工艺段,内饰二工艺段尾部的两个空滑板移至内饰一工艺段。

缓存区处于极限状态时的回正过程,一般当缓存区的数量由于生产性问题导致处于最小

数量或最大数量时，可通过各分支线——内饰工艺段装配线、底盘工艺段装配线、终装工艺段装配线的局部调速（主要是提速）来实现缓存区数量正常。

如果缓存区的数量较多时，可设置一个与缓存区并联的直通链，如图7-40所示。

9）输送线附属设施。输送线附属设施一般包括工艺吊架、工位照明和风扇系统等。工艺吊架一般布置于各输送线体与线边物料区域之间的过渡区域，主要用于二次水电气管线支撑、工艺吊挂的物料滑车支撑、悬挂工位照明、工位风扇等。工艺吊架一般沿输送线两侧平行布置，自身采用焊接或螺栓连接，上部

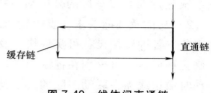

图7-40 线体间直通链

采用高强度螺栓与工艺二次梁连接，工艺吊架的下标高一般在3m左右。工位照明系统主要用于输送线及其他工作区域的照明，常采用沿输送线两侧平行布置的形式，灯具间距1.5m左右。照明灯箱采用格栅灯箱，每个灯箱一般布置两根灯管，采用抛物状铝格板和雾面反射板，减少眩光反应。一般都按各工艺段分区控制，并配有对应的控制箱。风扇系统主要用于工作区域的防暑降温，一般沿输送线两侧平行布置，每个工位布置1个。风扇的高度一般根据作业需求设定，一般距离操作人员工作区域2m左右，每个风扇可单独控制开关。

（2）开发输入接口

1）产品接口：①车身及整车数模；②车身及整车样件；③VIN条码及其定义；④整车识别码。

2）工艺、土建、钢结构、水电气及IT接口：①工艺平面布置图，工艺文件或工艺过程描述；②产能及节拍要求；③设备运转率（设备开动率）；④相关的土建工作：如预埋的工字钢、地坑、地坑楼梯、地坑照明、设备安全栏等支撑部件；⑤压缩空气管路；⑥到设备连接位置的主电缆；⑦网络接口点；⑧设备颜色代码。

（3）开发周期

整个输送线的设计（包括详细工艺设计）、制造、安装调试周期为7~10个月，其中设计周期为2~3个月；制造周期为3~4个月；安装调试周期为2~3个月。

（4）价格范围

以一条产能为15万台的输送线为例，低成本投入一般为3000万元左右，中高成本投入一般为8000万元以上。其中单台份滑板综合单价在20万元左右（含土建），单台份EMS综合单价在15万元左右，单个AGV的综合单价一般在5万~40万元之间（根据承载质量和机构的不同，综合单价的差异性会很大）；

（5）节拍

目前的输送线节拍范围一般在50~120s之间。

（6）常用备件

电动机、轴承、气缸、行程开关、停止器、电刷、熔丝等。

（7）开发时重点的技术要求

1）接口及集成要求。产品接口要保证输送线对输送部件的参数适应性，包括外形尺寸、质量、结构的适应性（比如，轿车车身质量一般为350kg，货车车身质量一般为500kg，轻型客车车身质量一般为750kg），以及工艺高度、定位精度等方面的适应性。空间接口，整个生产线及设备在空间布置上，不应与厂房及公用动力管线存在尺寸干涉，整个生产线要

匹配厂房内部尺寸、标高，以及柱子的空间尺寸、间距。时间接口，整个生产线及设备能有效地满足产能及节拍要求，运行速度可以根据产量的要求，平滑地从最小产量过渡至最大产量。公用动力接口，整个输送系统的公用动力系统（包括电气系统、给排水系统、压缩空气系统等）要与整车厂的公用动力系统匹配。

2) 功能及性能要求。整个输送线系统运行平稳可靠，无爬行和跳动现象，无噪声和卡滞现象，各种转接设备可实现快速及可靠的转接。输送线的运行操作要可分为自动、手动、维修三种形式，可分别在控制柜和现场操作站进行。自动时全线可在程序控制下自动运行；手动时输送线需在联动解除的安全模式下运行；维修人员维修时设备需处于可靠的安全互锁停机状态。各装配线之间，以及各装配线与线旁辅助装配设备之间要能实现联锁和耦合。输送线的各工位间距要满足操作人员的操作空间要求。每两个操作工位设一个急停按钮盒，非操作工位每隔30m设一个急停按钮盒。整个生产线及设备必须具有一定的柔性和兼容性，可适应多车型生产。各输送线体的工件尽可能用基础件定位，不宜采用其他装配件定位。比如车身输送线尽可能用车身上的结构来定位，不应用其他装配件定位；动力总成和底盘装配线尽可能用动力总成本体和前后桥上的结构定位，不宜用其他装配件定位；仪表板输送线尽可能用仪表板骨架定位，不宜用仪表板上其他装配件定位。不同车型的工件定位点和支撑点应尽可能统一。

3) 安全及环保要求。整个输送线机械系统和电气系统要设置必要的安全设施，以保证作业人员和设备自身的安全。输送线有安全隐患的部分，要设置明确的安全警示标识。在上下坡段、升降区域、转接区域需有完整可靠的保护装置（如上下坡止退器、减速阻尼系统、光栅报警系统和护栏等），可保证设备运行时区域内人员的安全。整个电气系统要具有必要的接地保护、过载保护、短路保护、失压保护、缺相保护等；要能够适应工厂电网上的电压波动和脉冲干扰。在电压干扰和掉电之后，被中断的程序必须能重新执行；无论自动或手动方式，各应用单元内部的前后动作顺序要有互锁功能；电控柜面板和各操作站面板都必须设置急停按钮，在操作工位上需均匀分布一定数量的急停按钮。设备操作站应安装在容易操作的地方和位置。在电源断电或设备急停时，为了避免设备损坏或产生人身伤害，不允许设备运动执行元件有任何运动。整个输送线运转的噪声等级应不超过75dB。

4) 寿命及维修要求。整个生产线主体设备要满足20万h以上的寿命要求。设备正常运行时，开动率要达到98%以上，以保证低的故障率。要设置必要的维修空间，出现故障能有快速保证生产的应急预案（比如，易损部件要有明晰的标记标识、有充足的易损备件、有明确的维修规范等）并能快速维修损坏的设备，保证设备不长停。

5) 工艺经济性要求。整个生产线及设备在有效满足生产要求的前提下，应尽可能地降低成本。整个输送线应尽可能地采用通用化和标准化的材料和部件。

下面列出的，是对一些典型输送形式的特殊特性提出的针对性技术要求。

（1）悬挂输送的技术要点

1) 悬挂式输送的驱动装置一般放置于线路张力最大处。一般只放置一个驱动装置，当线路较长或较复杂时，则需要放置多个驱动装置。

2) 各线体之间的转接段需设置快速链，以保证各线体之间可快速转运。

3) 为了解决悬挂链条上升及下降过程中的卷曲和窜动，需要在悬挂链条斜向段设置防卷曲或窜动的机构。

4) 生产线悬链及悬挂吊具工位间升降及线首线末升降的角度不超过 30°。

5) 悬挂输送工件过程需设置稳固的锁紧点，以保证线体带角度升降时工件固定的牢固性，如果没有稳定的锁紧点，只可以水平和垂直移载，不可倾斜移载。比如，车身吊具采用非支撑销的支撑托块的前提是：在吊具承载车身进行输送的过程中，不可有倾斜状态升降，只可水平升降。

（2）板式输送的技术要点

1) 板式输送线起停和运行的过程平稳，无爬行和窜动。

2) 为了限制板链运行的直线度，需设置导向轨。

3) 为了保证板链的平直，需设置张紧装置或阻尼装置。

4) 相邻板链之间、板链与侧面地面基础之间的间隙不可过大，以防止小零部件楔入。

5) 为了保证小零部件落入板链地下返回段时造成输送线卡住和锁死，板链地下返回形式的板链与基坑之间需要有足够的间隙。

（3）辊式输送的技术要点

1) 要求辊子空载情况下转动灵活无卡阻，承载工况下不得与托板或工件之间产生滑动摩擦。

2) 辊子在运行过程中，不得有轴向窜动和径向跳动，辊子在承载状态下，辊子轴线变形量不得大于 0.5mm。

3) 辊子要有一定过载运行能力，在 2 倍承载力工况下，辊子轴与辊体及轴承之间不得有松脱。

4) 辊子表面要求圆整、光滑、无凹痕、裂纹，表面要做防锈、硬化及耐磨处理。

（4）滑橇输送的技术要点

1) 整个线体运行平稳，不能有爬行或窜动。

2) 橇体工作面需满足形面精度要求，一般实际作用尺寸内的平面度偏差在 ±1mm 范围内，直线度偏差在 ±2mm 范围内；并要做防锈、硬化及耐磨处理。

3) 橇体外侧或内侧要设置导向装置，保证全路线的直线度偏差一般在 ±5mm 范围内。

4) 滑橇输送线体要设置必要的停止器，保证滑橇停止位置偏差不大于 ±5mm。如果有准确的定位需要，需要设置独立的定位机构，保证滑橇的停止精度。

5) 为了节省存储空间，空橇一般可进行堆垛处理以节省空间。

（5）带式输送的技术要点

1) 在正常工况下，传送带应能平稳起动和停止，无过度应力，不可有翘曲、打滑和跑偏的情况。

2) 传送带要求采用耐磨、耐腐蚀、耐老化、弹性好、机械强度高、高阻尼的产品。

3) 为了保证输送线的平直，带式输送一般要设置张紧装置。

4) 传送带线末需设置清扫装置，用于清除输送带上黏附的物料；对于需要在带末移载工件的传送带，需要在传送带末端设置传感装置与线体驱动联锁，工件没有及时从线末移载时，能进行急停处置。

（6）AGV 输送线的技术要点

1) AGV 的导引系统要能够与相关输送线（底盘线吊架）相互联锁、同步运行，并保证同步精度（一般 ≤±5mm）。

2) AGV 小车前底部要设置清扫刷，排除残留物。

3）要设置探测传感器、压力传感器、防撞保险杠等以防止在运行路径上碰到人或物体时可以立即刹车以实现安全保护。

4）带举升机构的AGV要可实现在任意举升位置急停,包括所有中间位置;要能保证断电时,举升能安全制动。

5）AGV要具有离线保护功能,偏离轨道时会自动纠正;因一些异常原因导致AGV脱离轨道时,会自动报警。报警装置要具备声、光功能,正常运行及异常运行时,声、光报警模式要区别开来。

4. 检测线

整车的检测线主要是根据国家强检标准和生产企业自身要求,对装配完成的车辆进行安全性和关键功能、主要功能的检查和测试。检验内容主要包括:车辆唯一性检查、车辆特征参数检查、安全装置检查、排放性能检查、驾驶性制动性检查、密封性能检查、电器功能检查、车辆外观检查等。

整车厂检测线一般包括:四轮定位测试台,主要进行方向盘的对中检测及四轮定位参数的检测和调整;灯光检测仪主要进行光强和光偏的检测;侧滑检测台主要进行整车行驶时前转向轮的横向偏移量的检测;综合转毂测试台主要进行车速表校验、轴重轮重检测、转角检测、加速性能测试,以及制动性能测试[包括防抱死制动系统(ABS)性能检测];喇叭声级检测主要检测喇叭的响度;尾气检测台主要进行尾气排放限值检测;淋雨测试线主要进行整车密封性检测;道路测试主要进行整车驾驶的操纵稳定性、平顺性和各种异响的检测;总检线主要进行整车外观、整车电器功能等方面的检测。所有的检测数据及合格/不合格状态可以绑定VIN码自动数据收集、存档和追溯,并可进行重复检测,新的数据可以覆盖原有的数据。

在进行检测工艺流程设计和检测线设备布置设计时,一般主要考虑安全和功能的限制性。检测线通常都与装配线分开单独布置,在最终装配工艺段装配完成后,一般先进入颠簸路面进行底盘应力释放,然后整车进入检测线的各个检测站进行检测。由于测试时间限制,大多数检测线的检测时间都大于生产产能及节拍要求,为此,一般都根据产能节拍要求布置两条或多条检测线。或者将部分综合检测设备分解成单体设备,如将综合转毂测试台分解为转角测试台、测功台、制动台等多个部分以满足生产节拍的要求。整车检测的主要目的是发现各类故障,为此,每个检测站附近都需要布置一定数量的返修工位,返修工位需要根据故障模式设置地面返修工位、举升返修工位、地沟返修工位及补漆间等。在具体检测设备布置上,一般按照灯光检测→四轮定位和侧滑检测→综合转毂检测→尾气排放检测、路试检测、淋雨检测→总检的顺序进行。这样做的主要原因是综合考虑安全性和功能检测的限制性。一般最先进行灯光检测主要是有的检测线路线非常长,将灯光检测放在前面,可保证夜间进行其他整车检测时的驾驶安全性;四轮定位和侧滑的检测放置于转毂测试台及路试之前,主要是防止后续进行综合转毂检测时车辆跑偏产生安全风险;综合转毂测试台布置在路试检测之前,可以在路试前对整车的制动及加速性能进行检测,保证后续路试的基本驾驶性能;路试检测布置于淋雨检测前,主要是考虑淋雨试验时,可以将路试时造成的车身污渍清除掉;而最后的总检线布置在淋雨检测后,也是考虑车身表面经过清洗便于车身外观的检查。

5. 检测线—灯光检测

（1）产品简述

汽车灯光检测是汽车安全检测的重要项目。在机动车前照灯配光性能和照射方向的检验标准中，对前照灯性能的要求主要包括配光特性、发光强度和光束照射方向等。检验指标为光束照射位置的偏移值和发光强度（单位为 cd，即坎德拉）。

前照灯检测仪是用来检测机动车前照灯配光性能和照射方向好坏的仪器，如图 7-41 所示。因检测方法的不同，检测仪在结构上略有差异，按光学测量方式可分为聚光式、投影式和自动跟踪光轴式［用光电池或电荷耦合元件（CCD）等作传感器］等，按测试方法和功能可分为手动、电动、远光光轴自动跟踪式、远近光光轴自动跟踪式几种。

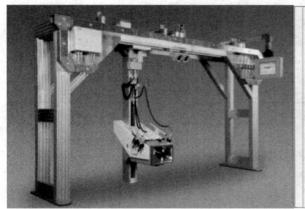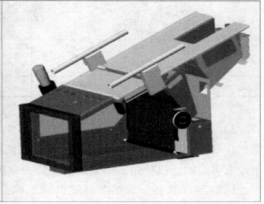

图 7-41 前照灯检测仪

仪器主体由机架和受光箱两部分构成，受光箱用来接受被检前照灯的光束并对其进行检测；受光箱安装在机架上，可沿立柱由电动机驱动（或手动）上下移动，并可在地面上沿轨道左右移动。前照灯检测仪的外形结构如图 7-42 所示。

前照灯检测程序一般如下：

第一步：检测前仪器及车辆准备。

1）测试仪受光面应清洁，轨道内无杂物。

2）车辆轮胎气压符合标准规定，前照灯玻璃应清洁。

第二步：检验程序。

1）车辆居中直线行驶，在前照灯离检测灯箱 1m（或根据说明书要求的距离）处停车。

2）车辆发动机处于怠速状态时，置变速器于空挡，电源处于充电状态，开启前照灯远光。

3）起动前照灯检测仪，按检测程序要求开始测量。

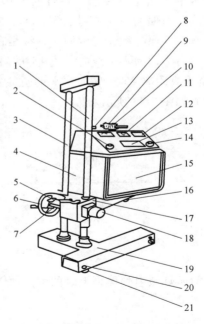

图 7-42 前照灯检测仪的外形结构

1—前齿条立柱 2—左右刻度盘 3—后立柱 4—光接收箱
5—对准旋钮 6—手轮 7—拉手 8—电源开关 9—左右表
10—瞄准器 11—发光强度表 12—上下表 13—显示屏
14—上下刻度盘 15—聚光透镜 16—钢卷尺 17—转动箱
18—电动机 19—底座 20—加油孔 21—水平调节偏心轴

4) 在并列的前照灯(四灯制)进行检测时,应将与受检灯相邻的灯遮蔽。
5) 检测完毕,前照灯检测仪回到初始位置,车辆驶离。

前照灯检测合格的标准:

1) 前照灯远光光束发光强度检测标准见表 7-3。

表 7-3 前照灯远光光束发光强度检测标准

机动车类型	检查项目(发光强度,cd)			
	新注册车		在用车	
	两灯制	四灯制	两灯制	四灯制
最高设计时速低于 70km/h 的汽车	10000	8000	8000	6000
其他汽车	18000	15000	15000	12000

注:四灯制是指前照灯具有四个远光光束;采用四灯制的机动车其中两只对称的灯达到两灯制的要求时视为合格。

2) 前照灯光束偏移量检测标准。

在检验前照灯近光光束照射位置时,前照灯照射在距离 10m 的屏幕上,乘用车前照灯近光光束明暗截止线转角或中点的高度应为 $(0.7~0.9)H$(H 为前照灯基准中心高度,下同)。

机动车(装有一只前照灯的机动车除外)前照灯近光光束水平方向位置向左偏不允许超过 170mm,向右偏不允许超过 350mm。机动车(装有一只前照灯的机动车除外)前照灯远光光束水平方向位置要求,左灯向左偏不允许超过 170mm,向右偏不允许超过 350mm;右灯向左或向右偏均不允许超过 350mm。

单个汽车前照灯配光有两种,一种是在配光屏幕上,明暗截止线的水平部分在 $V—V$ 线的左半边,右半边为水平线向上成 15°的斜线。另一种是明暗截止线右半边为水平线向上成 45°斜线至垂直距离 25cm 转向水平的折线,由于明暗截止线呈 Z 形,亦称 Z 形配光。单个前照灯配光如图 7-43 所示。

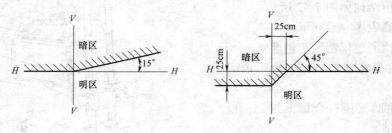

图 7-43 单个前照灯配光

两个前照灯照射到屏幕上时的配光如图 7-44 和图 7-45 所示。

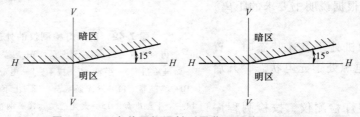

图 7-44 两个前照灯照射到屏幕上时的配光(左)

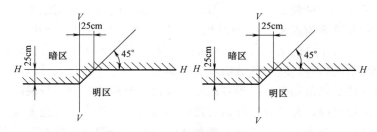

图 7-45 两个前照灯照射到屏幕上时的配光（右）

（2）开发输入接口

1）产品接口：① 提供整车 VIN 码及其定义；② 被测车辆的前照灯配光性能和照射方向参数；③ 整车样车（非报废性使用）。

2）工艺、土建、钢结构、水电气及 IT 接口：① 工艺平面布置图，工艺文件或工艺过程描述；② 产能及节拍要求；③ 设备运转率（设备开动率）；④ 相关的土建工作，如预埋的工字钢等支撑部件；⑤ 压缩空气管路；⑥ 到设备连接位置的主电缆；⑦ 网络接口点；⑧ 设备颜色代码。

（3）开发周期

国内汽车制造企业较多选用进口灯光检测设备，合同签订后 4 个月发货，途中 1 个月，加报关、安装调试共 6~7 个月。

（4）价格范围

进口灯光检测设备：价格为 75 万元左右。

（5）节拍

远近光调整节拍范围最小在 40s 左右。

（6）常用备件

CCD 摄像机、自动轴距调节系统、浮动盘及其转毂组件、非接触式定位仪、对中系统、方向盘转角仪和显示表等。

（7）开发时重点的技术要求

1）可以快速进行精确的光轴定位，并且在节拍内全自动完成车灯发光光强、光轴的偏移量、前照灯基准高度等各项参数的检测。

2）发光强度示值误差小于 ±12%（相对误差），远光光轴偏移量小于 ±15mm，近光光轴偏移量小于 ±15mm。

3）灯箱调整要分为手动、自动两种。每种模式都可以单独设定检测单一参数或所有参数。在自动状态下，当左右灯光高度不一致时，要有控制灯箱移动的程序。

4）要可以实时显示灯光参数的实际值和状态。参数合格及不合格的状态和偏差大小要用不同颜色、不同长度的指示带来提示。

5）可以适应多种车型前照灯参数的检测。

6）具有数字通信接口，可与检测线进行联网控制。

6. 检测线—四轮定位检测台

（1）产品简述

四轮定位参数控制关系到车辆行驶，特别是高速行驶的可控制性、安全性，并减少轮胎附加磨损，因此是整车质量控制的关键环节。四轮定位检测台是利用激光成像、计算机数据处理技术进行车辆四轮定位参数测量的系统。主要检测调整项目：前束（前轮前束、前轮总前束、后轮前束、后轮总前束）、外倾（前轮外倾、后轮外倾）、主销倾角、最大转向角、推力角、方向盘对中调整等。测量的数值可实时显示，并允许操作人员进行必要的调整以使车轮定位参数满足技术规范的要求。通过四轮定位仪调整后的车辆在行驶时，车轮行走轨迹在一定范围内应保持直线，并具有良好的着地性和操控性，不会出现跑偏现象。

四轮定位检测台一般采用每轮4速激光系统，相对3速激光系统而言，对外倾角的检测更准确，并且采用数字信号计算。在采样的过程中，激光摄像头分别在两个位置上采集X轴和Y轴上多达600点的数据，足以保证激光头在整个测量范围内的高精度坐标标定。四轮定位检测台如图7-46所示。

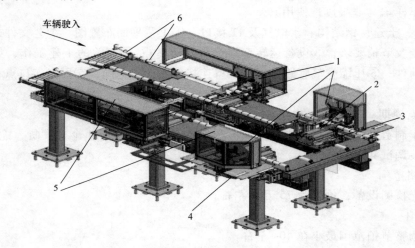

图 7-46　四轮定位检测台

1—激光装置　2—转毂　3—浮动盘　4—滑动盘　5—遮光罩　6—导向及阻挡滚

1) 四轮定位检测台的主要机构有：浮动盘、轴重测量机构、对中机构、激光装置、方向盘平衡器等。

① 浮动盘：设备设有8个转毂，分为4对，用于支撑4个车轮做动态旋转。转毂构建在浮动盘上，浮动盘的作用是使车轮调整时，处于浮动状态，从而真实反映车轮状态。四轮定位浮动盘状态如图7-47所示。

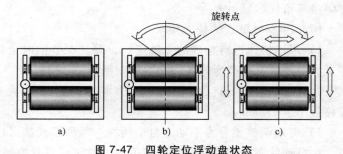

图 7-47　四轮定位浮动盘状态

a) 锁定状态　b) 导向状态　c) 自由浮动状态

锁定状态：浮动盘固定，车辆可以驶进驶出。

导向状态：浮动盘解锁左右转动限制，所有汽车各车轮按汽车前行方向被转毂转动，进行车辆对正。

自由浮动状态：当测量和调整时，浮动盘导向装置松开，浮动盘可自由浮动。实时跟踪轮胎的位置和状态，便于测量和调节。

② 轴重测量机构：集成在四轮定位仪浮动盘上。测量范围可根据车型质量设置；测量精度一般可以实现满量程的±0.2%。

③ 对中机构：一般有两套车辆自动对中装置（前、后轴各1套）。多采用不推压轮胎的非推压式对中定位装置，即通过带导向的转毂浮动盘引导车轮向对中位置移动，进行汽车对中，这种对中机构对外倾角测量或调整没有任何影响。

④ 激光装置：4套激光测量装置（每个轮1套）。用于车辆几何参数的非接触式测量，且通过激光传感器及相机来接收数据，从而测量前束、外倾及转角值。

⑤ 方向盘平衡器：主要用于测量方向盘偏角，如图7-48所示。配置集成车载自动诊断（OBD）Ⅱ插头的诊断电缆，实现与汽车ECU通信进行电动助力转向（EPS）转向传感器标定，也可用于氙气车灯ECU通信标定。侧向倾斜误差一般小于1%；测量范围约±30°；分辨率约0.1°。

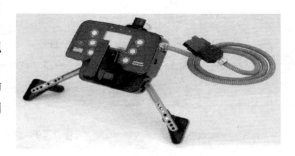

图7-48 方向盘平衡器

2) 激光四轮定位算法的主要原理：

① 测取车轮轮胎轮廓线，激光系统通过发射激光及接收激光来测量车轮轮廓。通过连续的光束读取数据并消除轮胎背身的毛刺、字迹等，最后模拟出车轮轮胎轮廓。

② 提取高点附近的计算区段，经过计算机数据处理，提取高点附近一个区段的十几个点的数据，计算最高点。

③ 根据最高点数据，计算四轮定位参数。

3) 四轮定位检测程序及合格标准：

① 扫码：通过扫码可以确定车辆出厂号，同时送入数据库，作为车辆质保凭证及传递转毂轴重信息。扫码的另一个作用是确定车型以改变设备轴距及激光传感器位置，从而适应多车型混流的需要。

② 轴距调整：根据车型自动变换轴距，使前后转毂中心距和被测车辆车轮中心距相吻合。

③ 对中：使车辆处于定位台中心线位置。前轮前束值本身较小，测试时若车辆中心与试验台对正有误，将影响测试调整的准确性。

④ 参数测量：测量整车转角参数数据、定位参数数据，通过内部统计和计算程序得出检测基础参数。

⑤ 参数调整：根据屏幕显示的前束、外倾值，手工调整参数值。

⑥ 合格标准：不同车辆的四轮定位参数不同，一般由整车厂自定义。

常用四轮定位检测台的测量精度范围见表7-4。

表7-4 常用四轮定位检测台的测量精度范围

测量项	测定范围	测量精度	重复性精度
车轮前束	±8°	±1′	±0.2′
车轮外倾	±5°	±2′	±0.4′
最大转向角	±45°	±1°	

4）四轮定位参数说明：

① 前束角：前束是轮辋边（A 和 B）在轮的中心高度时的长度差。汽车前束角如图 7-49 所示。从汽车的正上方向下看，轮胎的中心线与汽车的纵向轴线之间的夹角称为前束角。$A>B$ 时车轮向内指，为内前束，前束角为正；反之为外前束，前束角为负。总前束是同轴的两个单前束角的和（α、β）。车辆前束失准会引起行驶跑偏、轮胎异常磨损等问题，对车辆行驶的安全性和经济性产生直接影响。

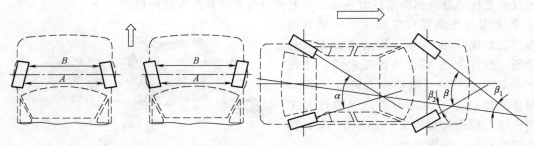

图 7-49 汽车前束角

② 外倾角：外倾角是车轮中心平面与路面的垂直线间的夹角或轴颈与水平线间的夹角，如图 7-50 所示。车轮外倾角失准同样会造成行驶稳定性不良及轮胎附加磨损的问题。顶端向外倾斜称为正外倾角，反之为负外倾角。

③ 主销后倾角：是通过从侧面看的转向关节轴（车轮的导向轴）与通过轮心的垂线形成的夹角，如图 7-51 所示。从上看，导向轴向前倾斜时，主销后倾角为正值，反之为负。

④ 主销内倾角：主销内倾角是转向关节轴（车轮的导向轴）与垂线形成的夹角，如图 7-52 所示。

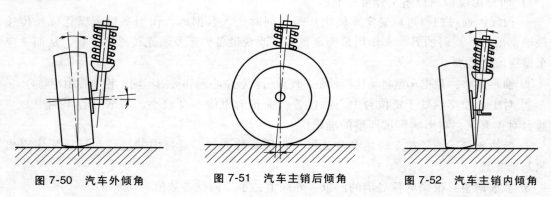

图 7-50 汽车外倾角　　图 7-51 汽车主销后倾角　　图 7-52 汽车主销内倾角

（2）开发输入接口

1）产品接口：①整车基本参数（长、宽、高、轴距、轮距、前悬、后悬、整备质量、轮胎型号、离地间隙等）；②被测车辆的四轮定位参数；③整车样车（非报废性使用）；④VIN 条形码或二维码及其定义。

2）工艺、土建、钢结构、水电气及 IT 接口：①工艺平面布置图，工艺文件或工艺过程描述；②产能及节拍要求；③设备运转率（设备开动率）；④相关的土建工作，如地坑、地坑楼梯、设备安全栏、地坑照明、预埋的工字钢等支撑部件；⑤压缩空气管路；⑥到设备连接位置的主电缆；⑦网络接口点；⑧设备颜色代码；⑨排气通风设施。

(3) 开发周期

国内汽车制造企业多选用进口的四轮定位设备，一般合同签订后 4 个月左右发货，途中 1 个月、加报关及安装调试共 6~7 个月。

(4) 价格范围

进口四轮定位设备：400 万元左右。

(5) 节拍

四轮定位测试时间为 35s 左右，考虑到定位参数的调整，节拍一般为 120s 左右。

(6) 常用备件

自动轴距调节、浮动盘及其转毂组件、非接触式定位仪、对中系统、侧导向轮等。

(7) 开发时重点的技术要求

1) 四轮定位的承载机构（浮动盘、轴重测量机构）、对中机构应具有间距调节功能，保证对整车参数及参数变化的适应性。包括整车质量、轴距、轮距，在质量、轴距、轮距尺寸变化时，可以实现快速调整和系统自动补偿。

2) 激光成像系统的激光要具有安全性，不会对作业者的眼睛产生灼伤。要具备激光头位置的径向调节功能和激光头支架位置的横向调节功能，使设备可以适应各种车辆的轮胎尺寸。

3) 四轮定位检测过程要可以实时显示四轮定位参数的实际值和状态。参数合格及不合格的状态和偏差大小要分别用不同颜色（如绿色及红色）、不同长度的指示带来提示。

4) 整个测量系统要具有误差补偿功能，以补偿和消除在车轮摆动、轮胎变形、车身未在检测设备上对中、环境温度变化时产生的测量误差。

5) 整个测量系统在结构上要保证在四轮定位参数不合格状态时，可以方便地调整四轮定位参数。

6) 需配备必要的传感器。为四轮定位检测设备及作业人员提供明确的车辆驶入、车辆就位、车辆驶出的状态信号，保证设备和操作人员的作业安全。

7) 四轮定位地坑周围，要设置必要的安全护栏。

7. 检测线—侧滑检测台

(1) 产品简述

汽车侧滑检测台用于检测汽车前轮（转向轮）的前束角与外倾角配合是否满足要求。主要检测整车行驶过程中的侧向偏移。当汽车直线行驶时，如果前轮的前束角值与外倾角值不匹配，那么它在向前方滚动的同时还要产生相对于地面的横向滑移。这种横向滑移通常称为侧滑。侧滑量过大会造成汽车行驶不稳、方向盘操作力增加、轮胎异常磨损、燃油消耗量增加等弊端。侧滑检测台主要利用位移传感器进行整车侧滑检测。

检测过程及合格标准：整车摆正方向盘，以 5~15km/h 的速度从侧滑检测台直线驶过，停止于侧滑检测台检测显示屏旁。扫描整车条码，打印检测数据，横向侧滑量≤5m/km 为合格。

(2) 开发输入接口

1) 产品接口：①被测车辆的侧滑参数；②整车样车（非报废性使用）；③VIN 条形码及定义。

2) 工艺、土建、钢结构、水电气及 IT 接口：①工艺平面布置图，工艺文件或工艺过程描述；②产能及节拍要求；③设备运转率（设备开动率）；④相关的土建工作，如地坑、地坑楼梯、设备安全栏、地坑照明、预埋的工字钢等支撑部件；⑤压缩空气管路；⑥到设备连接位置的主电缆；⑦网络接口点；⑧设备颜色代码；⑨排气通风单元。

（3）开发周期

合同签订后 3~4 个月。

（4）价格范围

选用较多的是国产侧滑检测设备，价格在 6 万元左右。

（5）节拍

单个侧滑设备的节拍可以不预计算，只要求整车行驶速度小于 5km/h。

（6）常用备件

位移传感器、浮动盘。

（7）开发时重点的技术要求

1）设备必须具备良好的抗冲击寿命，以保证使用寿命在 20 年以上。

2）检测结果要具备数据锁存功能，以保证车轮驶离侧滑台后，操作人员能读取侧滑量的显示值。

3）当后轮通过或前轮后退通过滑板时，检测设备要具备自动清零复位的功能，以准备下次检测。

4）要具备检测结果监测和车速监测功能，当侧滑量超过规定值时或当车速偏离标准值较大时，可以通过声光进行报警提示。

8. 检测线—综合转毂检测台

（1）产品简述

综合转毂检测台，又称底盘测功机，是一种室内试验设备，通过模拟汽车在实际行驶中的阻力，以测定汽车的使用性能及检测汽车的技术状况［汽车驱动轮的输出功率、扭矩（驱动力）、转速、加速性能、滑行性能、制动性能等］，如图 7-53 所示。

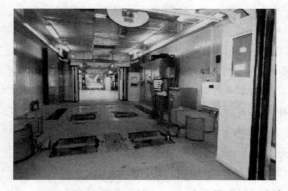
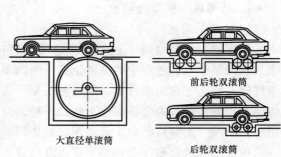

图 7-53 汽车综合转毂检测台

综合转毂检测台的内部结构主要分为道路模拟系统、数据采集与控制系统、辅助装置三部分。道路模拟系统主要利用滚筒来实现路面模拟，即以滚筒的表面取代路面，滚筒的表面相对于汽车做旋转运动，主、副滚筒间设有举升装置，方便汽车进出转毂检测台。数据采集与处理部分主要由数据采集卡、速度传感器、拉压传感器、光电开关及相应的数据处理电路等组成（测距、测速、测力、功率指示）。控制系统由控制模块和执行元件组成。控制系统是指将用户给定的控制信号以数字信号的形式经 D/A 转化成模拟信号以控制执行机构的行为，使被控对象的各项参数能达到用户所需要求。辅助装置主要包括用于防止汽车偏摆和纵向移动的约束装置、用于冷却发动机和轮胎的冷却装置、尾气抽排装置，以及显示装置等。

综合转毂检测台主要由前转毂组、后转毂组、环境系统（废气翻板）、轴距调整装置、基本框架、毂集合及提升杆构成，如图 7-54 所示。

综合转毂检测台的测试项目一般有：

1）测试前的条件检测，如蓄电池电压、发动机转速、冷冻液温度、曲轴传感器的状态等，并根据读取到的发动机控制器的故障码加以评估，判断是否符合测试条件。通过目测和触觉判断发动机和空调的开启和关闭是否响应正确，读取各个控制器的故障码加以比对，判断是否有临时故障和永久故障，然后清除各个控制器的故障码。

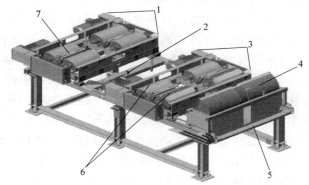

图 7-54　汽车综合转毂检测台的构成
1—前转毂组　2—轴距调整装置　3—后转毂组
4—环境系统（废气翻板）　5—基本框架
6—毂集合　7—提升杆

2）喇叭测试（需要配置一个声级计）。声音的测试范围在 GB 7258—2017 5.5.1 中的要求是：90~115dB。

3）速度表校验。将汽车加速到 40km/h 进行测试。在汽车仪表盘上的速度指示到 40km/h 时，检验者给控制计算机一个确认信号，计算机记录下此时滚筒的真实速度，这个速度如果在 32.8~40km/h 范围内，说明检测合格。

4）阻滞力测试。汽车在试验台上加速到一个设定的速度，车辆置于空挡，电动机停机。滚筒由高速直至静止，计算机通过此过程的速度变化来计算汽车的阻滞力。

5）加速性能测试。从 "0" 加速到预设的指定速度时，计算机自动测量出加速时间，然后根据这些条件来评价发动机的功率和性能。

6）制动力测试。有两种测试方法：一种方法叫高速动态减速度法，将惯性滚筒加速到高速，通过检测制动过程中车轮对惯性滚筒进行制动的减速度，测量车辆的制动力；另一种方法叫定速反力法（静态法），电动机带动惯性滚筒以恒定的低速转动，通过力矩平衡的原理测量制动过程中电动机的转矩，从而测量出车轮的最大制动力。

7）行车制动性能检验。行车制动产生最大制动效能时的踏板力，乘用车不应大于 500N，其他机动车不应大于 700N。

8）制动力平衡要求。在制动力增长全过程中同时测得的左右轮制动力差的最大值，与全过程中测得的该轴左右轮最大制动力中大者之比，前轴不应大于 20%，后轴（或其他轴）在轴制动力不小于该轴轴荷的 60% 时不应大于 24%；当后轴（或其他轴）制动力小于该轴轴荷的 60% 时，在制动力增长全过程中同时测得的左右轮制动力差的最大值应小于该轴轴荷的 8%。

9）制动协调时间。是指在急踩制动时，从脚接触制动踏板时起至机动车制动力达到所规定的制动力的75%时所需的时间。

10）车轮阻滞力要求：进行制动力检验时各车轮的阻滞力均应小于车轮所在轴轴荷的10%。

11）驻车制动性能检验。驻车制动力的总和应大于该车在测试状态下整车质量的20%。驾驶员施加于操纵装置上的力，在手操纵时，乘用车不大于400N，其他机动车应小于600N；在脚操纵时，乘用车应小于500N，其他机动车应小于700N。

12）ABS测试。有四项内容。第一项是ABS的动态检查，是在滚筒车轮高速转动的情况下进行的。计算机通过ECU发布命令，命令各车轮对应的泵和阀做相应的开启和关闭（如入液阀关闭、出液阀开启），使得该车轮制动压力交替进行下降上升；计算机通过检查该车轮滚筒制动力的下降率和恢复率，从而检查出ABS各泵和阀功能是否正常，是否有连线错误。第二项是联线交叉测试、传感器存在测试、轮速传感器间隙测试。这些测试是在各车轮电动机带动滚筒旋转的条件下进行的，计算机通过ECU自动读取对应转动车轮的转速值，观察该值是否稳定，是否与滚筒真实转速一致，进而判断ABS系统车轮转速传感器是否正常工作、是否有连线错误、间隙是否正常。第三项是电子差速系统（EDS）测试。通过ECU命令驱动左右轮的制动力上升下降，同时检查各车轮对应滚筒制动力的上升和下降，进行EDS的检测。第四项是牵引力控制系统（TCS）功能测试。根据不同TCS类型，可通过将从动轮减速来模拟加速打滑情况以测试TCS的功能，以及通过ECU发送TCS制动命令的方式检测TCS。

常用转毂检测设备测试项的测试精度见表7-5。

表7-5 常用转毂检测设备测试项的测试精度

测试项目	测量范围	测量精度
速度测量	0~170km/h	±1%满量程
四轮速度偏差		均速时≤0.1km/h；变速时≤0.5km/h
反力式制动力	≥3000N/车轮	±1%满量程
驻车制动力	≥3000N/车轮	±1%满量程
动态制动力	≥3000N/车轮	±1%满量程

综合转毂检测台检测程序，如图7-55所示。

1）预检测：对发动机的工作状态加以检测，根据蓄电池电压、发动机转速、冷冻液温度、曲轴传感器的状态等，并读取发动机控制器的故障码加以评估，判断是否符合测试条件。手动对发动机和空调进行开启和关闭操作，检查是否响应正确。读取各个控制器的故障码加以比对，判断存在临时故障还是永久故障，然后清除各个控制器的故障码。

2）检测：车辆进入转毂间，手持式控制面板与主机建立通信，在服务器调用相关数据，如轴重、轴距等发送给转毂台。转毂台根据接收到的指令，调整轴距至规定位置。废气抽吸系统起动，转毂检测开始，主要检测项目：动态检测、制动力检测、ABS/电子车身稳定系统（ESP）检测、定速巡航等。

特殊说明：四驱车的四驱功能检测。

1）判断四驱功能在一定工况下是否实现，有3个方案：

① 将车辆驶入，前轮处于若干个能够自由旋转的圆柱滚子（或能够自由旋转的转毂）

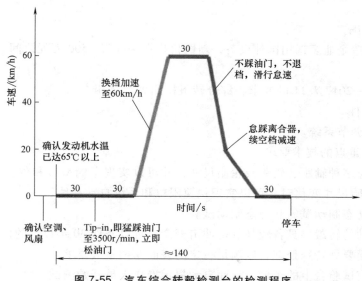

图 7-55 汽车综合转毂检测台的检测程序

上,后轮处于地面,此时实施车辆起步工况,前轮打滑,转速差驱动耦合器闭合,驱动力传递至后轮,将车辆推离该区域。

② 将车辆驶入,前后轮同时处于若干个能够自由旋转的圆柱滚子(或能够自由旋转的转毂)上,此时实施车辆起步工况,前轮空转,转速差驱动耦合器闭合,后轮开始空转。此方法的缺点是在车辆驶入和驶离的过程中,需要锁定圆柱滚子(或转毂),否则车辆无法正常驶入和驶离;实施起步工况时,需要采取措施,防止车辆意外离开检测区域。

③ 将车辆驶入举升装置区域,操作举升装置施加于车架或车身,将车辆抬高至车轮脱离地面,此时实施车辆起步工况,前轮空转,转速差驱动耦合器闭合,后轮开始空转。

2)测量在一定工况下的 4 个车轮上的扭矩值:需要四个车轮独立控制的转毂检测台。将车辆驶入 4 个独立的转毂,车辆实施一定的工况(如起步、倒车等,一般不在高速工况下测试四驱功能),采用特定程序控制 4 个转毂的速度和 4 个测功机的负载,全程测量和记录车轮对转毂的驱动力,根据扭矩分配结果判断四驱系统是否实现其功能。

(2)开发输入接口

1)产品接口:①被测车辆的转毂测量参数;②整车基本参数(长、宽、高、轴距、轮距、前悬、后悬、整备质量、轴荷、轮胎型号、离地间隙、ABS 制造商等);③ABS 及其他电子模块的通信协议、检测规范等;④整车样车(非报废性使用);⑤VIN 条形码或二维码及其定义。

2)工艺、土建、钢结构、水电气及 IT 接口:①工艺平面布置图,工艺文件或工艺过程描述;②产能及节拍要求;③设备运转率(设备开动率);④相关的土建工作,如地坑、地坑楼梯、设备安全栏、地坑照明、预埋的工字钢等支撑部件;⑤压缩空气管路;⑥到设备连接位置的主电缆;⑦网络接口点;⑧设备颜色代码;⑨隔音间、通风单元及其他环境所需的排气处理。

(3)开发周期

进口:从合同签订之日到安装调试结束约 7 个月。国产:从合同签订之日到安装调试结束约5个月。

(4) 价格范围

国内汽车制造企业多选用国外设备,新购价格在400万~500万元之间。

(5) 节拍

按GB 7258—2017 7.11的要求,综合转毂检测大约7min。

(6) 常用备件

轮毂、轴距调节系统。

(7) 开发时重点的技术要求

1) 可以适应多种轴距、轮距及轮胎尺寸,并可以实现车辆型号和位置的自动识别。在轴距、轮距、轮胎尺寸变化时,可以实现快速限位和系统自动补偿。

2) 可进行动态制动试验和静态制动试验。

3) 车轮驱动的转毂要具备较高的抗冲击寿命,可以实现20年以上的使用寿命需求。

4) 转毂表面要做特殊处理,以满足一定的表面摩擦系数要求。

5) 可以感应试验台上的车辆,从而自动提示操作人员开始测试。

6) 在测试状态,设备要具有自动提示功能,提示操作人员按测试顺序要求进行车辆动作操作。

7) 可以实时反馈测试结果,并提示操作人员可重新试验或进行必要调整。

8) 可以实时监视与分析车载ECU的通信数据流,以发现车辆运行过程中的问题。

9) 具备自动调节并具备自锁前轮、后轮的滚轮机构,测试时抬起,以限制车轮,防止滑出。

10) 具备轮胎侧面限制装置,防止试验时车辆横向滑动。

11) 废气抽吸系统要具备感应功能,可以根据车辆位置进行尾气抽吸,如果设置导风板,导风板翻起时不得与车身干涉。

9. 检测线—尾气检测设备

(1) 产品简述

汽车尾气检测设备是一种用来检测汽车尾气中各种气体元素含量指标的仪器,如图7-56所示。汽车尾气检测设备利用非分光红外线和电化学传感器对汽车排气中主要成分CO、HC、CO_2、NO_x和O_2进行测量分析。按照ISO 9001质量保证体系及JJG 688检定规程的要求研制、生产和检定。检测标准主要依据《汽油车污染物排放限值及测量方法(双怠速法及简易工况法)》(GB 18285—2018)。汽车制造厂大多采用双怠速排放检测法:双怠速排

图7-56 尾气检测设备

放检测是指在两种空转转速下进行污染物排放测量的排放检测方法。具体方法是：发动机从怠速状态加速至70%额定转速运转30s后，用节气门踏板将发动机转速稳定控制在50%额定功率转速或制造厂技术文件中规定的高怠速转速。GB 18285—2018中规定的轻型汽车的高怠速转速为2500±200r/min，重型车的高怠速转速为1800±200r/min。

常用的汽油机尾气检测设备的检测精度见表7-6。

表7-6 常用的汽油机尾气检测设备的检测精度

汽油机检测参数	测量范围	测量精度
CO	0~10%	0.01%
CO_2	0~20%	0.01%
HC	0~20.000 10^{-4}%	1 10^{-4}%
NO_x	0~5.000 10^{-4}%	1 10^{-4}%
O_2	0~25%	0.01%
λ（过量空气系数）	0~9.999	0.001

过量空气系数 λ：对于使用闭环控制电子燃油喷射系统和三元催化转化器技术的汽车进行过量空气系数的测定。发动机转速为高怠速转速时，λ应在1.00±0.03或制造厂规定的范围内。

检测过程：车辆行驶至尾气检测设备旁，操作人员用扫描枪读取车辆条形码（或整车编码）；将汽车尾气检测设备探头插入受检车辆排气管内取样，深度约为400mm（注意插入前取下探头密封罩）；将尾气收集管（安装）在已插入取样探头的排气管上，使受检汽车排出的尾气及时导出，起动汽车进行双怠速测量。双怠速测量步骤：先进入HC残留物检测，检测出HC残留物的成分。然后进行高怠速测量，将检测汽车发动机转速调节到2500r/min，待检测设备数据稳定后锁定数据，将检测数据打印出来。最后，进行怠速测量，将检测汽车发动机转速调节到1500r/min，待数据稳定后锁定数据，将检测数据打印出来。

（2）开发输入接口

1）产品接口：①被测车辆的测量参数；②发动机ECU的安全访问算法及各seed/key（种子密钥）样本两套；③诊断协议；④发动机ECU的检测规范；⑤发动机ECU诊断PIN脚（引脚）［如K-LINE或CAN（控制器域网）］到OBD插头PIN脚的连接图；⑥故障码列表；⑦整车样车（非报废性使用15天左右）；⑧尾气排放执行标准；⑨VIN条形码或二维码及其定义。

2）工艺、土建、钢结构、水电气及IT接口：①工艺平面布置图，工艺文件或工艺过程描述；②产能及节拍要求；③设备运转率（设备开动率）；④相关的土建工作，如地坑、地坑楼梯、设备安全栏、地坑照明、预埋的工字钢等支撑部件；⑤压缩空气管路；⑥到设备连接位置的主电缆；⑦网络接口点；⑧设备颜色代码；⑨环境所需的排气回收处理。

（3）开发周期

设备合同签订后5~6个月。

（4）价格范围

价格在20万元左右。

（5）节拍

3min左右。

(6) 常用备件

探针。

(7) 开发时重点的技术要求

1) 可以设定多种排放标准,并可实现排放检测标准的快速切换。

2) 要具备气路泄漏检查、流量监控、HC 残留检测功能。

3) 要具备自动调零、自动清洗、自动温度补偿、压力补偿功能。

4) 要具备必要的尾气回收装置,如果是大型车辆抽排,还需要考虑对生产车间采暖的影响,需要设置封闭的抽排间。

10. 检测线—道路测试线

(1) 产品简述

汽车道路测试线是进行汽车整车道路测试的场所,主要是在各种工况下的路面上进行整车功能、性能的测试,以满足汽车的实际行驶要求。汽车道路测试线一般可分两种,一种是整车开发过程中进行的各种道路试验,主要设置各种道路工况和环境工况进行实际道路和专门实验场的可靠性、耐久性和综合功能性能试验。比如,二十万公里的可靠性和耐久性试验;高温、高原、高寒试验;道路强化试验;整车滥用试验;还可用于振动和应力采样,悬挂性评价,异响及噪声评价等,以验证和调校整车的综合性能。另一种是整车装配下线后,将各种道路工况集中、浓缩、不失真地强化,形成典型化的道路以重现汽车使用过程中遇到的各种道路条件和使用条件,进行整车实际驾驶测试,以及测试四轮定位、转毂检测台、测滑等设备不能检测的测试项目,如操纵稳定性、平顺性以及各种异响噪声等。下面介绍的,就是整车装配下线后的道路测试线。

装配后的整车道路测试线主要由各种典型路面组成,主要是设置低频、中频和高频振动路面和一些异常工况路面来最大限度地模拟实际运行,以发现在这些工况下的零部件质量问题和装配质量问题。表 7-7 所示是总装典型路试线的道路工况构成和检查内容。表 7-8 所示是一些典型路试路段的示例和典型特征。

表 7-7 总装典型路试线的道路工况构成和检查内容

序号	路段名称	长度/m	检查内容	试验车速/(km/h)
1	准备路段	20	试验前的准备,检查关系到整车驾驶的一些特性或要求是否符合,如组合仪表是否正常,方向盘转动是否正常,换档机构是否正常,制动、加速、离合踏板是否正常,安全带等是否正常等	0~5
2	扭曲路段	30	检查行驶系统、传动系统、转向系统等承受低频交变载荷时的反应,一般应无异响及不良振动。具体包括车身焊接总成、车门总成、发动机舱盖总成、行李舱盖总成、前后桥总成、悬架总成、半轴总成、转向节总成、仪表板总成、天窗总成及座椅总成等在低频交变载荷路况下的干涉与异常噪声检查	5
3	过渡路段	10	连接两段	10~15
4	横肋路段	30	检查行驶系统、传动系统、转向系统等承受低频冲击载荷时的反应,一般应无干涉及异常噪声。具体包括车身焊接总成、车门总成、发动机舱盖总成、行李舱盖总成、前后桥总成、悬架总成、半轴总成、转向节总成、仪表板总成、天窗总成及座椅总成等在低频冲击载荷路况下的干涉与异常噪声检查	10~15

（续）

序号	路段名称	长度/m	检查内容	试验车速/(km/h)
5	过渡路段	10	连接两路段	15~40
6	阶梯路段	40	检查行驶系统、传动系统、转向系统等承受中频交变载荷和中频冲击载荷时的反应，一般应无干涉及异常噪声。具体包括车身焊接总成、车门总成、发动机舱盖总成、行李舱总成、前后桥总成、悬架总成、半轴总成、转向节总成、仪表板总成、天窗总成及座椅总成等在中频交变载荷和中频冲击载荷路况下的干涉与异常噪声检查	30~40
7	过渡路段	10	连接两路段	30~40
8	蘑菇丁路段	40	检查行驶系统、内外饰部件等承受高频冲击载荷时的反应，一般应无异常噪声。具体包括车身焊接总成、车门总成、发动机舱盖总成、行李舱总成、消声器总成、仪表板总成、天窗总成、座椅总成及内饰部件等在高频冲击载荷路况下的干涉与异常噪声检查	30~40
9	过渡路段	10	连接两路段	40~50
10	比利时路段	120	主要检查发动机舱盖总成、仪表板总成、车门总成、天窗总成、座椅总成、行李舱总成、顶盖总成、帽架总成及ABC柱等一些内外饰部件在高频振动路况下的异常噪声	40~60
11	过渡路段	30	连接两路段	30~40
12	铁轨路段	16+32	主要检查悬架、仪表板等在铁轨冲击载荷工况下是否有异常噪声	30~40
13	转弯路段		主要检查转弯性能。方向盘及动力转向是否随动和轻便，是否存在干涉和异常噪声，转弯时有自动回位的趋势，转向时有无侧滑	10~25
14	加速路段	300	主要检查加速过程中增减档性能及风噪。如换档是否自如无卡滞，加速是否平顺；增减档过程车速与发动机转速表的数值关系是否正常；运行过程中是否跑偏；是否有风哨现象	80
15	制动路段	100	主要检查制动性能。检查制动行程是否正常，制动过程是否灵敏、有效，制动距离是否正常；整个制动过程中有无不良晃动、制动跑偏等现象；自动档车在减速过程中降档是否平缓；整个制动系统在紧急制动和平缓制动过程中是否有干涉和异常噪声	20~60
16	ABS路段	280	主要检查装有ABS在低附着力情况下的制动。包括检查ABS是否作用、制动过程中是否侧滑、有效制动距离等	20~60
17	滑行路段	100	主要检查滑行时车辆是否平顺及滑行过程中的异常噪声	30 空档滑行
18	倒车路段	30	主要检查倒车情况，是否脱档，工作是否正常	5~8
19	涉水池	20	用以检查汽车涉水时水对汽车各部件的影响，如电气设备、制动器、发动机排气管浸水后的工作情况等	10~15
20	操稳广场	314	可供汽车转向或绕"8"字形行驶试验，进行操纵性、稳定性测试。还可布置洒水装置，使地面生成均匀的水膜以测试汽车侧滑情况	60~80
21	标准坡道	20	考核汽车在6%~60%坡度范围内的爬坡能力，还可考察驻车制动器在坡道上的停车能力、汽车在坡路上起步时离合器的工作状况等	0~40

(续)

序号	路段名称	长度/m	检查内容	试验车速/(km/h)
22	底盘静检站	8	1）检查发动机、变速箱在静态运行过程中有无异响 2）熄火，检查车速表、转速表、燃油表、水温表指针是否回到零位；踏板高度是否正常 3）检查发动机舱各种加注液体的液位是否符合要求，颜色是否正常，是否泄漏 4）检查各底盘件是否安装到位，是否有磕碰损坏现象，是否有渗漏现象，定扭连接件是否点漆，下车身管路夹安装是否紧固，连接是否正确，是否与整车其他件干涉	0

表 7-8 一些典型路试路段的示例和典型特征

路段名称	路段示例	路段特征
扭曲路段		混凝土浇筑，单个扭曲段长约 2000mm，高 120~220mm，左右交错布置
横肋路段		混凝土浇筑，单个横肋宽 200mm，高 100mm 左右，两个横肋前后间距约 2000mm
阶梯路段		混凝土浇筑，单个阶梯段长约 2000mm，高度由 0mm 线性过渡到 120mm 左右，左右交错布置

（续）

路段名称	路段示例	路段特征
蘑菇丁路段		混凝土浇筑，单个蘑菇丁直径约40~100mm，高度约30mm，按400~500mm距离均布
比利时路段		由路槽和石块组成，石块铺设于路槽内，间距10~20mm；石块前后高低交错，高差在20~50mm不等
铁轨路段		按实际铁轨高度和间距设置
转弯路段		从车辆最小转弯半径逐步变大，可设置连续转弯路段
加速路段		正常平顺混凝土路面

（续）

路段名称	路段示例	路段特征
制动路段		与正常道路相同附着系数的混凝土路面。路拱坡度小于 2%
ABS 路段		低附着系数的磨光路面
涉水池		浅水池（水深约 0.2m）或深水池（水深 1~2m）两种
操稳广场		直径 100~200m 的圆形广场

（续）

路段名称	路段示例	路段特征
标准坡道		6%~60%坡度范围内混凝土坡道
底盘静检站		带有地下检查的工作站，宽 800mm 左右，深 1600mm 左右（也可根据实际整车轴距、轮距进行适应性设定）

（2）开发输入接口

1）产品接口：①整车基本尺寸参数；②被测车辆的道路测试要求。

2）工艺、土建、钢结构、水电气及 IT 接口：①工艺平面布置图，工艺文件或工艺过程描述；②产能及节拍要求；③相关的土建基础；④压缩空气管路；⑤到设备连接位置的主电缆；⑥网络接口点。

（3）开发周期

合同签订后 3 个月左右。

（4）价格范围

综合单价 1500 元/m^2 左右。

（5）节拍

2min 左右。

（6）开发时重点的技术要求

1）整个道路测试线要保证 20 年以上的使用寿命要求。

2）整个道路测试线需要安装护栏等封闭处理设施，防止外部车辆及行人进入；道路测试线入口和出口要保证视野开阔，并设置瞭望镜；如有需要，整个道路测试线上可布置一定数量的路灯。

3）整个道路测试线需要设置必要的交通标志和交通标志线，如有必要可设置信号灯等。

4）为保证道路测试线的可靠性和耐久性，道路测试线地面基础需要进行整平夯实防止沉降，并铺设 500mm 灰土进行基层处理，再铺设 200mm 碎石垫层，最后铺设 300mm 左右带钢筋的混凝土。若表面需要进行水泥灰浆处理，则需用干性水泥灰浆。

5）各道路测试线路段的几何公差要控制在 ±2mm 范围内。

6）各道路段的侧面需要设置一定间距的钢筋立柱保护。

7）各道路测试段需要布置一定数量的伸缩缝，防止热胀冷缩损坏路面。

8）各道路测试段浇筑完工后，需要收光拉毛处理，并要进行一定时间的覆盖养生和洒水养生。

9）比利时路段的石块，需要采用花岗岩或玄武岩石块。

10）道路测试线需要配置完整的排水系统，保证在 100mm 降水量的情况下，积水能及时排出。

11）道路测试线需要配置一定面积的办公场所和设施，办公场所的区域尽量布置于道路测试线之外，办公场所的通道不得与道路测试线有干涉。

11. 检测线—淋雨线

（1）产品简述

汽车淋雨线是车身密封检测的重要装置，主要由输送板链、淋雨室、喷淋系统、吹干系统及控制系统组成，如图 7-57 所示。

1）输送板链：用来输送需要淋雨试验的整车，考虑防锈防腐等原因，多采用不锈钢材质的单板链输送线。

2）淋雨室：形成封闭的试验区域与非试验区隔离，一般采用复合墙体结构，内层用镀锌板，外层为彩钢板，中间填隔声材料，骨架用型钢焊接而成，室体的两侧设有玻璃窗，用于观察淋雨间的淋雨情况。淋雨室的顶部采用防水型双管日光灯，通过安全玻璃与淋雨室保证密封隔离照明，日光灯的维修可在室外进行。

图 7-57　汽车淋雨线

3）喷淋系统：产生模拟人工降雨，由水泵、过滤装置、回水槽、回水池、吸水池、管路及喷嘴等组成。喷淋水由水泵从吸水池泵出，经过滤器进入管路从喷嘴喷出，进回水槽流入回水池，通过回水池沉淀过滤进入吸水池，进行下一轮循环。

4）吹干系统：车辆完成淋雨试验后，对车身表面试验水进行吹干，保证车辆清洁。吹干形式有冷风和热风两种。淋雨试验室采用强风结构，其原理是当气流速度达到一定程度（25m/s 以上）时，车身上的水形成水雾脱离车身。吹干系统由风机、风箱、风管等组成。风机产生强风经过滤后由风箱分配进入风管，风管布置在车身周围，可均匀吹在试验车辆的表面，使水与车身分离。

5）控制系统：由控制电器、流量计、压力表等组成，对车辆试验时间、淋雨强度、喷射压力进行调整控制。

淋雨线的主要参数：淋雨管路距离车身的距离和压力可根据行业标准设定或者整车厂自

定义，按顶喷、侧喷、地喷的不同而不同，其中顶喷、侧喷的距离为 0.5m 左右，压力为 0.1MPa 左右；地喷的距离为 0.2m 左右，压力为 0.05MPa 左右。喷淋时间在 2min 左右，淋雨流量为 10~40mm/min，或者 10~40L/(min·m²)。烘干室一般采用风幕吹干，吹干时间为 2min 左右。

淋雨线检测过程：

1）准备状态，车辆在淋雨线前等待，触发光感信号或压力跳板感应信号，当淋雨线出口门关闭、进口门打开、计时显示器指示为零及指示灯绿灯亮时，车辆允许进入。

2）关好车门、车窗、天窗、发动机舱盖、行李舱盖，将车缓慢驶入淋雨线，停到指定位置，方向盘摆到正中位置。关闭收音机，将空调鼓风机开到最大档，淋雨 2min。此时，淋雨线处于淋雨测试工作状态。

3）淋雨测试工作完成后，淋雨喷头关闭，停止喷淋，整车缓慢驶入烘干室指定位置或缓慢通过烘干室进行烘干，时间为 2min 左右。

4）擦干车身进行淋雨后检查。打开四门及后门，检查驾驶室内及行李舱处有无潮湿；检查前后风窗玻璃、门窗玻璃密封条、四门后门密封条处是否渗漏；检查地板是否有积水。

5）检查合格的车辆，在装配检查卡上盖合格印章，转入下序；检查不合格的车辆，记录淋雨缺陷并转入返修区。

（2）开发输入接口

1）产品接口：①被测车辆的淋雨测试要求；②整车基本尺寸参数。

2）工艺、土建、钢结构、水电气及 IT 接口：①工艺平面布置图，工艺文件或工艺过程描述；②产能及节拍要求；③设备运转率（设备开动率）；④相关的土建工作，如地坑、地坑楼梯、设备安全栏、地坑照明、预埋的工字钢等支撑部件；⑤压缩空气管路；⑥到设备连接位置的主电缆；⑦网络接口点；⑧设备颜色代码；⑨隔音间、通风单元及其他环境要求所需的排水处理。

（3）开发周期

合同签订后 3 个月左右。

（4）价格范围

价格为 200 万元左右。

（5）节拍

2min 左右。

（6）常用备件

喷头、压力计、流量计等。

（7）开发时重点的技术要求

1）淋雨线的长度和轮距要适应多种车型的要求。

2）淋雨线要具备自动—手动—维修三种工作形式。

3）淋雨线可以自动检测出车身位置，并且在车身处于淋雨测试位置和烘干位置时，自动起动淋雨模式和烘干模式，淋雨和烘干时间可以设定和调整。

4）在淋雨模式下，要保证整车前面、侧面、后部、顶部、底部方向均处于受雨状态。

5）在淋雨室出口处的地面上铺设栅格板，一方面用于车辆淋雨结果的判定，另一方面汇集车身上滴下的水滴。

6）线体钢材需保证一定程度的耐蚀性，保证在长期潮湿或浸于水中的状态下，不出现锈蚀。

7）淋雨用水需采用循环水系统，对供水进行过滤软化并设有污水处理装置，将循环水进行过滤处理，去除泥砂及杂质，使其达到循环使用水的标准。废水排放要达到国家规定的"三废"排放标准、工业卫生标准。

8）进出口需设急停按钮盒。

9）淋雨线有专门人员进出口，淋雨线工作时为锁止状态，并与整个淋雨线的淋雨模式和烘干模式联锁。

10）淋雨房内的所有电气元件采用安全电压24V，同时电线和开关要做防水防爆处理；电控系统要增加带漏电保护的空气开关。

12. 检测线—整车总检线

（1）产品简述

整车总检线是在汽车经过四轮定位检测、转毂检测、侧滑检测、道路测试及淋雨检测后，再进行的整车外观、配置功能、电器功能等检测，并检查装配的完整性和前序检验的完整性，保证整车功能性能的完整性，出具出厂检验合格单并开具合格证，有些汽车整车厂的总检线还可进行整车AUDIT和出厂检验（PDI）检查，如图7-58所示。

图7-58 整车总检线

总检线检查的主要内容有：

1）整车清洁检查，内容包括整车外观、内饰、发动机舱、行李舱、外观漆面质量、车身及内外饰颜色，以及清洁度检查。

2）整车外饰、内饰配合间隙、面差检查。

3）车辆唯一性检查，包括VIN码检查、整车识别代码检查及发动机（或电动机）号码检查。

4）整车电器功能检查，内容包括各类控制器功能、车灯功能、仪表功能、空调功能等。

5）整车的检测线检验结果的检查确认，以确认机动车符合机动车国家安全技术标准等。

6）安全装置检查，主要检查汽车安全带、三角警告牌、行车记录装置、车身反光标识、车辆尾部标志板等多种安全装置是否符合安全行车的标准。

（2）开发输入接口

1）产品接口：①整车基本尺寸参数；②VIN条形码或二维码及其定义。

2）工艺、土建、钢结构、水电气及IT接口：①工艺平面布置图，工艺文件或工艺过程描述；②产能及节拍要求；③设备运转率（设备开动率）；④总检线设备基础；⑤压缩空气管路；⑥到设备连接位置的主电缆；⑦网络接口点；⑧设备颜色代码。

（3）开发周期

合同签订后4个月左右。

（4）价格范围

按宽板链计算：200万元左右。

（5）节拍

一般要符合生产节拍要求，或者与检测线其他设备配套设置。

（6）常用备件

电动机、轴承、行程开关、停止器、保险丝等。

（7）开发时重点的技术要求

1）整车总检线的输送部分，可按输送线技术要求约束。

2）需要在外观检查工位设置灯阵，保证整车总检线外观检查的质量。灯阵选型上尽可能采用冷、暖色光源配套布置，使缺陷更易被发现，并减少检查人员的视觉疲劳。

13. 线旁辅助设备—车身VIN码打码机

（1）产品简述

汽车VIN码由17位英文字母组成，是汽车独一无二的号码，它可以识别汽车的制造商、发动机、底盘序列号等性能数据。按照GB 7258—2017 4.1.3的要求，VIN码可直接打刻到车架上，对于无车架车身而言，可以直接打刻到不易拆卸或更换的车辆结构件上且尽量位于车身的前半部，乘用车常打刻到前横梁、发动机舱、副驾驶座椅支架上。

用于打刻VIN码的打码机，按工作原理分连续划刻式与高频振动针式。按工作方式分手持式、线上随行式及线下返修式。电控方式有单片机控制式及计算机控制式。数据输入主要有三种形式，第一种为手工输入；第二种为扫码输入；第三种为数据联网自动输入，如图7-59所示。

图7-59　汽车VIN码打码机

操作过程：当车辆到达VIN码打刻工位时，操作人员先用扫描枪读取车辆条形码（或整车编码）；取下VIN码打刻夹具，定位于车身并夹紧随行。启动VIN码打刻程序进行VIN码打刻；打刻完成后，松开夹具夹头，从车身上取下VIN码打刻夹具，放置于起始位置，完成一个工作循环。线下返修VIN码打码机可实现手工输入打刻信息。

（2）开发输入接口

1）产品接口：①车身数据模型及VIN码位置要求；②VIN条形码或二维码及其定义。

2）工艺、土建、钢结构、水电气及IT接口：①工艺平面布置图，工艺文件或工艺过程描述；②产能及节拍要求；③设备运转率（设备开动率）；④线旁工艺钢结构状态；⑤压缩空气管路；⑥到设备连接位置的主电缆；⑦网络接口点；⑧设备颜色代码。

（3）开发周期

线上随行：合同签订后两个月左右。

线下返修：合同签订后 1 个月左右。

（4）价格范围

线上主动随行成套设备：15 万元左右。

线下返修：3 万~4 万元。

（5）节拍

针式 3~5 字/s。

刻划 3~5 字/s。

整个 VIN 码打刻 30s 左右。

（6）常用备件

划针、皮带。

（7）开发时重点的技术要求

1）VIN 码打码机的打刻深度是否符合标准要求（车辆识别代号字码的高度：直接打在车架或车身等部件上时，至少应为 7mm；其他情况至少应为 4mm）。打刻深度不小于 0.3mm。

2）VIN 码的输入，要具有网络输入、条形码阅读器的自动输入和手工键盘输入三种方式。

3）打刻字符标准、清晰、排列均匀；重复精度要在±0.02mm 范围内；打刻速度符合生产产能及节拍要求。

4）打码机在打刻完毕后自动回到原点，防止累计误差的产生。要具有扫描枪二次扫描校验功能。用户要可编辑所打印的内容，包括位置、字体类型、字体大小、字符间距、横竖颠倒及旋转放置形式等。

5）车身打码机夹具及相关装置灵活可靠、移动轻便、定位准确，不损坏车身，保证打刻表面不会有明显变形。

6）打印头部位具有工件检测开关，可以自动检测工件与打印头的位置关系，装夹不到位，不会起动打印工作。

7）夹具与车身接触面均采用尼龙或橡胶防护，避免划伤车身。

8）系统要保证悬架系统的运行与生产线保持同步，运行平稳可靠，并可急停。

9）系统要具有在突然停气（带有储气桶）、停电时保证吊臂不会下落的安全装置。

10）在轨道的始端、终端设置挡块机构，防止电器失灵时，随行机构冲出轨道。

11）系统要设置始端侦测装置、末端侦测装置、标记未开始预报警装置、运行中主线紧急停止（标记不停）装置。

12）系统要具有未夹紧及无物料的检测：无物料或者未夹紧时设备处于锁定状态，不能进行打印工作，防止误打现象的发生。

13）夹紧机构与打码机要具有互锁功能，即装卡不到位，设备不会打印。

14）打刻噪声要控制在环境要求范围内。

14. 线旁辅助设备—铭牌打码机

（1）产品简述

汽车铭牌是标明车辆基本特征的标牌，主要包括厂牌、型号、发动机功率、总质量、载质量或载客人数、出厂编号、出厂日期及厂名等。铭牌打码机的种类，按工作原理可分为划刻式和压印式两种，如图7-60所示。

工作过程：当车辆到铭牌打码机工位时，操作人员先用扫描枪读取车辆条形码（或整车编码）。将铭牌置放于铭牌打码机台面上并进行定位。启动铭牌打码刻印程序，进行刻印。刻印完成后，从铭牌打码机上取下铭牌，完成一个工作循环。

图 7-60 汽车铭牌打码机

（2）开发输入接口

1）产品接口：①整车铭牌上需要的参数；②铭牌大小、压印数据及位置；③铭牌样件；④VIN 条形码或二维码及其定义。

2）工艺、土建、钢结构、水电气及 IT 接口：①工艺平面布置图，工艺文件或工艺过程描述；②产能及节拍要求；③设备运转率（设备开动率）；④压缩空气管路；⑤到设备连接位置的主电缆；⑥网络接口点；⑦设备颜色代码。

（3）开发周期

合同签订后两个半月。

（4）价格范围

划刻类 7 万～8 万元；

压印类 4 万～100 万元，较少应用。

（5）节拍

1 字/s。

（6）常用备件

划针、皮带。

（7）开发时重点的技术要求

1）铭牌打码机的打刻深度是否符合标准要求。

2）铭牌信息的输入，要具有条形码阅读器的自动输入和手工键盘输入两种方式；打刻字符标准、清晰、排列均匀；重复精度要在±0.02mm 范围内。

3）打刻速度符合生产产能及节拍要求。打刻噪声要控制在环境要求范围内。

4）打码机在打刻完毕后，自动回原点，防止累计误差的产生。

5）要具有扫描枪二次扫描校验功能。用户要可编辑所打刻的内容，包括位置、字体类型、字体大小、字符间距、横竖颠倒及旋转放置形式等。

6）系统要具有未夹紧及无物料的检测。无物料或者未夹紧时，设备要处于锁定状态，不能进行打刻工作，防止误打现象的发生。

7）夹紧机构与打码机要具有互锁功能，即装卡不到位，设备不会打印。

15. 线旁辅助设备—激光打码机

（1）产品简述

激光打码机主要采用激光刻蚀原理，按照技术要求，采用高能脉冲激光束在零件表面刻蚀出一定宽度和一定深度的微细小槽，组成需要的字码。整机主要由脉冲光纤激光器、扫描振镜系统、透镜、计算机控制系统、PLC 系统、吸尘系统和标记软件等组成。冷却方式有空冷和水冷两种。多采用扫描法打标，即将激光束入射到两反射镜上，利用计算机控制扫描电动机带动反射镜分别沿 X、Y 轴转动，激光束聚焦后落到被标记的工件上，从而形成激光标记的痕迹，如图 7-61 所示。

工作过程：当车辆到达激光打码工位时，操作人员先用扫描枪读取车辆条形码（或整车编码）；启动激光打码刻印程序，进行刻印；刻印完成后，取出激光码，完成一个工作循环。

（2）开发输入接口

1）产品接口：①整车激光打码图样及技术要求；②VIN 条形码或二维码及其定义。

2）工艺、土建、钢结构、水电气及 IT 接口；①工艺平面布置图，工艺文件或工艺过程描述；②产能及节拍要求；③设备运转率（设备开动率）；④压缩空气管路；⑤到设备连接位置的主电缆；⑥网络接口点；⑦设备颜色代码。

图 7-61 激光打码机

（3）开发周期

合同签订后两个半月左右。

（4）价格范围

30 万元左右，其中核心部件激光器约 15 万元。

（5）节拍

1 字/s。

（6）开发时重点的技术要求

1）可通过网络读取刻印信息，也可在随车看板上直接扫描读取或者手动输入，并能自动对应不同刻印内容和区域。

2）刻印内容必须实时显示在屏幕上，方便观察；刻印数据自动进行保存，保存数据在 150000 台份以上，刻印记录可查询。

3）刻印的 VIN 码信息及相关扫描信息可采用校验计算和多次扫描等方式防止错码。

4）刻印内容清晰连贯，笔画柔和且连续无毛刺，切割完全，易于揭取。

5）送纸机构采用无张力送料机构，使光刻纸平整地送入，保证光刻效果。

6）送纸机构的设计，应综合考虑光刻纸随温度、湿度所产生的变化，料道表面采用特氟龙涂层处理。

7）能够自动连续循环上纸，保证纸张张紧力。纸带在传输过程中无偏离、扭曲、卡死等现象。当出现卡纸、缺纸、纸张断裂时，能及时报警。

8）具有手动送纸、退纸和切纸功能，标签打印完成时，可以自动切割，保证人员远离切刀。

9）激光加工区要完全封闭，观察窗要贴防护薄膜，保护观察人员的眼睛。

10）防护罩有安全检测开关，当防护罩打开时设备进入急停状态。

11）切纸机构防护罩装有检测开关，当防护罩打开时系统进入急停状态。

12）设备要有除尘机构用以高效除尘，并通过活性炭吸附除去激光灼烧时产生的刺激性化学气味。

13）标记控制软件采用登录方式，授权不同操作人员不同的权限，保证工作和原始参数不被随意变更。

16. 线旁辅助设备—拆装车门机械手

（1）产品简述

拆装车门机械手种类较多，抓持原理大体相近。拆车门机械手多采用抓持车门框口及下沿的方式来实现对车门的抓持。装车门机械手的抓持形式主要有三种。第一种是抓持车门外框；第二种是用吸盘吸附车门玻璃；第三种是前两种的结合，如图7-62所示。

图7-62 拆装车门机械手

拆车门工作过程：移动机械手到车身旁，夹具夹住车门，车门处于浮动状态；用工具将车门紧固螺栓从车身上松开取下；用机械手将车门从车身上取下；移动机械手将车门装到车门吊具或分装工装上，车门与车门吊具或车门工装连接完成后，松开夹具取下机械手，完成一个工作循环。

装车门工作过程：移动机械手到车门吊具或分装工装旁，用夹具夹住已经分装好的车门，此时，车门分装总成处于浮动状态；松开吊具将车门分装总成从吊具上取下；移动机械手将车门分装总成装到车身上；车门与车身连接完成后，松开夹具取下机械手，完成一个工作循环。

（2）开发输入接口

1）产品接口：①车身数据模型；②车门及车门分装总成数据模型；③车门及车门分装总成质量参数；④车门及车门分装总成样件；⑤车身总成样件。

2）工艺、土建、钢结构、水电气及IT接口：①工艺平面布置图，工艺文件或工艺过程描述；②产能及节拍要求；③设备运转率（设备开动率）；④线旁工艺钢结构状态；⑤压缩空气管路；⑥到设备连接位置的主电缆；⑦网络接口点；⑧设备颜色代码；⑨车门装配工装数模及样件。

（3）开发周期

合同签订后3个月左右。

（4）价格范围

20万元左右。

（5）节拍

一般在90s左右。

（6）开发时重点的技术要求

1）设备的结构应保证有足够的静态、动态、热稳态刚度和精度；能满足至少两种以上工件的夹紧、定位、装配、移载、松开等功能。夹具夹持位置要合理，不应与车身和车门吊具发生干涉，保证车门顺利取下和放到吊具上。机械手要具有安全保护功能，只有车门放到位后，夹具才能执行放松动作。

2）夹具与车门接触部位应以软性材料包裹，防止机械手的夹具在装夹过程中划伤车门和车身的面漆；整个装配过程中，不允许机械手的任何部位与车身表面接触。

3）设备应有空载平衡（机械臂和夹具在自重状态下的平衡）和负载平衡（机械臂、夹具和搬运的工件在自重状态下的平衡）的能力。系统应有平衡助力装置，在空载或负载状态下，机械手在其行程范围内任何位置均处于浮动状态，便于操作和精确定位。设备每个工作循环结束后，其搬运机械臂应在安全状态下停放，且有自动锁紧功能。

4）整个系统的上下操作力对应的质量要≤2.5kgf（1kgf=9.80665N）。对于同一种总成件，其自身质量发生波动时，设备应能自动调整至平衡状态，使其始终处于浮动状态。

5）设备应能在压缩空气突然断气或气压不足的情况下，完成本次操作动作。

6）采用吸盘吸附方式抓持的机械手，在气源突然中断的情况下，单向阀可以保持吸盘在一段时间内具有吸附力，不会马上脱落。

7）在整个操作过程中，要求机械手能与主装配线随行。移动轨道上应有机械手停放的限位装置。在轨道末端70%处，设置光电报警提醒操作人员注意操作时间。在轨道末端90%处设置停止开关，与主装配线同步停止。

8）设备应有负载保护装置，必须确认工件放到指定位置才能松开夹具。

9）装门机械手与车门线升降机有互锁装置，当升降设备运作时，确保机械手不在升降机的区域。

10）设备的主机、附件及所有附属设施应具有设备安全防护装置，避免操作人员身体与设备的危险区域接触。

11）除用于一般操作的防护措施，还必须提供附加防护装置以保护操作人员在安装、维护时采用合理的预选锁定和控制系统程序。

12）所有的安全说明书及安全标志必须用国际通用符号标识，在设备装运时，所有安全标志必须贴好。

13）设备操作时的噪声等级应不超过70dB。

17．线旁辅助设备—仪表板分装总成机械手

（1）产品简述

仪表板分装总成机械手大多由两部分组成。一部分是主机，另一部分是夹具。夹具大多采用气动形式，如图7-63所示。

工作过程：移动机械手到仪表板分装总成周转车旁，夹具夹住仪表板分装总成；松开仪表板分装总成周转车上的夹紧机构，按下夹紧及加载按钮，机械手将仪表板分装总成从周转车中脱离出来并处于浮动状态；用机械手将仪表板分装总成移至车身，按规定轨迹将仪表板分装总成装到车身上；仪表板分装总成与车身连接完成后，松开夹具取下机械手退出，完成一个工作循环。

图7-63 仪表板分装总成机械手

（2）开发输入接口

1）产品接口：①车身数据模型；②仪表板总成数据模型、质量；③车身样件；④仪表板总成样件。

2）工艺、土建、钢结构、水电气及IT接口：①工艺平面布置图，工艺文件或工艺过程描述；②产能及节拍要求；③设备运转率（设备开动率）；④线旁工艺钢结构状态；⑤压缩空气管路；⑥到设备连接位置的主电缆；⑦网络接口点；⑧设备颜色代码；⑨仪表板周转车数据模型及样件。

(3) 开发周期

合同签订后 3 个月左右。

(4) 价格范围

20 万元左右。

(5) 节拍

90s 左右（取决于仪表板分装总成的复杂程度）。

(6) 常用备件

气动元件、夹具体、气阀、气管路接头等。

(7) 开发时重点的技术要求

1）机械手的夹具在装夹过程和仪表板总成过程中，不得对工件造成损坏；整个装配过程中，不允许机械手的任何部位与车身表面接触。

2）设备的结构应保证有足够的静态、动态、热稳态刚度和精度；能满足至少两种以上工件的夹紧、定位、装配、移载、松开等功能。夹具夹持位置要合理，不应与车身及仪表板分装工装发生干涉，保证仪表板分装工装顺利取下和安装至车身上。机械手要具有安全保护功能，只有仪表板分装总成放到位后，夹具才能执行放松动作。

3）设备应有空载平衡（机械臂和夹具在自重状态下的平衡）和负载平衡（机械臂、夹具和搬运的工件在自重状态下的平衡）的能力。系统应有平衡助力装置，在空载或负载状态下，机械手在其行程范围内任何位置均处于浮动状态，以便于操作和精确定位。设备每个工作循环结束后，其搬运机械臂应在安全状态下停放且有自动锁紧功能。

4）整个系统的上下操作力要≤2.5kgf。对于同一种总成件，其自身质量发生波动时，设备应能自动调整至平衡状态，使其始终处于浮动状态。

5）设备应能在压缩空气突然断气或气压不足的情况下完成本次操作动作。

6）在整个操作过程中要求机械手与主装配线随行。移动轨道上应有机械手停放的限位装置，在轨道末端70%处，设置光电报警提醒操作人员注意操作时间。在轨道末端90%处设置停止开关，与主装配线同步停止。

7）设备的主机、附件及所有附属设施应具有设备安全防护装置，以避免操作人员身体与设备的危险区域接触。

8）除用于一般操作的防护措施，必须提供附加防护装置以保护操作人员在安装、维护时采用合理的预选锁定和控制系统程序。

9）所有的安全说明书及安全标志必须用国际通用符号标识，在设备装运时，所有安全标志必须贴好。

10）设备操作时的噪声等级应不超过 70dB。

18. 线旁辅助设备—备胎装配机械手

(1) 产品简述

备胎装配机械手主要用卡爪抓持内径、轮边或外径，驱动方式主要有气动、电动两种，如图 7-64 所示。

工作过程：移动机械手到备胎器具（工位器具），操作机械手上的夹具与工件定位并夹紧；将备胎从物料架上提起，备胎被夹具夹紧后，即处于浮动状态；移动装件的机械手将备胎放入车身的相应位置上，松开夹具，将机械手移出车身，完成机械手的一个动作循环。

（2）开发输入接口

1）产品接口：①车身数据模型；②备胎总成数据模型；③备胎总成样件。

2）工艺、土建、钢结构、水电气及IT接口：①工艺平面布置图，工艺文件或工艺过程描述；②产能及节拍要求；③设备运转率（设备开动率）；④线旁工艺钢结构状态；⑤压缩空气管路；⑥到设备连接位置的主电缆；⑦网络接口点；⑧设备颜色代码；⑨备胎周转车数据模型和样件。

图 7-64　备胎装配机械手

（3）开发周期

合同签订后3个月左右。

（4）价格范围

20万元左右。

（5）节拍

60s左右。

（6）常用备件

夹具抓持部件。

（7）开发时重点的技术要求

1）设备的结构应保证有足够的静态、动态、热稳态刚度和精度；能满足至少两种以上工件的夹紧、定位、装配、移载、松开等功能。夹具夹持位置要合理，不应与车身发生干涉，保证备胎顺利取下和放到吊具上。机械手要具有安全保护功能，只有备胎放到位后，夹具才能执行放松动作。

2）机械手的夹具在装夹过程中，不得损坏备胎金属面，装配过程中机械手的各个部位不应与车身发生碰触，以免划伤车身。

3）设备应有空载平衡（机械臂和夹具在自重状态下的平衡）和负载平衡（机械臂、夹具和搬运的工件在自重状态下的平衡）的能力。系统应有平衡助力装置，在空载或负载状态下，机械手在其行程范围内任何位置均处于浮动状态，便于操作和精确定位。设备每个工作循环结束后，其搬运机械臂应在安全状态停放且有自动锁紧功能。

4）整个系统的上下操作力要≤2.5kgf。对于同一种总成件其自身质量发生波动时，设备应能自动调整至平衡状态，使其始终处于浮动状态。

5）设备应能在压缩空气突然断气或气压不足的情况下完成本次操作动作。

6）在整个操作过程中要求机械手能与主装配线随行。移动轨道上应有机械手停放的限位装置，在轨道末端70%处，设置光电报警提醒操作人员注意操作时间。在轨道末端90%处设置停止开关，与主装配线同步停止。

7)设备的主机、附件及所有附属设施应具有设备安全防护装置,避免操作人员身体与设备的危险区域接触。

8)除用于一般操作的防护措施,必须提供附加防护装置以保护操作人员在安装、维护时采用合理的预选锁定和控制系统程序。

9)所有的安全说明书及安全标志必须用国际通用符号标识,或用中、英文两种文字标识,在设备装运时,所有安全标志必须贴好。

10)设备操作时的噪声等级应不超过70dB。

19. 线旁辅助设备—自动涂胶设备

(1)产品简述

自动涂胶设备一般由一台或两台涂胶机器人、一套视觉定位识别系统、一套玻璃输送装置、一套计量式供胶设备系统和清胶机构、一套前后风窗玻璃翻转装置、一套手动涂胶台、一套控制系统及其周边附属设备构成。系统一般采用人工上料、自动输送玻璃到位、自动对玻璃定位夹紧、机器人自动涂胶、自动翻转玻璃、自动取玻璃、位置自动识别装配的形式。玻璃的定位夹紧装置上附有玻璃到位开关,以识别涂胶夹具上是否有玻璃,利用编码器判别玻璃的类型。自动涂胶设备的运转,一般由PLC控制和管理。

涂胶机器人大多采用六自由度机器人,一般分为夹持机构和机器人两部分,如图7-65所示。其中夹持部分主要用于对玻璃的定位。对于不同车型的玻璃,一般采用夹持机构在X、Y方向夹持自动测量距离来自动识别,一般尺寸波动在±3mm范围之内的视为一种玻璃,尺寸波动在±3mm范围之外的视为另一种玻璃。

工作过程:预先在车身风窗玻璃安装面或风窗玻璃上涂底涂剂;操作人员从玻璃夹具上取下玻璃,放置于玻璃夹紧对中机构上并退出,玻璃夹具对中机构对玻璃进行对中

图7-65 涂胶机器人

夹紧;对中夹具将玻璃夹紧对中,到位后编码器识别玻璃类型,定位装置的吸盘吸住玻璃,对中夹具退回原位;转台吸盘吸住玻璃后,转台实施旋转作业,转台从0°旋转到180°;视觉识别系统对车身及风窗玻璃安装框口进行定位识别;涂胶机器人起动,按预设轨迹对风窗玻璃进行涂胶操作,涂胶完毕后机器人到清胶装置上清理胶嘴;风窗玻璃涂胶完成后,由机器人抓持,在视觉定位识别系统的引导下,将风窗玻璃安装于车身上。

(2)开发输入接口

1)产品接口:①风窗玻璃数据模型;②车身及风窗玻璃数据样件。

2)工艺、土建、钢结构、水电气及IT接口:①工艺平面布置图,工艺文件或工艺过程描述;②产能及节拍要求;③设备运转率(设备开动率);④相关的土建工作,如预埋的工字钢等支撑部件;⑤压缩空气管路;⑥到设备连接位置的主电缆;⑦网络接口点;⑧胶桶规格和尺寸;⑨设备颜色代码。

(3)开发周期

合同签订后6~7个月。

(4) 价格范围

200万元左右。

(5) 节拍

前后风窗玻璃的工作周期约60s，其中前风窗玻璃涂胶时间约30s，后风窗玻璃涂胶时间约20s，每块风窗玻璃夹持时间约5s。

(6) 开发时重点的技术要求

1) 操作系统要可以进行手动和自动切换，具有起动、急停、报警和复位功能。系统的起动、停止、暂停、急停等运转方式均可通过操作盘进行，能在手动、自动两种状态下进行快速切换。

2) 系统运行状态及系统报警可在主操作盘上显示。系统的急停可通过机器人控制柜、示教盒、主操作盘、辅操作盘等设备上的急停按钮进行。

3) 机器人运动机构要具有6个自由度，重复定位精度在±0.06mm之内。同时，具备高输出、快响应、高可靠性、维护保养方便等特点。机器人轨迹编辑操作过程应简单易行。

4) 当机器人进行风窗玻璃涂胶时，车身要有夹紧装置，防止机器人粘接时的压力使车身产生前后窜动。

5) 视觉定位识别系统可在±200mm的范围内进行车身和车身风窗玻璃安装框口捕捉，定位车身上的风窗玻璃安装框口的定位精度不大于±0.2mm。

6) 供胶系统要采用有效的供胶切换方式，双泵供胶可在更换胶桶时不停线，使换胶时不会影响生产。

7) 供胶系统要具备出胶口压力显示功能。当压力超出工作范围时，提供高低压报警信号，并将报警信号反馈给机器人，停止机器人的工作，保证涂胶的质量。

8) 涂胶系统中不允许存在气泡和杂质，否则将严重影响涂胶质量，必须避免气泡和杂质的出现（避免气泡和凝固现象，避免胶桶锡纸误打入涂胶系统等）。

9) 当涂胶过程中出现故障导致涂胶中断时，整个涂胶系统要具有在工作断点重新启动的功能。

10) 设有空胶桶报警装置，即当其中一个胶桶无胶时发出声音提示，要求操作人员更换胶桶。

11) 胶桶有定位及卡紧装置，防止更换胶桶时将胶桶提起。胶桶本体下部设有辊道，便于更换胶桶。

12) 胶枪要具备自动旋转加热功能，加热温度在40~80℃任意连续可调，温度精度控制在±1℃；系统应设有定时器系统，可以设定在工作日进行加热，非工作日不加热；同时可以设定预热时间。例如，工作时间为8：30~17：00，可以设定加热时间为8：00~17：30。

13) 胶枪要可以实现360°回转；供胶系统要能根据机器人所持挤胶枪的工作速度、轨迹自动控制涂胶枪的胶量，从而保证胶量随挤胶速度、温度、剪切变薄、供应时间等因素变化而随时调整，使胶型（特别是玻璃转角部分的胶型）稳定一致。胶量挤出误差≤±0.1%。

14) 胶枪工作及吊挂过程中，不得与其他设备部件干涉。为了防止胶管的缠绕，涂胶枪应可360°旋转，可实现胶嘴旋转而胶管不随其旋转，避免胶管缠绕。

15）需要配置胶型检测传感器，实时检测胶枪出胶胶型的质量。

16）清胶装置要保证能够清理干净出胶口，不得出现留胶现象。并且，清胶装置具有自清洁功能。

17）玻璃识别装置要能保证判别玻璃的类型，使机器人按识别装置判别出玻璃的类型并进行正确涂胶。当玻璃放错时，系统应当自动报警。

18）玻璃夹紧对中机构要保证夹紧时，不使玻璃造成划伤。并且要避免玻璃对中机构与吸盘有相对运动时，吸盘发生卷边而导致吸盘不能形成真空的现象。考虑到车型的扩展，玻璃种类多，形状及弧度不尽相同，夹紧对中机构要保证对不同玻璃形状及弧度的适应性。（一般两种车型如果涂胶轨迹不同，则玻璃外形轮廓的不同必须在±3mm 范围之外。）

19）玻璃夹紧对中机构要保证玻璃在 X、Y 方向的精确定位（玻璃对中装置的重复对中定位精度要在±0.5mm 范围之内），以弥补由于玻璃的尺寸误差及形状误差对涂胶轨迹的影响，利于机器人对玻璃正确涂胶；定位支柱要保证玻璃在 Z 方向的精确定位；真空吸盘组件要能保证吸住完成对中定位后的玻璃，防止玻璃的位置发生变化。

20）翻转机构要具有自动翻转和手动翻转两种状态。翻转机构要保证整个翻转过程的可靠。翻转机构在发生异常情况时，翻转臂能在任意位置紧急停止，翻转速度可以根据实际使用情况进行调节。每个吸盘要由独立的真空发生器组件独立控制，并附有真空检测传感器，可确保玻璃不会因为某一气路发生故障而失去真空突然掉下。

21）考虑到车型的扩展，玻璃的形状及弧度不尽相同，在翻转装置设计时，要考虑到不同的吸盘形式对不同玻璃形状及弧度的适应性。

22）电气控制系统要具有自动控制、状态显示、检测、保护、报警等功能。以实现对机器人、供胶系统、工装夹具、安全装置进行协调控制。

23）要在机器人工作范围内，由安全栏及相关设备形成一个封闭区域。在玻璃的入口处设置安全光电开关，当操作人员误穿光电开关发出的光线时，系统会自动停止工作并报警。设备维修所用的安全门被非正常打开时，系统也会停止运行并报警。

24）工作情况下压力噪声等级应小于 80dB。

20. 线旁辅助设备—前端模块装配机械手

（1）种类和结构简述

前端模块装配机械手一般有两种：一种是采用辅助装配机械手的形式，如图 7-66 所示；另一种是机器人机械手。其中，辅助装配机械手大多由两部分组成，一部分是主机，另一部分是夹具；机器人机械手则由机器人通过夹具进行抓持。

工作过程：移动前端模块装配机械手到前端模块分装工装或周转车旁，夹具夹住前端模块分装总成；松开前端模块分装工装或周转车上的夹紧机构，将前端模块分装总成从分装夹具或周转车中脱离出来并使其处于浮动状态；用机械手将前端模块分装总成移至车身，按规定轨迹将前端模块分装总成装到车身上；前端模块分装总成与车身连接完成后，松开夹具取下机械手退出，完成一个工作循环。

（2）开发输入接口

图 7-66 辅助装配机械手

1）产品接口：①车身数据模型；②前端模块总成数据模型；③前端模块总成样件。
2）工艺、土建、钢结构、水电气及IT接口：①工艺平面布置图，工艺文件或工艺过程描述；②产能及节拍要求；③设备运转率（设备开动率）；④线旁工艺钢结构状态；⑤压缩空气管路；⑥到设备连接位置的主电缆；⑦网络接口点；⑧设备颜色代码；⑨前端模块装配工装或周转器具数模及样件。

（3）开发周期

合同签订后3个月左右。

（4）价格范围

20万元左右。

（5）节拍

60s左右。

（6）开发时重点的技术要求

1）设备的结构应保证有足够的静态、动态、热稳态刚度和精度；能满足至少两种以上工件的夹紧、定位、装配、移载、松开等功能。夹具夹持位置要合理，不应与车身和分装工装或周转车发生干涉，保证前端模块分装总成可以从工装或周转车顺利取下和安装至车身上。机械手要具有安全保护功能，只有前端模块总成放到位后，夹具才能执行放松动作。

2）根据产品装配要求，可以设置对中机构，保证前端模块分装总成的装配精度。

3）机械手的夹具在装夹过程中，不得对工件造成损坏；整个装配过程中，不允许机械手的任何部位与车身表面接触。

4）设备应有空载平衡（机械臂和夹具在自重状态下的平衡）和负载平衡（机械臂、夹具和搬运的工件在自重状态下的平衡）的能力。系统应有平衡助力装置，在空载或负载状态下，机械手在其行程范围内任何位置均处于浮动状态，便于操作和精确定位。设备每个工作循环结束后，其搬运机械臂应在安全状态停放且有自动锁紧功能。

5）整个系统的上下操作力要≤2.5kgf。对于同一种总成件其自身质量发生波动时，设备应能自动调整至平衡状态，使其始终处于浮动状态。

6）设备应能在压缩空气突然断气或气压不足的情况下完成本次操作动作。

7）在整个操作过程中要求机械手与主装配线随行。移动轨道上应有机械手停放的限位装置，在轨道末端70%处，设置光电报警提醒操作人员注意操作时间。在轨道末端90%处设置停止开关，与主装配线同步停止。

8）设备的主机、附件及所有附属设施应具有设备安全防护装置，避免操作人员身体与设备的危险区域接触。

9）除用于一般操作的防护措施，必须提供附加防护装置以保护操作人员在安装、维护时采用合理的预选锁定和控制系统程序。

10）所有的安全说明书及安全标志必须用国际通用符号标识，在设备装运时，所有安全标志必须贴好。

11）设备操作时的噪声等级应不超过70dB。

21. 线旁辅助设备—拧紧机

（1）产品简述

拧紧机是拧紧工具中拧紧精度最高和耐久性最好的工具之一，具有结构紧凑、耐用、便于集成和噪声低的优点,产品力矩范围广泛,可实现几牛米到几千牛米范围的拧紧,如图7-67所示。总装用的拧紧机大多为电动拧紧,一般都设有转角控制,大扭矩拧紧机需要设置反作用力臂机构;拧紧精度在3%左右(扭矩控制精度≤±3%,角度控制精度≤±3%);噪声等级≤60dB;可实现扭矩数据存储和传输。

图7-67 拧紧机

工作过程:车辆运行至拧紧工位,操作人员从起始位置取下拧紧机,将套筒对准拧紧螺栓或螺母,起动拧紧机按设定扭矩值进行拧紧操作(或者通过条码枪扫描整车VIN码自动调取拧紧力矩数据进行拧紧操作);拧紧机在工作的过程中,扭矩由小变大,当扭矩和角度达到目标时,拧紧轴自动停止转动,最终达到目标扭矩;拧紧操作完成后,将拧紧机退出,置于起始位置,完成一个工作循环。

(2)开发输入接口

1)产品接口:①扭矩范围要求;②被拧紧部件数模;③被拧紧部件样件。

2)工艺、土建、钢结构、水电气及IT接口:①工艺平面布置图,工艺文件或工艺过程描述;②产能及节拍要求;③设备运转率(设备开动率);④线旁工艺钢结构状态;⑤压缩空气管路;⑥到设备连接位置的主电缆;⑦网络接口点;⑧设备颜色代码。

(3)开发周期

合同签订后3个月左右。

(4)价格范围

一个拧紧轴10万元左右。

(5)节拍

30s左右。

(6)常用备件

马达、套筒等。

(7)开发时重点的技术要求

1)拧紧机的悬挂装置和平衡装置,要具有操作灵活、方便,免双手浮动上升、下降,切换负载无阻力、无冲击的特点。

2)拧紧系统要具有自动、手动、点动及正反转(自动/人工)功能。可实现如下扭矩控制方式:扭矩控制、转角控制、扭矩控制+检测角度、屈服点控制、零速保持扭矩控制功能(零速保持扭矩控制功能是指当多轴拧紧时,当有一轴先达到额定扭矩而处于零转速时,其最终扭矩应保持在合格范围内,直到其他轴扭矩达到设定的合格范围为止)。

3）要配备必要的反作用力消除机构。

4）应具有自检系统，每次紧固操作前，能自动寻找、分析、判断电子系统和传感器是否故障，同时记录自我诊断的故障内容和原因，便于维修人员查询处理。每次拧紧前，自动校正对零；当发生故障时，能自动停机，并显示故障。

5）电动机速度无级可调，在拧紧过程的每一步中速度都能任意通过编程改变。具有操作模式转换开关，方便操作。

6）工艺参数和预设值应可编程。具有上、下限扭矩设定功能。预设值的设定包括：初始扭矩、过渡扭矩、目标扭矩、目标角度的设定。具有欠扭矩、超扭矩及拧紧完成信号设定与显示功能。

7）具有调速功能，可实现旋入螺纹时快速拧紧，最终拧紧时慢速拧紧。

8）拧紧系统要具有自动检查的功能，防止误拧紧；每个轴需具有最小50mm的伸缩量；具有自动卸荷功能，便于拧紧机平滑退出螺栓；拧紧结束后控制箱显示拧紧扭矩。

9）扭矩精度要小于标定值的±3%，转角精度要小于±2°，在耐用性为100万次的情况下，精度仍保持在±5%以内。系统要有足够的扭矩裕度（≥20%）。

10）能够进行螺栓数量管理，输入从开始工作到结束工作之间的拧紧个数，结束工作时，如还有剩下未拧紧的个数，需进行警报，并显示故障螺栓位置；在拧紧全过程中，如果拧紧扭矩变化趋势超出预设定范围时，也可以进行识别并报警；具有假扭矩识别功能，当某一扭矩由于螺栓质量问题出现虚拧紧时，可以识别并报警。

11）要求系统能记录、存储和自动上传，显示每次拧紧时相应的拧紧力矩、转角数据、扭矩曲线。

12）为了应对可能出现的网络问题导致数据无法上传的问题，避免未处理数据溢出丢失，保证数据的安全，控制器自身至少要有2G以上的数据储存空间，用于数据缓存；除此要求以外，控制器还需要另外的空间可以保存至少5000条拧紧数据和至少100条拧紧曲线，并可以通过加装储存卡扩展数据和曲线的储存空间。

13）拧紧机必须有PROFINET I/O接口，以太网（10/100M）接口，24V I/O接口，以及其他必要的配置以适用于XML PROFINET联网方案要求的模块插槽和数据端口。

14）工具需具备保养提醒功能，方便预防性维护。

15）拧紧机结构要求外形美观、简洁，符合模块化的要求，便于拆卸、便于设备的维护保养。

16）设备噪声要低于60dB。

22. 线旁辅助设备—气密性检测设备

（1）产品简述

气密性检测设备是用来检测整车燃油系统的密闭性和通气性的设备，主要利用加压、保压原理来进行气密性、通气性的检测，如图7-68所示。

工作过程：当车辆到达测试工位时，操作人员先用扫描枪读取车辆条形码（或整车编码），将自动夹持器夹紧碳罐通气口，充气口与油箱加注口结合，按下起动按钮（起动按钮一般设置在充气头操作手柄上），自动夹持器自动夹紧碳罐通气口（此时，因为管路随着车体的移动而移动，应保证管路不受损，且移动顺畅），充气口自动对燃油系统施加3.63±0.10kPa的压力。当压力达到设定值后，自动断开压力供应，系统进行泄漏试验，如果被测

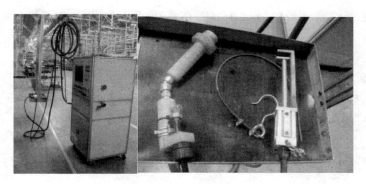

图 7-68　气密性检测设备

物泄漏没有超出判定标准（5min 内压力降低不得大于 0.49kPa），测试结果显示合格，合格判定指示灯（绿色）亮，同时蜂鸣器发出声响，提醒气密测试结束，系统将自动进入通气环节测试。如果超出判定标准，测试结果显示不合格，气密不合格判定指示灯（红色）亮，同时报警器发出报警声。通气检测环节，压力补偿至设定值时自动断开压力供应，自动夹持器松开，系统进行通气测试，在充气口自动对燃油系统施加 3.63±0.10kPa 压力的基础上，断开压力源，然后将蒸发控制系统连通大气的出口恢复到产品原状态。如果通气合格则绿灯亮（燃油供给系统的压力应在 30s~2min 内降到 0.98kPa 以下），不合格则红灯亮，测试完成，取出枪头及夹持器，设备自动打印出测试数据。

（2）开发输入接口

1）产品接口：①被测车辆的密封性与通气性要求；②车身及燃油系统数模；③燃油加注口样件。

2）工艺、土建、钢结构、水电气及 IT 接口：①工艺平面布置图，工艺文件或工艺过程描述；②产能及节拍要求；③设备运转率（设备开动率）；④线旁工艺钢结构状态；⑤压缩空气管路；⑥到设备连接位置的主电缆；⑦网络接口点；⑧设备颜色代码。

（3）开发周期

合同签订后 4 个月左右。

（4）价格范围

20 万元左右。

（5）节拍

按 GB 7258—2017 4.10 的要求为 300s 左右，按等效对等法进行重新标定为 100s 左右。

（6）常用备件

碳罐夹子、燃油箱密封头等。

（7）开发时重点的技术要求

1）设备能通过条码扫描实现线上车型的自动转换；车辆的标识码可通过条码输入、人工输入方式获取。

2）设备需满足 GB 7258—2017 和在线两种检查方法的试验要求，能满足多种车型的使用。

3）气密及通气检测设备的检测系统需具有选择参数开关，即 GB 7258—2017 4.10 中的检测参数和在线检测中的参数，可根据需要通过开关切换到预期检测通道工作。

4) 通气及气密检测设备的测试压力需在 3.0~20kPa 范围内可调；综合测试精度为 ±5%。

5) 燃油加注口充气装置根据车型燃油口位置设计，满足现场检测需要，手动拧紧，通气管封堵装置为自动夹持。

6) 设备的人机界面友好，测试数据及结果能自动存储，自动判定合格与否，并按月自动生成趋势曲线；历史记录便于查询，并可进行分时段分车型等方式查询、调阅和打印检测结果。

7) 检测设备超工位报警。设备应具有良好的电路保护装置，以防出现设备短路或测试样件故障等引起的安全隐患。

23. 线旁辅助设备—轮胎装配机械手

（1）产品简述

轮胎装配机械手是安装轮胎的辅助抓持设备，抓持过程基本上都是抓持轮胎外径，多采用三爪抓持，如图 7-69 所示。

工作过程：移动机械手到轮胎器具（工位器具），操作机械手上的夹具与工件定位并夹紧；将轮胎从物料架上提起，轮胎被夹具夹紧后，即处于浮动状态；移动装件的机械手将轮胎装入车身的相应位置上并用螺栓紧固；松开夹具，将机械手移出车身，完成一个工作循环。

（2）开发输入接口

1) 产品接口：①车身及轮罩部位安装件数模；②轮胎数模及样件。

2) 工艺、土建、钢结构、水电气及 IT 接口：①工艺平面布置图，工艺文件或工艺过程描述；②产能及节拍要求；③设备运转率（设备开动率）；④线旁工艺钢结构状态；⑤压缩空气管路；⑥到设备连接位置的主电缆；⑦网络接口点；⑧设备颜色代码；⑨轮胎周转器具数据模型及样件。

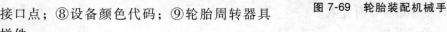

图 7-69 轮胎装配机械手

（3）开发周期

合同签订后 3 个月左右。

（4）价格范围

20 万元左右。

（5）节拍

30~50s。

（6）常用备件

气缸、机械手夹具等。

（7）开发时重点的技术要求

1) 设备的结构应保证有足够的静态、动态、热稳态刚度和精度；能满足至少两种以上工件的夹紧、定位、装配、移载、松开等功能。夹具夹持位置要合理，不应与车身和轮胎器具发生干涉，保证轮胎顺利取下并安装至车身上。机械手要具有安全保护功能，只有轮胎放到位后，夹具才能执行放松动作。

2）机械手的夹具在装夹过程中，不得损坏轮胎金属面；装配过程及卸载退出时，机械手的各个部位不应与车身发生碰触，以免划伤车身；设备与车轮接触（或可能接触）部位都要包裹软性材料，并经过去毛刺、去棱角处理，以球面（或弧面）与工件接触，避免损伤工件及车体的面漆或留下压痕。

3）设备应有空载平衡（机械臂和夹具在自重状态下的平衡）和负载平衡（机械臂、夹具和搬运的工件在自重状态下的平衡）的能力。系统应有平衡助力装置，在空载或负载状态下，机械手在其行程范围内任何位置均处于浮动状态，以便于操作和精确定位。

4）整个系统的上下操作力要≤2.5kgf。对于同一种总成件其自身质量发生波动时，设备应能自动调整至平衡状态，以使其始终处于浮动状态。设备应能在压缩空气突然断气或气压不足的情况下完成本次操作动作。设备每个工作循环结束后，其搬运机械臂应在安全状态停放且有自动锁紧功能。

5）设备配置90°动力翻转机构，并可旋转车轮，夹具有较大的安装观察孔，设备应有初定位功能，夹具应具有一定角度调整功能，可使轮胎精确对准安装螺孔。

6）在整个操作过程中要求机械手与主装配线随行。移动轨道上应有机械手停放的限位装置，在轨道末端70%处，设置光电报警提醒操作人员注意操作时间。在轨道末端90%处设置停止开关，与主装配线同步停止。

7）设备的主机、附件及所有附属设施应具有设备安全防护装置，以避免操作人员身体与设备的危险区域接触。

8）除用于一般操作的防护措施，必须提供附加防护装置以保护操作人员在安装、维护时采用合理的预选锁定和控制系统程序。

9）所有的安全说明书及安全标志必须用国际通用符号标识，在设备装运时，所有安全标志必须贴好。

10）设备操作时的噪声等级应不超过70dB。

24. 线旁辅助设备—座椅装配机械手

（1）产品简述

座椅装配机械手大都由两部分组成。一部分是主机，另一部分是夹具，如图7-70所示。整体控制系统有两种：一种是电动，另一种是气动。大部分机械手的夹持，都采用气动夹持形式。

工作过程：移动机械手到座椅器具（工位器具），操作机械手上的夹具定位座椅并夹紧；将座椅从物料架上提起，座椅被夹具夹紧后，即处于浮动状态；移动装件的机械手将座椅装入车身的相应位置上并用螺栓紧固；松开夹具，将机械手移出车身，完成机械手的一个动作循环。

（2）开发输入接口

1）产品接口：①车身数模，座椅数模；②车身样件、座椅样件。

图7-70 座椅装配机械手

2）工艺、土建、钢结构、水电气及IT接口：①工艺平面布置图，工艺文件或工艺过程描述；②产能及节拍要求；③设备运转率（设备开动率）；④线旁工艺钢结构状态；⑤压缩空气管路；⑥到设备连接位置的主电缆；⑦网络接口点；⑧设备颜色代码；⑨座椅周转器具数据模型和样件。

（3）开发周期

合同签订后3个月左右。

（4）价格范围

20万元左右。

（5）节拍

30~50s。

（6）常用备件

气缸、夹具体等。

（7）开发时重点的技术要求

1）设备的结构应保证有足够的静态、动态、热稳态刚度和精度；能满足至少两种以上工件的夹紧、定位、装配、移载、松开等功能。夹具夹持位置要合理，不应与车身和座椅器具发生干涉，保证座椅顺利取下和安装至车身上。机械手要具有安全保护功能，只有座椅放到位后，夹具才能执行放松动作。

2）设备与座椅接触（或可能接触）的部位都要包裹软性材料，并经过去毛刺、去棱角处理，以球面（或弧面）与座椅接触，避免损伤座椅，避免与座椅上的其他件干涉。

3）装配过程中，机械手的各个部位不应与车身发生碰触，以免划伤车身。在机械手夹持座椅进入车身的过程中，与车身的周沿间隙至少大于60mm；机械手卸载后，从车身退出时，与车身周沿间隙至少大于60mm。

4）设备应有空载平衡（机械臂和夹具在自重状态下的平衡）和负载平衡（机械臂、夹具和搬运的工件在自重状态下的平衡）的能力。系统应有平衡助力装置，在空载或负载状态下，机械手在其行程范围内任何位置均处于浮动状态，以便于操作和精确定位。

5）整个系统的上下操作力要≤2.5kgf。对于同一种总成件其自身质量发生波动时，设备应能自动调整至平衡状态，以使其始终处于浮动状态。设备应能在压缩空气突然断气或气压不足的情况下完成本次操作动作。设备每个工作循环结束后，其搬运机械臂应在安全状态停放且有自动锁紧功能。

6）在整个操作过程中，要求机械手与主装配线随行。移动轨道上应有机械手停放的限位装置，在轨道末端70%处，设置光电报警提醒操作人员注意操作时间。在轨道末端90%处设置停止开关，与主装配线同步停止。

7）设备的主机、附件及所有附属设施应具有设备安全防护装置，以避免操作人员身体与设备的危险区域接触。

8）除用于一般操作的防护措施，必须提供附加防护装置以保护操作人员在安装、维护时采用合理的预选锁定和控制系统程序。

9）所有的安全说明书及安全标志必须用国际通用符号标识，在设备装运时，所有安全标志必须贴好。

10）设备操作时的噪声等级应不超过70dB。

25. 线旁辅助设备——燃油加油机

（1）产品简述

燃油加油机是供机动车添加燃油的计量系统，如图7-71所示。燃油加油机种类很多，按不同的方式可分为以下几种：①按显示方式分为：机械显示加油机（机械加油机）和电子显示加油机（计算机加油机）；②按加油计量单元多少分为：单枪加油机、双枪加油机和多枪加油机；③按动力泵类型分为：机内泵加油机、潜油泵加油机；④按加油机的流量分为：普通加油机和高速加油机；⑤按防爆结构分为：一体式加油机和隔离防爆式加油机。

工作过程：当车辆到达加注工位时，操作人员先用扫描枪读取车辆条形码（或整车编码），然后提起油枪进行定量加注，加注完成后，操作人员将油枪放回，完成一个工作循环。

图7-71 燃油加油机

（2）开发输入接口

1）产品接口：①加注量要求；②加注燃料种类；③车身及加注口数模。

2）工艺、土建、钢结构、水电气及IT接口：①工艺平面布置图，工艺文件或工艺过程描述；②产能及节拍要求；③设备运转率（设备开动率）；④线旁工艺钢结构状态；⑤压缩空气管路；⑥到设备连接位置的主电缆；⑦网络接口点；⑧设备颜色代码；⑨燃油管路布置图及燃油供应接口；⑩工位防爆设施。

（3）开发周期

合同签订后两个月左右。

（4）价格范围

7万元左右。

（5）节拍

60s左右。

（6）开发时重点的技术要求

1）加油机应可以实现定量和非定量加注。

2）每次加油前，瞬间自动清零，当油箱加满时，可以自动跳枪，停止加注，并可累计加油次数和加油量。

3）流量范围为5~60L/min，计量准确度≤0.5%，显示屏位数为6位，吸程≥5m，扬程≥20m，输油管长度≥5m。

4）设备突然断电时，加油量显示可延长15min。

5）电器部分及周围设施要具备防爆结构，安全可靠。

26. 线旁辅助设备——钥匙编程

（1）产品简述

钥匙编程设备可以用专门的在线钥匙编程设备，也可以集成到嵌入式可配置操作系统（ECOS）检测设备中。

工作过程：当车辆到达钥匙编程工位时，操作人员先用扫描枪读取车辆条形码（或整车编码），用钥匙编程设备与整车相关 ECU 进行通信，操作人员在钥匙编程设备的提示下进行钥匙编程操作。

（2）开发输入接口

1）产品接口：①发动机 ECU 通信方式、通信协议；②无钥匙控制器通信方式、通信协议；③防盗控制器通信方式、通信协议；④各 ECU 相关的安全访问算法（Security Access Algorithm），及各 ECU seed/key（验证安全算法的输入输出值）样本两套；⑤各 ECU 实物样件及线束；⑥匹配钥匙流程；⑦调试用车。

2）工艺、土建、钢结构、水电气及 IT 接口：①工艺流程图；②产能及节拍要求；③班次要求；④设备运转率（设备开动率）；⑤网络接口。

（3）开发周期

国产设备为合同签订后两个月左右，进口设备为合同签订后 6 个月左右。

（4）价格范围

国产设备为 7 万元左右，进口设备为 30 万元左右。

（5）节拍

60s 左右。

（6）开发时重点的技术要求

1）编程设备体积要尽可能小，可手持；显示面板界面友好，可进行操作提示、显示钥匙编程状态，编程成功及时提醒，编程失败进行报警，并提示失败原因。

2）编程设备要可升级，并具备多种车型的钥匙编程功能。

27. 线旁辅助设备—加注设备

（1）产品简述

加注设备一般用于制动液、冷却液、空调制冷剂的加注，如图 7-72 所示。按加注设备的形式，一般分为在线式一体化组合设备、单体设备及线下返修设备。在进行设备布置方案的规划论证时，多采用各种加注介质组合的方式。一般将加注时间周期相近的组合在一起。一般汽车制造企业将制动液、空调、冷却液的加注组合在一起。在具体进行加注设备布置时，如果后期有两套移动单元的规划方案，前期只上一套，一般不采用预留移动单元、电控的方式。一般只做工位预留，不进行设备扩展。

图 7-72　加注设备

工作过程：

1）制动液加注：当车辆到达加注工位时，操作人员先用扫描枪读取车辆条形码（或整车编码），在移动单元操作面板上选择车型；取下 OBD 接头，将 OBD 接头与车身诊断接口连接，并打开车辆点火开关；取下加注枪，将其装卡到加注口，按下加注枪上的起动按钮；设备自动对冷却液系统抽真空，真空度达到一定值（设定值一般低于 3mbar，1mbar = 100Pa）时停止抽真空，保持真空度（设定值）数秒，进行气密性检测，此过程中判断系统是否存在泄漏；若气密性合格，开始进行加注，直至系统全部被加满（达到设定值）；液面调整：液位回吸至液面预期液位；液面调整完成后设备给出灯光及声音信号，提示加注已完成；按下注头上的停止按钮，加注头松开，制动液真空吸入至回吸管至无液体滴落；操

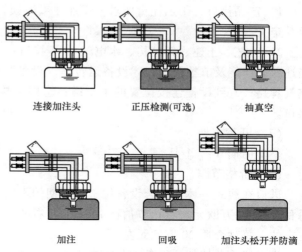

图 7-73 制动液加注过程

作人员取下加注枪并放回至枪架上，完成一个工作循环，如图 7-73 所示。

2）空调制冷剂加注：操作人员拿起加注头，将其连接到空调系统的高低压侧（HPS/LPS）的端口；按下加注头上的起动按钮，加注设备进行抽真空（一般低于 10mbar）；进行真空检查和泄露检查（真空衰减）；再次抽真空（低于 3mbar）；加注空调制冷剂；如果完成加注量，则关闭加注头阀门；稳压（等待所有的液态 R134a 加入系统内）；加注过程结束，通过声光信号提示操作人员。

3）冷却液加注：操作人员扫描条码或在移动单元操作面板上选择车型；操作人员拿起加注头，将其放置在加注罐上，按下起动按钮；加注头自动夹紧，抽真空，进行真空检查及泄露检查（真空衰减）；加注冷却液；回吸至液位，加注过程结束，通过声光信号提示操作人员；操作人员按下加注头上的停止按钮，加注头夹紧松开，冷却液真空吸入至回吸管至无液滴滴落。

（2）开发输入接口

制动液加注：

1）产品接口：①加注量要求；②加注罐数模；③ABS-ECU 通信协议；④加注罐样件；⑤VIN 条形码或二维码及其定义。

2）工艺、土建、钢结构、水电气及 IT 接口：①工艺流程图；②产能及节拍要求；③班次要求；④设备运转率（设备开动率）；⑤网络接口。

空调制冷剂加注：

1）产品接口：①加注量要求；②加注罐数模；③加注罐样件；④VIN 条形码或二维码及其定义。

2）工艺、土建、钢结构、水电气及 IT 接口：①工艺平面布置图，工艺文件或艺过程描述；②产能及节拍要求；③设备运转率（设备开动率）；④线旁工艺钢结构状态；⑤压缩空气管路；⑥到设备连接位置的主电缆；⑦网络接口点；⑧设备颜色代码；⑨空调制冷剂供应接口。

冷却液加注：

1) 产品接口：①加注量要求；②加注罐数模；③加注罐样件；④VIN 条形码或二维码及其定义。

2) 工艺、土建、钢结构、水电气及 IT 接口：①工艺平面布置图，工艺文件或工艺过程描述；②产能及节拍要求；③设备运转率（设备开动率）；④线旁工艺钢结构状态；⑤压缩空气管路；⑥到设备连接位置的主电缆；⑦网络接口点；⑧设备颜色代码；⑨冷却液供应接口。

（3）开发周期

整个周期 6~7 个月。

（4）价格范围

进口在线式一体化组合设备按工作周期的不同，价格差异较大。节拍在 2.5min 左右的，每种介质 10 万欧元左右；节拍在 1.5min 左右的，每种介质 15 万欧元左右；节拍在 1.0min 左右的，每种介质 20 万欧元左右。

进口线下单体加注设备，节拍在 2.5min 左右的，每种介质 8 万欧元左右。

对于需进行加注头改造的，一般需新增中间节、加注口、软件调整、硬件接口变更。按进口设备估算，中间节在 0.5 万欧元左右，冷却液加注头改造在 4 万欧元左右，制动液加注头改造在 6 万欧元左右。

（5）节拍

制动液与空调的加注质量要求最高，工艺时间最长，一般在 100s 以上。

冷却液的加注工艺时间约 60~70s，冷却软管若不变形，则节拍大约为 90s。

（6）常用备件

加注头、流量计、电磁阀、抽真空系统。

（7）开发时重点的技术要求

1) 可以适应多种车型的加注需要，按照整车的工艺要求，进行自动和手动、在线定量和非定量的加注；可以实现一次装夹，自动完成整个加注作业；加注过程中，可实时检测液位、压力、加注量等过程参数，确保加注精度（加注精度一般为±3mL）、加注时间周期要符合工艺节拍要求。

2) 设备具有自检功能，每次开机时，系统首先检查自身密封功能，分别对内部管路进行自检。合格则进入准备就绪状态，如检测系统有泄漏则报警。

3) 设备各管道必须采用不锈钢材质，并设置必要的压力和流量指示仪表，供液管路及加注管路须设置过滤器以保证供液的洁净度。

4) 制动液和冷却液加注头要具备真空吸入功能，在加注头接上和取下的过程中，保持回吸状态，防止滴液污染工作环境。

5) 制动液和冷却液加注头需设计成可拆卸回吸管结构。一旦产品发生变化，回吸管易改造或更换。

6) 当所有的加注头放回托架后，移动单元自动返回起始位置。托架上设置不锈钢集液盘，用于收集加注头滴液。

7) 移动单元两侧需要带有警示性的缓冲停止装置，当移动单元返回受到外力碰撞时，迅速停止。

8) 需配备与生产线联动的限位保护开关，加注作业超过相应作业范围时，给出声光报警,并使装配线停止,从而防止损伤设备管路。

9) 具备数据保存和上传功能,加注设备需要接入以太网,并提供当前加注车身、加注量、加注完成信息等参数。

10) 如果采用双桶供液方式,要保证加注过程始终有两个桶与设备相接。一旦第一个桶里的液体用尽,将自动吸取第二个桶里的液体。这时,操作人员会得到一个信号,并及时换桶。

11) 需具备加注头管路扯断保护功能,防止加注头被扯断时,加注液外溢。

12) 控制面板要具备可扩展功能,可以为操作人员和维护人员提供必要的信息,并允许控制工艺数据和改变参数。

13) 冷媒加注设备要具备回收再利用功能。可分离空调系统内的制冷剂和水分,达到再利用的标准,保证冷媒的纯净,从而使冷媒可循环使用。

28. 线旁辅助设备—踏板力行程检测设备

(1) 产品简述

踏板力行程检测设备主要进行整车制动踏板的发现行程、制动行程、泄漏行程和踏板高度的检测,也可进行加速踏板和离合踏板的行程检测,如图 7-74 所示。制动踏板发现行程和制动行程的检测如图 7-75 所示。在制动液加注之后,可进行踏板力行程检测。制动踏板力行程检测的主要作用是检测制动系统是否有水分、气体泄漏等情况及制动行程是否正常。

制动时踏板的制动行程,是指踏板力行程检测设备由发现踏板到施加 500N 的踏板力时的行程。一般在 35~65mm 之间,此值由整车生产厂自定义,可调整。制动时踏板的发现行程,是指踏板力行程检测设备由开始到发现踏板的行程。一般在 8~36mm 之间,此值由整车生产厂自定义,可调整。泄漏行程,是指制动踏板制动状态的波动行程,一般在 0~1mm 之间。

图 7-74 踏板力行程检测设备

图 7-75 制动踏板发现行程和制动行程的检测

某汽车生产厂车型踏板力行程检测标准设定示例:踏板力加至 400N 时,踏板行程规定为 50mm,可保持 30s 且踏板行程波动不超过 1.0mm。

工作过程:当整车达到操作位,先用扫描枪读取车辆条形码(或整车编码)。将踏板力支架置于待测试踏板的位置;启动测试程序进行测试,测试结束后,取下踏板力支架,完成一个工作循环。

(2) 开发输入接口

1) 产品接口:①整车数据模型(踏板力检测周围);②提供条形码及其定义。

2) 工艺、土建、钢结构、水电气及 IT 接口:①工艺平面布置图,工艺文件或工艺过程描述;②产能及节拍要求;③设备运转率(设备开动率);④压缩空气管路;⑤到设备连接位置的主电缆;⑥网络接口点;⑦设备颜色代码。

(3) 开发周期

合同签订后 4 个月左右。

(4) 价格范围

节拍为 1.5min 左右的无线踏板力行程检测设备约 14 万欧元。踏板力支架在 3000 欧元左右。

(5) 节拍

典型节拍：120s、90s、60s、30s。

(6) 开发时重点的技术要求

1) 可满足多种车型踏板行程的测量需求；可进行踏板静态及动态的实车测试。

2) 测试行程控制精度在±1mm 范围之内，踏板力检测精度在±1N 范围之内。

3) 整个踏板力行程检测设备要求进行轻量化设计，保证踏板力检测支架易于手持操作。

4) 检测数据可实时显示在显示仪上，检测结果通过数据接口上传，并保存于数据库中。

29．线旁辅助设备—ECOS 检测设备

(1) 产品简述

ECOS 系统（Electrical Check Out System）主要用于实现整车电子电器配置设置、故障代码检测、转毂检测、尾气测试和电流测试等。根据生产线的工艺流程和检测调试内容，ECOS 检测系统通过设置服务器、试验室、配置站、电流检测站、转毂和排放测试站、线下维修站等，以实现整车电子电器配置设置和功能检测。在 ECOS 系统中，应用的主要工具为多功能检测仪（Manual Functional Test，MFT），如图 7-76 所示。MFT 主要用于对各个零部件控制器进行诊断。各个 ECU 通信是通过车辆通信接口（Vehicle Communication Interface，VCI）的通信单元进行的，它可以随意和各种总线接口联系，如 CAN 和 K-line 等。通过 MFT 对整车的 ECU 进行电器功能配置、诊断测试、防盗和钥匙学习、转毂测试、尾气排放标定、电流检测及线下维修等操作。

在实际生产过程中，操作人员必须通过诊断 OBD 接口使 MFT 与整车连接，通过扫描 VIN 码可以从 ECOS 系统中读取车辆信息，如与 VIN 关联的特征代码（Feature Code）信息。完成测试程序初始化和选择要做的测试后，建立与 ECU 的通信。操作人员可以通过 MFT 的显示器看到测试指示，MFT 会自动完成测试步骤的核查，如按顺序地配置整车 ECU，读取、清除 ECU 的故障代码等。

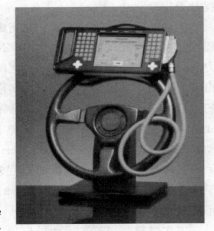

图 7-76　多功能检测仪

典型整车 ECOS 检测过程：

1) 下线 ECOS 检测过程：安全气囊 ECU、发动机 ECU、变速器 TCU（远程信息控制单元）、ABS-ECU、车身控制器等通信检测；整车电器功能件检测；漏电检测。在整车拔下钥匙的情况下，红线连接蓄电池正极，黑线连接蓄电池负极，环形卡钳卡住蓄电池负极线束，以测量整车关闭状态下是否有电流及电流值（类似于钳形电流表）。电流检测测试时，将电流钳放在蓄电池的正负极上，通过开门、开行李舱、开手套箱灯及记忆座椅工作等行为进行电流探测，测量得到的数值用来计算功率、电阻和频率特征，并与设计值进行比对，判断车辆是否有电器件损坏、漏电等现象。

2）转毂前检测过程（整车点火）：安全气囊 ECU 通信并读取故障码；发动机 ECU、变速器 TCU 通信并读取故障码；ABS-ECU 通信并读取故障码。

3）转毂过程中的检测过程：MFT 通知转毂台进行转距调整；制动检测；加速检测；40km 速度表校验等。在转毂动态测试过程中，转毂直接受 PLC 控制。操作人员需要通过 OBD 使 MFT 与 PLC 建立通信，然后通过 MFT 的指示进行测试，如加速，制动，以及保持发动机转速在某个值、保持多少秒等操作。当 PLC 受到 MFT 控制时，所有与车辆的通信由 MFT 内板载的 VCI 卡完成。所有的测试结果显示在 MFT 的显示屏上，并打印出来，其中不合格项将打印为红色，这样的车需要在线下维修进行检查，排除故障后重新进行转毂测试。

4）转毂结束后的检测过程：主要进行整车故障码检查。

5）尾气检测过程：检测发动机各传感器是否工作正常；整车状态是否为尾气检测状态要求；MFT 通过发动机 ECU 编码开始进行高怠速检测及低怠速检测。

以上的 ECOS 系统的任何一个测试环节，都将根据测试结果打印相应的测试清单，并附在随车卡上。一旦发现有不合格项，将转送到线下维修区进行维修，在完成维修后，继续发到未通过站点进行重新测试。

（2）开发输入接口

1）产品接口：①被测车辆的测量参数；②VIN 条形码或二维码及其定义；③所有 ECU 的列表、所有 ECU 的诊断协议、所有 ECU 的检测规范、所有 ECU 诊断 PIN 脚（如 KLINE 或 CAN）到 OBD 插头的 PIN 脚的连接图；④发动机原理图；⑤整车电器元件的工作电流值；⑥整车样车。

2）工艺、土建、钢结构、水电气及 IT 接口：①工艺平面布置图，工艺文件或工艺过程描述；②产能及节拍要求；③设备运转率（设备开动率）；④相关的土建工作，如地坑、预埋的工字钢等支撑部件；⑤到设备连接位置的主电缆；⑥网络接口点；⑦设备颜色代码。

（3）开发周期

合同签订后 6 个月左右。

（4）价格范围

150 万～300 万元之间。

（5）节拍

3～5min。

（6）混流生产改造时重点的技术要求

1）应可实现整车电气系统自动分析测试，包括整车控制器功能检查；电器功能检查；电气短路、开路、接触不良等电气故障检查等。具体包括：故障码读取/清除、防盗匹配、在线配置、数据刷写、ECU 零部件号比对、ECU 软硬件版本校验、执行器测试、故障诊断等。

2）设备要具备自检、日志管理功能；要具备数据统计分析功能，可对所有测试数据进行不同形式、不同类型的统计，如年/月/日产量、故障件、故障类型、车型、VIN 码、时间等统计。

3）测试参数、测试序列等信息要可编辑，并可以增加新车型的测试。

4）检测仪要求外形简洁、小巧；可保修；控制面板界面友好，可使操作人员在提示下方便地完成整车电气功能的测试操作。

5）可以实现故障自动提示、报警输出、上传。

6）具备返修指导功能，可在线对测试结果进行分析，对检测出的电气故障可以进行定位，提供文字或图片维修指导建议，引导维修人员排除故障。

（7）通信方式、OBD 针脚定义、控制器针脚定义、通信协议、检测规范和故障码

1）通信方式：通信方式一般有 K 通信及 CAN 通信两种模式。其中 CAN 通信有高速 CAN 和低速 CAN 两种。

2）OBD 针脚定义：根据 ISO 标准中相关内容，OBD 接口一般是一个 16 针的插座，如图 7-77 所示。

图 7-77　OBD 接口

各个针脚定义见表 7-9（4、5、6、7、14、16 是总装 ECOS 的设备要使用的取电及通信针脚）。

表 7-9　OBD 针脚定义

针脚	分配定义	针脚	分配定义
1	厂家定义①	9	厂家定义①
2	SAE J1850 总线正②	10	SAE J1850 总线负②
3	厂家定义①	11	厂家定义①
4	车身地	12	厂家定义①
5	信号地	13	厂家定义①
6	ISO 15765-4 定义的高速 CAN②	14	ISO 15765-4 定义的低速 CAN②
7	ISO 9141-2 和 ISO 14230-4 定义的 K 线②	15	ISO 9141-2 和 ISO 14230-4 定义的 L 线②
8	厂家定义①	16	永久正电压

① 1、3、8、9、11、12 和 13 未做分配，可由车辆制造厂定义。

② 2、6、7、10、14 和 15 用作诊断通信。根据实际使用通信协议的不同，它们往往不会都被使用，未使用的可由车辆制造厂定义。更详细的定义和要求参见 ISO/DIS 标准。对于不同的通信协议，有效的针脚也不同。在选购诊断线的时候，需要注意诊断线上的针脚是否符合要求。

3）控制器针脚定义：相关 ECOS 设备、转毂及尾气设备进行改造时，一般还需要相关控制器的针脚定义。

4）通信协议：主要是各电控单元之间或与外界电控设备之间进行通信的一个技术规范，以实现电控设备之间的信息通信，进而实现控制与检测。例如，发动机 ECU、变速器 TCU、ABS、CAN 之间都支持同一种或几种通信协议（如 SAE J1939、ISO 9141 等），并且接口开放，信息共享，就可根据此信息进行工作。例如，发动机 ECU 发出很多信息，如转速、扭矩、加速参数等，然后 TCU 根据这些参数，对变速器的执行机构进行控制，或者向 ECU 推送扭矩等请求。当进行整车电控系统检测时，同样要索取电控系统的通信协议。检测设备才能采集到整车电气机构的状态信息。

5）检测规范：即检测各个控制器的具体内容要求。

6）故障码：各个控制器出现故障时在控制器中存储的代码，用于识别控制器的故障。

30. 线旁辅助设备—变速器油加注设备

（1）产品简述

一般采用非真空式流量泵进行变速器油液加注，可设置多种加注量参数，如图7-78所示。

操作过程：当动力总成到达加注工位时，操作人员先用扫描枪读取动力总成条形码（或整车编码），提起油枪进行定量加注，加注完成后，操作人员将油枪放回，完成一个工作循环。

（2）开发输入接口

1）产品接口：设计加注量要求。

2）工艺、土建、钢结构、水电气及IT接口：①工艺平面布置图，工艺文件或工艺过程描述；②产能及节拍要求；③设备运转率（设备开动率）；④相关的土建工作，如预埋的工字钢等支撑部件；⑤压缩空气管路；⑥到设备连接位置的主电缆；⑦网络接口点；⑧设备颜色代码；⑨变速器油供应接口。

图7-78 变速器油加注设备

（3）设计、制造、安装、调试周期

合同签订后3个月左右。

（4）价格范围

10万元左右。

（5）节拍

100s左右。

（6）开发时重点的技术要求

1）加注系统要采用专用的气动柱塞泵进行加注，设有自动、手动两种加注模式；自动模式可实现多档、定量一键加注；供油方式采用油桶直接供油。加注过程中，操作人员可以脱离加注头，加注头不会自动脱出。

2）要求泵体密封性能好，无泄漏、噪声低，以生产车间压缩空气为动力，结实耐用，稳定性高，满足油品泵送黏度。加注流量满足加注流量节拍，泵体可与200L标准油桶配合使用（配备吸油金属输油管），泵体具备压力调节功能，可通过调节压力来控制流量。

3）加注机具有自动校准界面，按设定加注量把油加入计量量杯内，把量杯实际显示量输入于界面窗口，按自动校准键，可自动修正内部参数。

4）显示面板要能显示如下参数：加注设定值、实时加注量、加注状态等。可在显示面板上设置5种以上的定量加注值（一般要求5种以上），数据可在显示面板上进行显示和调整；需设置复位按钮，可以复位到之前设定的数据。

5）加注枪要采用数显方式，方便观察加注量，计量加注精度控制在±0.5%之间；枪头有防滴漏功能，枪头拔取时不得有滴漏现象；加注枪托架需方便操作人员取用。

6）系统要设有工作状态指示信号，正常工作时进行声光提示；当出现故障时（如供液异常、气压异常、加注时间异常、吸入空气、加注未结束停止等情况），要进行声光报警。

7）补液管路可以自动判定供液桶内的液体状况，声光提示换桶。

8）移动小车结构满足标准 200L 油桶的承载要求，且移动方便，配置盘管器用于放置加注油管且具备泵体的固定功能；加油管路长度要足够；加注枪要具有防滴漏装置，枪架底部设置接油盒，防止油品对现场产生污染；加注枪放置在操作人员附近便于取放的位置，移动小车需要具备油桶固定（防倾倒滑落）装置。

31. 线下返修设备—汽车电气系统诊断设备

（1）产品简述

汽车电气系统诊断设备一般具备读取汽车故障码、读取动态数据流、进行动作测试、显示传感器波形、控制计算机编码等功能，还具备 PDA 功能。

工作过程：将 OBD 接口与汽车诊断接口相连，起动诊断仪，按需要及提示要求进行电气功能检测。

1）发动机系统：读取故障码、清除故障码、读取各种状态的数据流、读取冻结帧、读取版本信息、动作测试等。

2）自动变速箱系统：读取故障码、清除故障码、读取各种状态的数据流、动作测试、读取版本信息等。

3）ABS 系统：读取故障码、清除故障码、读取各种状态的数据流、液控单元测试、排气加液控制（将 ABS-ECU 阀体都打开）、读取版本信息、动作测试等。

4）安全气囊系统：读取故障码、清除故障码、读取各种状态的数据流、动作测试、设置点火功能、读取版本信息等。

5）车身控制系统：读取故障码、清除故障码、读取各种状态的数据流、读取 ECU 信息、读取版本信息、动作测试、写 VIN 码、自动测试。包括 IMMO（发动机防盗锁止系统）的读取故障码、清除故障码、读取数据流。

6）钥匙编程系统：读取故障码、清除故障码、读取各种状态的数据流、读取 ECU 信息、读取版本信息、动作测试、写 VIN 码、自动测试、学习功能［包括全新系统匹配、匹配智能卡、匹配 PEPS（无钥匙进入启动系统）、复位 PEPS、匹配 ESCL（电动转向锁柱）、匹配 IMMO、复位 IMMO、匹配 EMS、复位 EMS、匹配钥匙］等。

7）防盗控制器：读取故障码、清除故障码、读取各种状态的数据流、与发动机 ECU 匹配等。

8）仪表系统：读取故障码、清除故障码、读取各种状态的数据流、读取 ECU 信息、读取版本信息、动作测试、写 VIN 码、自动测试等。

（2）开发输入接口

1）产品接口：①被测车辆的测量参数；②所有 ECU 的列表；③所有 ECU 的诊断协议；④所有 ECU 的检测规范；⑤所有 ECU 诊断 PIN 脚（如 K-LINE 或 CAN）到 OBD 插头的 PIN 脚的连接图；⑥发动机原理图；⑦整车电器元件的工作电流值；⑧OBD 样件及样车。

2）工艺、土建、钢结构、水电气及 IT 接口：①工艺平面布置图，工艺文件或工艺过程描述；②产能及节拍要求；③设备运转率（设备开动率）；④网络接口点。

（3）开发周期

合同签订后 4 个月左右。

（4）价格范围

硬件 0.6 万~1.0 万元，整车软件 20 万元左右。

（5）节拍

5min 左右。

（6）开发时重点的技术要求

1）设备要方便易携、防油污、防尘、抗震、防摔，整机小巧、便携，适合掌上使用。

2）可对汽车各电控系统进行故障诊断，包括：读取故障码、清除故障码、测试执行元素、读取数据流及特殊功能等。测试精度高，可以覆盖多种车型，并可通过升级增加新的车型测试。

3）控制面板界面友好，具备蓝牙连接、WiFi 上网、随机打印等功能。

4）可与计算机连接，存储测试车辆数据，建立维修档案，获取维修资料。

32．线下返修设备—补漆间

（1）产品简述

补漆间主要用于整车驾驶室外观修补，房间规格一般根据车辆外形尺寸设计，保证有足够的作业空间，如图 7-79 所示。

（2）开发输入接口

1）产品接口：整车基本参数。

2）工艺、土建、钢结构、水电气及 IT 接口：①工艺平面布置图，返修工艺过程描述；②相关的土建工作，主要是排风通道；③压缩空气管路；④到设备连接位置的主电缆；⑤排气通风设施。

（3）开发周期

合同签订后 2.5 个月。

图 7-79　补漆间

（4）价格范围

10 万元左右。

（5）开发时重点的技术要求

1）要具有良好的照明条件，烤漆房内照度需达到 800~1000lx，同时房内墙壁应为哑光白色。

2）补漆间要设置必要的送风排风设施，气流一般应从屋顶沿重力方向经过滤从地面排出，保证每分钟内补漆间空气完成 2 次转换，并确保不出现负压。对于干式补漆间，风机压强为 0.7~1.0kPa，工作区的带载风速约 0.3~0.5m/s，过滤除尘效果要达到≥98%。

3）室体、漆房必须是密封的，接缝处不应有漆尘积聚；房体采用子母插式保温喷塑墙板，密封，以保证补漆间的温度性能。

4）需要配备必要的供漆系统及喷枪。

5）补漆间内的烤灯、照明灯具、开关、插座等相关电器需有防爆功能，并设置必要的防火设施。

6）噪声等级不大于 70dB。

33．制造执行系统和质量管理信息系统

（1）产品简述

制造执行系统主要是将生产车辆的位置信息、车型信息、功能性能检测信息、生产线旁重要设备的输出信息等进行实时管理，使生产管理者能够随时了解生产情况和车辆状态，跟踪整个生产过程，进行科学的生产管理。对于总装来说，主要指 MES 和安东系统等。具体包括生产计划及生产订单管理、装配主线和分装线装配队列管理、产品标签及序间管理标签打印管理、生产作业指示、生产线运行监控、拧紧程序号下发及拧紧数据采集、加注程序号下发及加注数据采集、检测线的检测程序下发及检测数据采集、追溯件校验、防错防漏控制、质量门及质量数据采集、安东看板展示和安东报警、合格证打印、车辆入库管理等。

在整个企业的信息管理系统中，制造执行系统一般处于中间层级，向上连接整个企业的工业以太网层级，向下连接设备工装的 PLC 和控制器，也可以直接连接终端和终端传感器，实现制造过程的控制和具体工艺设备的控制。以车辆追踪为例，制造执行系统可以通过输送线 PLC 追踪车辆位置，也可以通过条码枪扫码，RFID（射频识别）、UWB（超宽带）等形式追踪车辆。

质量管理信息系统是实现覆盖企业全过程的信息化质量管理体系，贯穿整个业务系统生命周期，建立质量数据库，实现质量管理、质量分析、质量评价等功能。总装范围内的质量管理信息系统主要包括生产过程自检互检控制、质量专检控制（主要进行专项质量检查、自检单再确认、过程关键参数录入或确认、质量问题录入等）、质量巡检控制（分为工艺质量巡检和专门质量巡检）、不合格品控制管理、区域质量评审控制（局部 AUDIT）、整车 AUDIT 质量评审控制、PDI 质量评审控制、返修质量控制、质量追溯件录入、扭矩、加注等过程制造过程信息录入、检测线检测信息录入、质量问题录入、质量信息统计与分析，以及质量改进与追踪等。

（2）开发输入接口

1）产品接口：①VIN 条形码或二维码及其定义；②整车需要追踪零部件的条形码或二维码定义。

2）工艺接口：平面布置图；产能及节拍；质量追溯件清单；制造执行系统和质量信息系统功能需求、业务流程、IT 布点信息、IT 外设配置信息、IT 信息交互内容等。具体包括：

① 中央控制室（主控室）控制功能和布置要求，如生产管理信息显示；各设备运行状态显示；各设备重要工艺参数的记录、显示与统计分析；设备故障率的记录与统计；设备开动率的记录与统计；部分设备运行参数的设定与变更等。

② 整车识别系统（过账点）的信息功能和布置要求。即整车识别系统的业务流程及整车位置和数量信息的检测录入点的布置位置，如总装接车点、物流配送点、整车上线点、整车下线点、整车离队点、整车归队点、整车合格点等的位置信息。

③ 安东系统的信息功能需求及布置要求。包括安东系统可覆盖的作业功能和具体的布点信息。

④ 整车及各分装线看板的打印内容和布置要求。包括看板格式、内容；整车看板及各分装线看板打印机位置等。

⑤ 工位看板打印内容和布置要求。包括看板格式、指示内容、布置位置等。

⑥ 各类程序刷写点的布置要求，主要指各类需要在总装进行程序录入的布置点信息。

⑦ 线旁辅助装配设备数据传输点的信息功能要求和布置要求，包括 VIN 码打印、VIN 码打刻、铭牌打刻，以及加注、扭矩控制和扭矩信息上传点等。

⑧ 防错装配控制点的信息功能要求和布置要求。例如，需要进行灯选料架防错点、拍照防错点、传感防错点的信息功能要求和布点位置。

⑨ 整车性能检测信息检测点的信息功能要求和布置要求，如仪表板总成、车门总成、踏板力、ECOS、四轮定位、灯光、转毂、尾气、侧滑等工位信息功能要求和布点位置。

⑩ 整车质量管理信息系统控制点的信息功能要求和布置要求。包括自检互检、质量门、AUDIT 等所有纳入到质量管理信息系统的业务流程和布点要求。

⑪ 整个生产线工位网络覆盖点需求，生产办公室和物流办公室信息功能要求和接口点位置等。

（3）开发周期

合同签订后 5 个月左右。

（4）价格范围

根据业务范围和精细度不同，费用在几百万元到几千万元之间。

（5）开发时重点的技术要求

1）制造执行系统和质量信息系统要符合制造执行业务流和质量控制业务流要求，不得由于制造执行系统和质量信息系统设计而过多增加基本业务流之外的辅助工作流。

2）要保证整个信息系统具有充分的可靠性和安全性。可靠性主要包括负载的稳定性、应用的可靠性；安全性主要包括数据安全、通信安全、应用安全等。

3）要保证整个信息系统具有充分的兼容性和可扩展性。兼容性主要包括开发语言的兼容性及软件与硬件的兼容性；可扩展性主要包括二次开发平台的开放性和功能模块的可扩展性。

7.4 汽车装配用工装开发须关注的要点

1. 简述

总装工装通常指设备与车身、整车或零部件之间的机械接口部分，包括车身输送线上的车身和整车定位支撑工装，线旁各类辅助装配机械手的抓持部分，各种分装线和分装区的零部件装配工装，各种装配辅助工装，如车标安装工装、风窗玻璃定位工装；各类调整工装，如前后车灯间隙面差调整工装、车门间隙面差调整工装、发动机舱盖和行李舱盖间隙面差调整工装等；此外，还可包括总装序间转运的物料料架等。有时也特指辅助人工装配的机械机构，包括分装台、辅助人工装配的夹具等。

1）输送承载工装。主要包括各类输送线上的车身及整车、各分装模块总成和零部件的定位支撑工装等。输送线工装的设计主要需关注输送线工装的定位精度、承载力、夹紧可靠性、转接空间、转接过程可靠性、对承载工件的防护、与其他相关工装和零件的干涉等。例如，车身及整车承载工装的定位精度一般在±1.5mm 范围内，承载安全系数一般在 2 左右；定位及承载的布置要考虑转接空间与可靠性，一般情况下需要承载在车身本体上，而不能承载于车身装配件上。各分装线承载工装要有效定位承载工件，适应承载工件的质量；要考虑承载工装转接时的可靠性，例如，在仪表板装配工装上，要设计仪表板机械手抓持总成时的防下坠托块机构。

2）辅助机械手抓持工装。主要包括车门拆装机械手抓持工装、仪表板总成装配机械手抓持工装、前端模块装配机械手抓持工装、座椅总成装配机械手抓持工装、轮胎总成装配机械手抓持工装等。这类工装的设计，要重点考虑抓持点不应损伤工件本身，夹紧牢固；工装结构应满足总成装配空间要求，装配路径不与输送线本体和其他相关工装干涉；安装完成后工装从工件上的释放路径与工件及周围安装部件不存在干涉情况。

3）分装工作台。主要包括各种线旁分装区和线边分装区的分装工装，一般包括工作台和装配夹具。分装工作台的设计，需要重点考虑分装过程的人机工程和零部件质量的防护。一般在站立姿态下，人体较适合的操作高度大约840~1100mm，主要考虑人小臂的适宜活动姿态范围，一般处在相对于上臂90°~160°的姿态；操作纵深一般在200~600mm范围内，主要是考虑人手臂的长度限制性。

4）装配辅助工装。主要指部件或总成在车身上进行装配时的辅助工装，如车门撑具、车标装配工装、风窗玻璃定位工装等。这类工装的设计，主要考虑工装的定位需求、功能需求和质量防护需求。

5）调整工装。主要是各类间隙面差的调整工装。这类工装的设计，主要考虑调整工装上的间隙面差控制机构的公差范围小于设计要求，以保证最终调整值符合产品设计要求。此外，选用的材料多为尼龙等不易造成车身和部件划伤的材料。

在总装车间，应尽可能少用调整装具。主要有三个原因：第一，工艺越复杂，装配过程越容易出问题。特别是对于间隙、面差控制，一般装具都需要复杂的装夹，这就容易出现由于装具原因带来的问题。第二，由于总装是按节拍流水生产、定位，因此调整装具一般会影响生产的连续性。第三，定位工装或调整装具可能会造成车身漆面的划伤，导致车身的抗腐蚀性较差。

6）工具小车。主要指生产线上的用于存放标准件和工具的输送小车。这类工装的设计，主要考虑标准件的收容数量、工具存放位置和方式、整个小车的质量等要求。要保证标准件和工具抓取的工艺高度适宜性，一般取料高度设置在760~840mm；可存放4~6种标准件，存放数量一般为一个班次左右；一般设置两个工具架；小车需要配备制动机构，外表面不能有锋利的锐边，500mm以上的部分最好做车身漆面防磕碰处理。

7）序间转运料架。主要指总装各序间总成的料架，这类料架的设计，可结合物料输送架的设计要求进行设计。

2. 开发输入接口

1）产品接口：①车身及整车数据模型；②与各装配工装相关的产品技术特性；③各类工装装配的零部件样件。

2）工艺、土建、钢结构、水电气及IT接口：①工艺平面布置图，工艺文件或工艺过程描述；②产能及节拍要求；③相关的工艺钢结构、压缩空气管路和配电；④网络接口点；⑤设备颜色代码。

3. 开发周期

合同签订后3个月左右。

4. 开发时重点的技术要求

1）工装安装与拆卸便利的限制性。当需要安装或拆卸工装时，应保证工装安装及拆卸的人机工程和操作便利性。

2）零部件拆装的限制性。工装结构上要保证零部件的装配空间，不能与零部件装配路径和零部件本身干涉,并且要预留一定的装配空间,需要保证零部件拆装的人机工程和操作便利性。

3) 工装在车身定位的限制性。如果需要工装在车身上定位,需要保证工装在车身上定位的精度和夹紧的可靠性。

4) 零部件在工装上定位的限制性。需要在工装上定位的零部件,必须保证定位的精度和夹紧的可靠性。

5) 工装 X、Y、Z 三向可调整的限制性。必须保证作业工装 X、Y、Z 三方向的定位可调,包括工装在车身上的定位及零部件在工装上的定位。

6) 车身、整车和零部件质量防护的限制性。整个工装的结构及表面要做防护处理,工装上与零件接触的外表面需考虑软质材料和必要的防护措施,使用过程中不能存在因工装的设计和结构问题导致零部件、车身、整车损伤的情况。有焊接结构件的,焊后应清理焊缝,焊接处表面不允许有油垢、焊渣、飞溅物等。打磨接口要平直圆滑。托盘要求去除尖角、毛刺,需要焊接的部位要保证焊接质量,焊缝要均匀、无气孔、夹渣、瘤焊、焊穿等焊接缺陷。工装容易接触的地方不允许有尖锐的棱角,机械加工件必须倒角或去毛刺。所有与车体或零件接触(或可能接触)的部位都包裹软性材料或使用尼龙,聚氨酯等材料,并经过去毛刺、去棱角处理,以球面(或弧面)与零件接触,不能有锐角和锐边,避免损伤零件、刮伤车体面漆或者刮伤操作人员。

7) 工装质量的限制性。工装尽可能选用轻质材料,易于输送、转运和操作。

7.5 汽车装配用工具开发须关注的要点

1. 简述

在工艺开发过程中,总装工具的选定一般在工序卡及工艺路线图后进行。总装的主要工具是各类拧紧工具,此外,还有一些其他的辅助装配工具,如夹持工具、吸附工具、敲击工具、剪切工具、导向工具、计量工具等。

总装工具按动力源进行分类,可分为动力装配工具和手动装配工具。其中动力装配工具又分为气动装配工具和电动装配工具等(包括线缆式及充电电池式)。按功能进行分类,总装工具具体可分为如下几类:

1) 拧紧工具。按动力输入方式分为气动和电动拧紧式;按工作方式可分为冲击式和定扭式;按形状可分为直柄式、枪式、弯头式。气动拧紧式工具是以压缩空气为动力源,一些工具在传动机构上配备冲击装置,以提高工具的扭矩能力;或者在传动机构上设置中间离合器,实现扭矩限定功能。其中,冲击式的特点是快速拧紧和拆卸、质量轻、扭矩范围广、无需润滑,但扭矩范围大,不能实现精确定扭。定扭式按动力切断方式又分为离合器断气式、油压脉冲断气式、油压脉冲非断气式。离合器断气式的特点是反应速度快、拧紧精度高、受气压影响小、速度快、离合器耐受性和可靠性好、寿命长、扭矩无级可调、维护/维修简单,但反作用力较大,特别是大扭矩工具反作用力对操作人员的操作影响非常大(弯头枪为离合器断气式)。油压脉冲断气式利用压缩空气驱动油压脉冲马达传递动力,由于油压脉冲不存在金属间的直接冲击,振动和噪声更低,工具的反作用力几乎为零;特点是拧紧精度高、均值变量小、速度快、效率高、可靠性高、尺寸小/输出功率大、低噪声与振动等级、反作用力小、无须润滑、扭矩无级可调、维护/维修简单，但耐受性和可靠性差。油压脉冲非断气式，相对于油压脉冲断气式而言，精度较差，有一定的冲击噪声、反作用力较大。电动拧紧工具可分为电池充电工具和电动拧紧机，并可配备数据采集传感器，可实现扭矩数据采集、传输和存储。其中，电池工具以充电电池为动力，没有气管或电缆的空间限制，便于操作；采用离合器或传感器切断动力，反应速度快、拧紧精度高；尺寸小，接近性好，充电时间短、电池持续使用时间长，一次充电可连续拧紧300次以上；工具前端配有照明灯，便于在光线较暗处使用、操作人员可直接通过反馈灯的指示判断拧紧结果，但受制电池功率的限制，最大扭矩有限，最大扭矩一般只能达到60N·m左右。电动拧紧机以外接工业电源为动力，可配备扭矩传感器和控制器，能实现复杂的拧紧策略，扭矩范围宽，精度高、耐受性和可靠性好，但反作用力较大，特别是大扭矩工具，反作用力也较大（大多数为弯头工具）。

2）夹持工具，如管夹钳、鲤鱼钳。

3）吸附工具，如玻璃真空吸盘。

4）敲击工具，如橡胶锤。

5）剪切工具，如水口钳。

6）导向工具，如鱼骨。

7）计量工具，如定扭力扳手。定扭力扳手的工作原理是，当螺栓达到扭矩值后（当扭力大于离合器弹簧的压力）会产生瞬间脱节的效应。在产生脱节效应的瞬间，会发出关节敲击扳手金属外壳的"卡塔"声，由此来作为确认达到扭矩值的提醒。总装生产用的定扭力扳手的精度范围一般在3%~5%之间。

随着智能制造技术的发展，总装自动拧紧和拧紧数据自动上传的工具越来越多。目前，总装自动拧紧工具主要适用于拧紧工具接近拧紧点的路径简单，没有干涉的情况。自动拧紧多通过系统应用和产品（SAP）将扭矩信息通过MES传递给自动拧紧机或拧紧机器人，自动拧紧机和拧紧机器人按设定拧紧路径和顺次实现扭矩自动拧紧。充电工具或电动工具一般通过蓝牙或WiFi与输送线设备进行联锁并上传至服务器，完成拧紧数据上传。

总装各类拧紧工具的选用，主要依据设计的扭矩范围要求。辅助装配工具的选用，主要根据实际装配的辅助要求。在进行总装拧紧工具的选用时，首先应根据设计BOM表、图样中的技术要求和质量重要度分级所标示的标准件扭矩要求，将扭矩标注到相应的工序卡中。并根据紧固件扭矩要求及质量特性的重要度，选择相应的工具（如果是螺栓螺母组件，注意扭矩要求为螺母端）。总装的拧紧工具按精度级别大体分为如下几种，一种是冲击工具，此种拧紧工具的扭矩精度在±30%以上；一种是气、电动定扭力扳手，此种扭矩的精度一般在±10%左右，其中电动拧紧扳手的精度在±5%左右；一种是手动定扭力扳手，一般手动定扭力扳手的精度范围在±3%左右。与气、电动拧紧扳手不同的是，手动定扭力扳手实现的是静态扭矩，而气、电动拧紧扳手实现的是动态扭矩。在总装的拧紧操作中扭矩扳手的选用，一方面要依据设计质量特性要求的扭矩范围来选定扭矩扳手；另一方面也要依据拧紧零件的材料特性及质量特性的重要度来选定扭矩扳手。一般而言，只要所选用的扭矩扳手的精度范围在设计要求的扭矩范围之内就符合要求，但对于一些软连接件，如紧固橡胶管的蜗轮蜗杆卡箍，由于气、电动拧紧扳手实现的扭矩为动态扭矩，拧紧后扭矩会迅速地衰减。所以软连接的部位，特别是较重要的部位都采用手动定扭力扳手来拧紧，以实现静态扭矩。还有关系到人身安全、整车安全、整车重要功能的部件，即使气、电动拧紧扳手可以满足拧紧力矩要求,一般也要用定扭力扳手进行静态扭矩拧紧,如整车安全系统、制动系统、燃油系统、转向系统等。

1) 工具扭矩范围与扭矩力矩要求的匹配。一般原则是工具扭矩范围的 60%~80% 与目标扭矩相对应,偏下工具的质量会增加,增加劳动强度,偏上会影响工具的使用寿命和效率。

2) 工具拧紧特性与被紧固件扭矩保持特性的匹配。刚性连接部件的扭矩一般为动态扭矩,可选用一般电动拧紧扳手、气动拧紧扳手和动态扭矩测试仪;软连接部件的扭矩一般为静态扭矩,常采用手动定扭力扳手来拧紧和测量,以实现扭矩有效保持。

3) 工具拧紧精度与扭矩力矩要求的匹配。在进行拧紧精度选用时,要求工具的拧紧精度的公差范围小于产品要求的扭矩范围要求,例如,产品的拧扭精度要求为 ±20%,则在选择工具时,应选择高于产品扭矩精度要求的工具,如选用 ±10% 精度范围的工具。总装典型拧紧工具的扭矩精度见表 7-10。

表 7-10 总装典型拧紧工具的扭矩精度

工具类型	预置式扭力扳手	电动拧紧轴	断气离合器工具	油压脉冲工具
精度	可达 3%	可达 5%	可达 7%	可达 15%

4) 工具扭矩值的可追溯性与质量特性等级要求的匹配。在进行工具可追溯性选用时,需要根据产品的质量特性等级要求来匹配相应的工具,一般关系到整车安全人身安全,整车重要功能、性能的扭矩参数都需要进行可追溯存储。总装扭矩可追溯性要求见表 7-11。

表 7-11 总装扭矩可追溯性要求

拧紧质量等级	等级内容	追溯要求
A	螺栓扭矩失效会危及整车安全、人身安全,法律法规等	数据结果必须存储可追溯
B	螺栓失效会导致主要功能不正常	数据结果必须存储可追溯
C	螺栓失效会导致顾客抱怨	完工确认

5) 工具结构形式及其他特性的匹配。主要考虑质量防护要求、装配空间和装配干涉等。例如,从质量防护的角度讲,总装内饰装配工艺段,应尽可能选用无线的充电式拧紧工具,防止风管或电源线对车身及内外饰件的划伤;如车门铰链安装等狭小空间的拧紧装配,多选用平板式拧紧工具;在减振器芯轴与车身拧紧,紧固件没有固定的情况下,需要专门的内止外动或内动外止的拧紧工具。人机工程需要考虑拧紧扭矩大于 50N·m 时增加反作用臂或者辅助支撑臂,防止过大的反作用力影响操作人员的作业安全。

6) 工具型号的整合。每个位置工具选用完成后,为了减少工具的种类,方便使用和管理、维护,需要进行工具的型号整合,整合原则如下:

第一,在工具选用许可的范围内,同一个人作业尽量使用一把工具,减少工具数量和更换工具的作业浪费;

第二,同一把工具尽量使用一种连接附件,减少作业中间更换附件的作业浪费;

第三,可以通过作业内容调整来实现工具型号的整合。

7) 工具数量与生产作业班次的匹配,一般对于两班倒的生产,两个班组共用 1 套工具;每把工具配置两块电池,一用一备;当班组换班时,进行工具交接管理。这样做的好处是节约工具。在总装拧紧装配作业中,电池工具越来越多。为此,需要配置与电池工具相配套的充电站。充电站的设置,一般有三种方式:一种是在整个车间与工艺段设置集中的防爆充电间,面积根据充电电池的数量和充电周期确定,一般 $10\sim20m^2$,布置多个防爆充电柜;另一种是在生产各班组线旁设置防爆充电柜,占地面积 $1m^2$ 左右;第三种是在生产工位旁设置充电口。第一种方式的好处是充电作业可集中管理,防爆充电柜布置数量少,有利于在整个车间范围内进行电池的调度;充电有专人管理,不存在滥充情况。缺点是需要设置专门的场地和管理人员。第二种方式的好处是防爆充电柜离作业人员较近,更换电池时行走路径短;缺点是布置防爆充电柜的总数量较整个车间充电间集中布置要多,班组交接班时不易管理,易出现滥充滥用和丢失的现象。第三种方式的好处是不需要设置专门的充电柜,只需要设置一个电源插口即可;缺点是易造成现场混乱,消防风险大。

2. 开发输入接口

1) 产品接口:①整车数模;②整车 BOM;③总装标准件扭矩要求。

2) 工艺、土建、钢结构、水电气及 IT 接口:①工艺平面布置图,工艺文件或工艺过程描述;②压缩空气管路;③到设备连接位置的主电缆;④网络接口点。

3. 开发周期

合同签订后 4 个月左右。

4. 价格范围

一般气动工具 0.5 万~1.0 万元;充电拧紧工具 1.0 万元左右;定扭式拧紧工具:每把 1 万元左右;电动拧紧机 6 万~10 万元。

5. 节拍

$2\sim10s$。

6. 常用备件

电动机、离合器、消声器、密封圈等。

7. 开发时重点的技术要求

(1) 所有工具应符合国家及行业所规定的技术、安全、环保法规。

(2) 工具选用应符合产品设计特性及特定的工艺功能要求、质量防护要求、装配空间要求、人机工程要求、操作便利性要求。其中,拧紧工具的扭矩范围及精度要符合工艺功能要求、扭矩特性要求、可存储和追溯要求等,运行噪声不大于 75dB;拧紧工具的变量要满足工序能力的要求;计量工具要满足重复性和再现性等要求。

(3) 所有工具必须保证一定的工序能力、可靠性、耐久性和使用寿命的要求。

总装各类工具中,拧紧工具占比达 70%以上,拧紧工具的作业对象主要是各类螺纹紧固件,因此,有必要对螺纹紧固件进行系统的了解。

螺纹紧固件是将两个或两个以上的零件(或构件)采用螺纹形式紧固连接成为一个整体时所采用的一类机械零件的总称,常称为标准件。总装 70%以上的工作是利用螺纹紧固件进行装配。所以,必须对总装螺纹紧固件有一程度的了解。下面主要介绍总装常用螺纹紧固件的种类、等级、参数、工作原理和拧紧方法。

1) 螺纹紧固件的种类:螺纹紧固件的分类方式很多。按螺纹部分的制式可分为公制螺纹与英制螺纹;按螺纹的旋向可分为左旋螺纹与右旋螺纹;按螺纹牙型分为粗牙螺纹与细牙螺纹;按螺纹的线数分为单线螺纹与多线螺纹;按强度等级可分为:4.6 级、5.6 级、8.8

级、10.9级。按螺纹连接形式分为螺栓、螺钉、螺柱、螺母，其中螺栓的种类较多，按头部形式可分为组合螺栓、法兰螺栓、T形螺栓等。在总装车间常用的是单头公制左旋细牙螺栓和螺母，以及自攻螺钉。其中螺栓按头部尺寸主要有两种，组合螺栓和法兰螺栓。螺母按形式也分为两种，组合螺母和法兰螺母。螺钉主要是盘头自攻螺钉。此外，还包括涂胶螺栓、刮屑螺栓、自锁螺母等特殊形式的螺栓螺母。六角头螺栓和螺钉（螺纹直径≥5mm）需在头部顶面用凸字或凹字，或在头部侧面用凹字标记，包括性能等级、厂标等。碳钢紧固件强度等级标记代号由"·"隔开的两部分数字组成。标记代号"·"前数字部分的含义表示公称拉伸强度，标记代号中"·"后数字部分的含义表示屈强比，即公称屈服点或公称屈服强度与公称拉伸强度之比。

总装各类标准件的主要用途：①带弹垫的组合螺栓有一定的防松性；②平垫的组合螺栓或法兰螺栓一般用于塑料等软连接部位；③带导向螺栓一般用于不易安装及不易返修的部位；④自锁螺母一般用于整车经常承受交变载荷及打铁点部位；⑤涂胶螺栓一般用于悬挂件，起到防松作用；⑥达克罗螺栓主要用于整车底部，起到防锈作用；⑦刮屑螺栓主要用于电气的接地点。

2）螺栓等级（碳钢）：公制螺栓机械性能等级可分为：3.6、4.6、4.8、5.6、5.8、6.8、8.8、9.8、10.9、12.9共10个性能等级。其中8.8级及以上螺栓材质为低碳合金钢或中碳钢并经热处理（淬火、回火），通称为高强度螺栓，其余通称为普通螺栓。螺栓性能等级的含义是国际通用的标准，相同性能等级的螺栓，不管材料和产地的区别，其性能是相同的。如性能为10.9级的高强度螺母，其材料经过热处理后，公称拉伸强度可达到1000MPa，螺母的屈强比值为0.9，螺母的公称屈服强度为1000MPa×0.9＝900MPa。

3）螺纹参数大径/牙外径（D、d）：外螺纹牙顶或内螺纹牙底重合的假想圆柱直径。螺纹大径基本代表螺纹尺寸的公称直径。比如，M8×1.25米制机械螺纹大径为：8mm，螺距为：1.25mm。

4）螺纹连接力：在螺纹连接中，会有很多力作用，会有张力、夹紧力、剪切力、抗张力的作用（见图7-80）。但是在这些力中，只有两个连接件之间的夹紧力才是所需要的，剪切力和张应力会降低紧固件的寿命，是需要避免的。

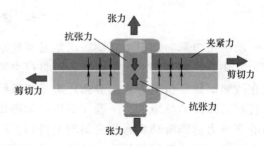

图7-80 螺纹连接中受到的力

一般螺纹连接中力按5∶4∶1分配，如图7-81所示。即50%的力矩消耗在螺栓头部的摩擦力，40%的力矩消耗在螺纹副之间的摩擦力，10%的力矩用在连接件之间的夹紧力。因此90%的力矩被摩擦力消耗掉，只有10%的力矩转化成夹紧力。

5）螺纹连接的形式：在螺纹连接中，分硬连接和软连接两种形式。拧紧到达贴合点后，再旋转小于30°，从而达到目标扭矩的连接状态称为硬连接；拧紧到达贴合点后，旋转超过720°，才能达到目标扭矩的连接状态称为软连接。如图7-82所示。

常见的硬连接：被紧固件刚性较好（如钢结构件等），紧固件不带弹性（如平垫螺栓）。
常见的软连接：被紧固件刚性较差（如尼龙等），紧固件带弹性（如锥度螺纹或弹簧垫片和密封垫等）。

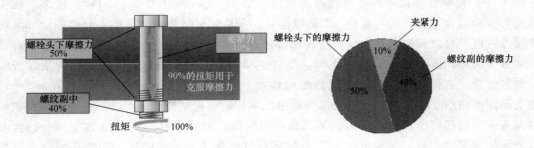

图 7-81　螺纹连接中扭矩的分配

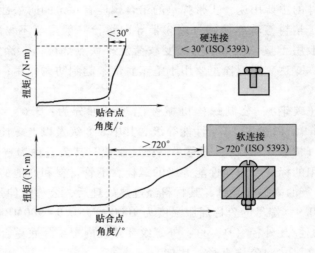

图 7-82　硬连接与软连接

动态扭矩和静态扭矩。动态扭矩是螺栓动态拧紧过程中的扭矩,一般是指气动或电动拧紧工具快速拧紧时的反作用扭矩,可将扭力测试仪接在气动或电动拧紧工具上,用扭矩测试仪在线测试螺栓扭矩得到。静态扭矩是指螺栓静止状态时,克服摩擦面的静摩擦力达到滑动旋转状态瞬间的扭矩值,一般在螺栓旋紧静止后,再用手动扭力扳手施扭,使其克服摩擦面的静摩擦力达到滑动状态的一刻测量得到。一般气动或电动定扭或测量工具所体现出来的是动态扭矩,手动定扭、低转速拧紧工具或测量工具所体现出来的是静态扭矩。总装装配过程中,一般硬连接常用动态扭矩控制,软连接常用静态扭矩控制。

① 如果连接件弹性过大(软连接,如锥度螺纹或弹簧垫片和密封垫等),静态扭矩就低于动态扭矩(拧紧后不同时间测出的静态值是不同的);② 如果连接件刚性过大(硬连接,如不带垫片的螺栓等),静态扭矩就高于动态扭矩;③ 如果是一般的连接件,静态扭矩一般接近动态扭矩。

另外,紧固时要判别是否使用紧固剂(乐泰等螺纹紧固胶)。如果使用紧固剂并且紧固剂已发挥作用,就不能再测试其动静态扭矩值。

6) 螺栓连接拧紧方法:螺纹连接时,要使两被连接体间具备足够的压紧力,反映到被拧紧的螺栓上就是它的轴向预紧力(即轴向拉应力)。由于很难直接控制,一般都采取间接的方法。

扭矩法：

扭矩控制法是最简单的控制方法，是利用扭矩与预紧力的线性关系在弹性区进行紧固控制的一种方法，只可以在弹性区使用。该方法在拧紧时，只对一个确定的紧固扭矩进行控制，当拧紧扭矩达到某一设定的控制值时立即停止拧紧，操作方法简便，是一种常规的拧紧方法，如图7-83所示。

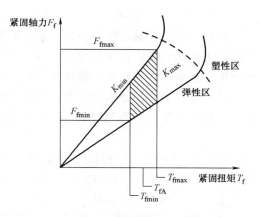

图 7-83 紧固扭矩与预紧力之间的关系

其工作原理主要是在螺纹连接时，螺栓轴向预紧力 F 与拧紧时所施加的拧紧扭矩 T 成正比关系。它们之间的关系可用：$T=KF$ 表示，其中 K 为扭矩系数，其值大小主要由接触面之间、螺纹牙之间的摩擦阻力 $F\mu$ 来决定。在实际应用中，K 值的大小常用下列公式计算：

$$K = 0.161p + 0.585\mu d_2 + 0.25\mu(D_e + D_i)$$

其中 p 为螺纹的螺距（mm）；μ 为综合摩擦系数；d_2 为螺纹的中径（mm）；D_e 为支承面的有效外径（mm）；D_i 为支承面的内径（mm）。螺栓和工件设计完成后，p、d_2、D_e、D_i 均为确定值，而 μ 值随加工情况的不同而不同。所以，在拧紧时主要影响 K 值波动的因素是综合摩擦系数 μ。有试验证明，一般情况下，K 值在 0.2~0.4 之间，然而，有的甚至可能在 0.1~0.5 之间。故摩擦阻力的变化对所获得的螺栓轴向预紧力影响较大，相同的扭矩拧紧两个不同摩擦阻力的连接时，所获得的螺栓轴向拧紧力相差很大。另外，由于连接体弹性系数的不同，表面加工方法和处理方法的不同，对扭矩系数 K 也有很大的影响。有试验证明，当拧紧扭矩相同时，螺栓轴向预紧力的误差最大可以达到±27.2%，因此，用扭矩控制法来保证高精度的螺栓拧紧是不现实的想法。此外，由于测量方法的不同，测量时环境温度的不同等，对扭矩系数 K 也有很大的影响，从而增加了 F 的离散度。有试验证明环境温度每增加1℃，其扭矩系数 K 就下降 0.31%。

扭矩控制法的优点是：控制系统简单，易于用扭矩传感器或高精度的扭矩扳手来检查拧紧的质量。其缺点是：螺栓轴向预紧力的控制精度不高，不能充分利用材料的潜力。

由于紧固扭矩90%左右作用于螺纹摩擦和支承面摩擦的消耗，真正作用在轴向预紧力方面的仅10%左右，初始预紧力的离散度是随着拧紧过程中摩擦等因素的控制程度而变化的，因而该拧紧方法的离散度较大，适合一般零件的紧固，不适合重要的、关键的零件的连接。表7-12是8.8级公称直径的螺栓螺母的 S 值与常用扭矩。

表 7-12 8.8级公称直径的螺栓螺母的 S 值与常用扭矩

螺栓规格	螺距/mm	六角法兰盘螺栓（S值）	六角组合螺栓（S值）	扭矩范围/N·m
蜗轮蜗杆卡箍		6		2~3
蜗轮蜗杆卡箍		7		2~3
M5	0.8	8	8	4~5
M6	1	8	10	6~8
M8	1.25	12	13	20~24
M10	1.25	14	16、17	40~45
M12	1.25	18	18、19	70~85
M14	1.5	21	21	100~130
M16	1.5		24	

扭矩—转角控制法:

扭矩—转角控制法是在扭矩控制法的基础上发展起来的,应用这种方法,首先是把螺栓拧到一个不大的扭矩,再从此点开始,拧一个规定的转角的控制方法。基于一定转角,使螺栓产生一定的轴向伸长且连接件被压缩,其结果产生一定的螺栓轴向预紧力。应用这种方法拧紧时,设置初始扭矩的目的是把螺栓或螺母拧紧到紧密的接触面上,并克服开始时的一些如表面凸凹不平等不均匀因素。而螺栓轴向预紧力主要是在后面的转角中获得的,如图7-84所示。

由图7-84可见,摩擦阻力(图中以摩擦系数表示)的不同仅影响测量转角的起点,并将其影响延续到最后。而在计算转角之后,摩擦阻力对其的影响已不复存在,故其对螺栓轴向预紧力的影响不大。因此,精度比单纯的扭矩法要高。

从图7-84可知,扭矩—转角控制法对螺栓轴向预紧力影响最大的是测量转角的起点,即图中所对应的 S_1 或 S_2 点。因此,为了获得较高的拧紧精度,应注意对 S 点的研究。扭矩—转角控制法与扭矩控制法的最大不同在于:扭矩控制法通常将最大螺栓轴向预紧力限定在螺栓弹性极限的90%处,即图7-85的 Y 点,而扭矩—转角控制法一般以 Y—M 为标准,最理想的是控制在屈服点偏后。

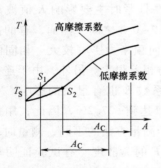

图7-84 扭矩—转角关系图

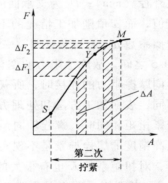

图7-85 转角—扭矩斜率图

扭矩—转角控制法的螺栓轴向预紧力精度是非常高的,通过上图可以看出,同样的转角误差在其塑性区的螺栓轴向预紧力误差 ΔF_2 比弹性区的螺栓轴向预紧力误差 ΔF_1 小很多。

扭矩—转角控制法的优点是:螺栓轴向预紧力精度高,可以获得较大的螺栓轴向预紧力,且数值可基本分布在平均值附近。其缺点是控制系统较复杂,要测量扭矩和转角两个参数,质量部门不易找出适当的方法对拧紧结果进行检查。下面具体介绍两种角度的扭矩控制法。

下限控制法:

实施该方法时,只设置预扭扭矩的下限和达到预扭扭矩下限后的转角来保证拧紧效果,不考虑拧紧力矩的上限值。如发动机中的机油滤清器支架,在采用扭矩—转角法固定于某型号发动机上时,装配工艺为:预扭矩为18N·m,达到18N·m后转角30°。

上限控制法:

此方法的特点是以扭矩值的上限范围作为最后扭矩的控制范围,根据扭矩值的上限范围进行反复试验,统计出初始扭矩及转角。表7-13是摘自德国某汽车集团的一个标准,它给出了部分常用标准螺栓使用扭矩—转角法进行装配时，起始扭矩的推荐值，以及轴向预紧力和最终扭矩的散布范围。后者可以作为上、下控制限的参考依据。起始扭矩的确定需要通过大量的统计和试验来确定。

表 7-13　部分常用标准螺栓使用扭矩—转角法进行装配时起始扭矩的推荐值

螺纹规格	强度级别	预紧力扭矩 /N·m+90°	轴向预紧力/kN（超弹性装配后）		拧紧扭矩/N·m（超弹性装配后）	
			min	max	min	max
M6	8.8	8	10.5	14.5	10	17
	10.9	10	15.5	20	14.5	23.5
	12.9		18.5	22.5	17	26.5
M8	8.8	20	19.5	26	24	41
	10.9		29	36	35.5	57
	12.9		34	41.5	41.5	65
M10	8.8	40	31	41.5	47.5	81
	10.9	50	45.5	57	70	110
	12.9		54	66	81	130
M12×1.5	8.8	60	48	64	85	145
	10.9	90	71	88	125	200
	12.9		83	100	145	230
M14×1.5	8.8	100	69	91	140	240
	10.9	150	100	125	205	335
	12.9		115	145	235	380
M16×1.5	8.8	120	95	125	215	380
	10.9	180	135	170	310	510
	12.9		160	195	360	585
M18×1.5	8.8	140	125	165	315	555
	10.9	210	175	220	450	745
	12.9		205	250	525	855

当电动拧紧工具转角法控制扭矩时，为了保证扭矩静态化，还有一种方法是回退5°，此时扭矩通常在平台状态，基本与最终扭矩要求一致。

屈服点控制法：

屈服点控制法是把螺栓拧紧至屈服点后，停止拧紧的一种方法。它是利用材料屈服的现象而发展起来的一种高精度的拧紧方法。这种控制方法是通过对拧紧的扭矩/转角曲线斜率的连续计算和判断来确定屈服点的。

螺栓在拧紧的过程中，其扭矩/转角的变化曲线如图7-86所示。当真正的拧紧开始时，斜率上升很快，之后经过简短的变缓后保持恒定（a—b 区间）。过 b 点后，其斜率经简短的缓慢下降后，又快速下降。当斜率下降一定值时（一般定义，当其斜率下降到最大值的1/2时），说明已达到屈服点（即下图的 Q 点），立即发出停止拧紧信号。

屈服点控制法的拧紧精度是非常高的，其预紧力的误差可以控制在±4%以内，但其精度主要取决于螺栓本身的屈服强度。

屈服点控制法的优点是：可获得很大的预紧力，能充分发挥材料的潜力。其缺点是：控制系统复杂，拧紧工具价格昂贵，需要使用具有运算功能的自动拧紧机，要测量扭矩和转角两个量，对螺栓的一致性要求较高，对螺栓和连接件的表面要求较高，以避免假屈服。

7）力矩控制方法：根据严重度和工艺成本的限制性，总装装配的力矩一般采用分层控制。关系到整车安全、人身安全、法律法规的力矩（如座椅、安全带、排气管等安全件或法规件），原则上采用伺服拧紧机拧紧，力矩依靠伺服拧紧机保证精度，所有的拧紧数据需要可存储、可追溯。关系到整车重要功能、性能的力矩，一般采用手动扭力扳手定扭、自检和抽检跟踪的方法。在整车安全、人身安全、法律法规及整车重要功能、性能之外的力矩，直接采用一般定扭工具拧紧。

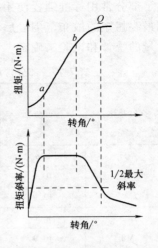

图 7-86　转角—扭矩斜率图

第8章

工艺评审、工艺验证、工艺能力评价

为了保证整个工艺开发过程的质量，从工艺开发的初期开始，直到最后生产，需要分阶段进行有效和充分的工艺评审、工艺验证和工艺能力评价，以保证整个工艺开发过程的可靠性和充分性。从工艺开发的初期开始，一直到量产，要对整个工艺设计进行充分的工艺评审，主要采用FMEA研讨的方式进行。确定具体的工艺方案及完成工艺设计后，需要进行充分的虚拟或实物工艺验证，以保证实际的工艺开发过程与工艺设计相符合。在试生产和正式生产阶段，还要进行充分的工艺能力评价，确保工艺过程的一致性。

8.1 工艺评审

工艺评审，是产品研制过程质量控制的三大评审（设计评审、工艺评审和产品质量评审）之一，它是对产品研制中的工艺开发质量进行独立的、系统的检查、评定，以及提出改进意见的活动。工艺评审贯穿于整个产品研制过程的始末，它对保证产品的设计和工艺质量及满足研制任务书的要求具有重要的作用。工艺评审主要是依靠人的经验来发现工艺设计中的问题，把有经验的人召在一起，仔细研讨工艺的可行性、可靠性。大部分汽车生产企业都采用FMEA研讨方式进行，整个工艺开发过程中的各项工作，都要及时进行工艺评审，评审通过后才能进行工艺实施，工艺评审提出的问题（工艺问题、设备问题等），要通过结构化问题管理来分析和解决，并将问题和解决办法完善到工艺开发过程文件和FMEA中。在进行工艺评审时，一般对常规化、成熟的工艺过程和设备实现可不作重点检查，要重点关注非常规和不成熟的工艺过程或设备实现。具体的工艺评审，一般集中在工艺可行性分析与工艺规划方案阶段、工艺过程设计阶段和生产线及工艺装备开发阶段。

1) 工艺可行性分析与工艺规划方案阶段。由于工艺设计涉及人、机、料、法、环等多个方面，一个人很难全面、深入地进行工艺可行性分析和工艺规划方案设计，为此，可由责任工程师组织多功能小组，协同进行工艺可行性和确定工艺规划方案，并对工艺可行性分析和工艺规划方案进行集中评审和变更，重点评审场地规划、产能节拍、投资成本、工艺流程等问题，防止整个工艺规划方案出现根本性和方向性的错误。

2) 工艺过程设计阶段。责任工程师组织多功能小组，对具体的工艺流程、工位设计、工序设计、工艺要素、工艺参数等进行集中评审和变更，以保证工艺过程设计的细节质量。

3）生产线及工艺装备开发阶段。要及时对生产线及工艺装备的可行性及实施方案、设备技术关键和技术细节进行工艺评审，能够在生产线及工艺装备实际开发前，及时发现设备改造的问题，避免生产线及工艺装备开发二次设计变更。

8.2 工艺验证

工艺验证，主要是指在完成一定程度的工艺准备后，且在最终正式生产前，用虚拟手段或实物验证手段模拟配置出与实际生产状态几乎完全一致的工况，包括人、机、料、法、环状态及其运行状态，通过对虚拟或实物过程模拟监测，发现并解决与工艺设计不一致的问题，证实工艺策划、工艺设计的符合性。此外，也用于发现研发设计的问题和生产管理的问题。在同步工程的开发模式下，工艺验证一般都提前至可行性分析阶段开始，工艺试生产阶段结束；工艺验证的内容也由单体设备预验证和试生产工艺验证扩展至竞品车工艺验证、虚拟仿真工艺验证、试制样车工艺验证。按开发阶段来分，总装工艺验证主要分如下几个阶段：竞品车阶段工艺验证、数据阶段虚拟仿真工艺验证、样件样车阶段离线工艺验证、试生产阶段在线工艺验证等。

1. 竞品车阶段工艺验证

一般开发新车型时，都会有一个竞品车型，在产品开发前期，都会对竞品车进行拆装，以了解竞品车的设计结构及工艺。此时，由于初步的工艺流程图及工艺路线图已经确定，可以在进行竞品车结构工艺性校核的同时，进行工艺流程校核和工序设计校核。

2. 数据阶段虚拟仿真工艺验证

产品设计数据相对冻结及工艺过程设计、工位设计、工序设计基本完成后，可按工艺流程、工位设计和工序设计内容，结合产品设计数据进行虚拟装车验证，来发现工艺设计中的人、机、料、法、环的问题和设计的结构工艺性问题。此时，由于还没有进行工装样件的工装开发，整个开发投入还较小。为了尽可能降低以后由于设计变更导致工装模具变更的成本，应在工装样件之前尽可能发现问题，所以，此时的虚拟工艺验证过程特别重要。要严格按照工艺流程顺序，按工位设计和工序设计要求，一个件、一个件地进行模拟装配，检查工序设计、工位设计、工艺流程设计的正确性，人、机、料、法、环设计的正确性，以及每一个零件的装配工艺性。具体评审的方法为，按工艺流程顺次逐一调入零部件数模（先装配的零件会对后续装配的零件装配有影响）。审查零部件的操作工时、线平衡、人机工程、工艺装备选型、设备和工具空间、操作工艺性、作业环境等问题。

通过虚拟仿真工艺验证可以全面模拟工艺过程，但接近性和真实感没有实际的物理仿真强，容易忽略一些检查内容。为此，可建立检查CHECK LIST清单，可在一定程度上保证检查项目和内容的完整性。

3. 样件样车阶段离线工艺验证

设计冻结后，一般都需要制作一定数量的样件样车进行产品试验。此时，可以与产品试验同步，进行样件样车装配工艺验证，此过程一般在实际的生产线和工艺装备开发之前进行。由于已经有完全的样件，因此可以对工艺过程设计及产品设计的装配工艺性进行相对实际化验证。此阶段的工艺验证一般都在离线状态进行，一般可设置独立的离线工艺验证区，或者借用生产线及工艺装备的部分区域和设备进行离线工艺验证，部分的工艺验证过程可借用生产线及工艺装备的预验收过程来进行。

由于在前期的工程过程设计或工艺装备设计的大部分过程都是虚拟化的，虚拟化的工程一般只关注关键技术要素，不会考虑到所有维度的技术细节，所以有很多实际生产过程中的细节问题不能被有效发现和关注，所以必须进行实际样车的工艺验证。

离线工艺验证过程一般需要完全模拟实际生产环境来进行工艺验证，验证环境至少要仿真75%以上，以保证工艺验证的过程尽可能真实，使各种验证内容的偏离能明显和充分地被凸显和发现。包括按实际生产状态的工位布局来布置车身在操作工位的位置（包括工位高度），布置与实际生产一致的设备、工装、工具、工位操作人数；完全按与实际生产一致的线边布局位置和尺寸来布置线边立柱、消防柜、配电柜、物料架、分装台等设施；提前准备样件样车，并按实际生产状态分工位摆放；装配过程完全按照工艺流程和工序卡的要求操作等。以工位为单位来进行工艺验证，验证的内容主要包括工艺流程验证、工艺文件验证、操作工时及线平衡验证、操作路径验证、人机工程验证、设备验证、工装验证、工具验证、线边布局验证（分装台、物料料架等）、物流验证（如收容数量、投放频次、零部件供应模式（SPS）及KTTING验证）、质量要求验证、安全验证等。此外，还可以进行产品设计的装配工艺性验证。为保证相关验证工艺展开的充分性及问题发现的充分性，在离线工艺验证的过程中，需要组成相关的职能小组，包括工艺设计人员、生产运营人员、物流规划人员、设备开发人员、质量控制人员等都必须实时参加，按实际生产状态模拟自己所负责的工作并观察相关的问题。离线工艺验证一般可进行2~3轮。其中第一轮装配模拟操作可以由工艺工程师来进行，后续两轮工艺验证的装配操作再由操作人员来完成，此做法的好处是工艺工程师可以直接体验工艺设计，并深刻验证其工艺设计中的问题，有助于工艺设计的优化和完善。

在进行工艺验证时，除了对装配线进行工艺验证，还要对检测线进行离线工艺验证，以提前发现检测线的问题。

为保证工艺验证的充分性和验证内容的完整性，可制定工艺验证计划和验证项目点检表及工艺验证问题清单，见表8-1。工艺验证计划和验证项目点检表以工位为单位列支，每一验证项目可以有具体的验证文件支持。

表8-1 工艺验证计划和验证项目点检表

工位号	工艺文件	工艺布置图	线边布局	物料器具规划	线平衡	装配工艺性	人机工程检查	作业视频	备注

4. 试生产阶段在线工艺验证

样件样车阶段的工艺验证比较接近实际生产，但由于物理条件限制，有些仿真可能受限制或无法进行，如机器人、机械手、加注设备等的工艺验证。为此，需要在生产线及工艺装备初步安装调试完成后，进行在线工艺验证。因为此阶段已可以完全实现在线生产，因此这个阶段是完全工艺验证阶段。在线工艺验证可再细分为两个阶段：第一个阶段是结合在线整车通过性验证和在线工艺培训进行的工艺验证；第二个阶段是试装阶段的工艺验证。在线工艺验证可以完全实现实际生产状态，可以反映出实际生产的所有问题，所以对所有的人、机、料、法、环等都要进行验证。由于前期经过竞品车工艺验证、虚拟仿真工艺验证和离线实物验证，为此，在线工艺验证可重点关注前三个阶段不易关注的问题，包括在线生产工艺装备的问题和工艺流程排布的问题。为了保证在线工艺验证时，对工艺过程问题检查的充分性，可以由慢速过渡到正常节拍，前期可以降低生产线的运行速度，以便能细致观察人、机、料、法、环的问题。

附：某车型工艺培训阶段的工艺验证计划及工艺验证记录表，见表8-2~表8-7。

1）整车及物料准备：整个生产线（或者每个工段）1台豪华配置、1台标准配置的整车物料。

2）文件准备：工艺流程图、工艺概况表、工序卡、工具明细表、线旁定置图。

3）记录准备：工艺验证表、各类问题的分类记录表格。

4）首先，由第一工位开始进行工艺验证，利用前几个工位来确定统一的验证方法和步骤，然后逐步铺开至其他工位和工段。具体的验证方法：以工序为单位，采用"彩排演习法"和"按验证项目逐一验证法"来进行验证以保证验证内容的完整性。彩排演习法是完全模拟正常的生产状态进行装配，在此过程中发现的任何不顺畅的地方都要进行记录并分析，力争在现场找到永久解决办法并记录，对在现场解决有困难的，可在验证后专门进行分析解决。按验证项目逐一验证法是结合实际装车，按工艺验证表要求的验证项目逐一验证。

表8-2 工位生产条件检查表

工位名称：　　　　检查人：　　　　检查日期：

序号	检查内容	检查结果 是(√)/否(×)	存在问题及原因	责任人	完成时间
	一、工艺				
1	工艺文件是否齐全				
2	工艺流程是否合理				
3	操作工时计算值与实际值偏差是否过大				
4	扭矩值是否正确				
5	BOM表是否正确				
	二、工具				
1	工具配备是否齐全				
2	工具配备是否合理				
3	是否需要专用工具				
4	是否需要专用工具接头				
	三、工装				
1	有无分装台要求				
2	有无专用工装				
3	是否需要踏台				
4	工具吊架是否完成				
5	有无其他辅助工装要求				

（续）

序号	检查内容	检查结果 是(√)/否(×)	存在问题及原因	责任人	完成时间
	四、物流				
1	通用工位器具是否齐全、合理				
2	专用工位器具是否齐全、合理				
3	工位器具是否会造成零件或人身伤害				
4	工人拿取零件是否方便				
5	零件盒是否齐全				
6	各种物流标识是否齐全				
	五、工位定置				
1	工位布置图是否合理				
2	工位标识（地面、空中）是否完成				
3	工位定置是否完成				
4	工位定置化管理是否完成				
	六、安全及人机工程				
1	操作人员操作是否具有便利性				
2	有无人身安全隐患				
3	有无车身安全隐患				
4	危险区域是否有标识				
	七、其他				
1	操作人员考核分数				
2	设备有无问题				
3	设备是否影响节拍				

编制： 审核： 批准：

表 8-3 设备生产条件检查表

设备名称： 检查人： 检查日期：

序号	检查内容	检查结果 是(√)/否(×)	存在问题及原因	责任人	完成时间
1	设备基本配置是否齐全				
2	设备基本功能（手动、自动）是否满足要求				
3	设备特殊功能是否满足要求				
4	设备是否满足生产节拍要求				
5	设备急停等保护是否满足要求				
6	设备机械方面有无安全隐患				
7	设备电气方面有无安全隐患				
8	设备操作、维修方面有无安全隐患				
9	危险区域标识是否清晰				
10	设备运转有无划伤车身的可能性				

(续)

序号	检查内容	检查结果 是(√)/否(×)	存在问题及原因	责任人	完成时间
11	设备有无跑、冒、滴、漏现象				
12	设备专用维修工具是否齐全				
13	设备专用检具是否齐全				
14	电器维修是否方便				
15	设备软件有无备份				
16	设备档案是否齐全				
17	设备操作规程是否完成并布置于现场				
18	设备原理图是否布置于现场				
19	设备日常点检表是否布置于现场				
20	设备润滑图表是否完成				
21	设备中长期维保计划是否完成				
22	设备目视化管理是否完成				
23	操作人员是否确定并经过培训				
24	操作人员有无操作证				
25	维修人员是否确定并经过培训				
26	设备管理示板是否完成				

编制：　　　　审核：　　　　批准：

表 8-4　工位准备状态表

操作岗位：

班组长/工段长：

主管：

状态	项目内容	责任人	签名/日期
○	1)工艺过程卡	工段长	
○	2)工序卡	工段长	
○	3)安全人/劳防用品	工段长	
○	4)零件明细表	工段长	
○	5)装车清单	生产主管	
○	6)物料布局	工段长	
○	7)差错预防布置	维修	
○	8)操作人员培训	工段长和班组长	
○	9)安全与人机工程	工段长和安全工程师	
○	10)现场组织	工段长	
○	11)地面标识与目视控制	工段长	
○	12)工位布置图	工段长	
○	13)质量检查跟踪表	工段长	

（续）

状态	项目内容	责任人	签名/日期
○	14）动力工具	维修	
○	15）设备	工段长	
○	16）工装夹具	维修/工段长	
○	17）制造问题解决协调	产品/工段长	

表 8-5　在线工艺验证记录单

工位：　　　　操作名称：　　　　工艺员/工段长：　　　　日期：

主要内容	非常好"√" 接受"—" 整改"×"	具体细节
一、工艺路线		
1）工艺安排（流程、工序）是否合理		
2）工具使用是否合适		
3）工时计算有无问题		
4）与设备接口是否存在问题		
二、设备验证		
1）输送线等主体设备是否适应工艺要求（高度、承载形式等）		
2）有无工装要求		
3）有无踏台要求		
4）工具吊架是否就绪		
5）有无其他辅助装置要求（坐垫、工具盒、零件盒等）		
三、工位布置		
1）工位标识（空中、地面）是否清晰明确		
2）工艺文件定置是否合理		
3）工位布置图是否合理		
4）工人休息区布置是否合理		
四、人机安全		
1）有无损坏人身、车身、零件的可能性		
2）照明是否充足		
3）个人劳防用品是否就绪		
4）车间危险区域是否明确标识		
五、质量检查		
1）是否明确所有作业的质量检查		
2）是否明确质量控制流程		
六、培训检查		
1）是否熟悉规章制度、设备操作规程及工艺路线		
2）操作人员素质评估文件是否执行		

（续）

主要内容	非常好"√" 接受"—" 整改"×"	具体细节
七、生产过程		
1）物流方案（物流器具、周转方案、通道、看板）是否合理		
2）随车文件管理（装配看板、检查卡）是否合理		
八、外部问题：研发、配套件、车身		
1）是否存在影响生产的工艺性问题		
2）车身质量是否影响生产		
补充问题：		

表 8-6　在线生产国内设备验证表

设备名称：　　　　　检查人：　　　　　检查日期：

序号	检查内容	检查结果 是(√)/否(×)	存在问题 及原因	责任人	完成时间
1	设备实现的基本功能验证				
2	设备最快最慢的工作能力验证				
3	设备配备的规格、数量验证				
4	设备的手动、自动功能验证				
5	空中输送线安装质量检查				
6	地面输送线安装质量检查				
7	接口设备安装质量检查				
8	设备通过性检查				
9	是否存在影响节拍的瓶颈设备				
10	设备满载运行是否有隐患				
11	设备是否对车身、人身有安全隐患				
12	设备电气部分是否有安全隐患				
13	设备机械部分是否有安全隐患				
14	设备故障保护是否充分				
15	设备上的工位标高是否满足要求				
16	设备维修、保养是否方便				
17	设备上各操作平台是否满足操作方便要求				
18	设备是否具有良好的操作接近性				
19	设备的工位布置是否合理				
20	设备的备品备件是否充分				

编制：　　　　　审核：　　　　　批准：

表 8-7　在线生产国外设备验证表

设备名称：　　　　　　检查人：　　　　　　检查日期：

序号	检查内容	检查结果 是(√)/否(×)	存在问题及原因	责任人	完成时间
1	设备的基本功能验证				
2	设备满足生产节拍及其他特殊功能验证				
3	设备配置检查				
4	设备故障应急措施检查				
5	设备关键装置检查				
6	设备机械安全检查				
7	设备电气安全检查				
8	设备操作对车身安全的影响检查				
9	设备操作对人身安全的影响检查				
10	设备维修方便性检查				
11	设备操作规程完整性检查				
12	设备跑、冒、滴、漏检查				
13	水、电、气接口检查				
14	设备专用维修工具检查				
15	设备专用检具检查				
16	工位照明检查				
17	工具轨检查				

编制：　　　　　　审核：　　　　　　批准：

生产性工艺验证过程结束后，基本上进入了小批量及大批量试生产阶段。在小批量生产过程中，主要检查工艺流程的正确性、工序卡的正确性、工人操作的符合性、线平衡问题并进行工艺完善和工艺优化，力求实现工序卡可以完全正确地指导生产，力求工人的操作完全与工序卡要求一致，实现总装的标准化作业，实现生产率的提升并保证一致的生产能力。

8.3　工艺过程能力评价

工艺过程能力评价是 16949 质量管理体系中的用于质量控制的五大核心工具（产品质量先期策划（APQP）、FMEA、统计过程控制（SPC）、测量系统分析（MSA）、生产件批准程序（PPAP）的一部分。主要通过工具化的数据收集、数据计算、数据分析，评价工艺过程中间产品和最终产品的工艺过程偏差控制能力，了解制造过程控制范围的异常，并通过数据统计分析的方法确定偏差回归的控制措施，可达成问题事先预测及及时对应改进。其核心思想是"不要等产品做出来后再去看它好不好，而是在制造过程中就提前进行趋势分析及预测，并针对分析及预测出来的问题进行解决"。其主要作用有：①保证预防原则的实现；②在产品制造过程中，产品质量特性值总是波动的。波动分为正常波动和异常波动，其是由普通原因和特殊原因产生的。而工艺过程能力评价的过程，可以分析出波动是普通原因还是特殊原因，进而找到异常波动的原因并解决。

具体的工艺过程能力评价，主要是通过对工序过程参数和结果参数进行收集、计算和分析，从而预测和评价工艺过程的中间产品和最终产品的过程控制能力。工艺能力评价一般在进入试生产阶段开始进行，分为初始工艺能力评价及正式生产工艺能力评价。

总装工艺过程能力评价的对象主要有两方面：一方面是感官性的（如零件位置特性、零件连接牢固特性）；另一方面是可量化的（如扭矩控制特性、加注量控制特性）。感官性的过程能力分析主要通过样品状态的确认来统计分析；可量化的过程能力分析主要通过样品特性的实际量化值的统计来分析。

1. 过程能力及过程能力指数定义

过程具有达成品质的能力，称为过程能力。过程能力指数是指过程能力满足产品质量标准要求（规格范围等）的程度。也称工序能力指数，是指工序在一定时间里，处于控制状态（稳定状态）下的实际加工能力。它是工序固有的能力，或者说它是工序保证质量的能力。这里所指的工序，是指操作人员、机器、原材料、工艺方法、生产环境和测量系统六个基本质量因素综合作用的过程，也就是实现产品质量的生产过程。

（1）过程能力指数 C_p、C_{pk}

常常提到的过程能力指数 C_p、C_{pk} 是指过程的短期能力。C_p 是指过程满足技术要求的能力，用公差值除以6倍标准差的结果来表示。

$$T = \text{允许最大值}（Tu）- \text{允许最小值}（Tl） \qquad C_p = \frac{T}{6\sigma}$$

所以 σ 越小，其 C_p 值越大，即过程技术能力越好。

C_{pk} 是指过程平均值与产品标准规格发生偏移（ε）的大小，常用上限偏差值减去平均值和平均值减去下限偏差值中数值小的一个，再除以3倍标准差的结果来表示。

$$C_{pk} = \frac{(Tu-\mu, \mu-Tl)}{3\sigma}$$

或者

$$C_{pk} = (1-k)C_p，\text{其中 } k = \frac{\varepsilon}{6\sigma}$$

在 C_p、C_{pk} 测定过程中，标准差（σ）一般采用小样本的标准差（s）。

（2）过程能力指数 P_p、P_{pk}

与 C_p、C_{pk} 不同的是，过程能力指数 P_p、P_{pk} 是相对长期的过程能力，要求样本容量大，其公式同 C_p、C_{pk} 一样，但 σ 是全部样本的标准差，即所有样本的标准差。

2. 过程能力及能力指数的测定

过程能力及能力指数测定，分为初始过程能力和过程能力两种。每一种又分为计量型数据和计数型数据。其中初始过程能力测定一般的样本数量至少有25个子组，每个子组至少有5个数据；过程能力测定的样本数量则是全样本。其中，对于计量数据，通常使用变量的 X-R 图，以及单值和移动极差图（X-MR），对于计数数据，p 图和 c 图（计数型数据图）最常使用。具体的测定方法有两种：

1）直接测定法：对工序使用的设备或装置的某些特性直接进行测定，以得到有关参数。例如，定期检查扭矩扳手的精度，使其能保持良好的工作性能。

2）测定产品法：通过测量工序生产出的产品，并根据其变化情况来计算和分析过程能力。对产品质量特性值的测量，不仅会得到产品本身的质量情况，同时产品质量特性值的变化也反映了工序质量的变化，并且可以通过产品质量来推测工序质量。计算过程能力指数的原始数据是通过测定产品得到的。

过程能力指数测定时，对样本的采集，有一个基本的前提条件：样本必须在很大程度上具有准确度和精密度且符合正态分布，如图 8-1 所示。

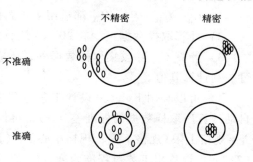

图 8-1 准确度和精密度

这要求在评估过程能力之前，必须将过程调整到稳态。当所使用的控制图已经稳定，反映过程处于稳态时，才开始对过程能力进行评估，如图 8-2 所示。

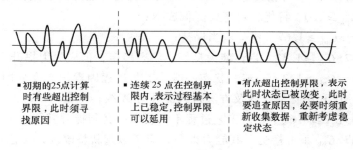

图 8-2 控制图评估

对于计数型数据，通常采用控制图。控制图是用于分析和控制过程质量的一种方法。控制图是一种带有控制界限的、反映过程质量的记录图形，图的纵轴代表产品特性值（或由特性值获得的某种统计量）；图的横轴代表按时间顺序（自左至右）抽取的各个样本号；图内有中心线（CL）、上控制界限（UCL）和下控制界限（LCL），如图 8-3 所示。

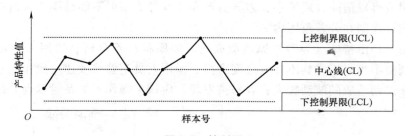

图 8-3 控制图

3. 工艺过程能力的评价和评估

工艺过程能力评价分为初始过程能力和正式生产过程能力评价。其中初始过程能力一般用 C_p、C_{pk} 评估。正式生产过程能力一般用 P_p、P_{pk} 来评估。

- 1.67~2 为过大，可适当放宽检验。
- 1.33~1.67 为充分，继续保持（1.33 为 3σ 水平，1.67 为 6σ 水平）。
- 1~1.33 为正常，但接近 1 危险。
- 小于 1 为不充分，需改进，严重时需停产整顿。

说明:

1) C_p、C_{pk}、P_p、P_{pk} 都适用于正态情况下,当非正态情况时视情况而不同。

2) 计算取样数据至少有 20~25 组数据,才具有一定代表性。

3) 计算 C_{pk} 除收集取样数据外,还应确定该品质特性的规格上下限(USL,LSL),才可顺利计算其值。

4) 可以利用 Excel 来设计工艺过程能力评价模板。首先可用 Excel 的"STDEV"函数自动计算所取样数据的标准差(σ),再计算出规格公差(T),和规格中心值(U)。规格公差=规格上限-规格下限;规格中心值=(规格上限+规格下限)/2;依据公式:$C_a=(X-U)/(T/2)$,计算出工艺过程准确度:C_a 值(X 为所有取样数据的平均值,U 为规格中心值);依据公式:$C_p=T/6\sigma$,计算出工艺过程 C_p 值;依据公式:$C_{pk}=C_p(1-|C_a|)$,计算出工艺过程能力指数:C_{pk} 值。

5) C_{pk} 的评级标准:(可据此标准对计算出的工艺过程能力指数做相应对策)

- A++级　　$C_{pk} \geq 2.0$　　特优,可考虑降低成本;
- A+级　　$2.0 > C_{pk} \geq 1.67$　　优,应当保持;
- A 级　　$1.67 > C_{pk} \geq 1.33$　　良,能力良好,状态稳定,但应尽力提升为 A+级;
- B 级　　$1.33 > C_{pk} \geq 1.0$　　一般,状态一般,工艺过程因素稍有变异即有产生不良的危险,应利用各种资源及方法将其提升为 A 级;
- C 级　　$1.0 > C_{pk} \geq 0.67$　　差,工艺过程不良较多,必须提升其能力;
- D 级　　$0.67 > C_{pk}$ 不可接受,其能力太差,应考虑重新整改设计工艺过程。

4. 过程能力及能力指数的分析

过程能力及能力指数测定完成后,需要对波动进行识别和分析。需要识别出正常波动和异常波动,并且要分析出异常波动的原因,如图 8-4 所示。

正常波动:是由普通(偶然)原因造成的。如操作方法的微小变动、机床的微小振动、刀具的正常磨损、夹具的微小松动、材质上的微量差异等。正常波动引起工序质量微小变化,难以查明或难以消除,或缩小其差异需要高成本等。一般不能被操作人员控制,只能由技术、管理人员控制在公差范围内。

异常波动:是由特殊(异常)原因造成的。如原材料不合格、使用不合格原料、设备出现故障或调整不当、工夹具不良或过度磨损、操作人员不熟练或违反操作规程、测量误差过大等。异常波动造成的波动较大,容易被发现,应该由操作人员及时发现并纠正。

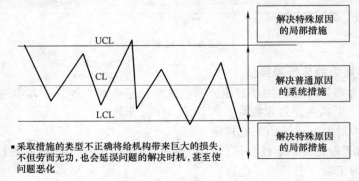

图 8-4　波动原因识别和分析

正常波动如果出现超出控制界限，一般都是由于系统性偏差造成的，可以通过对人、机、料、法、环的系统性调整来解决。异常波动原因（通常也叫可查明原因）指的是造成不是始终作用于过程的变异原因，即当它们出现时将造成（整个）过程的分布改变。除非所有的特殊原因都被查出并采取了措施，否则它们将继续用不可预测的方式来影响过程的输出。如果系统内存在变异的特殊原因，随着时间的推移，过程的输出将不稳定。如图 8-5 所示。

异常波动原因的识别准则：
1）一个点远离中心线超过 3 个标准差。
2）连续 9 点位于中心线同一侧。
3）连续 6 点上升或下降。
4）连续 14 点交替上下变化。
5）2/3 的点距中心线的距离超过 2 个标准差（同一侧）。
6）4/5 的点距中心线的距离超过 1 个标准差（同一侧）。
7）连续 15 个点排列在中心线 1 个标准差范围内（任一侧）。
8）连续 8 个点距在中心线的距离大于 1 个标准差（任一侧）。

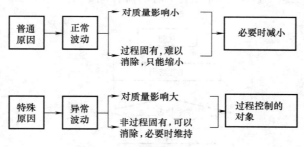

图 8-5　波动原因识别和分析

第9章

产前培训与生产启动

当工装样件完成设计验证、工艺设计完成工艺验证,生产线及工艺装备开发完成,即进入产前培训及生产启动阶段。在此阶段,主要由产品开发阶段至批量生产阶段进行转化实施,包括产前培训、单台份试装、五台份及小批量试装,通过逐步的质量培训和产能提升,稳定达到批量生产的状态。产前培训及生产启动流程图如图9-1所示。

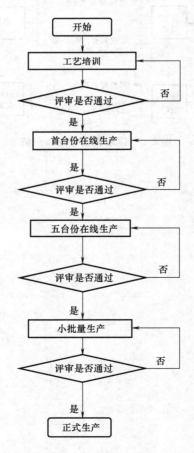

图 9-1　产前培训及生产启动流程图

9.1 人员准备

新车型转产的操作人员准备可分为两种情况：一种是全新车间的人员准备；另一种是在原有车间进行混流生产的人员准备。操作人员又叫直产人员，人员数量的测算和准备方法主要有两种：一种是估算法，用整车的总工时除以生产节拍得出直产工人的人数。另一种方法是根据实际的工艺流程编排和每个工位的人员数量设计来确定总的直产人员数量。

9.2 产前培训

一般生产线基本安装调试完成后，就应启动产前培训工作。产前培训按培训方式分为离线培训及线上培训两种。按培训的程度分为全线培训、混线生产与原工位不一致的培训、瓶颈工位的培训等。培训时，一般先培训多技能人员，再培训每个工位的操作人员。培训完成后，要进行培训考核，培训考核内容可参考表9-1、表9-2。

1. 培训时间与计划

产前培训一般在正式生产前2~3个月进行，一般先进行离线培训，再进行在线培训。离线培训的时间周期，全新车型至少2个月左右；在线培训的时间周期一般1个月。

在具体培训工作之前，应作培训工作计划，具体包括如下几个部分：

1）培训对象。
2）培训目的。
3）培训时间节点。
4）培训前期准备。
5）具体培训过程安排。

2. 培训前条件准备

在培训前，需要进行生产线与工艺装备准备、作业指导文件准备、操作人员准备、零件物料准备等方面的工作。

1）生产线与工艺装备准备：离线培训对生产线工艺装备的配合度要求不高。在线培训则要求生产线和工艺装备具有基本的通过性，并且生产线的运行节拍要降低，以满足培训过程的需要。

2）作业指导文件准备：离线及在线培训前，都需要将作业指导文件发至操作人员，使操作人员提前熟悉工艺文件的内容。

3）操作人员准备：离线培训及在线培训前，需要按工位对操作人员进行工位分配。

4）零件物料准备：每轮离线培训时，要保证一定台份的整车物料，一般至少两台车，一台为高配置车物料，另一台为低配置车物料。线上培训时最好配置三台车，第一台讲解培训，第二台、第三台由操作人员进行装配练习和操作强化。第一台车必须是高配车，后两台的配置与第一台最好一致或差别不大。在操作人员为有一定经验的装配工的前提及提前熟悉作业指导书的情况下，装配培训用车可以借用试验用车。

表 9-1 工艺技能培训考核单—操作人员

被考核人：　　　考核日期：　　　考核工位：　　　编号：

考核项目	评分	评分标准		
		等级	分数	水平描述
作业内容		A	4	非常熟悉本工位的工作内容,同时掌握其他相关的操作
		B	3	只对本工位的工作内容比较熟悉
		C	2	一般熟悉
		D	1	不熟悉
作业流程		A	4	非常明确,理解工作流程及相关的流程
		B	3	比较明确,理解工作流程
		C	2	一般明确
		D	1	不明确
工具使用		A	3	非常熟练地掌握使用技术且动作规范
		B	2	比较熟练
		C	1	不熟练
质量指标		A	4	质量指标明确,并知道如何控制,且有丰富的实际经验
		B	3	质量指标明确,并知道如何控制
		C	2	质量指标明确,但控制不好
		D	1	质量指标不明确
安全生产		A	3	能完全按照车辆、人身安全要求工作,并能主动排除安全隐患
		B	2	基本按照车辆、人身安全要求工作
		C	1	不能按照车辆、人身安全要求工作
工时评估		A	2	满足节拍要求
		B	1	不满足节拍要求
综合得分		A	18~20	可以培训他人
		B	15~18	不在他人指导的前提下,能安全、规范保质地完成工作,且满足节拍要求
		C	10~15	可以安全、保质地完成工作,但不满足节拍要求
		D	<10	初步掌握,需继续培训

培训师签名：　　　培训人签名：

表 9-2 工艺技能培训考核单—材料人员

被考核人：　　　考核日期：　　　编号：

考核项目	评分	评分标准		
		等级	分数	水平描述
作业内容		A	4	非常熟悉本工段的零部件名称及工位布置
		B	3	比较熟悉本工段的零部件名称及工位布置
		C	2	一般熟悉
		D	1	不熟悉

（续）

考核项目	评分	评分标准		
		等级	分数	水平描述
作业流程		A	4	非常明确,理解工作流程及相关的流程
		B	3	比较明确,理解工作流程
		C	2	一般明确
		D	1	不明确
质量指标		A	4	质量指标明确,并知道如何控制,且有丰富的实际经验
		B	3	质量指标明确,并知道如何控制
		C	2	质量指标明确,但控制不好
		D	1	质量指标不明确
安全生产		A	4	能完全按照车辆、人身安全要求工作,并能主动排除安全隐患
		B	3	基本按照车辆、人身安全要求工作
		C	2	不能按照车辆、人身安全要求工作
规章制度		A	3	非常明确车间的规章制度,并认真执行
		B	2	一般明确车间的规章制度,并一般执行
		C	1	一般明确车间的规章制度,基本不执行
综合得分				

培训师签名：　　　培训人签名：

3. 培训方式（对操作人员的培训）

全新车间的离线培训和在线培训都较简单，对于离线培训，只需要配置必要的场地及准备必要的工装工具和物料即可。对于在线培训，同样也只需要在生产线上做好工艺准备，根据在线培训的时间计划进行培训即可。混流生产的离线培训和在线培训一般不同于新生产线的培训，比新生产线的培训要复杂些。对于混流生产离线培训，培训时需要从生产线上抽调出对应工位的操作人员进行培训，而生产线上还在生产，必须解决培训与生产冲突的问题。对于混流生产的在线培训，为了保证培训效果，培训时要降低生产线的运行速度。混流生产的离线培训方式主要有如下两种：

1）对于在现有生产线上在产的操作人员培训，可利用班后延时时间或节假日休息时间。此种培训方式一般受制于生产计划的变化，特别是当生产任务较紧，生产经常加班，节假日也比较少时，培训经常被耽误。此时，要考虑到培训车数量、早晚班、大小班、周末等因素。培训时，一般每个人两次培训操作之间的间隔不要超过半个小时，这样每台车每天可按工艺流程培训8~10个人，每个人可重复6~8次，可保证培训的时长和效果。另一方面，操作人员一般对延时培训及节假日培训都比较抵触，因此这种离线培训方式一般不宜采取。此种培训方式一般只用于重点工位的培训，如操作复杂工位、调整工位、瓶颈工位等。

2）由维修替补人员将各工位的操作人员替换下来，替换下来的操作人员按工位进行培训。为了节省时间，可以考虑线旁随线培训的方式，具体用一个台车承载车身，一个物料车承载各工位物料，在生产线旁进行随线培训。当行进到某一工位时，此工位的在产操作人员离开操作工位进行随线培训,他的生产任务由此工位前后的操作人员或维修替补人员负责完成。

4. 培训内容

1)基础工艺知识培训,使操作人员能对工艺知识有较清晰的理解,了解生产过程的工艺控制方法。

2)培训操作人员,使其熟知所负责的工艺过程的具体操作内容,并且能按工艺路线及工序卡的要求按节拍进行操作。

3)配置培训,保证工人能按配置要求装配。此培训应是针对每个操作工位或每个操作人员为单元的操作培训。其中,车型培训指针对不同的车型,每个工位有哪些通用件与专用件可以进行装配的培训。此培训重点是车型看板上的基本车型代码及整车识别代码与零部件的对应关系的培训;配置培训是指针对不同车型上的不同配置,每个工位的通用件与专用件使用培训,此培训的重点是看板上的配置代码与零部件对应关系的培训。

操作作业培训可以与工艺验证过程结合起来,还可以检验设计结构、工艺设计(包括工艺规划、工艺路线、工时计算、工序卡等)、车身及配套件质量问题等,使这些问题尽可能在上线生产之前就能及时进行整改,保证上线时能顺利进行生产。此外,培训过程还可以按节拍要求进行实际工时实测,并与计算工时对比。这有三方面的作用:一是可以验证前期的工艺规划中的工时计算是否准确。二是校验操作人员的操作过程是否标准。三是通过实测工时修正计算工时,并依据实测工时修正工艺流程、工艺线平衡、劳动强度平衡问题等。注意每个工时的测量都要以工序为单位,在测量前将准备工作做好,尽量使操作人员的装配过程与正式生产过程一致再进行工时实测。例如,将生产线及工艺装备等调整至最终量产状态,准备好与正式生产一致的工装工具等。另外,由于生产启动前期零部件与车身的质量较差,所以要将零部件与车身的状态修整好再进行工时实测。

在进行计算工时的测量时,操作人员要进行一段时间的装配熟练度练习,使其能达到正式生产条件下的操作熟练度,然后,再进行工时测量。测量时,一般每一个操作工序的工时都要测量三遍以上,然后取平均值。对于实测工时超出计算工时的工序,工艺人员要亲自装配一遍,并同操作人员共同分析原因。原因一般有如下几个方面:①工人操作不熟练或工作拖拉;②工时计算时缺少了必要的步骤;③工序步骤不合理;④设计结构存在问题或者说设计结构有优化的可能。

对于计算工时与实际工时不符,所带来的节拍内不能完成工位内容的问题,可通过如下几个方面解决:

1)调整工艺过程,包括调整工步、工序等(此工作最好结合直观化的工艺路线图来进行)。

2)增加人员、专用的工装工具。

3)改进设计结构。可以以标准工时作为一个衡量标准,来检验零部件装配在工时上的工艺性。(一方面,对于结构复杂、装配工艺性不好的零部件,可以调整标准工时计算的过程来延长计算工时,适应工艺规划。另一方面,标准工时计算也可以衡量零部件结构在操作时间上工艺性的好坏。)

对于产前培训,除了要进行全面培训,还应对重点工位,如操作复杂程度较高的工位、需要精准装配的工位、影响生产节拍的瓶颈工位,进行专项培训。在培训区准备车身及物料进行线下反复练习,如仪表板合装工位、线束安装工位、车门安装工位、制动管燃油管安装工位等,以提高被培训人员的熟练度和装配质量的稳定性。

5. 培训计划

某车型装配工培训计划—离线

(1) 培训对象

车间工艺员:7人。

第一批装配工:车间工段长、班组长、多技能工共74人。

第二批装配工:共112人。

第三批装配工:共145人。

(2) 培训目的

1) 按生产节拍要求、配置要求、工序文件要求,模拟生产流程,实现整车装配。工段长、工艺员必须熟悉所负责工段的装配及整车装配;班组长必须熟悉所负责班组的装配及整工段的装配;操作人员必须熟悉本工位和上一工位的操作,此外,要了解整个班组的装配情况。

2) 对整车工艺性、工时进行验证。

(3) 培训方式

离线培训

(4) 培训时间节点

进行10轮离线装车培训(3月20日—4月30日)。

第一天:内饰一、内饰二的一部分、仪表板分装总成、车门分装总成、前桥分装线、前端分装。

第二天:内饰二完成、底盘一、合装、底盘二的一部分。

第三天:底盘二的一部分、终装线完成。

第四天:整理。

第五天:拆卸组负责拆车。

(5) 准备工作

1) 文件:装车计划、工艺概况表、工艺流程图、工序卡片。

2) 场地配置要求:作业区、举升机、两台起重机及钢丝绳或吊具、两台周转车、气源、电源、物料架20套。

3) 第二批装配工使用两套工装,112人共分为三组:

第一装配组37人(内饰一5人、内饰二5人、底盘一5人、底盘二5人、前桥分装3人、合装3人、终装线4人、车门4人、仪表板2人、前端1人)。

第二装配组37人(内饰一5人、内饰二5人、底盘一5人、底盘二5人、前桥分装3人、合装3人、终装线4人、车门4人、仪表板2人、前端1人)。

拆卸组38人(内饰一5人、内饰二5人、底盘一5人、底盘二5人、前桥分装3人、合装4人、终装线4人、车门4人、仪表板2人、前端1人)。

4) 工装及工具:前桥分装工作台、后桥分装工作台、仪表板分装工作台、前端模块分装工作台、车门分装工作台各两套;加注设备、电检设备1套;气动工具4套(至少1套枪式1套弯头),各种套筒4套,风管8套;收集洗涤液、冷却液的容器各1套。

5) 4台套车身及整车零部件准备（其中标准件按1:3准备）。

物流部门装车前一周准备物料，整车物料准备周期2天左右。需要提前提供物料明细表，备完物料后按段分拣物料，分拣周期半天左右。分拣后，汇总缺料明细，将缺料明细反馈给物流进行补料。标准件用自封带装好，按段摆放。标准件备件周期约0.5天，各段装配件及标准件必须保证在装车前一天备齐，以免影响装车进度。

6) 辅料：制动液、动力转向液、冷却液、风窗洗涤液、空调制冷剂、变速器齿轮油、自动变速器齿轮油、汽油、二硫化钼、丁基密封胶带、冷冻机油、漆面底涂、风窗玻璃胶、风窗玻璃胶带、漆笔若干。

7) 其他：计算机、米尺、相机、信封或塑料袋、白板笔等。

（6）培训过程（离线）

1) 进行简单工艺知识及安全知识培训。包括工艺文件的种类及用途，各种工艺文件所包含的内容，着重讲解工序卡所包含信息的含义。

2) 将物料按工位细化到操作人员，进行分检摆放（备料时不应按工位备料，而应按工位的操作人员进行备料，因为一个工位的操作人员可能有2个或3个，如果按工位备料，在操作人员操作时，还需要进行二次分料，这样会导致节拍延长）。

3) 结合工艺文件的操作描述，并模拟生产线运行要求，按工艺流程对操作人员进行培训。最后实现工人结合工艺概况表及工序卡就可完成装配操作的程度。

4) 工艺人员、设备人员、物流人员、工业工程人员、质量检查人员等要进行作业过程观察和记录，观察人、机、料、法、环和质量控制上的问题并记录。为了便于实时分析，可按工序进行作业场地和操作过程录像，此外，要可校核装配的工艺性。

（7）记录

①培训日志；②培训考核记录；③装车问题汇总（包括工艺问题、设备问题、物流问题、工业工程问题、质量问题等）；④培训总结。

某车型装配工培训计划—在线

（1）培训对象

生产线装配工及调试员：共196人。

（2）培训目的

1) 按生产节拍要求、配置要求、工序文件要求，在生产线上按生产流程，实现整车装配培训。操作人员必须熟悉所负责工位的装配操作及前一工位和后一工位的装配操作。

2) 对整车工艺性、工时进行验证。

（3）培训方式

上线培训

（4）准备工作

1) 文件：装车计划、工艺概况表、工艺流程图、工序卡片。

2) 生产线及工艺装备配置要求：生产线及工艺装备可初步实现整车通过性。

3) 工装及工具：各工位工装、工具布置完成（如果工具布置未完成，则可以备一套或两套通用及专用工具，随线进行培训）。

4) 整车零部件按工位投放，注意标准件按1:3投放（对于混流生产的新车型在线培训，整车在线培训时，物流投料方式有两种：一种是在线旁利用随线小车的方式进行投料，一种是直接投放至线旁。第一种方式的弊端是时间长，可能影响工位的节拍，第二种方式的弊端是线旁的物料混杂，易丢失。如采用第二种方式，最好拿卡片及签字版的物料清单进行领料）。

5）辅料：制动液、动力转向液、冷却液、风窗洗涤液、空调制冷剂、变速器齿轮油、自动变速器齿轮油、汽油、二硫化钼、丁基密封胶带、冷冻机油、漆面底涂、风窗玻璃胶、风窗玻璃胶带、漆笔若干。

（5）培训过程（上线）

1）将物料按工位细化到操作人员，进行分检摆放（备料时不应按工位备料，而应按工位的操作人员进行备料，因为一个工位的操作人员可能有2个或3个，如果按工位备料，在操作人员操作时，还需要进行二次分料，这样会导致节拍延长）。

2）降低生产节拍（正常节拍的3~5倍），并在两台上线车之间预留一部分工位，进行随线培训。

3）工艺人员、设备人员、物流人员、工业工程人员、质量检查人员等要进行作业过程观察和记录，观察人、机、料、法、环和质量控制上的问题并记录，为了便于实时分析，可按工序进行作业场地和操作过程录像，此外，要可校核装配工艺性。

（6）记录

①培训日志；②培训考核记录；③装车问题汇总（包括工艺问题、设备问题、物流问题、工业工程问题、质量问题等）；④培训总结。

9.3 生产启动

生产启动的前提条件主要有：工艺文件准备完成、生产线及工艺装备安装调试完成、人员配置及培训完成、工装状态的零部件准备完成、物流体系构建完成。生产启动主要解决两个问题：一个是节拍提升，另一个是质量培育。两者都是一个渐进的过程。

生产启动的过程一般分为如下几个阶段：单台份试生产（5台份试装）、小批量试生产（150台份试装）、批量试生产（节拍提升及线平衡）。在整个生产启动阶段，工艺人员、物流人员、质量人员等都要进行陪伴生产过程，解决从5台份试装到批量生产过程中的各类技术问题，使整车生产达到一个相对稳定的状态。

1. 单台份试生产（5台份试装）

单台份生产前，需要对整体生产条件进行评审，判断上线生产条件的充分性。

（1）生产线及工艺装备准备

整个生产线及工艺装备完成了通过性验证，可具备试生产条件；各类联锁、急停按钮等安全防护措施有效、可靠。

试装时，一般节拍会比现生产降低3~5个节拍，个别工位可能与生产线节拍一致。第一次混线上线时，除了要降低生产节拍，一般在试装车后空3~5个工位，以缓解个别工位的节拍压力。节拍的降低程度及空位数量主要根据平台化水平、新增件数量来确定。例如，全新车型上线一般要将节拍降低5个左右，后面空5个工位，简单改型车节拍可不变，后面不空工位。

（2）工装、工具准备

生产线上新增工装、工具提前布置到线上，另需随线备一套常用工具，包括各种常用螺丝刀头、套筒、紧固扳手等。

（3）物料准备

评估白车身及整车装配零部件的质量状态，要保证白车身的合格率达到生产要求，装配零部件完成PPAP审核，方可在生产线上进行第一次上线试装。

单台份试装时，由于物流体系、生产体系还处于不太熟悉物料、工位等信息的状态。因此，在试装物料投放前的物流区，要进行工位及操作人员确认。如果不能在物流区进行确认，则在装车前要在工位上进行物料确认。具体投料最好采用随行物料车（SPS）进行物料供应。如果不能完全实现，可将一些大件进行提前投料，小件随SPS车投料。每天的试装一般应安排在每天的第一台车，防止物料丢失。

（4）操作人员准备

在进行5台份试装时，如果是两班或三班作业，应选择培训效果较好的班次进行试装。

（5）技术支持准备

为防止现场混乱及装车过程中能得到有效的技术支持，应提前将新车型各个工位需要设计人员、工艺人员、物流人员、质量人员等支持的名单列在工艺概况表后，并打印出来。实际装车时，各工位的支持人员按工艺概况表要求排布。

2. 小批量试生产（150台份试装）

小批量试生产主要是验证整车的小批量生产能力，包括生产线及工艺装备的节拍提升及批量生产能力；制造工艺过程能力；品质保证体系能力，如零部件的质量状态、供应商及物流的批量供货能力等。此外，还可以通过多轮试生产逐步提高作业人员的熟练度，并发现整个生产过程中的问题进行相应的整改。

小批量试生产一般按20台、50台、80台的批次进行试装。车型配置一般按全配置车型、低配置车型、全配置车型和低配置车型组合的方式进行配置。

在进行小批量试生产的过程中，工艺设计人员、产品设计人员、生产管理人员、物流管理人员、质量检验人员等要组成工作观察和技术支持小组，观察小批量试生产过程中的相关问题，并进行有效的技术支持，保证整个小批量试生产过程的顺利。

3. 批量试生产（节拍提升与线平衡）

批量试生产是完全按照设计节拍满产能状态进行的持续生产拉动，检验生产线及工艺装备、工艺过程、零部件质量、物料供应等在满产能拉动下的能力，进一步消除各种缺陷，保证生产过程能持续稳定地进行。

首先，了解一下节拍提升的意义，举个例子，总装的节拍由161s调整为160s，则每天每个班至少可以多生产一台车，两个班至少多生产两台车，按每台车10万元计算，每天可增加20万元左右的产值，一年300天，至少可增加6000万元的产值。反之，总装的节拍由160s调整为161s，则每天会损失20万元，一年至少损失6000万元。以上例子说明通过批量试生产达到节拍提升目的的重要意义。

总装节拍提升过程中的操作工时超节拍问题，主要从人员增加，分装（线旁分装、总成供货）两方面解决。其中分装可以快速解决工艺流程排布中的节拍问题。例如，某车型在总装车间进行混流生产，制动管路、燃油管路原来都不是分装状态，工艺设计时，对工时分析考虑得不充分，出现了实际生产时生产节拍达不到要求的情况。实际生产时，将制动管路、燃油管路分装后，节拍马上得到巨大的提升。此外，分装对于混流生产的生产管理、物流管理都有巨大的意义，它可以最大限度地实现同件同工位装配，简化整车生产线人员的技能要求，同时简化物流的物料管理。分装分为线旁分装与外委分装，分装的工艺分割主要考虑作业场地、人员、质量管理、成本等方面的平衡。

线平衡是对生产的全部工序进行高效平衡化，目的是消除作业间的各种生产不足和过度，如工时不足、等待浪费等造成效率损失及生产过剩的问题，通过消除和改善相关瓶颈和冗余，提高生产线的整体效率。对于总装来说，线平衡主要包括劳动强度平衡和工时平衡两方面，主要通过尽可能相近的技术手段与方法，尽可能平衡作业负荷和作业时间，以达到期望的效果。

劳动强度平衡主要采用建立人机工程评价标准对整个生产线上的操作人员的劳动负荷进行评价打分，通过工艺调整、设备辅助、转岗轮休等方式，使整个生产线的操作人员的劳动负荷均衡。工时平衡主要通过工时实测和工艺调整的方式进行改善，线平衡的原则是以生产线上大部分人的工时都接近极限工时为准则。

工时线平衡的计算公式：平衡率＝[各工序时间总和/(操作人员数×节拍)]×100%。

线平衡损失率计算公式：平衡损失率＝1-[各工序时间总和/(操作人员数×节拍)]。

为了更好地实现生产启动与整车的顺利转产，在整个生产启动阶段，都要重点落实工艺、生产、质量（包括AUDIT）、物流方面的问题。每轮装车之后，都要将问题过滤一遍，查看在此轮是否得到有效的解决。

生产启动阶段常会面对一个重要的问题，即此阶段的产品一般不可能达到产品的正常质量特性要求而需要进行返修。所以需要确定如下几个事宜：①能否返修（对于不能返修的需要临时设立放行标准）；②返修到什么状态；③如何返修（对能返修的要确定返修方法并形成临时性的文件）；④返修工时多长；⑤质量问题何时会整改完成不再进行返修。

批量混流生产的汽车总装装配选装件或配置件的管理，国内有两种流行的方式，一种是采用SPS的形式或KITTING的形式实现完全配送，即每个操作工位的零件的投料顺序与上线的车型是一一对应的，这样操作人员在进行装配操作时，就完全不需要考虑零部件与车型的对应关系，只需按顺序进行装配。这样做的好处是总装生产现场特别是生产线边的物料器具的数量很少，现场整洁有序、美观。弊端是加大了物流的压力，物流要投入大面积的配送分拣场地、物流设备、分拣人力等进行组织配送。现在国内有部分企业采取此方式进行完全配送生产。按此方式，物流场地与总装车间场地比例约为1.5∶1，物流人员与总装车间人员的比例约为1.25∶1。这种生产方式，对企业的成本压力、组织压力较大。另一种方式是线旁物料实行多配置存放，在生产时，由操作人员来判断及选择需进行装配的零部件，此种方式对物流的要求及压力较小，控制成本较低，但对操作人员的要求较高。采用第二种方式控制时，如果完全依靠操作人员记忆对对应配置和零件来进行选装，常易出现错装及漏装的情况，从而造成大量的返工。

生产方式为多品种混流生产，需要解决的问题是如何在规定的车型上装配规定的零部件。目前，有效的控制方式是采用纸质化和电子化生产看板管理的方式，即每台车都跟随一个生产看板。此生产看板上规定了此种车型同生产线上生产的其他车型不一样的选装配置，配置看板的内容主要包括用户需要的车型、车身号、配置项及特殊订单车的特殊选装件。此看板悬挂在车身上，指导工人装配。装配时，各生产工位的操作人员在生产前首先看选装单，根据选装单上的提示跟自己工位相关的配置要求进行选择装配。这里面涉及两个问题：一是选装单中的配置选项怎么定义。二是如何根据配置来对应与配置相关的零部件。

(1) BOM 设计

一般来讲，整车的所有部件都可以根据功能不同进行配置分组，形成多个配置。如变速器分为手动与自动的、轮胎分为钢圈和铝圈的等，这些配置进行不同的组合，就形成了不同的车型。而配置所包含的零部件是基本不变的，车型所包含的配置是经常变化的，不同配置的组合可形成多种车型。所以，就可将任何一种车型简化为多个配置的组合，形成车型对应配置的关系；然后，再将整车所有零部件按配置进行分割，形成各配置对应相应零部件的关系。这样一来，就形成了一个车型—配置—零部件的层次关系。在这个层次关系完成后，可进行进一步简化以减少配置项。将所有车型都装配的配置作为标准配置；将用于车型之间区分的配置作为选装配置。而生产看板或选装单中的所罗列的配置项，就是区分各车型的选装配置。

具体来说，在整车研发之初，就应严格确定明细表的内容及形式。如果此车系的车型单一，车系的车型配置基本不变化，则明细表可直接做成车型—零部件明细表。而如果车型配置经常变化，为了实现生产制造过程的有效控制，一般需要制作两个明细表：一个是车型—配置表，一个是配置—零部件明细表，这样，不仅能使明细表的格式变得十分清晰，而且能有效地减少明细表的维护量。

现在，具体介绍一下这两种明细表的格式。首先，介绍车型—配置表的形式及内容。在整车设计之初，根据同类车的配置及销售的具体要求，制定此车系各车型所包含的配置，即此车系共多少种配置，这些配置计划组合成多少款车型，以及各车型的具体配置要求是什么。然后，根据上述信息的关系，做出一个车型—配置表，简化格式可具体参见表 9-3。

表 9-3 车型—配置表

配置分类	车型 1	车型 2	车型 3	…
配置分类 1				
…				

在此车型—配置表中，要注意配置分类时，所有车型都应用的配置，可以作为标准配置来对待，而区分不同车型的作为选装配置来对待。像前面提到的变速器分为手动与自动的、轮胎分为钢圈和铝圈的等，都作为选装配置。

这里，要特别说明一下不同供应商的组合装配件，如空调系统有三家供货，分别是供应商 A、供应商 B、供应商 C，每家的零部件必须成组装配，不能交叉与互换。解决的方式有两种，一种是形成虚拟总成号，此号包括所有或一部分相关的组合装配件，然后专门在明细表的一个单独表中列出此三家虚拟总成的明细；一种是直接在配置表中将此三家的组合装配关系作为一个配置选项列出，作为独立的配置来处理。

配置—零部件明细表是根据车型—配置表中的配置项来进行制定的工作表。配置—零部件明细表主要的特点是在零部件明细表上，将选装配置加以标注。注意，此明细表中不要将标准配置作划分。此明细表的简化格式具体可见表 9-4。

表 9-4 配置—零部件明细表

配置分类	配置选项	零件代码	中文名称	英文名称	数量

确定"配置—零部件明细表"的格式及内容。在整车设计时，一般按整车的系统将零部件拆分为不同的组管理，如附件组、开闭件组、车身组、底盘组、动力总成组、内外饰组、电子电器组、安全系统组等。此划分完全是为了工作方便，不具有严格的层次关系。此组划分完成后，相应的明细表也按各组来划分。在各组的明细表中，零部件在行中的排列要遵循层次性原则、最小装配单元原则、配置独立原则。层次性原则是指用于安装部件的标准件要跟随部件并要与部件在同一层次。如果两个零部件共用一个标准件，则此标准件跟随两个零部件中与标准件直接配合的零部件；最小装配单元原则是指零部件的存在，要以最小装配实体为单元在 BOM 表中存在，一个装配实体后要跟随所对应的标准件；配置独立原则是指不同配置件即使用相同的标准件进行装配，标准件也要重复列于不同配置件后。在设立明细表时，可设立多层关系（如 17 层）来表示层次关系。其中第一列为一级装配总成，是指在整车厂的装配层次，包括焊装、涂装、总装装配的部分，第二列以后的各列为二级、三级及以后层次的总成。层次关系表后为归属模块列，表示此零部件所在的模块。以下依次是零部件号、中文名称、英文名称、版本号、再后为配置选项列。注意车型—配置明细表或配置—零部件明细表中的配置只分两大类，一种是标准配置，一种是选装配置。即车型间的区别部件为选装配置，无论何种车型都装配的，为标准配置。例如，动力转向为所有车型都装配，则动力转向就不是一种选装配置，而是一种标准配置，在车型—配置明细表中不体现；而后制动器分盘式和鼓式，则在车型配置明细表中注明后制动器分为两种选装配置，一种为盘式，一种为鼓式。

（2）根据配置来选装与配置相关的零部件

总装线上一般都是流水作业生产，每个工位在规定的节拍内只装配几个零部件，所以对于单个工位而言，其配置关系是很简单的。即每个工位所装配的配置项，可能只对应选装看板中的某一个或几个配置选项。为此，可将每个工位看成一个独立的装配工厂，将此工位所装配的零部件按选装配置进行分类，形成工位的配置—零部件关系表。然后，根据此表结合选装看板对操作人员进行培训。规定操作人员操作时，看板中的哪些选装配置是与其相关的。操作人员在进行装配前，只需看这些配置要求，并根据工位的配置与零部件关系表进行选装。这样一来，多品种的混流生产就变成了单工位的选装生产。而对于单工位而言，其选装的配置是相对简单与较易控制的。通过这样化整为零的管理，能较好地实现多品种、多配置的混流生产装配的配置准确性的控制。

对于特殊的订单车，可在选装看板中加入一栏，特殊注明此种特殊订单车与正常生产车在选装配置上的不同，及特殊配置所对应的安装工位。如此，就可以灵活地进行正常车型及特殊订单车的配置选装控制。

（3）看板的种类

一般来讲，在没有SPS等完全配送的情况下，生产线的主装配线及各分装模块的分装线上，必须有纸质或电子化的装配看板来进行选装控制。重要的分装部件及大体积件，如前桥分装线、IP分装、前端模块分装、油管预装等，为了能实现最低库存控制，在分装时也要准备主线装配信息看板。

（4）操作人员的前期准备

第一步：学习自己工位的整车配置表及工艺概况表，记住整车物料代码所代表的车型信息，了解自己工位的选装件有哪些，分别对应什么配置，各配置对应什么车型。

第二步：装车前看选装看板，根据看板上提示的配置要求，选择相应的零部件进行装配。例如：ZDK08NS＊＊＊＊L00A00　表示1.6MT豪华型。当此种车型到本工位时，再根据选装看板的再次提醒，进行选装件的选装如天窗。

第10章

物流体系设计与实施

　　与整个生产线规划同步,可进行物流体系设计与实施。物流体系设计与实施主要是进行物料计划、供应商交货、库存管理、生产配送数量、时间与地点的准确性等方面的控制,以实现低库存量、系统(计算机辅助化)简捷、占地空间最小、设备最少、有效支持生产、减少搬运成本、提升制造质量的目的。一般来说,物流体系设计与实施应由独立的物流部门来进行,但由于总装生产过程与物流的衔接非常紧密,工作接口多,而且总装车间内部很多的序间转运过程可能也需要物流做支持,所以需要专门讨论与总装生产相关的物流体系设计与实施。其中,重点讨论的是与总装生产直接相关的物流库至总装生产车间的物流规划、生产现场的物流规划、线旁物料及工位器具的规划等。

　　与总装工艺过程直接相关的物流体系设计与实施的范围,主要包括:供应商至物流库的物流规划设计与实施、物流库规划设计与实施、物流库至车间的物流规划设计与实施、生产现场的物流规划设计与实施、线旁物料及工位器具的规划设计与实施、业务流程及信息规划设计与实施等。整个物流体系的规划设计与实施主要考虑如下问题:①是否适应总装生产过程对物流功能的要求;②是否满足产能要求;③是否易于将来扩展;④物流的效率(如物流的线路要短、升降和迂回要少);⑤储存的效率;⑥空间利用率;⑦总实施成本;⑧安全性;⑨作业过程的人机适应性;⑩是否易于管理;⑪产品质量防护;⑫设备利用率;⑬维修;⑭外观;⑮自然条件的利用;⑯环境保护等。

　　进行物流规划,首先要熟悉生产纲领与生产节拍,零部件的工艺分割,设计与制造BOM 及各零部件的外形尺寸和质量。在此基础上,根据设计与制造 BOM,制作出物流BOM。其中,包括收容数、消耗率、周转计划、物流器具形式、物流器具外形尺寸、供应商等信息。在具体规划零部件物流过程中,对于生产一致性(COP)件,为节省总工作量,可借用原物流形式。

　　物流体系设计与实施的过程中,尤其要注意物流过程对物料的质量保护问题。这个问题在物流规划过程中常被忽略,出现的问题是,整车厂正常生产时,虽然从零部件上线开始就注意零部件磕碰划伤的防护,但由于零部件在供应商的入库与出库过程、零部件运输过程、整车厂入库过程、物料库分拣物料及出库的过程没有进行有效的质量防护规划和控制,常出现这些环节的质量防护失控,导致出现各种物料磕碰、划伤问题,从而使整车厂内部的零部件质量防护失去了效果和意义。物流过程除了要保证物流过程的顺畅,还有一个重要的方面，即要保证从供应商到整车厂的物流过程中对物料进行有效保护。此保护不是从批产之后才进行控制与优化，而应是从项目开始之初就要有物料保护的观念，并对整个物流过程的各个环节进行质量防护措施和有效规划，包括防护观念培养的规划，因为整个物流过程对零部件的质量防护不能单单依靠过程的硬件设施进行保护，还包括人为观念的培养和灌输。

10.1 物流规划的工作流程

在项目立项初期，需要确定物流的整体方案及概算。其中物流的概算一般只负责公司物流库内、物流库到生产工位之间、生产线旁的物流费用（供应商到汽车生产企业的物流，一般由供应商负责配套实施）。

一般在整车 SOP 前 6 个月、整车试生产前 3 个月左右，物流完全介入。此时，物流需开展相应的工作。同时需给物流规划提供如下信息及资料。

1）产品零部件明细。
2）物流供应商名录。
3）产品装配工艺 BOM。
4）生产启动计划［包括离线培训、在线培训、工装样件（OTS）工艺验证、5 台份试装、150 台份试装、正式生产计划等］。

相应的物流以此开展如下工作。
1）熟悉整车及物料，细化物流方案。
2）与供应商联系，评价供应商的物流能力。
3）与供应商联系，确定物流方案、包装及器具方案（一般物流部门提出物流规划的要求，供应商负责按要求提供物流方案及物流器具等，包装方案、周转器具的制作过程周期约 3 个月）。
4）对物流库、物流库到生产工位、线旁物流的物流进行规划与实施。

总装工艺开发业务需要与物流规划、设计与实施对接的业务主要有：物料拉动模式规划，物流库或物流超市到装配线规划，装配线物流通道布局及物流路线规划，物流库或物料超市到装配线的输送物料设备规划，生产线边的物料区域布局规划，包装及器具形式、收容数量及投放频度规划等。在与物流部门进行业务对接的过程中，总装工艺开发部门主要进行技术评审、技术确认和技术协调等工作，包括对物料拉动模式的技术确认、物流通道和物流路线的技术确认、线边物流布局的技术确认、包装和器具形式及参数技术确认、收入数量及投放频度技术确认等。

10.2 物流运营模式规划

物流运营模式规划，主要应围绕低成本、高质量、高效率的物料投递要求和其他的规划限制性要求进行规划。常用的物流运营模式有如下几种：

1. 中央发货

中央发货是一种推动式的物流运营模式，即直接根据主生产计划来计算车间物料需求，定期将物料从中央仓库配送到车间。这种方式的优点是管理简单、操作简洁，缺点是不能考虑车间装配线的实际情况,从而导致高库存,特别是线边一般必须布置双物料箱。虽然随着生产方式的改变,这种物流模式已经逐渐被淘汰,但是从物料分析的角度来看,目前有些情况还是适合应用该模式的。

2. 看板补货(或按灯补货)

看板补货是一种拉动式的物流运营模式,指在车间或装配线边设置物料存储区域,并对每种物料设置最高库存和最低库存,当低于最低库存水平时,由看板或按灯拉动实现补货。按灯补货主要是由操作人员根据最低库存要求,进行按灯补货操作。看板模式可分为单一看板和双看板。单一看板指只有一个环节的看板补货,即从供应商直接补货到车间;双看板是指从供应商到配送中心再到车间两个环节的补货。最高库存和最低库存水平则根据物料需求信息及相关分析来设定。看板或按灯补货的优点是根据需求拉动,降低库存水平,特别是线边物料的库存,可实现线边单箱供货;缺点是易出现看板巡视疏漏或按灯疏漏导致停线的情况。其目前的应用主要在小体积的通用性物料上。

3. 循环取货(milk run)

循环取货通常由制造商或者物流公司根据确定的取货路线、频次、时间窗到若干个供应商处依次取货,最后汇集并送到区域配送中心或者总装配企业车间。在此过程中,还配合完成空容器的流转,即在上门取货前将空容器装车,到达供应商处先将对应空容器卸下再取货。

循环取货的基本特点是"小批量、多频次、确定的时间窗"。运用该物流模式,不仅能保证物料的及时供应,而且能有效降低库存水平及减少空车的浪费。循环取货模式依靠一个非常优化的物流网络,以高效率、低成本实现了物料和容器的快速流通。优点是提高空容器流转效率;作业流程标准化;提高车辆容积率;降低运输成本;准时性,计划合理性;降低库存水平。循环取货典型应用在汽车零部件物流行业,但是随着循环取货的发展,其应用的范围越来越广泛,不仅应用在外部的供应商上门取货,还应用在内部的物料配送上线,即从物料存储区域备货配送到装配线并将空容器回收。

4. 供应商管理库存(VMI)

VMI是一种先进的物流思想,指完全由供应商管理物料的库存,然后供应商根据与制造商的信息共享主动将物料直接配送到工厂车间,不需要中间的配送中心或者制造商的仓库。这种模式追求最高限度地降低库存水平和及时配送。但是在企业的应用中要求较高,即需要非常高的信任机制和信息化水平。

5. 直送上线(Ship to line)

直送上线是指根据车间装配线的需求,从供应商或者配送中心直接将指定物料配送到装配线的工位。相比于前几种模式,其更加细化,强调配送到指定的工位。直送上线包括两种模式:JIT(Just in time)和JIS(Just in sequence)。JIT是指及时配送,根据装配线的生产计划及实时情况,从供应商或配送中心提前备货,保证在车间装配线需要该物料的时候刚好送到指定位置。JIS是在JIT模式的基础上发展而来的,在及时配送的基础上,再补充对所有配送物料的顺序确定,即在备货时考虑物料在装配线流水线上的顺序,按照顺序拣选并配送物料,效率更高,更加密切配合装配线的均衡生产。直送上线主要考虑物料的备货提前期和装配线的节拍,来设定一个固定的配送频率或者配送时间点。目前,很多制造行业都开始应用这种模式,但是各个工厂车间特点不一样,具体的设计也有所差异。直送上线的优点是降低车间库存水平，提高物料流通速度，及时配送消除过程等待，降低成本。缺点是如果装配过程出现突发情况（如质量问题），则需要紧急补货，还有对供应商的依赖性较高。所以应用该模式需要保证物料的质量、装配线的生产质量。

6. 台套配送（kitting）

台套配送是在直送上线模式的基础上进一步发展形成的一种物流运营模式，其主要思想是以工位为中心。台套配送分单工位多台套和多工位单台套，一个台套即一个工位几个节拍时间内装配所需的物料，或者几个固定工位一个或几个生产节拍所需的物料。台套配送体现在拣货、配送的器具上，对于某些工位需要对零部件设计专门的器具。如果是几个工位乃至一条线，所有的零部件物料都存放在一个器具里，该器具会随着装配线工位的移动而移动，即在第一个工位装配完毕后，器具随产品一起流到第二个工位，依次移动直到完成装配。台套配送的优点是效率高，与装配线的需求更加密切；缺点是成本投入较大。目前该模式在汽车零部件、工程机械零部件配送上应用较多，其他行业还较少。

几种物料模式的对比见表10-1。

表10-1 几种物料模式的对比

物流模式	优点	缺点	适用情况
中央发货	操作简单,成本低	库存高,占用资金多	需求频次低,价值低
看板补货	需求拉动,库存较低管理简单	空间占用过多,存在物料丢失,混料的情况	价值低,体积小的通用性物料
循环取货	库存水平低,运输工具装载率高,配送成本较低,物流器具流通周期短	运输工具,周转器具投入成本较高	多供应商、多种物料,周转器具标准统一
供应商管理库存	库存水平最低	信息化投资较高	信息化水平较高,供应商较稳定
直送上线	库存水平低,配送成本低	对备货提前期有要求,出现运输异常时易造成停线	生产质量稳定,生产规模大,物料体积或质量较大,价值较高
台套配送	低库存,高效率	台套器具投入成本较大,信息化投资较高	生产规模大,均衡生产

10.3 供应商至物流库的物流规划

供应商至物流库的物流规划，主要应考虑：物流运输模式、运输时间控制（能否满足生产要求，如超出时间控制范围的应急措施）、周转器具或包装箱的设计等。

运输方式按工具主要分三种：陆运（主要运输方式）、海运、空运（应急运输方式）。按货物搭配方式可分按计划订单和生产时间周期独立集中送货、计划订单和生产时间周期独立配送、第三方物流整合配送等方式。

运输时间控制一般靠计划订单及生产跟踪系统来保证生产的正常进行。计划订单主要应注意保证能使供应商有充足的筹划时间和运输时间。订单一般有月计划—月订单、周计划—周订单、日计划—日订单、小时计划—小时订单等形式，主要根据供应商的输送距离远近、零部件的大小等因素来确定。对于运输时间失控的情况，可采用一定量的安全库存来解决。

周转器具及包装箱的设计主要应方便生产，供应商宜采用专用的周转器具来进行送货。

这样，物料可直接投放到生产作业现场，空器具返回供应商。但有些部件用专用周转器具可能过于复杂而不宜采用专用的周转器具，或部件体积较小，这些情况下可使用通用的标准料箱包装和周转。通用标准料箱规划时，主要需要规划其包装箱的大小。包装箱的大小要考虑包装成本、包装尺寸的系列化与标准化、摆放形式、生产消耗率、零部件外形尺寸等因素。如果零部件随包装箱直接投放到生产线上，则一般主要考虑生产消耗率，保证包装箱内的数量与物料的送料间隔相匹配；如果包装箱需在物流库拆包，则主要考虑物流拆包的适宜性。

10.4 物流库的物流规划

物流库的规划包括物流库的整体面积规划、物料场地布局规划、物流通道规划、物料器具规划、物流搬运设备规划等。

工作流程大体分如下几步：①确定物流库的位置；②总体区分：初步规划基本物流运营模式和总体布局；③确定各区域的具体位置；④确定具体物流设施；⑤确定最小库存量。

库存量计算的参考公式如下：

1) 响应时间＝物料计划制作时间＋供应商准备时间＋运输时间＋卸货上库时间＋配料上线时间。
2) 安全库存量＝小时产量×单车用量×响应时间×计划调整变化安全系数/包装量。
3) 拉动量（装载量）＝小时产量×供货周期/包装量。
4) 拉动线＝安全库存量＋响应时间×小时产量×单车用量。
5) 最大库存量＝安全库存量＋拉动量。

10.5 物流库至车间的物流规划

物流库至车间的物流形式有多种方式，主要有时序送料、按灯拉动送料、看板拉动送料、及时生产（JIT）配送送料等形式。一般根据投资水平、零部件的通用性、零部件的耗用量、零部件的质量及体积等来确定。

时序送料，一般是指按一定的时间周期送料，一般以 PBS 精排序的时间为周期进行间隔送料，有的也按 2h 的时间周期进行间隔送料。其中，标准件等用量较大的一般采用每班或每天时序送料。

按灯拉动送料，一般是与生产车间的 Andon 系统结合起来，操作人员发现线边物料数量不足时，触发 Andon 系统在线边设置的物料信息按钮，提醒物流人员及时补充物料。

看板拉动送料，运行机理与按灯拉动送料差不多。相对于按灯拉动送料，看板拉动送料的数量控制更准确，看板上注明消耗数量和剩余数量。

JIT 配送送料，根据生产计划和 JIT 系统，对投放的物料进行打包配送、排序配送。具体可分为 KITTING 打包配送、KITTING 排序配送、KITTING 打包排序配送、SPS 打包排序配送等形式。其中 KITTING 打包配送主要是为了解决线边物料摆放面积不足，将单工位的多种零件打包在一起投放到线边物料区。KITTING 排序配送是将一种零件排序打包在一个 KITTING 中并投放到线边物料区。KITTING 打包排序配送则是进一步将 KITTING 内的打包物料进行成套排序投放到线边物料区。而 SPS 则是将多个工位的单台套的物料摆放到一个物料车中，跟随生产线的运行进行投料。

现在的物流送料方式正向JIT配送方向发展，JIT配送相对于集中批量送料的缺点主要是会增加配送场地、配送人员及需要有物料供应管理系统支持；优点主要是可以改善多车型混流生产线边物料区域场地面积不足的问题，降低线边库存，提高生产率，改善生产过程的质量，并可使生产作业区域整洁美观等。

配送的必要性主要是考虑混流生产、工位线边物料区面积、质量控制等因素的需求。例如，配送可以使操作人员在多车型混流生产时，不易错装；而当生产线上普遍出现线边物料区面积不足时，一般也需要采用配送模式；配送模式还有利于零部件的外观防护，由于一般都是单台份配送，可提升操作人员的规范操作及防止零部件损坏的意识。从实际情况来看，一般工位长度短、生产节拍长、车型配置多的生产现场常需要物料配送。要实现配送良好，按工艺规划经验，生产装配人员和物流配送人员的比例应为2：1左右；操作场地面积与配送面积的比例一般为1：1左右。

在所有的JIT配送形式中，SPS配送由于具有多方面的优点而得到越来越广泛的应用。

1）一般多车型混流生产的状态下，由于生产工位的线边需要布置不同车型的多种物料，如果按集中批量送料的形式，常出现线边物料面积不足的情况；而SPS配送可以实现按生产计划精准化投放物料，可以降低对线边物料区域的需求，节省线边物流占地面积，甚至可以实现线边物料区域零投放。

2）由于可以实现精准化线边或成台套投放，因此可以减少线边库存，并减少工位器具的成本投入。

3）此送料方式还可实现物流、生产有序化，改善混乱的物流状态，减少员工的装配取件时间，缩短装配工时，从一定程度上可提高生产率。

4）由于采用配送方式，一般只投放与生产车对应定额数量的零部件，操作人员上线之前要严格自检，将不合格的零部件在上线前提前筛出；又因为没有更多的备用零部件可供装配，所以操作人员装配时一定要精益装配，防止装配过程中损坏零部件。这样就可有效地控制在线生产过程中的装配质量，同时还可带动供应、物流、生产各环节的质量控制。

5）由于物料、生产的有序化和精准化，可以减少线边物料区的物料投放数量，甚至可以实现零投放，从而使整个生产现场和线边物料区域整洁美观。一些通用性强的同一供应商的零部件常采用KITTING打包配送或KITTING打包排序配送，较大、较重、形状复杂的零部件常采用KITTING排序配送，尺寸和质量适中及配置性较强的零部件一般采用SPS台套配送方式。

下面重点介绍SPS的规划设计，包括SPS拣配区布局、SPS运输设备、SPS料车的随线方式、SPS料车和箱型设计几部分。

(1) SPS拣配区布局

拣配区的布局设计一般要求拣配作业区贴近生产线，缩短运输距离，快速响应生产；尽量采用电子化、目视化拣配；尽可能采用闭环拣配路线，员工行走路径短；采用准时化拣配，降低SPS库存占用。

1）SPS拣配区规划，主要有两种：一种是集中配置，另一种是分散配置。集中配置是指在物料接收点和总装装配线之间，设置独立的SPS分拣区；分散布置是指在总装的各装配线附近，设置专门对应各装配线的SPS拣配区。集中布置的好处是到货零件包装容量高，不同 SPS 物流配送路线无交叉；不足是搬运工时长。分散布置的好处是到货零件包装容量低，搬运工时短；不足是不同 SPS 物流配送路线有交叉。

2）拣配区的内部布置，一般分为 I 型布置和 U 型布置，其他复杂的拣配区基本上都是这两种布置的组合。I 型布置：一条拣配料架直线布置。拣配料架的一侧设置为拣配入料通道，一般宽度设置为 3m；另一侧设置为拣配出料通道，一般宽度为 2m。由于布置限制，I 型布置一般适用于零部件种类少，生产节拍长的情况。料架一般采用线棒流利架，分三层，上层为空箱返回区，中层和下层为物料摆放区。U 型布置：拣配料线架 U 型布置。一般拣配料架的外侧设置为拣配入料通道，一般宽度设置为 3m；内侧设置为拣配出料通道，一般宽度为 2m。U 型布置适用于受布置限制，零部件种类较多，生产节拍较短的情况。

3）拣配方式，一般有两种：一种是电子拣配，另一种是人工拣配。电子拣配需要在 MES 和物流执行系统（LES）的信息指导下，通过电子计算机控制拣选灯亮熄和数字显示引导配货人员正确、快速、轻松地完成拣配工作；而人工拣配则根据打印的配送物料清单，需要配货员识别所需拣配物料，一般适用于车型种类少、拣配零件种类少、零部件配置种类少的情况。

4）拣配料架，多用固定式线棒流利条料架，一般分三层，最上层为空料箱返回层，下面两层为物料层，最下面一层高度大于 400mm。双侧粘贴零部件标签，拣选侧设置拣选指示灯或指示屏。货架上的物料一般按零部件的种类进行布局，一般根据小时产量的大小设置 SPS 拣配区零部件的库存数，库存量一般为 2h 左右的生产用量。

5）每班次拣配人数的确定，主要根据每班次拣配总工时的确定。用每班次拣配的总工时除以每班的工作时长，即可得出每班的拣配人数。每班的拣配总工时，等于每次 SPS 拣配时间（SPS 料车或料箱时间+拣配时间+SPS 料车或料箱转接到输送设备时间）×小时产量×每班的工作时长。

6）电子拣配作业流程，车辆经过 PBS 扫描点触发配送信息→打印机输出配送单→配送人员扫描配送单车号信息号码→电子拣选系统启动亮灯→根据亮灯及显示数量拣配→拣配结束→扫描配送单车号信息条码确认→满车至 SPS 配送待发区。

（2）SPS 运输设备

经 SPS 分拣配料完毕后，牵引设备牵引 SPS 料车沿路径行至装配工艺段起点，待牵引销子下降脱钩后，牵引设备返回。SPS 料车手动或自动拖入装配线，使 SPS 料车与主线同步行进，操作人员按需求从 SPS 料车中拾取零部件进行装配操作。一般一个 SPS 料车对应一台整车的装配需求，也可一个 SPS 料车对应前后两台整车的装配需求。当 SPS 料车处为无物料状态时，由人工或自动将空料车拉出，由牵引设备单独牵引或 3~5 个 SPS 料车一起牵引至物料集配区，开始下一循环。

SPS 输送设备主要有四种形式，分别是人工输送方式、拖车输送方式、AGV 输送方式、积放链输送方式等，较常用的为 AGV 输送方式。人工输送方式主要适用于生产节拍较长、SPS 拣配区与生产线相邻的情况。主要优点是不需投入物流搬运设备，就能够灵活应对配送中出现的问题；主要缺点是 SPS 配送人流与配送车流易出现交叉，易出现投放差错，当配送量大时人工成本高等。拖车输送方式主要应用生产节拍较长，SPS 拣配区与生产线距离较远的情况。主要优点是可拖挂 4~6 个 SPS 料车，效率较高，机动性较好，配送车辆及器具维修简便等；缺点是需人工将 SPS 料车牵挂到生产线，需人工识别配送信息，与普通配送车辆共同占用物流道路。AGV输送方式主要适用于生产节拍较短，SPS拣配区与生产线距离较远的情况。优点是可按照设定的路线连续运输，可在恶劣的工况下工作；缺点是需单独设置AGV行走路线，AGV出现故障时影响生产。积放链输送主要适用于生产节拍较短，SPS拣配区与生产线距离较远，生产线工位数较多的情况。主要优点是可将输送线置于厂房空中，充分利用厂房上部空间，减少地面物流量，不需要将SPS料箱/料车牵挂到生产线，物流人员可提前进行SPS配送，运行成本较低；缺点是在工厂和生产线建设初期时需同步建设，初期投资成本较高；SPS在运输过程中造成零件损坏、拣配或输送设备出现故障时，会导致生产线因缺料而短暂停工。

采用AGV输送方式时，输送数量的确定主要根据每个运输循环时间和生产节拍来计算。用每个运输循环的时间除以生产节拍，即得出AGV需求数量。每个运输循环时间一般由AGV挂满料车时间、AGV拖拽满料车输送上线的时间、满料车脱挂时间、空料车挂取时间、AGV拖拽空料车返回时间、空料车脱挂时间组成。实际配置时，一般需要多配置10%，以防止AGV故障影响物料配送。

（3）SPS料车的随线方式

SPS料车的随线方式：按SPS料车随线路径长短，可分为全工艺段随线和分工艺段随线两种；按与生产线的相对位置关系，可分为单边布置和双边布置；按随线驱动方式，可分为线边独立驱动随线、装配线拖拽、装配线承载三种方式。

SPS料车随线方式设计主要考虑如下几点：

1）操作人员取料的路线长短。

2）双侧配送及单侧配送对物流部门、线边物流通道的压力，包括与其他配送路线及装配线输送路径的干涉。

3）SPS料车缓存区域对线边物料空间的占用、对线边较大零部件取料的干涉，以及机械手操作轨迹的干涉。

采用SPS料车分工艺段随线设计方式，主要可以解决SPS料车尺寸过大的问题。在采用装配线拖拽的条件下，SPS料车分工艺段随线的方式还可以避开生产线上一些线旁固定设备及较大零部件的线边存放区。

采用SPS料车单边和双边布置方式，主要是考虑操作人员的取料距离，以及集配区和物流通道布局的影响。在采用单边布置的情况下，可以将线边固定设备和较大零部件的线边存放区布置于另一侧；在采用双边布置的情况下，为了避让线边固定设备和较大零部件的线边存放区，需要做SPS料车路线变线处理，或设置成分工艺段随线的方式。

采用线边独立驱动随线的方式，可以尽可能减少对作业区的占用，但会占用线边物料存放区；采用装配线拖拽的方式，可以综合平衡操作人员的取料路径及SPS料车对线边物料区的占用，但需要考虑装配线拖拽SPS料车的连接方式和SPS料车的运行轨道。采用装配线承载的方式，可以最大限度地减少操作人员的取料路径，并可减少SPS料车对线边物料区的占用，但一般需要由人工或需要设置专门的机构，将SPS料车驳运于输送线的承载体上。当采用SPS料车在装配线承载体上布置的方式时，如果SPS料车随线距离较长，生产线运行速度较快，一般需要在装配线承载体上设置专门的SPS料车固定机构。例如，SPS料车在滑板线工艺段的滑板上布置时，一般要设置专门的固定限位销；但如果只是部分工艺段配置SPS料车，且不进行线间转载，一般可直接采用角轮固定的方式，不必在装配线承载体上设置专门的固定方式。

（4）SPS料车和箱型设计

SPS料车一般采用轻质金属材料制作，需要考虑零部件的布置和可覆盖工位数。具体结构形式和大小，需要根据零部件结构形式要求、覆盖工位数等确定；要防止磕碰划伤防护及考虑操作人员取料的人机工程要求，一般最低层拿件高度为400mm。常见的SPS料车形式有两种：一种是一体式SPS料车，存放物料的料箱与SPS料车做成一个整体，这是最通用的形式；另一种是分体式SPS料车，料车本身为基础承载体，各料车分层再放置独立的物料箱，每种物料箱可装置一个工艺段的物料，该工艺段装配时，操作人员将料箱搬运至装配区域进行装配。一体式SPS料车的优点是大小零部件均能装载，能充分利用料车空间，零件直接放置在料车上，物流人员不需要二次搬运。缺点是当采用分工艺段SPS料车时，进行零部件的操作工位跨线体调整时，可能需要变更SPS料车结构。分体式SPS料车的优点是可灵活配置，便于工艺调整，但成本比一体式料车高，适用于零部件不多、零部件不大、或零部件需要做重点防护的装配线和分装线。

10.6　车间内部序间的物流规划

车间内部序间的物流规划，主要是指总装生产工艺流程中各种序间半成品的周转过程规划，此部分的规划一般在整个生产线的输送方案过程中被考虑和规划。由于总装生产模式基本上采用大规模的流水线生产模式，上下序之间的序间件物流，基本都依靠输送线来实现。但也有一些情况下的序间件需要进行单独的物流规划。例如，各种分装模块总成到装配主线的转运；例如，一些油箱门、工具箱盖板及车身支架等随车喷涂的零部件，需要从某一工位拆下来周转至对应的装配工位；又例如，四门两盖的喷涂挂具的周转，某些车身防护装置需要在总装车间内进行周转等。其中，分装模块总成到装配主线的转运，有如下几种模式：

1）线边分装区分装后的序间总成的转运，一般有两种转运方式：一种是分装区的操作人员将分装完成的序间总成放置于周转箱中或随线的SPS料车中缓存，然后生产主线的操作人员直接到周转箱或随线SPS料车中取料再进行装配；另一种是分装区的操作人员分装完序间总成后，不经过缓存直接拿到装配主线上进行装配操作。第一种方式适用于在一个生产节拍内，分装后的剩余时间不足以完成后序的装配操作，必须由另一个操作人员进行序间总成再装配操作的情况。第二种方式适用于一个操作人员在一个节拍内能完成分装和将分装后的序间总成再装配的情况。

2）线旁独立分装区分装后的序间总成的转运，多采用专门的转运器具，序间完工后，将序间总成置于转运器具中，然后由人工或拖车将转运器具转运至下一工序。

3）独立分装线分装后的序间总成的转运，也有两种转运方式：一种方式是直接借用分装线驱动装置及分装工装将分装后的总成转运至装配主线，如AGV输送线，可以直接利用AGV将分装后的总成转运至装配主线进行装配；另一种是利用专门的物料转运器具和转运车进行转运。

4）涂装随车喷涂件及挂具的转运，一般都需要设置独立的转运器具。部分喷涂件可以在车身输送线上直接设计周转工装进行转运。

10.7 线旁物料及工位器具的规划

在确定物流方案（如是集中定点投放，还是看板拉动，还是完全配送）并进行整个生产现场的总体布置规划后，就可根据生产线的实际规划情况来确定线旁物料的摆放。线旁物料的摆放一般分为如下几种：通用料架和料箱、专用器具、一次性原包装、线边 KITTING。线旁物料的摆放，主要考虑如下几点：①收容数量；②工位布置；③工艺性（拿取物料是否具有便利性）；④美观；⑤见物知数；⑥物流通道的压力；⑦物料的大小；⑧物料箱的大小和摆放布置；⑨零部件质量防护；⑩货架方式是专用器具还是通用滑移货架。其中，要着重考虑线旁物料区的大小及所用器具的方式。

通用料架上物料箱的布置，以便于取料、取料时间少、布置数量多为原则设计。由于通用料架的一般深度大约为 2000mm，采用双箱原则布置时，料箱一般前后摆放。为了在通用料架上布置更多零件种类的料箱，一般物料箱都采用料箱短边在料架上横向布置的方式。

物料箱收容数量的确定，主要根据物料摆放区的面积、物料的体积、线旁器具形式、送料次数来规划线旁物料区的收容数量是多少台份。一般来说，特别大的部件可按准时化生产配送；特别小的部件可在线旁存储区大量存储，以减少投料次数；对于一般的中小部件，要综合考虑物料大小与存储区大小及物流投料时间间隔来确定。在具体确定物料箱的容量时，首先考虑物流的投料间隔，如物流投料时间间隔为 1h 一次，生产产量为 20 台/h，因此物流箱最好以 20 个或以 20 的倍数为一箱进行布置。对于线旁工位器具的摆放，要综合考虑零部件的大小、物流的送料间隔及配置来确定（一般专用器具所占用的线旁空间较大、通用的滑移货架所存物料种类及数量较多且占用线旁空间较小）。其中在确定物料箱或物流器具时，对于配置的考虑，主要采用多配置件通用的配送方式，以节省线旁物料架的数量。

料箱和包装的结构及形式，应考虑零件的结构和防护要求，进行零部件的质量防护设计。该设计包括防尘、防潮、防静电、防震等设计；人机工程设计，包括包装结构稳固，表面光滑无锐边，人工搬运的料箱和物料的总质量不超过 15kg，考虑人工或辅助机械手取件的空间和最高高度、最低高度等；选用符合环保要求，无毒无害的材料；尽可能选择可循环包装；尽可能考虑标准化、通用化的要求；使用统一的尺寸链、结构、材料、颜色、标识等。一次性包装需要考虑选用无毒无害且环保材料包装，需有一定抗压与防潮措施，在物流的各环节保证包装不易破损变形。

对于大型的多配置物料，特别是对于生产线操作工位布置较紧凑的生产线旁区域，在前期规划时，可在大体积、多配置的物料装配工位设立专门的物料缓存区，以缓解物流场地、物料配送的压力，并能较好地应付生产线物料的突发性问题，如座椅缓存区、保险杠缓存区、仪表板缓存区、顶盖缓存区、空调缓存区等。举些实际生产的例子：①生产线上有四种顶盖，分别为 M_1、M_2、M_3、M_4。此零部件的工位器具的要求是避免相互挤压，并考虑工位器具的长宽高，现场中 30 个收容数量为一个工位器具。一种布置方法是在安装顶盖工位旁，摆放 5 个工位器具。其中 4 个分别为 M_1、M_2、M_3、M_4，第 5 个为物流根据排产计划或 JIT 来计算哪一个配置的顶盖先用完，此工位器具中就摆放这一配置的顶盖。另一种方法是直接用两个器具,每个器具根据生产计划进行排序。②生产线上有两种地毯部件,一种为 N_1,一种为 N_2。常用的布置方法是线旁工位器具共 2 个,N_1 一种,N_2 一种。当其中一种地毯快用完时,物流组织送料。由于地毯可以叠放,所以物流操作人员可以将剩下的地毯摆放于新送地毯的工位器具上。③中小部件,如 B 柱装饰板或空气滤清器等,如配置多,则物流组织进行多配置配送。一般工位旁有两个工位器具,如只有一种配置,则线旁一般只有两个相同的工位器具。④对于通用性强、价值低的小零件,如标准件,根据线旁情况可采用较大包装数量集中布置,一个通用料架一般可放至 30~60 种。标准件种类主要考虑通用架可存放标准件种类的限制性和工艺段标准件种类匹配的限制性,一般 10~20 个工位的标准件可布置于一个通用料架上,包装数量不应超过配载量或 3 天的量。一般工位旁应有小盒,由现场操作人员进行二次分置。

工位物料区域内的具体布置,主要结合工艺路线来完成,即每个工位的具体工艺过程来确定,包括各工位操作人员的数量、操作位置等因素。一般极限情况是一台车的前后左右及车内都有操作人员,这样就要根据实际情况进行实际分析,考虑不同操作人员的操作物料在线旁如何摆放。对于连续运行的生产线,一般物料需要按取料顺序从工位起点向工位终点摆放;对于走停工位,物料的摆放,一般是体积或质量较大的部件在离装配操作近的工位中部线边区域摆放,体积小或质量轻的部件在工位端部摆放。

由于线边物料及工位器具的规划,与专用器具、通用料架、工艺的分装台等都相互关联,所以每一部分的设计,应都基于线边物料区域的总体设计来进行,应由总装工艺和物流规划部门共同完成。首先总装工艺根据工艺、设备、工装布置情况,先设计一版工艺 LAY-OUT,物流在此基础上再进行物料布置设计,双方进行研讨和评审,最终确定线旁物料区规划。物流—物料器具的评审,主要关注线旁布局、取料便利性、与辅助装配机械手配合的限制性要求等。此工作完成后,应输出一个线旁物料布置图,包括布置区域、物料器具形式及大小、物料器具在本工位的布置情况,如图 10-1 所示。

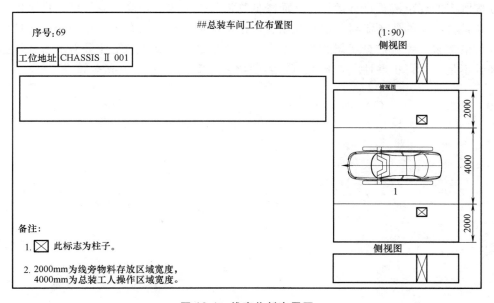

图 10-1 线旁物料布置图

10.8 物流搬运设备规划

物流搬运要占用很多的时间并消耗很多的劳动，其作业水平的高低，不仅是决定物流速度的关键，而且是影响物流费用高低的重要因素。装卸搬运往往会成为整个物流的"瓶颈"，是物流各功能之间能否形成有机联系和紧密衔接的关键。因此，物流搬运设备规划是物流顺利进行的关键。

整个物流设备规划，渗透到物流各环节、各领域，联系物流活动各子系统，是一个系统化的规划过程。整车厂的物流搬运设备规划，主要是指从物流库至生产车间现场的物流搬运设备规划。这一段的物流搬运设备规划，与总装工艺过程相关、与总装生产现场有密切相接的接口，需要在总装工艺中进行规划。

物流库至生产车间的物流搬运设备主要是指用来搬移、升降、装卸和短距离输送物料或货物的机械设备。具体的物流搬运设备主要包括叉车、牵引车、AGV等。随着物流技术的不断发展，又衍生出很多种用于物流搬运的专用物流设备。选择装卸搬运设备时，需考虑以下因素：①商品特性；②作业方式与作业量；③环境条件；④设备的维护；⑤成本与需求的平衡。

10.9 业务流程、信息规划及其他需要规划要点

业务流程及信息规划主要包括：物料计划、零件订购流程、包装管理、运输配载控制、物料接收流程、空料架整理发运流程、物料存储规范、库存量设置、目视化管理及标签、物料存储先进先出管理、工废料费补料管理、物流现场人员配置及职责等。

物流信息系统实际上就是物流业务信息系统。它将物流所有的业务联系规范起来，使物流业务按既定的规范流程进行运作，从而降低物流管理成本，提高作业效率。物流信息系统规划，就是将物流的业务流程和信息化结合起来，形成一个可以有效运作的物流信息系统平台，并付诸实施。物流信息规划的基本原则：①成本最少；②能满足业务需求；③能弥补业务管理的不足；④可扩展性（广度）；⑤可延伸性（深度）；⑥维护成本低、简单。

第11章 总装常用开发工具软件介绍

11.1 总装开发工具软件的必要性

总装开发工具软件，也可以称为数字化系统工程（SE），是数字化工厂系统的一部分。在新产品开发的整个周期中，工艺的SE工作（结构策划、工艺设计、工艺实施、工艺验证）约占2/3的时间。现在汽车竞争日趋激烈，而汽车SE工作的数字化，会使SE工作过程规范化、流程化、数据库化，极适合相对经验较少的工艺工程师提升SE工作的深度。而且通过数字化SE工作，会在很大程度上提高结构策划、工艺设计、工艺实施、工艺验证等工作的效率和质量，大大降低设计变更、工艺变更的成本。

总装汽车数字化SE工作主要包括：总装工艺设计的数字化、总装工艺验证（设计结构工艺性虚拟验证、工艺过程数字化仿真）的数字化。具体包括：

1）通过建立工艺过程模型，完成数字化装配工艺流程设计工作。

2）通过装配工艺过程数字化仿真，完成数字化工艺验证工作，包括数字化设计评审与策划工作。

开展总装数字化SE工作的必要性主要有：

1. 扩展了SE的工作深度

这主要体现在设计评审与策划方面。以往设计评审与策划工作只是在数模阶段进行简单的DMU分析，对于动态仿真过程则不能实现。而数字化的模拟过程（包括人工和设备的动作）可完全实现动态装配模拟，与实际生产几乎完全一致，这样使发现的问题更加完全。数字化仿真如图11-1所示。

2. 缩短SE的工作时间

这主要体现在工艺流程设计及工艺验证上。

1）工艺流程设计的限制性因素很多，如装配的顺序性、装配工时、零部件的布置、生产线的布置方案等。以往，在做此工作时，大多由工程师将这些限制性完全记在脑中，进行工艺过程设计时，反复考虑这些方面的限制性来进行工艺流程设计。这样导致工艺流程设计的时间延长。而数字化工艺流程设计将各限制性直接输入计算机，由计算机直接根据各限制性进行工艺流程排布，在计算机自动排布后，再由工程师简单进行调整即可。将一些标准化

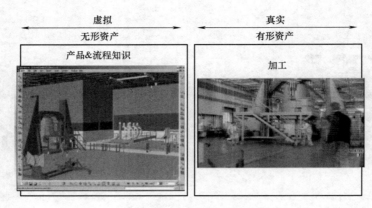

图 11-1　数字化仿真

的工艺流程排布交由计算机完成，极大简化了工程师的工作量。

2）以往的工艺验证工作都在样件完成后，通过离线工艺验证及在线工艺验证，将设计问题及工艺规划问题反映出来；再根据工艺验证的问题，进行设计变更及工艺变更工作。而数字化工艺验证可以将工艺验证的时间提前至研发的数模阶段，通过数字化仿真分析来实现虚拟工艺验证工作。如果验证充分，可以将离线工艺验证和在线工艺验证简化，大大缩短工艺工作的周期。虚拟工艺验证如图 11-2 所示。

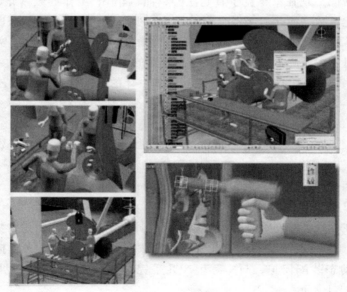

图 11-2　虚拟工艺验证

3. 提高 SE 的工作质量

这主要体现在设计结构策划和工艺流程设计上。

1）设计结构评审与策划方面，由于数字化 SE 评审工作可以更直观地模拟实际装配操作，对各类设计问题发现更全面，所以会大大提高工艺评审的质量。

2）工艺流程设计方面，以往工艺流程设计都是由人来进行的，而工艺流程的限制性因素太多，在进行工艺流程设计时很难完全兼顾，导致工作质量下降。而数字化 SE 工作能解决此问题,它将各种工艺流程的限制性因素输入计算机,由计算机自动设定限制,然后计算机再根据这些限制性直接排布工艺流程。此模式可大大提升工艺流程设计的质量。

4. 降低变更成本

这主要体现在设计变更及工艺变更成本上。

1) 设计结构评审与策划方面,由于数字化 SE 评审工作可以更真实地模拟实际装配操作,对各类设计问题发现更全面,所以会大大减少后期的设计变更成本。

2) 在工艺规划方面,由于数字化 SE 可实现全生产线及具体工位的完全仿真,可以在工艺规划实施前进行有效的校核,发现工艺规划中的问题,减少工艺规划的变更成本。

案例 1:某汽车生产企业在新生产线开发前,用数字化 SE 进行一个总装线的工艺规划,在合装线与整个输送线进行联动仿真时,发现合装线与输送线在运转 15 个节拍后会出现干涉(这个问题在以往的工艺规划模式中是不可能被发现的)。发现此问题后,工艺设计人员重新对工艺规划方案进行了调整,此项使后期变更成本节省 180 多万元。

案例 2:某汽车生产企业在进行输送线改造过程中出现了一个问题,即整车由底盘线(二段)到终装线(三段)转接中,当吊具打开时,吊具的前吊脚与车身裙边干涉。此问题的解决,需要进行二次改造,不仅影响改造进度,而且增加工艺变更成本。如果前期用数字化 SE 软件进行分析并发现此问题,完全可以在前期产品设计时,通过变更车身裙边而避免。虚拟 SE 分析如图 11-3 所示。

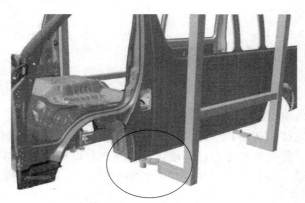

图 11-3 虚拟 SE 分析

5. 装配工艺路线编制更加简单与快速

装配工艺设计人员可以在软件中进行装配流程(工艺路线)的定义;或者根据已有项目的工艺路线套用到新的项目框架之下,实现知识最大化重用。在这个阶段,工艺工程师输入标准工艺路线或者历史工艺路线到软件数据库,实现新车型工艺路线的确认。

在初步工艺规划中,一个很重要的步骤就是从设计物料清单(EBOM)编制制造物料清单(MBOM)。而 EBOM 格式与 MBOM 格式有很大差别,想要从 EBOM 转化为 MBOM 需要大量的人力、物力和时间;而且,MBOM 编制完成后,不能随 EBOM 即时更新也是一个头痛的问题;再有,将 MBOM 转化为物流 BOM 还需要物流部门花费大量人力和时间。在数字化软件中,MBOM 和物流 BOM 的实现,就变成了一个既简单又准确的过程。EBOM 上的节点关联到 MBOM 和物流 BOM 的节点,就可以实现产品、操作和资源之间的高度关联。由于 EBOM 和 MBOM 及物流 BOM 之间的高度关联,当 EBOM 发生变化时,MBOM 和物流 BOM

能够及时反映出设计变更。同时，MBOM 和物流 BOM 本身就可以进行编辑、索引、打印等操作。

6. 快速及精准的实现生产线平衡和工位布置

在装配工艺流程确定之后，数字化 SE 软件可提供生产线线平衡计算的功能。自动处理对于固定节拍装配生产的线平衡分析，得出需要的工位数目并自动分配关联的料箱和料架，输出线平衡分析统计报表。

在生产线平衡分析结束之后，工程师可以在这个生产线概念布局的基础上，进行细化工位布局设计，并将其余的设备布置到生产线上/旁，最终生成生产线的完整布局。

7. 工艺规划系统化

通过数字化 SE 工作，可以将工艺规划的内容标准化、流程化，最后实现系统化，以便于快速应用在新产品工艺开发上。

8. 累计企业智力财富

数字化平台就是一个数据积累的平台，实现总装领域的数据和经验积累，最终建立统一的工艺平台、完备的工艺数据库、富有实践性的工艺知识库。在培养后备人员的同时，实现企业的工艺经验积累。

相比于人工进行的 SE 工作，数字化 SE 工作的优越性体现在具体的量化统计数据上：与工艺性相关的设计变更次数可减少 70%，工艺变更次数可减少 60%，工艺开发时间可缩短 40%，投资成本可下降 30%。

11.2 总装常用开发工具软件介绍

1. 工艺规划与工艺过程级别的工艺设计软件

装配工艺规划软件主要进行工艺规划方案及工艺过程的虚拟设计，能够全面提供工艺规划和资源规划的环境支持。在初始产品设计的基础上，根据不同的规划前提条件，定义制造所需要的工艺和资源，得到相关工艺设计输出，使在产品设计的早期阶段，就能提供各个工艺和资源（设备、工装、操作人员、场地等）的顺序和连接。具体而言，可实现如下功用：

1) 可提供一个结构化的方案。综合考虑所有与工艺相关的资源，并在工艺经济性的约束下，系统性地给出一个最佳的解决方案。定义出满足设计目标的装配生产线概念（产量、节拍、工艺流程）及具体工艺方案，并可进行工厂工艺流程虚拟建模，以便于审核或定义流程，验证工作区的性能和互动性。

2) 定义出满足设计目标的装配生产线的具体工艺路线，形成文件化的工艺设计输出。

常用软件名称：DELMIA DPE、DELMIA QUEST、Process Designer Basics、eM-Plant 等。

2. 单元级别的装配过程仿真软件

1) 对各工位或工序进行详细的工艺过程仿真分析，将机器人、工具、工装夹具、机械设备、自控设备及人员等资源进行定义，并运用到具体的制造环节中，进行虚拟分析，以进行有效的工艺验证，包括装配空间、干涉检查、人机负荷检查，并根据检查结果，自动化生成符合需求的解决方案。

2) 直接生成各种装配工艺文件。

3) 快速生成总装设备控制程序，直接进行设备的离线驱动和在线驱动。

常用软件名称：CATIA-DMU、DELMIA DPM、Process Simulate Basics 等。

数字样车技术（DMU）指在计算机或工作站中利用 CATIA V5 软件所具有的装配、剖切、干涉检查、功能部件校核、拆装、人机工程学检查及三维空间等功能对实车进行虚拟的模仿和再现，使其具有物理模型的特性，从而取代实际物理模型验证产品的设计、功能（运动）、工艺、制造和维护等方面内容的产品开发技术，形成一辆模拟实际的数字样车，对产品和工艺过程的真实化进行计算机模拟。

3. 公差分析软件

主要进行虚拟条件下的公差分析，以期在设计前期就发现尺寸链及匹配问题。

常用软件名称：西门子 VSA、Icona 等。

第12章

新能源车型总装同步工程的重点工作

新能源汽车指不使用或者部分使用传统能源的汽车,主要分为如下几种:第一种是纯电动汽车,这种汽车以电为主要能源,电池组是其核心,电能从电池组流向电动机,由电动机为汽车提供动力,在新能源汽车市场中,这类汽车的数量最多。第二种是混合动力汽车,这种汽车同时具备两个动力系统,使用两种不同的能源,在行驶过程中混合使用两种能源或者其中一种。第三种是燃料电池汽车,这种汽车使用的能源同样为电能,和纯电动不同的是电能不来自电池组,而是由氢气等在反应之后产生的电能。

就结构而言,相对于传统燃油车型,新能源汽车使用了不同能源,核心部件是三电系统,分别为电池、电动机、电控系统。动力系统也做了调整,燃油发动机变更为电动机,电池变更为油箱,取消了燃油管路、水循环冷却系统、排气系统,增加了电控系统和电控线路,电控系统较传统车更复杂。所以,在进行新能源车型设计结构的工艺性评审和工艺开发时,除了按传统车型进行正常结构工艺性评审和工艺开发,还要对三电系统和具体变更的零部件进行针对性的工艺性评审和工艺开发。

1. 总装新能源车型的设计结构工艺性评审要点

1)造型评审:采用电池作为驱动的新能源车取消了燃油发动机,整个冷却系统由水冷变为风冷,取消了散热器,对应地也取消了散热器格栅。做设计结构工艺性评审时,要重点检查前保险杠部位间隙、面差的控制。燃油加注口也变更为充电口,同样要重点关注充电口盖的造型对相关件装配间隙、面差的影响。

2)数据评审:在结构设计上,为保证总装装配过程的柔性和适应性,应尽可能进行模块化设计,如将电池、电动机、电控系统以及相关附件进行模块化设计;在对各种控制器的设计要求上,应尽可能减少硬件变化并通过软件变化来实现多配置需求,以减少控制器的种类,从而减少错装情况;在装配空间上,要重点检查三电系统的布置和具体结构设计上所预留的装配空间是否足够,包括设备操作空间、工具操作空间和手的空间,特别是专用设备和专用工具的操作空间。相对于传统燃油车,电动车增加了大量的线束,要重点检查线束的布置空间、固定空间。一般每隔20cm要有捆扎点,每隔50cm要有固定点,线束插接头要有固定点,防止悬垂导致端子松脱。

2. 总装新能源车型的工艺开发要点

1)工艺设计:在工艺布局上,相对于燃油车,电动车取消了发动机分装线,增加了电池电动机分装线，因此，需要根据工艺流程进行电池电动机分装线的工艺布局设计。在工艺流程设计上，由于电动车取消了燃油管路、水循环冷却系统、排气系统，增加了电控系统和电控线路，要进行针对性的工艺流程排布以实现线平衡。在工序设计上，由于新增的三电系统在工作和测试时有高压，在操作要点中要增加防触电保护措施，如增加操作时必须戴绝缘手套、穿绝缘鞋、不得徒手接触电极等要求。为防止电气部件特别是各种控制器出现失效、击穿等故障，需增加防护措施要求，如禁止电池部件与易引起短路的部件混放和接触，禁止将电器部件置于潮湿的环境中，整车控制器要做防静电防护，在布置线束时高压线束与低压线束间隔要超过20mm等。

2）设备开发：新能源汽车和传统汽车在总装设备上的差异比较大，总装过程中，不仅需要准备常规工装设备，同时还要准备新能源汽车装配的专用工装设备。对新能源汽车而言，其中很多部件都具有一定独特性，这一点在纯电动车中更加明显。比较特殊的部件有电池包、电动机、各种电控部件等，要配备相应的装配设备、工装和工具，特别要注意对电池、电控部件的防潮、防碰防护。新能源汽车的总装检测设备中，要有绝缘和耐压检测及充放电检测。其功能是测试电池包和电控系统的各项参数，如整车绝缘耐压性能、电压值、电流值等。电池包在装配之前也必须通过相关测试，否则禁止使用。

第13章 总装智能制造

13.1 智能制造目的和意义

从工业革命开始,世界工业的发展经历了1.0时代——蒸汽机时代、2.0时代——电气时代、3.0时代——信息时代。当前,正步入以万物互联、大数据计算、智能识别、柔性机器人为基础的高度智能化、自主化的4.0时代——智能时代。

智能制造的典型特征是使制造装备具备了知识性和技能性的特征,能自主识别、自主决策、自主适应,最大限度地脱离对人的依赖。从具体技术支撑来说,主要依赖于自动识别技术、自学习技术、自决策技术、大数据计算技术和自动柔性制造技术的集成和匹配应用。

智能制造的首要目的,在于使机器最大限度地替代并超越人的劳动过程,使人从生产过程中解放出来,通过智慧生产,将产品低成本、高效率、高质量地生产出来。

就汽车制造业来说,通过智能制造,可最大限度地实现开发环节、生产环节(包括检查环节)、销售环节、经营管理过程的无人化、智能化、低成本、高效率和高质量。以总装生产为例,智能制造过程的核心目的,是最大限度地实现完全自适应柔性生产,包括完全自适应装配、完全自适应柔性检测、完全自适应柔性调整等。

13.2 汽车智能制造现状和提升策略

当前,汽车智能制造的自动化已达到非常高的水平,并已初步具备柔性化制造能力,但智能化水平还处于初级阶段。具体表现为散点化、孤岛化和局域化的应用,而不是系统性、整体性和全面性的应用。

先从两个方面来分析一下汽车整车厂的冲压、焊装、涂装、总装生产过程的自动化水平:第一个方面为核心工艺过程,第二个方面为生产辅助过程。随着电气化和信息化浪潮下的不断迭代,以及工业机器人等自动化设备应用的普及,使得整个汽车产业的自动化都达到较高水平。以冲压生产为例,随着自动化冲压生产线和工业机器人的广泛应用,冲压生产的核心工艺过程——冲压生产线的自动化率可以达到100%。在焊装生产中,AGV和焊接机器人的广泛应用,也使得焊装生产的核心工艺过程——焊接生产线的自动化率接近100%。而涂装生产的核心工艺过程——喷涂生产线的自动化率早已达到100%。由于总装生产的核心工艺过程——装配过程复杂性较高,大部分还处于人工装配的阶段,相对来说自动化程度较低,按工艺工时核算,自动化率不足20%;按操作工位核算,自动化率不足5%。冲压、焊装、涂装、总装的生产辅助过程,由于生产成本的限制、技术面过宽的限制及技术本身难度较大,自动化程度发展参差不齐。对于生产辅助过程,由于核心工艺过程自动化的拉动,与核心工艺过程相关度较高的生产辅助过程的自动化程度要比非直接相关的生产辅助过程的自动化程度高,如冲压线更换模具的过程、焊装线更换焊枪的过程、喷涂线切换颜色的过程等都逐步实现了自动化,但与核心工艺过程直接相关性不高的设备维修过程、零部件检验过程,以及生产管理过程等自动化程度还较低,仍处于信息化阶段。

再来分析一下汽车整车厂的冲压、焊装、涂装、总装生产过程的智能化水平。从目前来看,汽车生产的智能化水平,主要受自识别技术、自学习技术、自决策技术的应用普及和技术集成与匹配技术成熟性的限制,只在一些散点、孤岛和局部实现了智能化。以焊装生产为例,可以在局部焊接工位,如顶盖焊接工位实现车型智能识别、顶盖智能识别与抓取、顶盖位置智能捕捉、顶盖机器人自动焊接,以及焊接后自动检测等实现智能化过程,并可实现焊极接头自动修磨与更换。

从电气化、信息化、自动化提升到智能化水平,主要需要解决互联互通、智能识别(包括自学习技术)、智能决策三个问题,而这三个问题的解决,主要依赖于互联技术、智能识别技术(包括自学习技术)和大数据计算技术的发展。这是因为要保证智能制造过程,首先要保证信息流能同步准确的传输,并且能得到实时准确的识别和筛选(这对于变化过程的智能反应尤为重要),在此基础上,需要进行快速分析计算和自适应决策和反应。

相对于冲压、焊装、涂装而言,总装装配过程的复杂性更高,物流匹配难度更大,操作人员更多,外来零部件及总成最集中,质量控制管理程度最难,是工厂智能制造所有矛盾的焦点。总装的核心工艺是装配操作,由于工况复杂,更依赖于人的操作,所以总装工艺过程的自动化、柔性化水平都较低。

目前,限制总装智能制造的主要问题,既包括传统制造业的优化、自动化设备特别是工业机器人的优化(主要是可移动机器人的自动识别、复杂操作路径自适应性的优化)、信息技术的优化,也包括数据采集技术、数据流传输技术、智能识别技术、自学习技术、大数据分析技术的提升,还包括智能制造技术集成与匹配技术的突破。只有逐步解决这些问题,才能真正把汽车总装工艺与自动化、信息化、智能化有机地融合在一起。

总装智能制造技术的提升路径,可采取智能化技术基础和环境提升,以及单体智能化工艺装备相结合的办法,不断夯实技术基础,并通过以点带面、以面促点、点面结合的方式,使总装智能制造技术得到持续提升,并可通过建立样板工厂的方式进行示范和推广。对已投产的总装车间进行智能化改造,需要根据智能制造规划策略,确定改造项目的紧急程度,优先解决遇到的突出问题,使智能化改造能有针对性地解决技术上的难题,对制造的汽车产品赋能,提升产品竞争力。

在具体工艺开发过程中,要实现总装智能制造平台系统的有效开发与推进,需要从工艺开发之初就树立智能制造的理念,并要贯穿新建汽车产线规划及原有生产线的智能化改造设计的全过程。要改变以往以工艺流程规划为核心进行工艺开发的模式,从工艺可行性分析和工艺规划方案开始,就将工艺智能化、装备智能化、物流智能化、信息系统智能化等作为一个统一的整体来进行策划或设计，结合公司的智能化技术基础和体系环境建设长远目标和智能制造整体规划，统筹开展汽车制造智能化的工艺可行性分析、工艺方案拟定及后续的工艺设计、工艺装备开发等工作。

在工艺可行性阶段和工艺规划方案拟定阶段，就规划要实施的智能制造项目及后续要进行智能化升级的项目，认真分析制造工艺、工艺装备、仓储及物流、信息传递、数据在线获取、防呆防错、质量检测及生产辅助过程项目的需求及其边界，并把这些智能化需求和边界融合到工艺可行性分析、工艺规划方案和后续的工艺设计及工艺装备开发中。整个工艺规划方案和工艺设计、工艺装备方案的实施，不仅要体现制造工艺流程的实现、工艺装备功能的实现、信息流程功能的实现，更要体现工艺流程的智能化、工艺装备的智能化、信息传递的智能化，并最大限度地拉动生产辅助过程的智能化。

由于工艺装备是智能制造的核心要素，为此，在进行整体智能制造推进、提升体系和环境构建的同时，可以通过单体智能制造设备的开发，拉动整体智能制造体系与环境。例如，在智能生产线的设备规划上，可大量采用各类传感器、数控系统或射频识别（RFID）自动进行生产、质量、能耗、设备绩效（OEE）等数据采集，并通过电子看板显示实时的生产状态，通过安东系统实现工序之间的协作；生产线能够快速更换夹具或工具，实现柔性自动化；能够支持多种相似产品的混线生产和装配，灵活调整工艺，适应小批量、多品种的生产模式；具有一定冗余，如果生产线上有设备出现故障，能够调整到其他设备生产；针对人工操作的工位，能够给予智能提示，并充分利用人机协作；设置多种类型的防呆防错设施等。

此外，在工艺可行性分析和工艺规划方案中，拟定后续的工艺设计和工艺装备开发时，还要注意：

1）要思考如何通过智能制造平台系统的集成、匹配、协作和一体化实现工艺流、物料流、信息流融合统一的方案。特别是在工艺规划方案拟定和工艺布局设计时要注意信息流贯穿整个智能制造车间，且必须贯穿各智能制造的平台系统、工艺流程、工艺装备布置、物料流动路径。

2）要将智能制造工序融入工艺流程中。先制订合理先进的工艺流程，确定产品制造的主要工序及流程，并标明要规划实施智能制造的工序，以及明确采用智能设备所需要零部件的自动上线及转接、信息传输、数据在线自动获取、智能监控与自适应技术方案。

3）要按照产能规划确定节拍。节拍与汽车工时密切相关，汽车工时又与生产线自动化水平和智能化水平相关联。这就要求充分讨论确定需要采用智能装备的工序、自动化作业工序，合理地划分工序内容，不能让实施智能制造工序成为产线的瓶颈。设计时，要高度重视如何缩短部件的转运距离、简化物流路径、便捷生产组织与提高生产率。

4）物料自动传输设计。推进智能装配工厂建设，生产现场的智能物流十分重要，尤其是对于离散制造企业。智能装配工厂规划时，要尽量减少无效的物料搬运，所有的总成和大的部件都可以考虑实现自动转接上线或自动转运入库，这里要考虑通过RFID等方式实现信息流与物料流同步流动，两道工序之间可以采用带有导轨的工业机器人、桁架式机械手等方式来传递物料，还可以采用AGV、有轨穿梭车（RGV）或者悬挂式输送链等方式传递物料。在车间现场还需要根据前后工序之间产能的差异，设立生产缓冲区。立体仓库和辊道系统的应用，也是在规划智能装配工厂时需要进行系统分析的问题。

5）要充分利用立体空间。空中、地面、地下三层空间都是可以用来进行合理的工艺平面布局设计的,以便使物流更顺畅,连接更高效,跨线无阻碍。

6)信息流通畅。在进行工艺规划方案和工艺平面布局时,要同步规划信息系统传输形式及线路。不管是采用无线局域网,还是采用5G高速网、光纤以太网,都需要制订统一的网络接口规范、数据格式规范、线路管理规范等,以避免信息相互干扰。另外,要在每个智能设备、转接装置安装处布置数据自动获取、传递的传感器和通信模块,以及在装配车间内要布置数据存储、分析、预警的计算机工作站,以确保数据有效管理。

总之,要做好智能制造的规划和构建,需要综合运用各种技术和工具,从各个视角综合考虑,并结合投资预算、技术先进性、投资回收期、系统复杂性、生产柔性等多方面进行综合权衡、统一规划,并要协调组织各相关部门通力协作,才能确保可落地,使智能制造既具有前瞻性,又具有实效性。

总装的各种工艺装备,基本上都是由工艺装备供应商进行设计、制造、安装、调试的。汽车制造厂的工艺人员在工艺装备智能化发展的过程中所承担的工作,更多的是提出自动化、柔性化、智能化的需求,自动化、柔性化、智能化的技术方案确认,以及对智能化工艺装备与生产现场进行技术集成等。

13.3 总装智能制造基础和环境提升

总装智能制造基础和环境提升,需要以产品设计和工艺设计的标准化、通用化、模块化和平台化为基础,以信息化建设为前提条件来构建各种智能化平台系统,同时推进各平台系统之间的互联互通与协作融合。此外,还要通过智能化技术和智能化装备的逐步普及,来构建整体性和全局性的智能制造体系和环境,最大限度地避免信息传递混乱、自动化生产和智能制造散点和孤岛的出现。

1. 产品设计和工艺设计的标准化、通用化、模块化和平台化

所有的智能制造都是相对的智能制造,不存在绝对万能的智能制造。实际上,智能制造对产品设计和工艺设计的标准化、通用化、模块化和平台化要求很高。而这些产品设计和工艺设计的标准化、通用化、模块化和平台化,是智能制造的开端和基础,可以大大简化智能制造的技术设计,从源头和基础上保证智能制造的实现。所以,在产品设计和工艺设计过程中,要实时考虑和关注智能制造的需要,最大限度地保证产品设计和工艺设计的标准化、通用化、模块化和平台化。

2. 信息化建设

信息化建设是智能制造基础和环境建设的前提,可以保证可靠和有效的信息采集、信息处理和信息传输。

1)信息采集。实际生产过程中,需要及时采集产量、质量、能耗、加工精度和设备状态等数据,并与订单、工序、人员进行关联,以实现生产过程的全程追溯。出现问题可以及时报警,并追溯到生产的批次、零部件和原材料的供应商。此外,还可以计算出产品生产过程的实际成本。有的还需要采集环境数据,如温度、湿度、空气洁净度等。为此,在进行数据采取规划时,要预先考虑好数据采集的接口规范,以及数据采集和监控系统与数据采集终端的应用。要根据采集的频率要求来确定采集方式,对于需要高频率采集的数据,最好从设备控制系统中自动采集。

2）信息处理。数据是智能制造的关键。企业需要规划数据的计算平台和DF、CAPP、ERP、SAP、JIT、MES、LES、QMIS等智能制造数据的应用平台系统，确定哪些数据在设备端进行处理，哪些数据需要在数据应用平台范围内处理，哪些数据要上传到计算平台进行处理。

智能制造是一个集成化的工程，在智能制造的过程中，会产生设计、工艺、制造、仓储、物流、质量、人员等业务数据，这些数据可能分别来自DF、CAPP、ERP、SAP、JIT、MES、LES、QMIS等应用系统并在各智能化平台系统之间流动。因此，在智能工厂的建设过程中，需要一套统一的标准体系来规范数据管理的全过程，建立数据命名、数据编码和数据安全等一系列数据管理规范，保证数据的一致性和准确性。此外，需要明确数据管理的原则和构建方法，确立数据管理流程与制度，协调执行中存在的问题，并定期检查落实优化数据管理的技术标准、流程和执行情况。

3）信息传输。实现智能制造，必须推进工业互联网建设，实现系统与系统、设备与环境、设备与设备、设备与人之间实时、可靠的近程和远程互联互通。为此，需要统一数据采集与传输标准，统一数据处理标准，以及采用5G等数据传输网络以提高数据传输效率。

3. 总装智能制造的平台系统建设

该平台系统建设主要包括数字化工厂系统（DF）、工艺管理信息系统（CAPP-TCM）、制造执行系统（MES）、物流执行信息系统（LES）、能源管理信息系统（EMS）、设备管理信息系统（EMS）、质量管理信息系统（QMIS）、销售订单信息系统（OMS）等，以及打通这些系统的边界，对这些系统的集成、协同、融合和一体化，达到智能制造体系和环境的构建。

1）数字化工厂系统（DF）。在计算机虚拟环境中，对整个生产布局、厂房、生产线和工艺装备、生产作业过程、物流过程等进行三维和二维及数字仿真，以实现从整个生产环境到作业细节的可靠评估和优化。具体来说，数字化工厂能够通过对全制造流程进行建模、仿真和管理，并将过程信息和结果信息及时地与相关方共享，从而通过实现虚拟制造，提前发现和解决潜在的产品设计风险和问题、工艺设计的风险和问题、工艺装备开发的风险和问题、物流过程的风险和问题，可以提前发现和消除各种过程的浪费，提高开发质量，缩短开发时间，降低开发成本，保障实际生产制造过程的顺利进行。另外，在数字化工厂的工艺开发模式下，可以有效改变传统的串行开发模式，即先进行产品设计，再进行工艺设计的模式，可以有效实现与产品设计、零部件与工艺装备供应商等同步开发，有力地保证了同步工程的有效性和可靠性。

在总装工艺开发过程中，目前数字化工厂主要可以进行两方面的工作：一个是进行工艺规划设计辅助（PD），一个是进行工艺过程仿真（PS）。通过工艺规划设计辅助，可以有效且可靠地解决厂房建模问题、工艺布局问题、工艺规划问题、生产线平衡问题，并可以进行各类工艺文件输出；此外，还可以分析生产线输送系统的物流性能，包括产能分析、瓶颈区分析和缓冲区分析等。通过工艺过程仿真，可以支持从厂房到生产线及具体工位的三维可视化设计，特别可以提供对于操作复杂的三维仿真分析以及人机工程仿真，用以对产品设计和工艺设计进行优化。

当前，在总装数字化的工艺规划设计（PD）方面，主要用于局部的工艺流程设计和线平衡评估；在工艺过程仿真（PS）方面，主要用于生产线瓶颈工位、单一操作复杂工位的仿真、评估和优化。随着数字化工厂系统操作过程的简化、智能化及各种数据信息的积累和构建，总装数字化工厂项目可以逐步扩展到厂房及工艺布局、全流程工艺设计、生产线和设备开发，以及控制软件测试和全工序系统化数字化仿真等过程。

随着信息化技术的提高和智能终端成本的降低，可以将信息化终端设置到生产终端，并与其他智能制造的平台系统结合。通过信息化终端和其他智能制造平台系统，可以实时监测、评估、优化和完善生产现场的实际生产过程，并可通过实际监控，完善数字化工厂模型。

2) 工艺管理信息系统（CAPP-TCM）。主要是进行工艺规划和对各类工艺文件进行开发和管理的系统，主要包括工艺数据库/知识库、工艺文件管理/输出模块等。具体来说，可以进行产品设计文件接口管理、工艺数据管理、工艺文件管理、工艺报表管理，并支持与产品设计的产品生命周期管理（PLM）系统和生产管理系统对接，进行数据查询等工作。

通过工艺管理信息系统，可以将工艺设计人员从烦琐和重复性的劳动中解脱出来，用更多的时间和精力从事更具创造性的工作；大大缩短了工艺设计周期，提高了企业对变化的市场快速反应的能力，提高了企业产品在市场上的竞争能力；有助于对工艺设计人员的宝贵经验进行总结和继承；有利于工艺设计的最优化和标准化，为实现企业信息集成创造条件，进而便于实现并行工程、敏捷制造等先进生产制造模式。

当前，工艺管理信息系统主要用于工艺文件管理，包括工艺文件编制管理。随着工艺管理信息系统与数字化工厂通路的建立，工艺管理信息系统中的生产线及工艺装备资源数据将极大丰富，有助于工艺过程的规划及工艺文件的编制等过程；随着工艺管理信息系统与生产现场终端设备通路的建立，可以将工艺文件系统实时在生产现场显示；另外，随着数字化工厂系统操作过程的简化、智能化及各种数据信息的积累和构建，工艺管理信息系统可以逐步扩展到厂房及工艺布局、全流程工艺设计、生产线和设备开发，以及控制软件测试和全工序系统化数字化仿真等过程。

3) 制造执行系统（MES）是智能工厂规划落地的一个着力点。MES是面向车间执行层的生产信息化管理系统，上接企业资源规划（ERP）系统，下接现场的PLC程控器、数据采集器、条形码、检测仪器等设备，旨在加强计划的执行功能，贯彻落实生产策划，执行生产调度，实时反馈生产进展；具体可以执行生产层面的制造数据管理、计划排程管理、生产调度管理、库存管理、质量管理、人力资源管理、设备管理、工具工装管理、成本管理、看板管理、生产过程控制等面向整个制造过程的任务。

制造执行系统可在生产过程中收集大量的实时数据，及时处理实时事件，同时保持与计划层和生产控制层的双向通信能力，接收上下层相应的数据，反馈加工结果和生产指令；通过控制所有工厂资源（包括材料、设备、人员、工艺指令和设施），提供一种在统一平台上系统集成生产调度、作业指令、质量控制、文档管理等功能的方法。

当前，制造执行系统主要可进行订单生产过程管理、单车型订单BOM管理、车辆和物料跟踪识别管理、设备工作包作业指令下发和工艺参数自动下发管理、设备工作状态监控、质量防错管理、工厂状态和异常报警管理，以及关键数据采集等工作。对于总装来说，制造执行系统可通过订单BOM管理，以实现精准化物料拉动；可将单车型的零部件信息定位到具体工位，对具体车辆和物料进行跟踪识别；并实现AGV、自动化风窗玻璃涂胶机、自动加注设备、自动拧紧的工作包指令下发与结果上传存储管理，设备和人工作业防错指示和检查、生产运行异常报警等功能。随着制造执行系统的成熟，该系统将会在上下游系统和数据集成管理、高效协同生产控制、生产数据可视化等方面有较大发展。

4）物流执行信息系统（LES），是以物料拉动为核心，统筹考虑物料在不同仓储单元的交互，实现物料从入库、库内管理、出库、拉动、转移到装配线的物流管理。该系统主要是通过信息流驱动实物流，并以实物流反馈信息流的执行进度，实现"账随单变，卡随物走"，将仓库内、仓库与仓库之间、仓库与生产线之间的物料传递业务实现高效的统一，真正意义上保证了库存、出入库信息的准确性。具体来说，该系统主要通过仓库规划数据信息、物料数据信息、各种物流设备数据信息、各种物料器具或包装数据信息，以及作业人员信息的统筹处理，实现物料入厂协同、入库管理、分拣管理、生产拉动响应管理、出库管理、盘点管理等。

当前，物料执行信息系统支持零部件条码、包装条码、库位条码的数据扫描和采集；可以高效地完成灵活多变的物料拉动管理，支持排序、配料、SPS+KITTING、看板、看板卡、ANDON等多种物料拉动的需要；支持多系统间的无缝集成，保证数据的一致性。随着物料执行信息系统的进一步成熟，物料管理系统将对精益物流体系的构建起到越来越重要的作用。

5）能源管理信息系统（EMS）主要对工业建筑、生产线和工艺装备的电力、燃气、水等各分类能耗数据进行采集、处理，并分析建筑能耗状况，实现建筑、生产线和工艺装备的节能应用。具体来说，该系统主要通过能源计划、能源监控、能源统计、能源消费分析、重点能耗设备管理、能源计量设备管理等多种手段，使企业管理者对企业的能源成本比重、发展趋势有准确的掌握，并将企业的能源消费计划任务分解到各个生产部门、作业车间，使节能工作责任明确，促进企业健康稳定发展。

当前，能源管理信息系统可实现对主要能源类型，如电力、燃气、水等进行系统性监控，通过采集能耗监测点（变配电、照明、空调、电梯、给排水、热水机组和重点设备）的能耗和运行信息，形成能耗的分类、分项、分区域统计分析，可以对能源进行统一调度、优化能源介质，达到优化使用能源的目的。随着能源管理系统的成熟，探测终端的普及，未来会扩展到煤、油、氢气等各类能源，并可实现预测性及预防性管理，最大限度地实现节能减耗目标。此外，还可以通过能耗数据的变化，预测生产线和工艺装备运行是否正常。

6）设备管理信息系统（EMS）主要是通过信息化系统对生产线及工艺装备进行资源管理、参数和过程监控、维护与维修管理，减轻管理人员和业务人员的设备管理负担，提高设备管理效率和工作效率。具体来说，该系统可实现设备资产及技术管理、设备工作过程参数实时监控、设备缺陷及事故管理、预防性维修管理、维修计划排程、工单的生成与跟踪、备品备件管理、维修成本核算、设备缺陷分析、设备文档管理等。

7）质量管理信息系统（QMIS）是根据质量经营现状和质量体系管理要求建立的，针对作业执行层面的质量信息的收集、传递、存贮、加工、维护及使用的系统。质量管理信息系统主要包括质量目标管理、质量成本管理、质量文件管理、进货检验管理、制造过程质量管理、售后质量管理、质量改进管理、测量系统管理、质量问题管理、质量知识管理、质量信息管理、供应商管理等。具体应用上，该系统主要以BOM信息、质量检验信息、工序参数信息、销售和售后信息等为基础，对入厂质量、制造过程质量、售后质量等进行数据采集、监控、统计、分析和应用控制。在质量控制信息系统中，一般需嵌入生产主流程，如生产工艺流程、工位信息、工序信息等；质量控制的流程、表单、数据要与生产订单相互关联、穿透；结构化存储质量记录，为质量追溯提供依据。质量管理信息系统还可包括质量损失统计和分析。

对于总装的质量管理信息系统，主要包括装配作业与追溯件防错、装配与检测信息采集、装配自检控制与质量门专检控制、返修质量控制、区域评审和 PDI 审核，以及质量问题分析管理和质量问题数据库管理等。

8）销售订单信息系统（OMS）从客户需求订单出发，可以实现成品车库存管理、订单车生产过程控制、物料需求管理和采购供应管理、订单车设计管理等过程，以保证客户的需要可以得到迅速和准确的响应。整个系统一般分为客户管理、需求车型管理、配置需求管理、订单单状态跟踪、订单车交付管理、统计查询等模块。通过销售订单信息系统管理，可以在线实现对客户需求信息快速应答，并迅速转化为可执行的包括车型、配置和零部件信息的销售订单；订单形成后，可实现订单任务的有效分派管理，如果需要根据订单进行产品开发，还会分派设计需求至产品开发系统；同时，会实时跟踪订单车订制状态直至订单产品最后交付；此外，还包括订单查询管理、订单延时交付预警管理和订单取消管理等功能。

销售订单信息系统在总装生产过程的实施，主要是通过制造执行系统的一车一 BOM 形成订单台看板或作业指示信息，拉动物料供应系统等实现订单车的生产。

4. 智能化技术和智能化装备应用的普及

制造企业在规划智能工厂时，必须高度关注智能装备的发展。根据企业智能制造发展战略和实际需求，优先选择低成本、高收益、高可靠性的智能化技术和智能化装备，逐步改善和提升智能制造的基础和环境。当前，在行业上广泛应用智能化技术和智能化装备主要有：

1）计算机辅助技术，如计算机辅助设计（CAD）、计算机辅助工程（CAE）、计算机辅助制造（CAM）、计算机辅助测试（CAT）、计算机辅助仿真（CAS）等。

2）各种数据采集与监测的新型智能传感器及智能识别系统、大数据分析系统、工业以太网和 5G 移动网络。

3）单体智能制造设备，如智能机床、智能 AGV、智能机器人、智能防错设备等。

13.4　总装单体工艺装备智能制造能力提升

总装智能制造基础和环境提升的同时，可以同步进行总装单体工艺装备的智能制造能力提升，作为总装智能制造提升的手段。这样做的原因主要有两方面：一方面是相对于整体和全面提升智能制造能力而言，单体工艺装备的投资压力较小，实施过程简单，能较快实施。另一方面是工艺装备是智能制造的核心要素，通过工艺装备的智能化提升，可以有效和快速地提升智能制造水平，并可以点带面地实现对生产辅助过程的智能化拉动。对于具体的总装工艺装备而言，由于总装工艺装备的种类复杂、结构形式多样，因此总装单体工艺装备的智能化开发或改造，需要结合总装生产过程的实际需求，对具体设备进行具体分析，先从操作路径简单、自动化程度已较高的工艺过程和工艺装备开发入手，逐步提升智能制造水平。如果已经建立了数字化工厂，智能化实施方案或改造方案应该先在数字化工厂进行虚拟验证，使技术方案得到完善，风险得到消除。表 13-1 列出的是，根据现状分析和行业智能化发展趋势，部分工艺过程和工艺装备的智能化升级方案建议。

表 13-1　工艺过程和工艺装备的智能化升级方案建议

工艺过程或工艺装备	现状	智能化升级点
车辆和物料跟踪	1)主要依靠PLC进行车辆定位和跟踪 2)物料跟踪主要根据出入库情况进行统计	将RFID/超宽带(UWB)等追踪技术与现场可视化系统相结合,对生产过程中的车辆及需要跟踪的物料进行实时跟踪监控,实时了解生产线运行情况和车辆装配进度
作业文件	纸质工艺文件或工位终端电子化平面工艺文件显示	工序卡的操作过程视频化表达、AI化指导
拧紧机和拧紧工具	1)通过套筒选择器选择扭矩值 2)拧紧力矩合格判断 3)拧紧数据可存储追溯 4)工具扭矩不足、电池馈电自动报警 5)工具保养自动提醒	1)不同车型拧紧参数自动识别,拧紧参数根据车型识别结果自动调整 2)拧紧位置和拧紧零件自动识别,拧紧参数根据拧紧位置自动调整 3)路径简单的拧紧操作过程自动化
智能防错系统	1)散点化灯选料架 2)散点化智能拍照识别防错装、漏装	操作过程智能化拍照或视频识别及错装、漏装智能化识别普遍应用
自动检测间隙、面差设备	多应用于车门与侧围、发动机舱盖、行李舱盖等部件上	总检线上,内外饰部件的间隙、面差自动检测普遍应用
输送线	1)车身及整车自动转接 2)车型自动识别 3)输送线故障自动报警、故障数据自动存储、工位位置状态自动调整等功能	1)生产线车辆及重要部件全程自动定位、自动感知、自动识别及与智能设备群、信息管理系统的互联互通 2)智能多自由度EMS及智能多自由度AGV普遍应用 3)底盘合装过程自动化,包括多车型柔性化底盘托盘、输送线与合装线自动同步、合装过程自动化、机器人自动拧紧、过程参数合格自动判断和存储
VIN码打刻、铭牌打刻、激光VIN码刻印	具备车型的自动识别、设备工作参数根据车型识别结果自动调整等智能化功能	1)VIN码打刻完工自动检测内容、形状、深度等信息 2)铭牌打刻完工自动检测打刻内容的准确性 3)激光VIN码完成自动检测刻印内容的准确性
车门拆装	不同车型的柔性抓持功能	车门完全自动拆卸、完全自动装配
机器人自动涂胶系统	1)风窗玻璃识别及涂胶轨迹自动设定 2)胶型质量实时检测报警,检测胶型的3D外观形状:宽度、高度、截面积;判断是否有断胶、塌胶、硬结、气泡现象 3)全自动风窗玻璃涂胶装配 4)利用视觉拍照技术,对车身风窗玻璃框口进行精定位,涂胶机器人在视觉引导系统下进行自动粘接	1)机器人自动取件功能、自动清洁、自动涂胶 2)胶桶自动切换
仪表板总成安装	具备不同车型的柔性抓持功能	1)机器人自动装配 2)间隙、面差自动检测与调整
备胎与轮胎安装	具备不同车型的柔性抓持功能	机器人自动装配,包括抓持、拧紧等

（续）

工艺过程或工艺装备	现状	智能化升级点
前端模块安装	具备不同车型的前端模块柔性夹持功能	1）机器人自动装配 2）间隙、面差自动调整
气密检测		1）不同车型的自动识别 2）自动夹持、气密性与通气性自动检测功能
组合加注	不同车型的自动识别	机器人自动加注
四轮定位	具备车型的自动识别、车轮自动对中、四轮定位参数不合格自动报警、检测数据自动存储等功能	四轮定位参数自动调整
车灯检测	具备车型的自动识别、车灯高度、光形、光强不合格自动报警、检测数据自动存储等功能	集光箱自动对焦、车灯高度、光形位置自动调整
转毂检测	具备车型的自动识别、转毂检测不合格自动报警、检测数据自动存储等功能	1）OBD接口的无线自动通信控制 2）转毂试验过程的自动驾驶
尾气检测	车型的自动识别、尾气检测不合格自动报警、检测数据自动存储	1）OBD接口的无线自动通信控制 2）发动机从急速状态加速至70%额定转速运转30s的自动控制 3）尾气检测探头自动探测等。检测过程的自动驾驶

参 考 文 献

[1] 蔡光起,马正元,孙凤臣. 机械制造工艺学[M]. 沈阳:东北大学出版社,1994.
[2] 王锡春,等. 涂装车间设计手册[M]. 北京:化学工业出版社,2008.

致　　谢

　　本书的编撰得到了很多人的帮助。首先得益于郑薇女士给我们提供的参与汽车同步工程的机会。她是一名非常出色的管理者，能够给团队中的成员充分的工作空间和资源支持，并且能够给予充分的激励，跟她在一起工作是一件非常愉快的事。得益于第一次做同步工程的同事们：于洋、张辉、韩义强、池天骄、宋铁夫、王微的帮助。得益于王春生先生在总装工艺方面的支持，他是总装工艺方面的专家，我们在一起做了很多工艺开发的项目，合作得非常愉快。得益于张浩先生的支持，他是一名尺寸工程方面的专家，在尺寸公差方面给了我们很大的支持。得益于崔明迎先生的支持，他是一名智能制造方面的专家，在智能制造方面给了我们很大的支持。得益于张旭和李井新先生的支持，他们是制造质量方面的专家。得益于在华晨汽车总装车间工作期间，张岩先生的支持，他给了我们很多现场工作的机会，并在解决现场生产性问题的过程中给了我们很大的支持；也要感谢赖征海先生的推荐，正是由于他的推荐，才使我能够加入华晨汽车工程研究院，赖征海先生在设计数据评审方面有很多建议，他非常重视对产品设计工艺性的评审工作，并在产品设计工艺性评审的方式方法上有很多好的建议。本书也得益于华晨汽车工程研究院给我们提供多个汽车开发项目的机会，华晨汽车工程研究院是一个非常具有创新和开拓精神的开发团队，在我国的汽车开发团队中独树一帜，开发出了多款对我国汽车产业发展有重要影响的车型。还得益于华晨汽车工程研究院的领导和同事们：张迎杰、刘洪林、回金锴、卢锴峰、谭海峰、刘瀛、李源、袁志强、张柏、张林立、唐欣、李刚、董旭、李俊凝、周唯群、唐欣、时光、陈明震、孙家俊、阮健、付春虹、仲惟悦、沙丽丽、刘珊珊、李晨溪、马文婧、石晓雨、王海蕴等，他们对本书编写思路的形成产生了重要影响。

　　本书还得益于福田戴姆勒汽车有限公司同事们的大力支持，他们在具体章节的编撰上提供了巨大的支持。张立军先生参加了设备开发章节的撰写，他熟稔于设备开发流程，并善于把握住关键点；张慧强先生参加了装配工艺设计章节的撰写，特别是在工艺过程设计中加入了精益生产的理念；沈鹏先生参加了总装智能制造章节的撰写，他撰写的内容，使智能制造的内容更加具有可用性；谈立广先生参加了设计结构的工艺性分析、评审与策划章节的撰写，论述得非常细致；刘晓勇、吕春洋、李猛、刘健、王利臣、张建波、李彬、田丽丽等也提供了总装技术上的支持；贾峰、王雅倩、夏洪亮提供了对物流体系设计与实施方面的技术支持；范骅、郭洪志提供了在质量体系、质量控制方面的支持；徐家豪、曾晓明提供了精益生产方式方面的支持；王凤江提供了土建和公用动力方面的支持；金朋、全哲在整车公差控制方面也给予了很多技术支持；谢晶提供了项目管理方面的支持。他们的支持无疑对本书的编著工作起到了非常关键的作用。

　　本书还得益于原日本丰田公司佐藤康生先生的具体指导，佐藤先生在总装工艺规划方面有着非常深的造诣，在此，向他致以由衷的谢意！此外，还要感谢卜迎春，她帮我们做了非常细致的校对工作。感谢机械工业出版社的贺怡编辑，她为本书的出版提供了无微不至的服务，包括总体策划和版面编辑、出版协调等工作，都做得非常好。

　　我还要感谢我的家人，感谢他们的陪伴、给我的支持和爱，他们的理解、鼓励和支持，帮助我勇于面对工作和生活上的困难，使我获得源源不断的动力。